기독교문서선교회(Christian Literature Center: 약칭 CLC)는 1941년 영국 콜체스터에서 켄 아담스에 의해 시작되었으며 국제 본부는 미국 필라델피아에 있습니다.
국제 CLC는 59개 나라에서 180개의 본부를 두고, 약 650여 명의 선교사들이 이동 도서차량 40대를 이용하여 문서 보급에 힘쓰고 있으며 이메일 주문을 통해 130여 국으로 책을 공급하고 있습니다. 한국 CLC는 청교도적 복음주의 신학과 신앙서적을 출판하는 문서선교기관으로서, 한 영혼이라도 구원되길 소망하면서 주님이 오시는 그날까지 최선을 다할 것입니다.

추천사 1

박은정 박사
웨스트민스터신학대학원대학교 상담심리학 교수

 우리는 어머니의 모태로부터 분리되어 탯줄이 잘리는 순간, 인생의 가장 큰 신체적 상실과 결핍을 겪게 된다. 또한, 영유아동기를 지나 청소년과 청년기를 맞이하며 부모로부터는 심리적으로 독립하기 위한 멀어짐을 하게 된다. 영적으로는 에덴동산에 더 이상 머무르지 못하게 되는 순간부터 오늘날까지 하나님으로부터의 분리에 대한 불안과 낙원을 잃어버렸다는 결핍 속에 슬퍼하고 있다.
 이 책의 저자들도 개인은 충족되지 않은 삶의 욕구 혹은 심각한 고통의 요인을 가지고 있다고 인정하며 이 고통이나 욕구는 신체적, 감정적, 심리적, 관계적, 영적인 것일 수 있고 모든 개인은 자신이 상처받고 있다고 한다.
 이 책은 이러한 인간의 상실과 상처, 불안, 결핍을 중독으로 채워 보려 하지만 결코 채울 수 없는 병리를 지닌 이들과 그들을 치료하고 있는 전문가들에게 도움을 줄 수 있는 탁월한 기독교 상담 가이드 북이다. 특히, 명확한 이상심리학적 진단 기준과 뇌신경심리학적 분석, 탁월한 성경적 통찰은 오늘날 일반심리학과 기독교 상담학의 간극을 채우기 위해 애쓰고 있는 많은 기독교 상담, 목회 상담 전문가에게 단비와 같은 지침서가 되어 줄 것이다.

추천사 2

이 두 경 박사
장로회신학대학교 목회상담학 교수

중독에 대한 기독교 상담은 기독교 상담가 누구라도 쉽지 않은 작업이다. 그러므로 중독에 대한 방대한 지식과 전문적 역량을 갖추는 것이 기독교 상담 관련자들의 중요한 과제라고 할 수 있다.

이번에 출간되는 『한눈에 보는 기독교 상담 가이드: 중독과 회복 상담』은 중독에 관한 현대 심리학 및 최근 신경생물학의 축적된 연구와 성경적 통찰을 토대로 저술하였고, 사용하기에 매우 간결하면서도 요긴하게 활용할 수 있도록 제작된 지침서이다.

이 책은 중독 치료의 어려움을 여러 관점에서 제시하면서도 오늘날 생물학적, 심리적, 사회적, 영적 현상으로 보는 중독의 여러 인과관계와 기여 요인을 설명한다. 이렇게 중독에서 회복되는 다양한 경로를 제공하면서 중요한 안내서 역할을 한다.

이 책의 저자인 팀 클린턴은 오랫동안 정신 치료와 상담에 집중해 왔으며, 그 결과 중독에서 가장 핵심적인 치료의 네 단계를 제시하고 있다.

첫째, 회피 대신 고백함
둘째, 부정적 영향을 애통함
셋째, 거짓과 속임 대신 진리를 마주함
넷째, 두려움 대신 책임 있는 실천

이것이 중독의 매임에서 치유로 가는 필수적 여정이다. 그런 의미에서 이 책은 기독교 상담이 추구하는 실천적 지평과 임상적 체계를 분명하게 제공하고 있다고 할 수 있다.

그러므로 중독에 대한 기독교 상담과 목회적 돌봄, 치유와 회복을 위해 공부하고 있는 학생들에게 많은 도움을 줄 것이다. 무엇보다 중독 치료를 위해 사역 현장에서 활동하는 목회자, 사역자, 교사들에게 여러 가지 중독에 관한 주제와 개념을 이해하고 중독 치료의 방향을 설정한다는 면에서 꼭 필요한 지침서가 될 것이다. 그러므로 이 책을 기쁘게 추천한다.

추천사 3

최 사 랑 박사
한국성서대학교 상담코치학 교수

    우리가 살면서 가장 힘들고 어려운 순간이 언제인지 돌이켜 보면, 삶의 의미를 잃어버리고, 내가 어디서 왔는지, 어디로 가는지, 그리고 지금 나는 어디에 서 있는지 길을 잃어버린 것만 같은 공허함에 휩싸일 때인 것 같다.
    가슴속에 커다란 구멍 하나 뻥 뚫린 것처럼, 그리고 그 구멍 속으로 휑하니 거센 바람이라도 한 번 스쳐 지나가면, 그 자리가 어찌나 스산하고 싸늘하게만 느껴지는지!
    하나님을 잃어버린 우리의 마음이 이 휑한 구멍처럼 허하다. 우리는 이 공허함을 어떻게든 메우기 위해 무언가로 채워 넣는다. 음식, 포르노, 알코올 등 그것이 무엇이든 어떻게든 꾸역꾸역 채워 넣는다. 바로 여기에 중독이 깊이 자리하고 있다. 이 책은 바로 그 핵심을 간파하고 있는데, 우리 마음에 하나님 대신 무엇으로 대체하고 있는지 심리학이라는 렌즈를 통해 여실히 보여 준다.
    저자들은 우리에게 이 공허함을 먼저 인정하고 받아들이라고 조언한다. 내 안에 있는 커다란 구멍, 바람이 휑휑 지나가는 그 구멍이 있다는 고백을 시작으로 회복의 여정을 시작하라고 한다. 충분하게 애통하고 아파하라고 한다. 괜찮다고 얄팍한 가림막 하나 치라고 하지 않는다. 고통을 직시하고, 그것을 진리로 대체하라 말한다. 그리고 한 걸음만 더 앞으로 내디디라는 행동의 변화를 촉구한다.
    그렇지만 우리는 언제나 묻는다. 그 한 걸음을 어떻게 내딛냐고 말이다. 책은 구체적이고 실제적인 말씀과 기도 가이드를 통해 어떻게 그것이 실현 가능한지 말해 주고 있다. 이 지침서를 따라가다 보면, 어느 순간 잃어버린 삶의 길 가운데 자신과 동행하시고, 내 안에 자리 잡은 중독이라는 우상 대신 공허함을 채우시는 하나님의 임재와 은총을 경험하게 될 것이다. 이 책은 진정한 삶의 전인적 회복과 영적 성숙을 향해 가는 우리 삶에 귀한 안내서가 될 것이다.

추천사 4

마크 레서(Mark Laaser) **박사**
Faithful and True 공동창립자, 베스트셀러 *Healing the Wounds of Sexual Addiction* 저자

소망과 치유의 사역으로 부름받은 사람들은 오늘날 중독이라는 힘겨운 전염병과의 투쟁을 준비해야 한다. 상처받은 삶에 은혜가 부어지고 회복으로 인도되기 위해서, 당신이 꼭 갖춰야 할 심도 있는 책이다

데이비드 스툽(David Stoop) **박사**
Fuller Seminary 기독교 상담학 교수, *Life Recovery Bible* 공저자

중독에 갇힌 사람들, 특히 교회 안에 있는 중독자들을 위한 사역을 담당하는 목회자, 평신도 지도자와 상담사에게 훌륭하고 귀중한 자원이다. 중독에는 경계가 없다. 교회 지도자들에게는 이런 교육 도구가 필요하다.

스티븐 아터번(Stephen Arterburn) **박사**
New Life Ministries 창립자 및 회장, *Every Man* 시리즈 저자

다른 이들을 돕는 전문직에서 일하는 많은 사람이 경험하는 간극을 채워 주는 책이다.

존 베이커(John Baker) **목사**
Celebrate Recovery 창립자

당신이 지금 손에 들고 있는 이 책은 오늘날 깨어진 세상에 너무나 필요하다. 중독으로 어려움을 겪는 사람들에게 영향을 줄 수 있는 광범위하면서도 심층적인 조언과 지침이 담겨 있다.

한눈에 보는 기독교 상담 가이드

중독과 회복 상담

The Quick-Reference Guide to Addictions and Recovery Counseling: 40 Topics, Spiritual Insights, and Easy-to-Use Action Steps
Written by Tim Clinton, Eric Scalise
Translated by Sun Young Choi, Seungkeun Choi

Copyright © 2013 by Tim Clinton
Originally published in English under the title
The Quick-Reference Guide to Addictions and Recovery Counseling: 40 Topics, Spiritual Insights, and Easy-to-Use Action Steps
by Baker Books,
a division of Baker Publishing Group.
P.O. Box 6287, Grand Rapids, MI 49516-6287
www.bakerbooks.com.
All rights reserved.

Translated and printed by permission of Baker Publishing Group.
Korean Edition Copyright © 2023 by Christian Literature Center, Seoul, Korea.

한눈에 보는 기독교 상담 가이드
중독과 회복 상담

2023년 8월 30일 초판 발행

| 지 은 이 | 팀 클린턴, 에릭 스칼리제
| 옮 긴 이 | 정선영, 최승근

| 편   집 | 전희정
| 디 자 인 | 서민정
| 펴 낸 곳 | (사)기독교문서선교회
| 등   록 | 제16-25호(1980.1.18.)
| 주   소 | 서울특별시 동대문구 천호대로71길 39
| 전   화 | 02-586-8761-3(본사) 031-942-8761(영업부)
| 팩   스 | 02-523-0131(본사) 031-942-8763(영업부)
| 이 메 일 | clckor@gmail.com
| 홈페이지 | www.clcbook.com
| 송금계좌 | 기업은행 073-000308-04-020 (사)기독교문서선교회
| 일련번호 | 2023-71

ISBN 978-89-341-2574-7 (93230)

이 한국어판 저작권은 Baker Books와 독점 계약한 (사)기독교문서선교회가 소유합니다.
신저작권법에 의하여 한국 내에서 보호를 받는 저작물이므로 무단 전재와 무단 복제를 금합니다.

The Quick-Reference Guide to Addictions and Recovery Counseling

한눈에 보는　중독과 회복 상담
기독교 상담 가이드

팀 클린턴·에릭 스칼리제 지음
정선영·최승근 옮김

CLC

목차

추천사 1 **박은정 박사** | 웨스트민스터신학대학원대학교 상담심리학 교수   1

추천사 2 **이두경 박사** | 장로회신학대학교 목회상담학 교수   2

추천사 3 **최사랑 박사** | 한국성서대학교 상담코치학 교수   3

추천사 4 **마크 레서 박사 외 3인**   4

역자 서문   10

머리말   12

제1부 중독과 회복 개요   34
1 질병과 선택   35
2 외상과 공존 질환   54
3 치료 절차   68
4 영적 적용   80
5 회복과 재발 방지   93

제2부 물질 남용 중독   103
6 알코올   104
7 카페인   116
8 코카인과 크랙 코카인   124
9 억제제   133
10 이뇨제와 체중 감량   144
11 환각제   156
12 흡입제   179
13 대마초와 해시시   190
14 진통제와 아편제   203
15 니코틴   222
16 처방 약물   234
17 자극제   244

제3부 행동 중독   256

- **18** 보디빌딩과 신체 이미지   257
- **19** 자상과 자해   266
- **20** 섭식 장애   275
- **21** 페티시와 이상 흥미   285
- **22** 음식 중독   293
- **23** 도박   302
- **24** 저장 장애   313
- **25** 인터넷 사용과 게임 중독   323
- **26** 병적 도벽과 절도   332
- **27** 포르노그래피와 성 중독   344
- **28** 쇼핑과 과잉 수집   355
- **29** 기술과 소셜 네트워킹   364
- **30** 관음증과 노출증   374

제4부 과정 중독   387

- **31** 아드레날린과 스릴 추구   388
- **32** 분노와 격노   399
- **33** 불안과 걱정   411
- **34** 만성 스트레스와 자기 압박   423
- **35** 공동의존과 독이 되는 관계   438
- **36** 사이비 종교와 주술 신앙   450
- **37** 나르시시즘과 관심 추구   472
- **38** 강박 관념과 강박 행동   484
- **39** 종교 중독과 해로운 믿음   500
- **40** 일 중독과 성과   515

부록 화학 물질 의존 진단 평가   529

역자 서문

정 선 영
미국 캘리포니아주 가정결혼상담사(Associate MFT)

어떤 대상을 향해 품는 강렬한 사랑과 열정은 하나님께서 인간에게 허락하신 고귀한 선물임에 틀림없다. 그러나 그 사랑과 열정이 상처와 결핍, 외로움과 공허함, 불안과 두려움으로부터 비롯될 때 이는 집착이 되고 굴레가 되며, 결국 독이 된다. 바로 중독이 된다.

사람들은 물질에 중독되며 행동과 과정에 중독된다. 이러한 중독적 행동이 찰나의 위안과 황홀감을 가져다줄 수 있지만, 결국 하나님의 영광스런 창조물로서 인간이 지닌 고결함을 상실케 하며 인간에게 허락된 자유의지와 사랑의 능력을 무효화한다.

그러나 우리에게 기쁜 소식이 있다. 그리스도께서 온 세상의 빛으로 이 땅에 오셨다. 유한한 인간의 몸을 입으시고 우리의 모든 연약함과 아픔을 몸소 체험하신 그리스도께서 우리를 모든 죄와 상처로부터 회복시키고 자유케 하리라 약속하셨다. 중독으로 인해 모든 소망의 빛이 꺼진 그 자리에서, 인간의 의지로는 한 발짝도 더 나아갈 수 없는 절망의 자리에서, 그리스도께서는 은혜의 두 팔을 활짝 벌리고 자신의 빛을 향해 나아오라고 손짓하신다.

이 책은 기독교 상담가와 정신 건강 전문가뿐만 아니라 중독으로 고통받는 사람들을 돕기 원하는 목회자, 사역 리더, 평신도 사역자, 그리고 이 분야에 대해 배우고 훈련받기 원하는 학생들을 위해 쓰여졌다.

저자의 말처럼, 중독에서의 회복은 혼자만의 여정일 수 없다. 회복은 사랑하는 사람들과 함께 걸어가는 길고 험난한 여정이며, 그 길의 방향을 제시해 줄 전문적이고도 영적인 지도자를 반드시 필요로 한다.

이 책을 통해 정신 건강 전문가들과 영적 지도자들이 중독이라는 속박에 놓인 사람들을 신체적, 정신적, 심리적, 감정적, 영적 영역을 포괄하는 전인격적 시각으로 바라보고 이해할 수 있기를 소망한다. 더불어 이 책이 회복의 여정을 돕는 이들에게 성격적 상담의 지침과 방향성, 깊은 영적 통찰을 제시하는 소중한 나침반으로서 자리매김할 수 있기를 마음 담아 기도한다.

저자인 팀 클린턴(Tim Clinton) 박사는 전문 상담사로서 현재 미국기독교상담학회 회장을 역임 중이며, 이 책 외에도 다양한 기독교 상담 서적들을 왕성하게 집필하고 있다.

이 귀한 책이 번역되고 출간될 수 있도록 사랑의 수고를 아끼지 않으신 기독교문서선교회(CLC) 대표 박영호 목사님과 모든 직원분께 깊은 감사의 인사를 전한다. 또한, 어느덧 쑥 자라 바쁜 엄마를 배려하고 오히려 위로하는 내 마음의 영원한 보석, 유민이와 혁민이에게 미소를 담은 사랑의 인사를 전한다.

머리말

약물 남용 및 중독의 문제는 오늘날 사회의 거의 모든 영역에 퍼져 있다. 이는 민족, 문화, 교육, 사회경제적 지위, 성별, 나이 차를 가로지르며 나타나는 문제이자 우려이다. 지난 십 년간 청소년의 약물 남용 비율은 다소 안정화된 반면, 노인층과 처방 약물의 남용은 증가 추세를 보여 왔다. 그러나 중독이 나타나는 다양한 형태를 고려했을 때, 통계는 충격적이다(미국의 보건사회복지국, 사법부, 국립보건통계센터, 질병관리예방본부, 노동통계센터를 포함하는 자료이다).

- 미국에는 대략 1,500만 명의 알코올 중독자와 1,000만 명의 약물 중독자(알코올 중독자 제외)가 있을 것으로 추산된다. 가정법원에 접수된 모든 가정 문제의 40퍼센트는 알코올과 연관이 있다. 모든 미성년 범죄자의 75퍼센트가 적어도 부모 중 한 명이 알코올 중독자이다.
15만 명 이상의 청소년이 코카인을 사용하고 있으며, 50만 명 이상은 매주 1회, 혹은 그 이상 마리화나를 흡연한다. 추가로, 거의 50만 명의 중고등학생들이 매주 폭음을 한다. 어림잡아 매해 1,000만에서 1,500만 명의 청소년들에게 약물 남용과 알코올 남용 치료가 필요하다.
- 추산에 따르면 500만-700만 명의 사람들이 처방 약물에 중독되어 있다.
- 모든 중독 행위는 적어도 5명의 다른 사람에게 직접적으로 영향을 미친다. 최근 갤럽 여론 조사에서는 설문 응답자의 41퍼센트가 다른 사람의 음주나 약물 남용의 결과로 신체적, 심리적, 또는 사회적 피해를 입었다고 보고했다(이것은 1974년에 비해 2배나 증가한 수치다).
- 4,000만 명에서 8,000만 명의 미국인들이 충동적 과식으로 고통받고 있으며, 그중 5-15퍼센트는 언제든지 사망할 위험에 처해 있다. 연간 약 200억 달러가 미국인들의 체중 감소를 위한 노력에 소비된다.

- 십 대 소녀의 1-2퍼센트(거의 10만 명 정도)와 대학 연령 여성의 4-5퍼센트가 신경성 식욕부진증(거식증)과 신경성 식욕항진증(폭식증)으로 고통받고 있다.
- 미국 내에는 250만 명의 병리적 도박자와 300만 명의 충동적 도박자가 있다. 도박은 5천 억 달러의 산업으로 성장했다. 이 집단의 자살률은 국가 평균의 20배이다. 대략 5,000만 명의 가족이 가족 중 누군가의 도박으로 인해 극심한 피해를 받고 있다.
- 현재 3억 개 이상의 포르노그래피 웹사이트가 존재하며, 전체 인구의 약 6-8퍼센트 정도가 어느 정도의 성 중독으로 진단을 받고 있다.
- 일 중독은 지금까지는 상대적으로 낮은 관심을 받아 왔기에 일 중독자의 수는 정확히 알려지지 않았다. 한 연구는 매주 천만 명 이상의 성인들이 평균 65에서 70시간 정도 근무한다고 지적했다.

대중의 시각에서 좀 더 일반적인 논쟁은 중독의 문제가 질병에 기반(주로 유전이나 생물학)한 것인가, 선택에 기반(주로 습관이나 사회적 환경)한 것인가에 중점을 둔다. 주요 이론적 기반에는 도덕 이론, 질병 이론, 행동 이론, 사회학습 이론, 조직 이론이 포함된다. 대개 신앙인들은 타락한 죄의 본성을 이러한 논의에 포함한다. 로마서 7:14-25은 이런 내용을 통렬히 상기시킨다.

> 내 지체 속에서 한 다른 법이 내 마음의 법과 싸워 내 지체 속에 있는 죄의 법으로 나를 사로잡는 것을 보는도다(롬 7:23).

알코올 중독자의 자녀들이 알코올 중독자가 될 확률은 비알코올 중독자의 자녀들과 비교하여 4배나 높다고 알려졌지만, 알코올 중독의 유전 인자만을 강조하는 초기 이론은 잘못되었음이 입증되었다. 그럼에도 생물학적 결정 요인을 단순히 무시하거나 도외시할 수는 없다.

수년에 걸친 검증된 연구는 중독이 "다원 유전자성"(polygenetic) 또는 중독 유전이라고 불리는 다수의 유전 형질의 영향과 심리사회적 역동의 복잡한 배열의 영향을 함께 받는다는 사실을 분명하게 보여 준다.

그러나 중요하게 기억해야 할 것은, 취약성이 반드시 필연성을 암시하지는 않는다는 사실이다. 만약 유전이나 생물학이 모든 중독의 원인을 결정한다면 회복으로 나아가는 자유로운 선택을 할 수 있는 사람은 아무도 없을 것이다. '익명의 알코올 중독자들'과 다른 12단계 접근은 지속적으로 선택의 원리를 입증해 왔다.

최근 연구는 중독의 신경생물학을 지속해서 연구해 왔다. 모든 뇌 기능에서 신경전달물질(neurotransmitter, 화학적 전달자)은 신경 세포의 전기 충격 때문에 분비되며 각인(imprint)이라 불리는 감각적 경험을 기록한다. 각인은 암호화되어 고유한 통로를 통과하여(시냅스를 가로질러) 저장된다(대개 무의식 수준에서). 도파민은 변연계(limbic system, 쾌감이 생성되고 조절되는 장소)로 향하거나 통과하는 '쾌감 통로'와 관련이 있는 주요 물질 중 하나이며 중독의 발달에 중요한 역할을 한다.

연구에 의하면 중독적 물질(행동 포함)은 변연계 내의 특수한 신경 세포 회로인 측좌핵 (nucleus accumbens)에 해로운 영향을 줄 수 있다. 편도체(amygdala, 감정 반응의 처리와 기억에 주요한 임무를 수행하는 뇌의 측두엽 안쪽에 있는 아몬드 형태의 세포핵 덩어리)는 인지를 관장하는 신피질(neocortex)을 통과하는 정상적 메시지를 장악하여 중독 과정을 강화하는 새로운 신경 경로를 만든다. 뇌에는 모세혈관벽을 통과하는 용해 분자의 허용을 정상적으로 차단하는 천연 혈액뇌관문(brain-blood barrier)이 있다. 어떤 물질이 이 방어막을 통과하여 신경 화학적 변화를 일으키고, 그 결과 뇌 기능의 변화를 초래할 때 이를 "정신 활성"(psychoactive)이라고 한다.

이 분야의 종사자 대부분은 이런 역동을 가속화하는 것으로 보이는 중독적 행동의 필요에 근거한 측면(need-based aspect)도 이해하고 고려한다. 이러한 측면은 걱정과 불안으로부터 보호받을 필요, 죄책감 조작을 감소할 필요, 인정과 수용의 필요, 자신의 환경에서 통제와 힘을 유지할 필요, 고통(신체적, 감정적, 심리적)을 방지할 필요 그리고 완벽한 사람으로서 다른 사람들의 기대에 부응해야 할 필요를 포함한다.

모든 중독은 전형적으로 다음과 같은 네 가지 기본적 범주에 속한다.

- 자극을 위한 중독: 각성과 황홀감을 제공하는 행동이나 물질로서, 일반적으로 아드레날린의 분비를 유발한다.
- 안정을 위한 중독: 진정과 편안함을 제공하거나 긴장감 또는 불안을 감소시키는 행동이나 물질로서, 일반적으로 엔도르핀의 분비를 유발한다.
- 심리학적 필요의 충족을 위한 중독: 자벌(self-punishment), 동반 의존(co-dependency), 일 중독(workaholic) 등이 있다.
- 고유한 욕구의 만족을 위한 중독: 포르노그래피와 물품 음란(fetishes)과 같은 심리학적이고 생리학적인 요소를 모두 포함한다.

『정신 질환의 진단 및 통계 편람 제4판』(The Diagnostic and Statistical Manual of Mental Disorders IC-Text Revision: DSM-4-TR)에서는 물질 사용/남용과 물질 의존의 차이를 수치화했다. 물질 의존은 임상적으로 심각한 손상이나 중압감으로 이어지는 물질 사용의 부적응적 패턴이며, 여기에는 내성, 금단 증상, 그리고 궁극적으로 파괴적이라는 사실에도 불구하고 증가하는 물질의 사용이 포함된다.

일반적으로 중독자가 즉각적으로 물질이나 행동에 의존하게 되는 것은 아니며, 몇 가지 구별된 단계를 통해 진행된다. 이 단계들은 (특별히 중독 연구자 E. Morton Jellinek의 연구에 기초한) 다음과 같다.

- 실험: 제어 방출(desired release) 혹은 탐색 단계
  이 단계에서 개인은 호기심이나 인정 또는 도피를 향한 욕구에 의해 동기를 부여받는다. 과도하게 사용하지 않으며, 그 효과가 섭취의 정도에 따라 통제된다는 사실을 학습한다. 책임져야 할 결과가 초래되는 상황은 거의 없다.
- 간헐적 사용 또는 행동: 효용 체감 혹은 전구 증상(prodromal) 단계
  이 단계에서 개인은 직장, 학교, 가정에서 주기적으로 지장이 초래되는 것을 경험한다. 동일한 효과를 얻기 위해 더 많은 물질이나 행동이 필요하며, 적극적 추구 행동(actual seeking behavior)이 증가한다. 여전히 이러한 행동은 좀 더 경험이 있는 '사용자'의 지도를 받는 사회적 맥락

에서 주로 이루어진다.
- 정기적 사용 또는 행동: 수요 반응(demanding Response) 혹은 결정적 단계
  이 단계에서 개인은 중독적 사용이나 행동에 점점 더 집착하고 몰두한다. 혼자서 사용이나 행동을 하는 횟수가 증가하며, 주기적으로 통제력의 상실을 경험하게 될 수도 있다. 중독적 행동을 규제하기 위해 스스로 정한 규칙이 깨어지기 시작하며 수치심과 죄책감이 증가하고, 이를 숨기기 위한 방법을 강구한다.
- 중독과 의존: 파괴적 결과 또는 만성적 단계
  이 단계에서 개인은 생존하기 위해, 대처하기 위해, 일상생활과 기능을 수행하기 위해 중독적 물질이나 행동이 필요하다. 정신적, 감정적, 신체적, 도덕적, 영적 건강의 악화를 경험한다.

각 중독이 지닌 고유한 특성에도 불구하고, 이 단계를 통과하는 모든 중독적 행동에는 단기적 이익과 장기적 고통이 있다.

중독의 특성에도 불구하고 모든 중독에는 여러 공통적인 식별 인자가 있다.

- 중독은 진정한 감정을 없애기 위한 목적으로 사용된다.
- 중독은 도피의 한 형태로서 작용한다.
- 중독은 중독자를 완전히 통제하며, 이러한 통제는 모든 논리와 이성을 초월한다.
- 중독은 만족 지연(delayed gratification)에 대한 능력 그리고/또는 의지를 무효화한다.
- 중독은 항상 쾌락을 수반한다.
- 중독은 심리적 의존을 수반한다.
- 중독은 궁극적으로 파괴적이며 해롭다.
- 중독은 결국 삶의 모든 분야에서 우위를 점령한다.
- 중독은 부정과 최소화의 시스템으로 인도한다.

성경적 관점에서, 다양한 형태의 중독은 중독자의 삶에 영적 묶임과 견고한 진을 형성한다. 구약과 신약의 몇몇 구절은 이 주제에 관해 이야기한다. 그리스어인 **파르마콘**(*pharmakon*)은 치료적이거나 약효가 있는 약물을 기술하는 데 사용되는 여성 명사로 pharmacy(약국), pharmacist(약사), pharmaceutical(제약)이라는 단어를 파생시켰다. 흥미로운 사실은 같은 어원에서 파생된 **파르마케이아**(*pharmakeia*)가 마법, 주술, 마술, 불법 약물, 약물에 관련된 주문과 관련이 있다는 것이다.

이런 용어는 갈라디아서 5:20-21과 요한계시록 9:20-21에서도 찾아볼 수 있다(각각 "주술"이나 "복술"로 번역되었다). 인간의 몸은 놀라우리 만큼(신성할 정도로) 화학적으로 균형 잡혀 있다. 주목해야 할 것은, 균형이 깨어지면(불필요한 화학 물질이 시스템 속으로 유입되거나 정신병이나 조현병과 같은 상태에 의해서) 개인의 영혼 속에서 영적 문(대부분 파괴적인)이 열리게 되는 것처럼 보인다. 따라서 중독 치료라는 영역에서 우리는 내담자들과 함께 영적 전쟁 속에 있는 우리 자신을 발견하게 된다.

사도 바울은 이 전쟁에 대한 분명한 이해가 있었다. 로마서 7:14-25에서 사도 바울은 이 강력한 역동을 서술하고 그리스도가 구원자 되신다는 결론을 설파한다.

> 우리가 율법은 신령한 줄 알거니와 나는 육신에 속하여 죄 아래에 팔렸도다 내가 행하는 것을 내가 알지 못하노니 곧 내가 원하는 것은 행하지 아니하고 도리어 미워하는 것을 행함이라 만일 내가 원하지 아니하는 그것을 행하면 내가 이로써 율법이 선한 것을 시인하노니 이제는 그것을 행하는 자가 내가 아니요 내 속에 거하는 죄니라 내 속 곧 내 육신에 선한 것이 거하지 아니하는 줄을 아노니 원함은 내게 있으나 선을 행하는 것은 없노라 내가 원하는 바 선은 행하지 아니하고 도리어 원하지 아니하는 바 악을 행하는도다 만일 내가 원하지 아니하는 그것을 하면 이를 행하는 자는 내가 아니요 내 속에 거하는 죄니라 그러므로 내가 한 법을 깨달았노니 곧 선을 행하기 원하는 나에게 악이 함께 있는 것이로다 내 속사람으로는 하나님의 법을 즐거워하되 내 지체 속에서 한 다른 법이 내 마음의 법과 싸워 내 지체 속에 있는 죄의 법으로 나를 사로잡는 것을 보는도다

오호라 나는 곤고한 사람이로다 이 사망의 몸에서 누가 나를 건져내랴 우리 주 예수 그리스도로 말미암아 하나님께 감사하리로다(롬 7:14-25).

또 다른 성경 구절인 잠언 23:30-35에서도 중독에 관한 통찰을 찾아볼 수 있다. 이 구절은 중독에 관해 개인이 내리는 어리석고 죄악 된 선택뿐만 아니라 영적 역동에 대해서도 다루고 있다.

- "구하러 다니는 자": 중독자는 자신의 고통으로부터 위안을 얻기 위해 의도적 추구를 시작한다.
- "잔에서 번쩍이며": 술은 분명히 유혹적이다.
- "뱀 같이 물 것이요 독사같이 쏠 것이며": 고통을 다스리기 위해 찾았던 술이 이제는 가장 큰 문제로 대두된다. 그러나 중독자는 회복되거나 죽음을 맞이할 때까지 이 순환을 멈추지 않는다.
- "네 눈에는 괴이한 것이 보일 것이요 네 마음은 구부러진 말을 할 것이며": 삶, 관계, 태도, 행동에 대한 왜곡된 시각은 마음의 고통에서 나오는 행동으로 분출된다.
- "사람이 나를 때려도 나는 아프지 아니하고 나를 상하게 하여도 내게 감각이 없도다": 중독자의 부정(denial)은 너무나 강력해서 자신을 둘러싼 모든 것이 파괴되고 있다는 사실을 보지 못한다. 그들은 현실과 동떨어져 있다.
- "내가 언제나 깰까 다시 술을 찾겠다 하리라": 이 모든 고통에도 불구하고 중독자는 술이 자신의 문제를 해결해 줄 것이라고 믿는다.

대부분 중독자는 자신이 중독자가 되려고 작정했거나, 남용이나 행동의 결과로 자신의 삶이 완전히 파괴되는 것을 절실히 바랐던 것은 아니다. 하지만 많은 사람이 결국 고립과 깨어짐의 상태에 놓이게 된다. 아래의 중독적 순환은 이 길고 공허한 길로 내려가는 여정을 보여 준다.

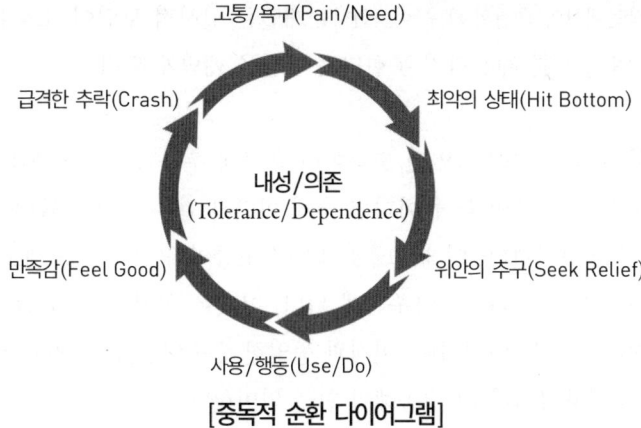

[중독적 순환 다이어그램]

위의 순환은 다음과 같이 작동한다.

- 개인은 충족되지 않은 삶의 욕구 혹은 심각한 **고통**의 요인을 가지고 있다. 이 고통이나 욕구는 신체적, 감정적, 심리적, 관계적, 영적인 것일 수 있다. 모든 개인은 자신이 상처받고 있음을 안다.
- 이 고통이나 욕구는 결국 개인이 **최악의 상태**에 이르도록 한다. 다시 말해, 그들은 상상할 수 있는 한 최고로 비참하고 절박한 상황에 놓이게 된다. 이는 절망과 좌절의 장소이다.
- 일단 **최악의 상태**에서 벗어나게 되면, 개인은 자연스럽게 고통에서 위안을 추구하거나 욕구가 충족되기를 갈망한다. 그리고 그에 따른 탐구를 시작한다.
- 이러한 추구 동기는 개인이 일정 수준의 위안을 제공한다고 믿는 무언가를 사용 그리고/또는 **행동**하는 결과로 이어진다. 어떤 사람들에게 이것은 마약이나 알코올이며, 어떤 사람들에게는 음식이나 도박, 성행위, 통제에 대한 욕구, 공동-의존 관계, 또는 여러 다른 것일 수 있다.
- 초기 결과로서 개인은 만족감을 느낀다. 그들은 약간의 위안을 경험한다. 처음 시작하게 된 동기를 기억하라.
- 불행히도 이러한 위안은 장기간 지속하지 못한다. 종종 죄책감, 수치심, 그리고 다른 결과들이 나타나게 되며, 이는 **급격한 추락**을 가져온

다(잠언에서의 숙취와 매우 비슷하다). 개인은 일시적 모면이 도움이 되지 않으며 문제를 해결하지 못한다는 사실을 깨닫게 된다.

급격한 추락은 원래 있었던 고통이나 욕구에 추가적 요인이 된다. 이것은 한 개인이 '산 주변'을 돌아다닌 후에 이전과 같은 위치로 돌아오지 못한다는 것을 의미한다. 이제 그들은 더 큰 고통이나 욕구를 느끼고 더 견디기 힘든 최악의 상태를 마주하게 된다. 이것은 위안을 향한 갈망이 더 강렬해진다는 것을 의미하며, 이전과 동일한 수준의 위안을 얻기 위해 무언가를 더 사용하거나 더 행동해야 함을 의미한다.

바로 여기서 중독의 기만이 발견된다. 개인은 더 많은 양을 사용하거나 더 많이 행동하고 있기에 현실은 더 강하고 더 깊은 중독으로 빠져들고 있지만, 실제로는 그렇게 느껴지지 않는다. 또다시 이러한 결과로서 오는 추락은 더욱 강렬해지고, 이는 다시 급락의 소용돌이로 이어진다. 이 과정을 전문 용어로 **내성과 의존**이라고 한다.

반가운 소식은, 이 끝없는 순환 열차에서 내릴 수 있는 출구가 있다는 사실이다.

첫 번째 출구는 순환 다이어그램의 정상에 위치한다. 상담자는 최선을 다해 내담자의 고통이나 욕구의 동기적 근원을 파악해야 한다.

무엇이 그 행동을 몰아가는가?

아마도 감정적 차원(예를 들어, 학대받은 어린 시절)에서 이러한 영역을 완전히 분석하기에는 한계가 있을 수 있다.

두 번째 출구는 추가적 기회를 제공한다. 이것은 위안을 추구하기 위해 개인이 사용하거나 행동하는 것에 관련된다. 치료 과정 중 하나는, 삶에서 경험하는 일들에 대해 내담자들이 좀 더 건강하고 하나님을 경외하는 형태의 반응을 이해하고 채택하도록 돕는 것이다.

다음에 나오는 열왕기하 17:16-17의 말씀을 생각해 보라. 이 시기는 이스라엘의 역사에서 이스라엘 민족이 전반적으로 오직 하나님만을 섬기기를 저버리고 성경에서 영적 간음이라고 일컫는 행동을 범하기 시작한 때였다. 중요한 과정을 설명하기 위해 몇 가지 단어가 강조되었다.

> 그들의 하나님 여호와의 모든 명령을 버리고 자기들을 위하여 두 송아지 형상을 부어 만들고 또 아세라 목상을 만들고 하늘의 일월 성신을 경배하며 또 바알을 섬기고 또 자기 자녀를 불 가운데로 지나가게 하며 복술과 사술을 행하고 스스로 팔려 여호와 보시기에 악을 행하여 그를 격노하게 하였으므로(왕상 17:16-17).

기독교적 관점에서 중독은 때때로 영적 속박(spiritual stronghold)이라고 불린다. 그리 심오하게 들리지는 않을지 모르지만, 속박이란 개인을 강력하게 붙들고 있는 무언가라는 의미에서 바른 정의이다.

위의 열왕기하 말씀을 통해 이스라엘 민족이 내린 한 번의 잘못된 선택이 세대를 거듭해 영향을 미치게 되는 것을 볼 수 있다.

- **첫 번째 선택**은 하나님을 버리는 것이었다.
이 맥락에서는 이스라엘 민족이 하나님이 원하는 것과 정반대의 길로 행하기 위해 고의적으로 하나님께 등을 돌렸음을 의미한다. 모든 중독은 도덕적 선택을 수반한다. 일부 개인에게 유전적 소인이 작용하고 있음을 분명히 나타내는 연구가 있지만(특별히 알코올 의존인 경우에), 이것이 처음부터 그 개인이 자동으로 술을 마시도록 강요했다는 것을 의미하지는 않는다. 여전히 선택의 여지가 있다.
그러나 일단 그 개인이 알코올을 소비하게 되면, 그는 또다시 술을 마시지 않기 위해 동일한 유전자를 갖지 않은 다른 사람들보다 훨씬 더 힘겨운 자신과의 싸움을 싸우게 될 것이다.
순수한 질병 모델에서 선택은 요인이 될 수 없다. 예를 들어, 만약 어떤 사람이 암에 걸렸다면, 그 사람이 어느 날 일어나 단순히 "나는 암에 걸리지 않기로 선택했어요"라고 말함으로써 암이 사라지게 할 수는 없다는 것이다. 그러나 중독에 있어서, 사람들은 다르게 살기로 선택할 수 있다(12단계 프로그램 중 3단계). 만약 선택이 옵션 중 하나가 아니었다면, 그 어느 누구도 중독에서 금단으로, 그리고 회복의 과정으로 나아갈 수 없었을 것이다.
- **두 번째 선택은 우상을 만드는 것이었다.**
바꾸어 말하면, 그들은 자신의 마음, 정신, 영혼에 이미 있었던 것을 현실에 존재하는 유형의 물체로 만들어 냈다. 중독에 있어서, 사람들은 반드시 첫째로 마음과 정신에서 선택을 내려야 하며, 그 후에 자신의 갈망을, 그것이 술이든지, 코카인이든지, 음란한 영상이든지, 음식이든지, 슬롯머신이나 그 무엇이든지, 현실로 가지고 와야 한다. 그 물질이나 행동은 그들의 갈망을 현실로 만들어 준다.
- **세 번째 선택은** 자신들이 만든 것을 예배하는 것이었다.
가장 기본적인 수준에서 예배란 누군가의 혹은 무언가의 명성과 중요성이 고양되도록 시간과 관심을 쏟는 것이다. 사람들은 하나님 외에도 많은 것을 예배할 수 있다. 중독의 진행에 있어서(실험으로부터 간헐적 사용, 정기적 사용, 의존에 이르기까지), 개인은 자신의 앞에 놓인 물질이나 행동에 점점 더 많은 시간을 들이고 관심을 쏟기 시작한다.
- **네 번째 선택은** 바알(그들이 만들고 예배했던 우상)을 섬기는 것이었다.
여기서 사용한 섬긴다는 의미의 히브리어는 **아바드**(*abad*)인데, 이것은 다른 이를 보조한다거나 돕는다는 긍정적 어조의 섬김을 의미하지 않는다. 문자 그대로의 번역은 무언가에 '속박되는' 또는 무언가의 '노예가 되는'이다. 이렇게 무언가를 자신의 삶에 들여오는 의지적 행동에서 시작했으나 결국 그것에 더 큰 우선순위를 부여하게 되는 진행 과정은 그 물질이나 행동에 대한 속박과 노예화(중독과 의존)라는 결과를 낳게 될 수도 있다.
- **다섯 번째 선택은** 그 선택의 결과로서 자녀들을 불 가운데로 지나가게 했으며, 본질적으로 이러한 문제들을 다음 세대까지 전수한 것이었다.
당시 바알 숭배에는 여러 가증한 행위들과 함께 인간을 희생 제물로 바치는 것이 포함되었다. 중독에서도 중독자의 가족과 사랑하는 사람들에게까지 부정적 영향이 미치는 것을 자주 목격한다.

그러면 이제 과정의 시작 단계로 돌아가 보자. 만약 하나님을 버리는 것이 파괴적인 결과로 내려가는 첫 번째 단계라면, 성경적 관점에서 고백, 회개, 경건한 애통은 온전한 정신과 건강한 삶으로 돌아가는 첫 번째 단계가 된다. 사도 바울은 고린도 교회에 보내는 편지에서 다음과 같이 말한다.

> 하나님의 뜻대로 하는 근심은 후회할 것이 없는 구원에 이르게 하는 회개를 이루는 것이요 세상 근심은 사망을 이루는 것이니라 보라 하나님의 뜻대로 하게 된 이 근심이 너희로 얼마나 간절하게 하며 얼마나 변증하게 하며 얼마나 분하게 하며 얼마나 두렵게 하며 얼마나 사모하게 하며 얼마나 열심 있게 하며 얼마나 벌하게 하였는가 너희가 그 일에 대하여 일체 너희 자신의 깨끗함을 나타내었느니라(고후 7:10-11).

이 『한눈에 보는 기독교 상담 가이드: 중독과 회복 상담』(The Quick-Reference Guide to Addictions and Recovery Counseling)을 통해 우리는 다양한 형태의 중독을 살펴보게 될 것이다(물질 남용 중독, 행동 중독, 과정 중독). 그러나 명심해야 할 것은, 생물학적, 유전학적 그리고 사회문화적 영향 모두 요인이 될 수 있지만, 인간의 죄성, 도덕적 선택 그리고 하나님의 은혜와 용서에 대한 필요 역시 진단을 완료하고 적절한 치료 계획을 세우는 데에 반드시 고려되어야 할 요인이라는 사실이다.

인간은 전인적(신체적, 감정적, 정신적, 관계적, 영적)으로 고려되어야 한다. 임상적 역동은 중요하지만, 회개와 경건한 애통이 없다면 이러한 논의는 불완전할 것이다.

'익명의 알코올 중독자들'(Alcoholics Anonymous)과 '익명의 약물 중독자들'(Narcotics Anonymous)의 처음 세 단계를 살펴보자.

- 1단계: 우리는 중독에 대해 무력했으며, 이로 인해 우리의 삶을 수습할 수 없게 되었음을 인정했다.
- 2단계: 우리보다 위대하신 '힘'이 우리를 온전한 정신으로 회복시킬 수 있다는 사실을 믿게 되었다.

- 3단계: 우리가 이해하게 된 대로, 하나님의 돌보심에 우리의 의지와 삶을 맡기기로 결정했다.

중독은 유전과 생물학적 요인뿐만 아니라 심리적, 영적 요인이 결합된 복잡한 현상이다. 치료적 관점에서 반가운 소식은 우리가 상담하는 사람들에게 여전히 선택의 기회가 있다는 것이다. 돌봄을 제공하는 사람의 방향성도 중요하다. 어떤 상담사들은 타고난 목회자이다. 어떤 상담사들은 타고난 목회자이다. 그들은 혼란에 빠진 사람들에게 위안을 주고자 한다. 어떤 상담사들은 타고난 선지자이다. 그들은 편안한 사람들에게 혼란을 주고자 한다.

전문적이고 숙련된 상담사들은 이러한 양쪽의 방향성 사이에서 움직일 수 있다. 중독 상담은 직면과 일정 수준의 위안을 함께 주어야 하는데, 이는 중독자들 사이에 만연한 부정(denial)과 문제를 축소하려는 경향 때문이다. 상호 책임과 적절한 지원 체계 이용의 증대는 모든 치료 전략에 있어 핵심적 구성요소이다. 회복은 혼자만의 여정일 수 없다.

> 두 사람이 한 사람보다 나음은 그들이 수고함으로 좋은 상을 얻을 것임이라 혹시 그들이 넘어지면 하나가 그 동무를 붙들어 일으키려니와 홀로 있어 넘어지고 붙들어 일으킬 자가 없는 자에게는 화가 있으리라(전 4:9-10).

1 회복으로 가는 길

1) 1단계: 인정하고 수용하라(고백의 역할과 비밀의 힘 깨뜨리기)

중독자가 가장 먼저 해야 할 일은, 담대하되 잔인할 정도의 정직함을 가지고 자기 자신과 직면하는 것이다.

"이게 바로 나다. 다른 사람에 대한 일이 아니다. 나는 나에게 문제가 있다는 것을 인정하고 받아들인다. 사실 내가 문제일지도 모른다."

사람들은 오랜 시간 동안 자신의 '비밀'을 유지할 수 있다. 그러나 그들이 유일하게 경험하는 것은 삶의 전 영역에서 그 비밀의 힘이 커져 가는 것이다. 만약 두려움과 수치심에서 나와 자신의 행동에 책임을 지고자 한다면 정직한 자기 성찰이 반드시 필요하다.

요한일서에서 다음과 같이 말씀한다.

> 만일 우리가 우리 죄를 자백하면 그는 미쁘시고 의로우사 우리 죄를 사하시며 우리를 모든 불의에서 깨끗하게 하실 것이요(요일 1:19).

자백은 보이지 않던 것을 빛 가운데 드러나게 한다(엡 5:13).

어린아이는 불이 켜질 때까지 '침대 밑의 괴물'(monster under the bed) 때문에 운다. 불이 켜지고 나서야 비로소 그 실체를 볼 수 있다. 이는 중독의 경우도 마찬가지이다. 위대하신 치료자가 필요한 수술을 감행하실 수 있도록 하나님의 빛 앞으로 드러내라.

2) 2단계: 감염을 제거하라(애통의 역할과 부정의 힘 깨뜨리기)

중독자의 고통스럽고 왜곡된 감정이 다루어지고 해결될 때 치유와 회복이 일어날 수 있는 잠재력이 생긴다. 그렇게 하지 않으면, 죄악되고 파괴적인 행동 패턴이 삶에 지속으로 부정적인 영향을 미치게 된다.

이러한 감정적인 상처는 감염될 수 있으며, 감염은 자연적으로 퍼지는 속성을 지닌다. 편안하거나 유쾌하지는 않겠지만(어떤 감염도 매력적이지 않다), 고통의 근원은 제거되어야 한다. 아이의 상처난 무릎을 만지고 부드럽게 소독해 주는 부모와 같이, 하나님께서 중독자의 삶 속의 예민하고 상처받고 깨어진 부분들을 '만져' 주시도록 내어 드려야 한다.

하나님은 성경 전체를 통해 자비로운 기회를 베푸신다. 다윗과 다른 시편 기자들은 끊임없이 하나님 앞에서 울부짖었으며, 자신이 씨름하고 있는 현실을 축소하지 않았다.

시편 기자는 다음과 같이 고백한다.

> 그의 앞에 마음을 토하라 하나님은 우리의 피난처시로다(시 62:8).

그럴 때 치유의 연고와 붕대를 사용할 수 있다. 중독자가 가장 큰 두려움과 가장 깊은 슬픔을 가지고 하나님께 나아갈 때, 그들은 언제나 가장 안전한 손을 만나게 될 것이다. 여기에는 회개와 경건한 슬픔이 요구된다.

3) 3단계: 마음을 새롭게 하라(진리의 역할과 불신앙의 힘 깨뜨리기)

해롭고 불균형한 신앙 체계는 중독적 생활 방식에 영향을 준다. 사람들이 자신의 신앙에 대해 어떻게 생각하는가는 진실을 너무나도 왜곡해 왔으며, 이제 그들은 스스로 만들어 낸 거짓말에 사로잡혀 있다.

영혼의 적은 거짓말쟁이이자 속이는 자이지만, 하나님 말씀의 능력은 분명 분별력과 명료함, 방향성, 소망, 지혜, 변화된 사고를 갖게 한다. 중독자는 마음을 새롭게 함(롬 12:2)과 말씀으로 깨끗하게 함(엡 5:26)으로 변화를 받는다.

마치 비가 땅을 부드럽게 해 주어 정원의 잡초가 더 쉽게 뽑히듯이, 진리는 사람의 '마음의 땅'을 부드럽게 해 주어 하나님이 삶의 기운을 막는 것들을 뽑아내실 수 있도록 한다. 하나님은 신실한 정원사이시다. 하지만 중독자의 마음이 딱딱하게 닫혀 있을 때 그분은 문제의 뿌리까지 들어가기보다는 표면에 드러난 것만을 다루신다. 그분의 은혜와 진리가 모든 영역을 정결하게 하시도록 내어 드려야 한다. 그 결과는 그저 새로운 삶이 아닌, 놀랍도록 풍성한 삶이다.

4) 4단계: 의지를 실천하라(책임의 역할과 두려움의 힘 깨뜨리기)

문제를 인정하고, 상처 입은 감정을 다루고, 새롭게 된 마음을 갖는 것은 모두 중요하지만, 이것으로 충분치는 않다. 고백, 회개, 순종, 책임을 통한 구체적이고 능동적인 발걸음을 내디뎌야 한다. 모든 여정은 사실 첫 걸음으로부터 시작된다. 헌신된 행동은 대개 강한 확신의 결과이며 중독자가 과거를 넘어 앞으로 나아갈 준비가 되었다는 증거이다. 사도 바울은 빌립보 교인들에게 다음과 같이 말했다.

… 뒤에 있는 것은 잊어버리고 앞에 있는 것을 잡으려고 …(빌 3:13).

그러나 진실은, 대부분 중독자가 혼자서는 이러한 발걸음을 내디딜 수 없다는 것이다. 그들에게는 함께 걸어갈 다른 사람들이 필요하다. 어떤 사람은 말하기를, 책임은 승리자들의 아침 식사이지만, 너무나 많은 사람이 하루의 가장 중요한 식사를 거른다고 했다. 고립은 신앙인을 끌어내리기 위한 사단의 최우선 전략이다. 혼자 있는 사람은 더 쉬운 목표물이 된다.

열왕기상 4:1-9에는 솔로몬 왕의 주요 신하들의 명단이 나온다. 명단에는 "왕의 벗"이라 불렸던 사붓이라는 제사장이 나온다.

이 세상에서 가장 지혜로운 왕이었던 솔로몬은 첫째 임무가 왕의 벗인 사람을 최측근으로 두는 통찰력을 지니고 있었다.

누가 중독자의 사붓인가?

중독자들은 반드시 이러한 상호 책임 동역자를 찾아야 하며, 이 여정을 함께 해 줄 것을 기도하는 마음으로 요청해야 한다.

도움 사역의 세 개 다리(The three legs of helping ministry) 2

이 책은 정신 건강 전문가뿐만 아니라 다양한 형태의 중독으로 씨름하는 사람들을 더 잘 이해하고 돕기를 원하는 목회자, 사역 리더, 평신도 사역자를 위한 책이다. 이들은 마치 세 다리 의자를 지탱하는 세 개의 다리와 같다. 우리는 이 책이 세 분야의 사람들(세 다리 의자 비유에서 각각의 다리)에게 적용할 수 있도록 집필했다.

우리는 교회 내의 도움 사역이 목회자, 전문 기독교 상담사와 임상가, 그리고 평신도 조력자로 구성된다는 아이디어를 발전시켰다. 여기서 목회자는 중앙 감독적 역할을 담당하는데, 이는 대부분 내담자가 평신도 역할로 돌아가기 때문이다. 전문 기독교 상담사와 임상가는 대개 주어진 지리적 영역 안에서 많은 교회를 섬긴다. 평신도 조력자는 개인적인 역할과 그룹 리더의 역할을 통해 교회를 섬기도록 훈련받는다.

세 가지 분야에서 섬기는 모든 사람은 그리스도의 은혜와 진리를 반영하는 성품과 섬김의 자질을 계발해야만 한다. 하나님은 교회들이 건강한 교회의 중심이 되는 사역들을 수행할 수 있도록 당신의 은사를 자유롭게 나누어 주신다. 그리고 이러한 사역 중 가장 중요한 하나는 깨어지고 상처받은 사람들을 돌보는 것이다.

우리가 아무리 기술적으로 잘 준비된다고 할지라도 우리 안에서, 우리를 통해 하나님의 일을 이루시는 성령님을 직접 의지하지 않는다면, 우리의 섬김은 하나님 나라의 열매를 맺지 못하게 될 것이다.

하나님은 중독의 매임 아래 놓인 사람들을 우리에게 보내 주실 것이다. 하나님은 우리를 통해 그들을 사랑하고 치유하기 원하신다. 우리는 하나님께서 초자연적 방법으로 사람들을 만지시도록 그분께 의지하는 법을 배워야 한다. 그럴 때 사람들은 "오늘 상담 시간에 하나님께서 나타나셨어요!"라고 외칠 수 있게 될 것이다.

바울 사도는 고린도후서 4:6-7에서 말씀하신다.

> 어두운 데에 빛이 비치라 말씀하셨던 그 하나님께서 예수 그리스도의 얼굴에 있는 하나님의 영광을 아는 빛을 우리 마음에 비추셨느니라 우리가 이 보배를 질그릇에 가졌으니 이는 심히 큰 능력은 하나님께 있고 우리에게 있지 아니함을 알게 하려 함이라(고후 4:6-7).

1) 목회자 또는 교회 간사

만약 당신이 목회자 또는 교회 간사라면, 당신은 교회의 문을 들어서는 많은 사람이 물질 남용, 약물 의존, 그 밖의 다른 여러 형태의 중독으로 힘겨워하고 있다는 사실을 안다. 아래의 지침이 도움이 될 것이다.

- 목회적 돌봄을 구하는 사람들에게 효과적 상담과 단기적 전략 제공하기
- 사람들을 교육하고 중독과 회복, 그리고 자유함 속에서 살아가는 방법에 관한 설교 개발하기

- 교회의 간사와 평신도 리더들이 도움 사역을 발전시킬 수 있도록 핵심 자원과 자료 제공하기

2) 정신 건강 전문가

만약 당신이 정신 건강 전문가이거나 주요 임상 훈련의 자격증 소지자라면, 당신은 이미 이 책에 등장하는 대부분 주제에 익숙할 것이다. 그러나 아래의 지침이 도움이 될 것이다.

- 내담자와의 초기 상담 시에 필요한 설명과 진단 질문 검토하기
- 내담자의 문제에 관한 성경적 세계관을 이해하고 포용함으로써 적절한 치료 계획 세우기
- 내담자들이 치료 과정에서 바른 사고와 결단력 있는 행동으로 막힘없이 전진할 수 있도록 유용한 정보 전달하기

3) 평신도 상담사

만약 당신이 평신도 상담사라면, 이 책은 당신이 최선의 돌봄 계획을 세우고 실행할 수 있도록 자세히 안내할 것이다. 우리는 당신이 개인 상담이나 그룹 상담을 인도하는 데에 필요한 자료들에 집중하면서, 책 전체를 읽을 것을 추천한다. 아래의 지침이 도움이 될 것이다.

- 중독자의 문제를 이해하고 정확히 진단하기
- 지나치게 통제하거나 지나치게 소극적이지 않은 태도로 대화를 진행하고 유익한 의견을 전달하기
- 핵심 원리를 상기시키고 문제의 진단에서부터 해결까지 효과적으로 진행하는 과정 안내하기
- 평신도 사역의 한계를 상기시키고 더 많은 훈련과 전문성을 갖춘 사람들에게 건설적 상담 의뢰를 할 수 있도록 돕기

3 이 책의 사용

이 책은 중독과 회복 분야에서 전문가와 사역자가 마주하게 되는 가장 일반적인 사십 가지 주제를 다룬다. 우리는 각 주제를 상담의 진행 과정에 따라 여덟 가지 부분으로 나누었다. 이 여덟 가지 부분의 목표와 목적은 다음과 같다.

1) 상황 묘사

각 주제는 그 문제를 놓고 씨름하는 사람들이 흔히 겪는 몇 가지 짧은 이야기로 시작한다. 우리는 당신이 섬기는 곳에서 마주하게 될 이야기를 들려주고자 노력했다.

2) 정의와 주요 개념

이 부분은 비전문적 언어로 문제의 정의를 알기 쉽게 설명하면서 시작한다. 그 후에는 다양한 아이디어와 수치 자료를 첨부함으로써 어떻게 이 문제가 삶에 영향을 미치고 이 문제로 씨름하는 사람들에게 악영향을 미칠 수 있는지 더 잘 이해할 수 있도록 돕는다.

3) 진단 인터뷰

이 부분은 먼저 정확한 진단을 내리는 데에 필요한 구조적 틀을 제시한다. 그 후에 문제를 좀 더 구체적으로 이해할 수 있게 해 주는 몇 가지 질문을 제안한다.

4) 지혜로운 상담을 위한 조언

이 부분의 내용은 당신이 상담자적 중재를 하는 데 있어 대단히 중요한 지침이 될 것이며, 더 나은 방법으로 상담을 구성하도록 돕는 지혜로운 조언이 될 것이다. 이 중요한 통찰은 당신이 만나게 될 남성과 여성을 이해하고 그들을 상담하는 데에 예리한 직관을 제공할 것이다.

5) 내담자를 위한 행동 단계

위의 지혜로운 조언과 함께, 이 부분에서는 상담에서 당신이 무엇을 해야 할지 안내해 줄 것이다. 이 부분은 문제의 인식부터 해결까지 당신과 내담자를 구체적이고 균형 잡힌 단계에 따라 안내하는 논리적인 지침, 즉 내담자 행동 단계를 구성하도록 돕는다. 효과적인 행동 계획이 없을 때 사람들은 변화를 위해 구체적인 목표에 따라 결단력 있게 행동하기보다, 혼란에 빠져 목표로부터 멀어지기가 쉽다. 대부분 행동 단계는 내담자를 대상으로 한 것이다.

6) 성경적 통찰

여기서는 상담의 시작부터 마침까지 도움이 될 수 있는, 상황에 맞는 성경 구절과 해석을 제공한다. 상담의 전 과정을 성경적 틀 안에서 이해하고, 불가능한 일을 하시도록 주님의 능력에 호소하는 것은 진정한 기독교 상담의 본질이다. 당신은 내담자들에게 성경 구절들을 묵상하거나 암송하도록 요청할 수 있다. 당신은 상담자적 중재 과정을 위한 지침으로써 이 성경 구절들을 사용할 수도 있다.

7) 기도 첫걸음

모든 상황에 적합하지 않을 수도 있지만, 많은 그리스도인은 기도가 상담 과정의 필수적인 부분이 되기를 원하고 기대한다. 당신은 기도하기 전에 내담자의 동의를 구해야 한다. 내담자가 함께 기도하지 않을 때도, 상담 중에 침묵으로 기도하거나 상담 전후에 내담자를 생각하며 기도하는 습관을 들이라. 기도는 영적 중재에 있어 결정적 요소이기 때문에 치료 과정에 하나님을 직접 초대하는 간략한 기도문을 소개한다.

8) 추천 자료

여기서는 심층 연구와 독서를 위해 잘 알려진 기독교 자료 위주의 추천 문헌 목록을 제시한다. 완벽한 목록이라 할 수는 없겠지만, 이 목록은 당신이 이 주제에 관해 원하는 만큼 심층적으로 연구할 수 있도록 추가적인 연구들에 관한 참고 자료를 소개할 것이다.

중독과 회복에 관해 배워 가면서, 사람들을 돕고 보살피며 침묵을 깨고자 하는 당신의 열망이 하나님을 영화롭게 한다는 사실을 알게 되기를 바란다. 기독교 상담은 강력하고 효과적이며, 실제 사례에 기초한 제자도이다.

실제로 기독교 상담은 하나님 앞에서 충만한 삶을 살아가는 데에 방해가 되는 고통, 오해, 파괴적인 습관의 사슬을 깨기 위해 상처받은 사람들이 통과하는 문이다. 우리가 함께 주님의 일을 하는 동역자가 된 것을 영광스럽게 생각하며, 하나님께서 깨어진 심령을 만지고 온전함과 치유를 이루기 위해 당신을 놀랍게 사용하실 것을 믿는다.

4 추가적인 참고 문헌

'미국기독교상담사협회'(AACC: American Association of Christian Counselors)는 미국과 전 세계에 흩어진 약 5,000명의 회원으로 구성된 사역자 및 전문가 조직이다. 이 사람들은 목회자, 전문 상담사, 평신도 사역자들이 어떤 역할이나 환경에서든지 최상의 자원을 제공받을 수 있도록 헌신하고 있다.

이들은 또한 수상 경력에 빛나는 「크리스찬 카운슬링 투데이」(*Christian Counseling Today*) 학술지와 라이트대학교(Light University)의 강좌들을 통해 포괄적 교육, 훈련, 학회 참여 기회를 제공하며, 이를 통해 당신이 어떠한 형태의 도움 사역에 헌신하든지 그것에 필요한 충분한 소양을 갖추도록 돕는다. 참고 문헌은 각 장의 마지막에 기록되어 있지만, 몇몇 필수적 참고 문헌들은 다음과 같다.

- *The Bible for Hope: Caring for People God's Way* by Tim Clinton and many leadingcontributors (Thomas Nelson, 2006).
- *Caring for People God's Way* (and *Marriage and Family Counseling and Healthy Sexuality*—books in the same series) by Tim Clinton, Archibald Hart, and George Ohlschlager (Thomas Nelson, 2009).
- *Competent Christian Counseling: Foundations and Practices of Compassionate Soul Care* by Tim Clinton, George Ohlschlager, and many other leading contributors(WaterBrook, 2002).
- '미국기독교상담사협회'의 라이트대학교는 다음과 같은 다양한 주제의 성경적 상담 동영상 훈련 프로그램을 제공한다. 하나님의 방법으로 사람들을 돌보기, 해방, 중독과 회복, 스트레스와 트라우마 관리, 하나님의 방법으로 청소년 돌보기, 행복한 결혼, 건강한 섹슈얼리티, 특별한 여성, 제네바 시리즈, 용기 있는 삶 시리즈, 성 중독 외.
- www.aacc.net을 방문하여 '미국기독교상담사협회'에서 교회의 성장과 향상을 위해 제공하는 다양한 자료, 서비스, 훈련 기회를 참조하라.

참고 문헌 5

American Psychiatric Association. *Diagnostic and Statistical Manual of Mental Disorders*: DSM-IV-TR, 1994, 181-83.

Jellinek, E. M. "Phases of Alcohol Addiction." *Quarterly Journal of Studies on Alcohol* 13, 1952, 673-74.

McNeece, C. A., and D. M. DiNitto. *Chemical Dependency: A Systems Approach*. 3rd ed. Pearson Education, 2005.

Stevens, P., and R. L. Smith. *Substance Abuse Counseling: Theory and Practice*. 3rd ed. Pearson Education, 2005.

제1부

중독과 회복 개요

제1부에서는 중독과 회복의 중요한 측면을 종합적으로 살펴본다. 중독과 의존으로 고통받는 사람들을 돌보고 상담하기 위해, 특별히 그리스도 안에서 자유와 온전함을 향해 나아가고 있는 사람들을 위해, 건강한 상담 및 심리학적 원칙을 포함한 진단 요인과 치료 계획을 수립함에 있어서 성경에 근거하고 성경적으로 건강한 방향성(고백, 회개, 경건한 애통을 포함하는)을 유지하는 것은 필수적이다.

머리말에서 제시했던, 회복으로 가는 길의 네 가지 기본 단계를 기억해 보자.

1단계: **인정하고 수용하라**(고백의 역할과 비밀의 힘 깨뜨리기)

2단계: **감염을 제거하라**(애통의 역할과 부정의 힘 깨뜨리기)

3단계: **마음을 새롭게 하라**(진리의 역할과 불신앙의 힘 깨뜨리기)

4단계: **의지를 실천하라**(책임의 역할과 두려움의 힘 깨뜨리기)

질병과 선택 1

상황 묘사 1

- "목사님, 도와주세요. 저희 결혼 생활이 파국으로 치닫고 있어요."
베키는 당신의 사무실로 전화를 걸어 이야기한다.
"남편은 거의 매일같이 술을 마셔요. 하지만 본인은 문제가 있다는 사실을 인정하지 않아요."
그녀는 울먹이며 말한다.
"저는 몇 년 동안이나 남편의 행동을 참아 왔어요.
남편은 소리를 지르고 화를 내요!
어제는 남편이 직장에서도 해고당했어요!
더 이상은 못 참겠어요."

- 댄은 어머니가 걱정이 된다. 댄의 어머니인 마리는 우울하고 모든 것에 의욕이 없어 보이는 65세의 여성이다. 댄은 어머니가 항상 의사를 만나러 가는 것이 염려스럽다. 5년 전 허리 통증 때문에 처음 의사와 상담한 후로, 마리는 계속해서 의사를 바꾸어 가며 만난다. 댄은 어머니가 진통제에 중독된 것이 아닌지 궁금해지기 시작했다.

- 8학년인 데이비드는 이번 여름 처음으로 대마초를 피워 보았다. 그는 학교 친구들로부터 대마초는 그리 나쁘지 않은, "가벼운 마약"이라고 들었다. 데이비드는 단순한 호기심으로 한 번쯤 시도해 보는 것도 괜찮겠다는 생각이 들었다. 처음에는 아무 느낌도 없었지만, 양을 조금 늘리자 취한 기분을 느꼈다. 데이비드는 그 기분이 좋았다.
"대마초가 내 마음을 움직이다니, 정말 신기해요!"
이제 데이비드는 처음 경험했던 그 황홀한 기분을 느끼기 위해 매일 대마초를 피운다.

2 정의와 주요 개념

1) 최근 경향과 통계

- 중독은 다양한 개인과 가족에게 영향을 미치는 심각한 문제이다.
- 작년 한 해, 대략 12세 이상의 미국인 300만 명이 처음으로 불법적인 마약을 사용했다. 하루 평균 약 8,100명의 새로운 마약 사용자가 생겼다.[1]
- 2009년, 중3부터 고3까지의 학생 중 72.5퍼센트는 적어도 한 번 이상 알코올을 마신 적이 있으며, 41.8퍼센트는 해당 설문 조사가 시행된 30일 이내에 적어도 한 번 이상 알코올을 마셨다고 보고했다.[2] 이와 비슷하게, 36.8퍼센트의 학생은 이전에 대마초를 사용해 본 적이 있으며, 20.8퍼센트는 해당 설문 조사가 시행된 30일 이내에 적어도 한 번 이상 대마초를 사용했다고 보고했다.[3]
- 12세 이상 인구의 6.7퍼센트 또는 1,690만 명의 사람들이 과음을 보고했다.[4]
- 매년 대략 7만 9천 명의 사람이 음주 문제로 사망한다.[5] 이는 미국에

---

[1] Substance Abuse and Mental Health Services Administration Center for Behavioral Health Statistics and Quality, "Results from the 2010 National Survey on Drug Use and Health: Summary of National Findings," U.S. Department of Health and Human Services, September 2011, www.oas.samhsa.gov/NSDUH/2k10NSDUH/2k10Results.htm#5.1.
[2] Centers for Disease Control and Prevention (CDC), "Trends in the Prevalence of Alcohol Use," www.cdc.gov/healthyyouth/yrbs/pdf/us_alcohol_trend_yrbs.pdf.
[3] Centers for Disease Control and Prevention, "Trends in the Prevalence of Marijuana, Cocaine, and Other Illegal Drug Use," www.cdc.gov/healthyyouth/yrbs/pdf/us_drug_trend_yrbs.pdf.
[4] Substance Abuse and Mental Health Services Administration Center for Behavioral Health Statistics and Quality, "Results from the 2010 National Survey on Drug Use and Health," www.samhsa.gov/data/NSDUH/2k10Results/Web/HTML/2k10Results.htm#3.1.
[5] Centers for Disease Control and Prevention, "Alcohol and Public Health Fact Sheets,"

서 일어나는 전체 교통사고 사망자의 40퍼센트에 해당한다. 더 나아가, 160만 건의 병원 입원과 40만 건의 응급실 방문도 음주와 관련된 문제가 그 원인이다.[6]

- 다수의 연구는 물질 중독이 가정에 미치는 중대한 영향을 입증해 왔다. 네 명 중 한 명의 아동이 가정에서 알코올 남용이나 의존에 노출되어 있다. 마약과 알코올의 사용은 폭력, 아동 방치, 아동 학대, 아동 비행, 낮은 학업 성취, 직장 문제, 이혼, 노숙과 같은 문제와 연관되어 있다.
- 가정 폭력 사건의 경우 80퍼센트가 알코올 중독과 관련이 있다.[7] 알코올과 마약의 사용은 영아 질병률과 사망률에도 영향을 끼친다.
- 알코올과 마약의 장기적인 사용은 암, 심혈관 질환, 신경 손상, 정신 질환, 에이즈 바이러스(HIV), 그 외 다른 혈액 매개 질병과 관련이 있다.
- 알코올과 마약 사용의 경제적 결과는 충격적이다. 통계는 마약 남용과 마약 중독이 미국인들에게 한 해 6천억 달러 이상의 손해를 끼친다는 것을 보여 준다(의료비, 실업수당, 교통사고, 범죄 등).[8]

2) 주요 특징

- 『웹스터 사전』(*Webster's Dictionary*)은 중독을 "마약처럼 심리적이거나 신체적으로 습관을 형성하는 무언가에 노예가 되어 그것의 중단이 심각한 외상(trauma)을 유발하는 상태"라고 정의한다.

  특정한 화학 물질에 중독될 뿐만 아니라 도박, 포르노그래피, 충동적 쇼핑과 같은 행동(행동 중독 또는 과정 중독이라고 알려진)에 중독될 수

October 28, 2011, www.cdc.gov/alcohol/factsheets/alcohol-use.htm.

6 Ibid.
7 J. J. Collins and P. M. Messerschmidt, "Epidemiology of Alcohol-Related Violence," Alcohol Health and Research World 17 (1993), 93-100.
8 National Institute on Drug Abuse, "Info Facts: Understanding Drug Abuse and Addiction," March 2011, www.drugabuse.gov/publications/infofacts/understanding-drug-abuse-addiction.

있다는 사실에 주목하라. 이것은 강박적 충동이며, 사람들은 충동이 가져오는 부정적인 결과를 잘 알면서도 이를 멈추는 데에 어려움을 겪는다.
- 약물은 단순히 신체의 화학 작용이나 내부 구조에 변화를 주는 화학 물질이다.
- 약물 오용이란 약물을 그 본래 목적이나 상태에 부적합하게 사용하거나, 약물의 목적에는 적합하지만, 투여량을 부적절하게 사용하는 것을 말한다.
- 약물 남용을 간단하게 정의하면, 개인의 기분을 전환하려는 목적으로 어떤 물질을 해롭게 사용하는 것이다. 사람들은 외로움, 불안, 우울, 분노와 같은 감정을 잊어버리거나 느끼지 않기 위해 약물을 남용한다.
- 내성은 특정한 물질이 반복적으로 사용되고 동일한 투여량이 이전보다 적은 효과를 보이기 시작할 때 나타나는 현상이다. 약물에 중독된 사람이 원하는 수준의 효과를 얻기 위해 약물 투여량을 증가해야만 하는 이유가 여기에 있다.
- 신체적 의존은 신체가 체내에 존재하는 화학 물질에 적응되었음을 의미한다. 금단 증상은 약물의 투여를 중단함으로써 체내에 존재하는 약물의 수준이 떨어지면서 나타난다. 금단 증상은 약물에 따라 다양하다.
- 심리적 의존(행동적 의존이라고도 불림)은 약물 사용의 빈도, 또는 약물을 획득하기 위해 개인이 들이는 시간이나 노력의 양과 같은 관찰이 가능한 행동으로 정의된다.

3) 사용과 남용의 방법

- 약물이 투여되는 몇 가지 방법이 있다. 그 방법은 다음과 같다.

    - 섭취(ingestion): 삼키기
    - 주사(injection): 바늘 (대개 가장 빠른 방법)
    - 흡입(inhalation): 입으로 들이마시기

- 흡입(insufflation): 코를 킁킁거리거나 코로 숨 들이쉬기
- 흡수(interception): 피부로 흡수(예를 들어, 패치 등을 통해)

• 특정한 화학 약물이 사용자에게 어떤 영향을 미치는가를 충분히 이해하기 위해서는 약리학의 개념을 이해하는 것이 중요하다.

약리학이란, 특정 약물이 어떻게 인간의 체내에서 대사 작용을 하며, 결과적으로 이 과정이 어떻게 잠재적인 부작용에 영향을 미치는지에 관한 원리이다. 이 과정의 결정적인 요소에는 특정 약물의 투여법, 약물의 **생물학적 이용 가능성**(bioavailability, 물질이 흡수되고 인간의 몸 전체로 전달되고 분포되는 과정), 그리고 **생체 내 변환**(biotransformation)의 개념(독소가 안전하게 인체로부터 제거될 수 있도록 몸이 분해되고 인식된 독소를 조절하는 과정)이 있다.

약물 투여 방법 또는 투여 '경로'(route) 역시 중요한 이유는, 이것이 약물이 인체에 영향을 미치기 시작하는 속도, 약물이 분포되는 방법, 사용자가 약물의 효과와 강도를 경험하기 시작하는 속도에 영향을 주기 때문이다.

• 약물을 인체에 투입하는 여러 방법 중 가장 흔한 것은 **경장**(enteral) 방식과 **비경구**(parenteral) 방식이다.

경장 투입 방식은 세 가지가 있다.

- **정제나 캡슐**: 약물이 흡수되어 위장관(gastrointestinal tract)을 통해 분해된다.
- **설하**(sublingual): 약물이 혀 밑에서 용해되어 혈액이 풍부한 조직으로 흡수된다. 설하 방식으로 약물을 투여하면 초기 신진대사의 영향을 피하고 흡수된 약물의 효능을 극대화할 수 있다.
- **직장 투입**: 의학 전문가들과 오락적 약물 사용자들이 가장 드물게 사용하는 방법이다.

비경구 방식의 약물 투약에는 주어진 약물을 인체에 직접 주사하는

방법이 포함된다. 이 방법은 사용자가 약물의 효과를 신속히 경험하기를 원할 때 선호된다. 약물의 효과를 극대화하기 위해 위장관 투여는 기피된다. 비경구 투약 방식에는 몇 가지 형태가 있다.

- 피하 주사: 주어진 양의 약물을 피부 아래로 주사하는 것이다. 원하는 효과의 시작은 느리지만, 피부 하층에 저장소를 형성하여 차후에 약물이 인체로 퍼져 나가게 한다.
- 근육 주사: 약물은 인체 내 근육 조직에 주사될 수도 있다. 근육 조직으로 공급되는 많은 양의 혈액으로 인해 물질은 빠른 속도로 순환계로 흡수된다.
- 정맥 주사: 비경구적으로 투여될 수 있다. 약물을 경험하는 속도에 영향을 주는 여러 요인이 있지만, 이 방법이 가장 빠른 것으로 여겨진다. 정맥에 직접 주사한 약물은 혈액의 흐름을 따라 즉각적으로 순환하게 된다.

4) 중독의 모델

- 중독과 의존의 원인은 무엇인가?
  다수의 모델이 제시되었다.

  - 질병 모델은 중독자와 비중독자 사이에 분명하고 타당한 차이가 존재한다고 설명한다. 중독은 한번 시작되면 사람의 힘으로 멈출 수 없는 진행성 질환으로 간주한다. 이 모델의 약점은 중독을 치료 불가능한 질병이라고 주장함으로써 중독자들이 **변화를 위한 책임을 회피할 가능성**이 커진다.
  - 유전 모델은 중독을 설명하기 위해 유전적 과정과 생리적 과정의 차이에 초점을 맞춘다. 가족, 쌍둥이, 입양에 관한 연구들은 알코올에 중독되는 개인적 위험의 40-60퍼센트가 유전적이라는 사실을 시사한다. 그러나 이것은 취약성 또는 유전적 요인에 관련된 문제이기 때문에 특정 유전자를 지닌 개인이 반드시 특정 약물에 중독된다는 것을

의미하지는 않는다. 예를 들어, 특정 유전자를 지닌 일부 사람들은 한 번 약물을 시작하면 다른 사람들보다 중단하기가 어렵다.

- **생물학적 모델**은 중독을 설명하기 위해 비정상적 약물 대사(abnormal drug metabolism)와 뇌 감도(brain sensitivity)와 같은, **고유한 생물학적 조건**에 집중한다. 자극제와 같이 중독성이 강한 약물은 뇌 속의 도파민 경로를 자극하여 쾌감을 주는 것으로 알려져 있다. 이로 인해 인체는 더 적은 양의 도파민을 생성하게 된다. 뇌영상 기술을 사용한 연구들은 약물의 영향을 받은 뇌와 건강한 뇌 사이의 뇌 구조 활동의 차이를 보여 준다. 그러나 이 연구들은 약물 사용으로 나타나는 생리학적 결과의 일부를 보여 주는 경향이 있으며, 이것이 반드시 의존의 원인이라 할 수는 없다.

- **선택 모델**(도덕 모델)은 각 개인의 선택이 중독 문제의 가장 주요한 원인이라고 말한다. 이 모델은 개인이 **자유 선택권**을 가지고 있으며 자신의 행동에 책임을 져야 한다는 생각에 기초하고 있다. 알코올과 약물의 소비는 선택으로 간주된다.

히브리서 4:13에 "지으신 것이 하나도 그 앞에 나타나지 않음이 없고 우리의 결산을 받으실 이의 눈앞에 만물이 벌거벗은 것 같이 드러나느니라"라고 기록되었듯이, 성경은 각 사람이 하나님 앞에서 도덕적 책임이 있다고 가르친다. 그러나 중독의 선택 모델에서 중독자는 대체로 의지가 부족하거나 **도덕적으로 실패한**, 나약한 사람으로 분류된다. 이런 종류의 경멸은 파괴적인 영향을 끼치며, 중독자의 회복에 도움이 되지 못한다.

- **성격 모델**은 성격 이상(abnormality of personality)에 원인이 있다고 여기며, 여기서 성격 이상이란 충동 조절 능력의 부족, 낮은 자존감, 대처 기술의 부족, 자기중심성, 조작적 성향으로 특징지어질 수 있다.[9] 약물 남용과 반사회적 성격 장애, 그리고 청소년 비행 사이에는 빈번한 상관관계가 존재한다. 그러나 이 상관관계가 성격 이상과 중독 사이

---

9 H. E. Doweiko, *Concepts of Chemical Dependency*, 8th ed. (Belmont, CA: Brooks/Cole, 2012).

의 인과관계를 증명하는 것은 아니다.
- **대응/사회적 학습** 모델은 개인의 심리-감정적 발달이 중독 행동에서 중요한 역할을 한다고 여긴다. 중독 문제를 지닌 사람들을 감정적으로 상처받은 사람들로 여긴다. 많은 사람이 아동기에 트라우마를 경험했다. 예를 들어, 성 중독자에 관한 연구에 따르면 81퍼센트가 성적으로 학대를 받았으며, 74퍼센트가 신체적으로, 그리고 97퍼센트가 정서적으로 학대를 받았다.[10] 중독은 감정적 고통을 완화하기 위한 대응 기제로 여겨진다.
- **사회문화적** 모델은 개인의 중독을 형성하는 원인으로 **사회의 역할, 환경적 요인**, 그리고 **하위문화**를 지목한다. 본질적으로, 중독은 다른 사람들로부터 학습된 행동으로 간주된다. 예를 들어, 알코올 소비는 알코올의 이용 가능성과 사회적 상호 작용에 강력하게 영향받는다. 불법적 약물의 이용 가능성은 가정 환경, 사회경제적 지위, 또래 압력, 교육이나 예방 프로그램, 법적 제재, 그 외 다양한 요인에 따라 달라진다. 사회적 지원과 상호 책임성은 중독으로부터의 회복에 필수적이다.
- **영적** 모델은 중독을 영성의 부족, 믿음에 기초한 가치의 부족, 빛과 진리, 사랑, 온전함으로 여겨지는 **하나님과의 단절**에서 기인한 것으로 본다. 이 모델은 중독으로부터 회복되기 위해 하나님과의 관계 회복이 필요하다고 제시한다. 하나님의 말씀은 알코올(와인)이 그 자체로 악하다고 암시하지 않는다. 실제로 알코올 소비는 일상적 관습이자 널리 행해졌던 성경적 문화의 일부였으며, 약리적 목적과 함께 다양한 축제에도 사용되었다.

그러나 성경은 술 취함이 죄악이라는 것을 분명히 밝힌다(갈 5:21을 보라). 성경은 또한 육체의 욕심(탐심, 정욕 등)과 성령의 갈망 사이의 전쟁을 인정한다(갈 5장을 보라). 우리는 육체의 욕심을 충족시키는 삶이 아니라 성령을 따르는 삶을 살아야 한다(롬 6:12; 8:5; 갈 5:16).

---

[10] C. Franklin and R. Fong, *The Church Leader's Counseling Resource Book: A Guide to Mental Health and Social Problems* (New York: Oxford University Press, 2011), 40-52.

- 어느 모델이 가장 정확한가?

    과학적 연구는 뇌를 통해 중독의 결과를 보여 주었지만, 생물학적 인과관계를 확실히 증명하지 못했다. 인간의 취약성에 관한 유전적 요인이 있을 수 있지만, 이것이 알코올 중독자의 가족 모두가 중독자가 된다는 것을 의미하지는 않는다.

    이와 비슷하게 사회적 환경이 지닌 영향력이 있지만, 약물이 주어졌을 때 각 사람은 그것을 취하거나 취하지 않을 선택권을 지닌다. 만약 선택의 여지가 전혀 없었다면, 그리고 그 과정이 순수하게 생리적, 유전적, 또는 질병에 기초한 것이었다면, 금주나 회복을 향해 나아갈 수 있는 사람이 과연 존재할지 의심하게 된다. 현실은, 실제로 수천 명의 사람이 금주를 시작한다.

- 오늘날 생물학적-심리적-사회적-영적 현상으로 받아들여지는 중독의 정의가 있다. 중독은 무수히 많은 인과관계와 기여 요인을 가지고 있는 것으로 여겨지며, 이는 회복을 향한 다양한 경로를 제공한다. 이러한 요인들은 모두 중독에 대한 개인의 취약성에 영향을 미치며 회복 과정에서 반드시 고려되어야 한다.

    위에서 언급된 모든 측면이 동시다발적으로 존재한다. 각 측면은 문제를 정의하는 데에 도움이 되는 고유한 특성을 보인다. 사람들은 각자 고유한 성격을 지니며, 가족, 친구, 공동체, 더 큰 사회에서 고립되어 살아가지 않는다. 우리는 마약, 알코올 및 다른 중독적 유혹이 존재하는 불완전하고 타락한 세상에 살고 있으며 **과거가 현재에 영향을 미친다**는 현실을 간과할 수 없다.

    우리는 하나님 앞에서 우리의 **선택**에 **책임**을 져야 하며, 그 선택에 관해 설명할 날을 맞이하게 될 것이다. 그러나 우리가 모두 죄인이며 죄악 된 선택을 함으로써 거룩한 하나님을 배반했다 할지라도 그분의 긍휼과 은혜는 그분의 이름을 부르는 모든 자에게 미칠 것이다(히 4:14-16을 보라).

5) 중독의 영향

- **충동**: 충동은 세 가지 요소 즉 **강화, 욕구, 습관**으로 구성된다. 강화는 중독적 물질이나 행동과 처음으로 접촉하게 되었을 때 일어난다. 물질이나 감정의 효과(쾌감이나 자극, 고통의 경감 등)는 사용자를 강화한다. 욕구는 뇌가 그 물질이나 행동이 필요하다는 강렬한 신호를 보내는 것을 의미한다. 지속적인 사용은 습관이 되고 삶의 일부가 된다.
- **통제의 상실**: 중독자는 중독이 자신의 통제를 벗어났음을 자각한다. 전형적으로 중독자는 약물의 소비 시점과 소비량을 예상하거나 결정하지 못한다.
- **부정적 결과**: 중독자는 자신과 주변 사람들에게 주어지는 고통스러운 결과에도 불구하고 사용을 지속한다. 부정적 결과에는 열악한 건강 상태, 정신적 문제, 가족 문제, 대인관계의 어려움, 직장 문제, 낮은 학업 성취, 경제적 문제, 반복적인 죄, 하나님과의 분리 등이 있다.
- **내성**: 물질이 지속적으로 사용되면 신체에 작용하는 약물이나 행동의 약물적 효과에 내성이 생기기 시작한다. 결과적으로, 신체는 동일한 효과를 내기 위해 더 많은 양의 물질이나 행동을 필요로 한다.
- **금단 현상**: 약물의 사용이 중단될 때 중독자는 불쾌한 증상을 경험한다. 증상은 특정 물질과 그 물질이 사용된 양에 따라 달라진다. 금단은 생명을 위협할 수 있으며, 신중한 의료적 관리(해독)가 요구된다.

6) 중독의 신호와 증상

- **눈**: 충혈됨, 촉촉함, 동공이 과도히 확장되거나 축소됨, 물체에 초점을 맞추지 못하거나 시선이 물체를 따라 움직이지 못함.
- **코**: 콧물, 자극성 막.
- **냄새**: 신체 악취 및 호흡 악취.
- **바늘 흔적**: 피부 열감 및 통증, 주사 자국.
- **이례적 감정 극단성**: 신경증적 울음 또는 웃음, 우울감, 혼란, 동요, 권위에 대한 부정적 반응.

- 이례적 기질 극단성: 과잉 자극 또는 지속적 졸음이나 무기력함.
- 식욕 극단성: 식욕이 전혀 없거나 거의 없음, 특별히 단 음식과 음료에 대한 강한 욕구.
- 복합적 공포: 피해망상, 누군가 자신을 모함하고 있다는 확신, 강한 의심, 과도하게 자기방어적으로 되거나 사소한 일에 대한 언쟁, 비밀의 증가.
- 육체적 병폐: 색조, 피부색, 자세 및 체중 등 신체 악화.
- 정신적 병폐: 감정적 극단성, 이전의 목표에 대한 흥미 상실, 무반응, 가정, 직장, 학교에서 증가하는 무책임성.
- 도덕적 영적 병폐: 이전의 가치가 파괴되고 비정상적 사고와 이상적 사고가 그 자리를 차지함, 거짓말, 도둑질, 도박, 도벽, 그 외 다른 비도덕적이고 불법적인 행동.

7) 중독의 신경생물학

- 뇌에는 세 가지 주요한 부위가 있다. **전뇌, 중뇌, 후뇌**.
- 전뇌에는 **피질/전피질**(cortex/neo-cortex, 사고/생각)이 있으며 **변연계**(limbic system, 감정/정서)와 상호 작용한다.
- 쾌감은 변연계 내부에 있는 특수한 신경 세포 회로에 의해 생성되고 조절되며, 이를 **측좌핵**이라고 부른다.
- 뇌에는 대략 1,000억 개의 신경 세포가 있으며 강한 자극을 받은 신경 세포는 1초당 1,000번 활성화할 수 있다.
- **편도체**(amygdala)라고 불리는 작은 분비선은 감정 반응의 진행과 기억에 있어 중요한 역할을 한다. 어떤 면에서 편도체는 복잡한 교차로의 교통경찰과 같은 역할을 한다. 그러나 편도체는 이성과 균형 잡힌 사고가 전뇌로부터 멀어지도록 방향을 전환하여 변연계에 강렬한 쾌감의 메시지를 전달할 수 있다.
- 신경전달물질은 신경 세포의 전기 충격을 방출하는 화학적 메신저이며, 각인이라 불리는 감각 경험을 기록한다. 이러한 각인은 암호화되고, 적절한 경로(시냅스를 통과하여)를 지나 저장된다(대부분 무의식 단계에). 도파민은 변연계로 향하거나 통과하는 '쾌감 통로'와 관련이 있는

주요 물질 중 하나이며 중독의 발달에 중요한 역할을 한다.
- 약물은 뇌의 정상 작용을 방해하고 신경 세포로부터 다른 수용체(receptor)로 신호를 전달하는 천연 화학 물질(신경전달물질과 변연계)을 방해한다. 세로토닌(serotonin), 도파민 (dopamine), 노르에피네프린(norepinephrine)은 세 가지 주요한 뇌 신경전달물질이다. 신경전달물질의 양과 기능은 체내에 유입되거나(예를 들어, 물질의 사용을 통해) 특정한 행동(예를 들어, 도박이나 성관계를 통해)을 통해 **생성되는**(아드레날린처럼) 특정한 화학 물질에 의해 적당히 조절된다.
- 뇌 속의 혈액뇌관문은 용해 분자가 모세혈관벽을 통과하는 것을 차단한다. 물질이 이 벽을 통과하여 신경화학과 그에 따른 뇌 기능에 변화를 가져올 때 이를 정신 활성 상태라고 간주한다.
- 고린도전서 6:19을 기억하는 것은 도움이 된다.

> 너희 몸은 너희가 하나님께로부터 받은바 너희 가운데 계신 성령의 전인 줄을 알지 못하느냐 너희는 너희 자신의 것이 아니라(고전 6:19).

신경전달물질	주요 기능	효과와 상호 작용이 극대화된 화학 물질
세로토닌 (Serotonin)	기분 통제 자신감 고조 안전감 유발 졸음 또는 식욕 유발 가능	알코올, 코카인, 암페타민
도파민 (Dopamine)	기분, 인지능력, 수면, 집중, 기억의 통제 동기 부여와 상/벌 시스템에 영향	헤로인, PCP, 암페타민, 카페인
노르에피네프린 (Norepinephrine)	투쟁/도피 증후군(fight/flight syndrome)에 영향 스트레스 호르몬과 신경전달물질로서 활동 심박수와 포도당 수치에 영향 관심과 집중에 영향	카페인, 코카인, 암페타민
아세틸콜린 (Acetylcholine)	근육(수축)의 활성화 기억과 인지에 영향 자율신경계 내의 일차적 신경전달물질 뇌 처리 속도 조절	마리화나, LSD, PCP, 니코틴, 코카인, 암페타민
감마-아미노부트릭산 (GABA)	과잉 뇌 활동 통제 스트레스와 자극감수성의 영향 감소 안정 상태 촉진 이완의 촉진 불안감 감소	알코올, 벤조디아제핀

에피네프린 (Adrenaline)	투쟁/도피 증후군 유발 스트레스 호르몬과 신경전달물질로서 활동 엔도르핀(endorphines)의 이차적 방출 촉진	니코틴, 코카인, 암페타민
엔도르핀 (Endorphines)	신경 세포의 통증 신호 방출 방지 안락한 기분의 고조	헤로인, 니코틴

3 진단 인터뷰

중독으로부터 회복되는 어려움 중 하나는 많은 중독자가 자신의 문제를 부정한다는 것이다. 초기 진단 시 상담사의 중요한 역할은 중독자가 자신에게 솔직해지고 중독의 영향과 결과를 잘 인식할 수 있도록 돕는 것이다.

내담자에 대한 상담자의 존중은 상담을 시작하는 데 필수적이다. 상담자가 진정한 관심을 보이고, 내담자를 인격적으로 받아들이며, 판단하지 않으면서 바른 질문을 한다면 내담자는 더 쉽고 솔직하게 마음을 열게 될 것이다. 다음은 몇 가지 유용한 질문이다.

1. 무슨 일로 상담에 오게 되었습니까?
   누군가가 당신의 **의 사용에 문제가 있다고 말한 적이 있습니까?
   당신은 이 상황을 어떻게 보십니까?
2. 최근에 얼마나 자주, 얼마나 많은 양을 사용하셨습니까(매일 혹은 매주)?
3. 의사나 상담사와 이 문제를 상의해 본 적이 있습니까?
4. 당신의 직계 가족이나 확대 가족 중에 비슷한 문제로 어려움을 겪는 분이 있습니까?
5. 당신이 처음으로 사용한 때는 언제이고, 또 얼마나 오래 사용해 왔습니까?
6. 당신은 **의 사용이 배우자와 가족들에게 어떤 영향을 미친다고 생각하십니까?
7. 당신의 **의 사용이 직장이나 학교 성적, 또는 다른 활동들에 어떤

영향을 미친다고 생각하십니까?
8. 사용을 멈추려고 시도한 적이 있습니까?
   어떤 도움을 구하셨습니까?
   어떤 시점에서 멈추려는 시도가 무너졌거나 실패했다고 생각하십니까?
9. (물질의) 영향 아래에 있을 때, 법률 위반과 같이 나중에 후회가 될만한 행동을 한 적이 있습니까?
   만약 있었다면, 무엇을 했습니까?
10. 당신은 언제, 어디서, 그리고 어떤 상황에서 사용하십니까?
    구체적으로, 당신이 마지막으로 사용했던 때를 설명해 주실 수 있습니까?
    무슨 일이 일어났습니까? 누구와 함께 있었습니까?
    사용 직전과 직후에 어떤 기분이 들었습니까?
11. 1부터 10까지의 범위 중 10이 매우 나쁨이라면, 당신은 이 문제가 얼마나 나쁘다고 생각하십니까?
12. 1부터 10까지의 범위 중 10이 최고로 동기 부여가 되어 있는 상태라면, 당신은 변화를 위해 얼마나 동기 부여가 된 상태입니까?
    어느 날 당신이 이 문제를 극복하게 될 것이라는 사실에 얼마나 희망적으로 느끼십니까?
13. 만약 당신에게 이 문제가 없었다면 당신의 삶이 어떠했을지 이야기해 보십시오.
14. 당신이 변화에 전념하기로 했을 때 직면하고 극복해야 할 장애물은 무엇입니까?

더욱 자세하고 공식적인 진단을 위해서는 부록을 참조하라.

4 지혜로운 상담을 위한 조언

우리가 앞서 살펴본 것과 같이, 다양한 요인이 중독의 발달에 기여한다는 것을 기억하면서 내담자가 자신의 중독에 대해 단순히 다른 사람(예를 들어, 가족 구성원)이나 환경(또래 압박, 자신이 자라온 환경, 트라우마를 일으킨 사건 등)을 비난하지 않도록 돕는다. 이런 태도는 중재나 변화로 인도되지 않는다. 회복 과정에서 가장 중요한 것은 중독자가 문제를 인식하고 변화에 대해 스스로 책임을 지는 것이다. 이런 인식과 책임감(선택이 이루어지는) 없이 회복 과정은 시작될 수 없다. 상담사의 역할은 내담자가 이 지점까지 나올 수 있도록 돕는 것이다.

중독 상담에서 또 하나의 본질적 요소는 안전이다. 선택 모델(더 구체적으로는 도덕 모델)의 위험은 내담자가 나약하거나 의지가 부족하거나 부도덕한 사람으로 비춰질 수 있다는 데 있다. 내담자에 대한 이런 판단적 태도는 내담자가 더 건강한 상태로 나아가는 데 도움이 되지 않으며, 변화를 위한 기회가 있다는 믿음을 좌절시킬 수 있다. 내담자는 이미 수치감, 절망감, 무력감을 느끼고 있는지도 모른다(초기의 부정과 함께). 내담자에 대한 상담사의 수용, 존중, 공감, 진실한 이해는 발전을 향한 변화의 환경을 창조하는 데에 기본적인 요소이다.

이 지점에서 중독의 **생물학적-심리적-사회적-영적** 모델이 도움이 된다. 중독은 복합적 현상이며 각 개인은 고유한 상황에 놓여 있다. 내담자의 곁에 서서, 그들과 함께 어떻게 각 요인(생물학적, 심리적, 감정적, 관계적, 영적)이 특정 물질이나 행동에 지속적으로 속박되는 요인으로 작용하는지 이해를 구하도록 한다.

5 내담자를 위한 행동 단계

1) 의료적 도움을 구하라

약물의 신체에 대한 강력한 영향을 인식하라. 당신의 몸은 이미 강한 내성과 의존에 적응했거나 이를 발전시켰을 수도 있다. 철저한 건강 검진과 상담이 필요하다.

갑작스러운 금단은 생명에 위협적인 증상을 야기할 수 있다. 의사와의 상담을 통해 의료적 관리하의 해독(detox)이 필요한지 결정해야 한다. 금단 과정은 신중한 관찰이 필요한 금단 증상을 일으킬 수 있다.

2) 자기 자신과 중독의 본질에 대해 인식하라

당신의 상담사는 중독이 당신의 삶에 어떤 영향을 미치고 있는지 신중히 생각해 보도록 도와줄 것이다.
당신의 삶이 어떤 모습이기를 원하는가?
치료의 첫번째 단계는 당신 자신에게 문제가 있다는 사실을 인정하는 것이다. 당신이 진정으로 변화를 원하지 않는다면 당신이 변화될 가능성은 적다.

3) 상호 책임과 전문적 도움을 구하라

비록 변화를 열망하고 추구할지라도, 변화는 어렵고 복잡하다. 변화는 종종 두렵게 느껴진다. 당신에게는 생산적 방법으로 이 과정을 안내하는, 배려심 있는 전문가가 필요하다. 장기간의 변화를 유지하기 위해서는 전문적 도움과 함께 상호 책임이 필요하다. 회복은 하나의 여정이며, 당신은 자주 어려운 장애물을 마주치게 될 수 있다. 당신에게는 당신을 소중히 여기며 이 과정에서 당신을 지지해 줄 누군가가 필요하다.

4) 변화할 준비가 되었는지 확인하라

상담사는 앞으로 당신에게 일어날 일을 예상해 보도록 도와줄 것이다. 사용을 멈춤으로써 얻는 유익이 크다 할지라도, 신경생물학적 요인, 자기기만, 부정, 인간의 타락한 본성에 관련된 도전들이 생긴다는 사실을 기억하는 것은 중요하다.
당신이 진실로 변화를 원한다는 것을 깨닫게 될 때 계획에 전념하는 것이 더욱 수월해진다.

5) 진정한 변화를 위한 행동 계획을 세우라

바른 지지와 도움을 통해 달성 가능한 목표를 세우고 변화를 위한 계획과 전략을 수립하라.

구체적 계획을 세우라. 근절해야 할 과거의 행동과 채택해야 할 새로운 행동을 자세히 설명하도록 한다.

6) 계획을 고수하라

상담사는 당신이 계획을 세우는 것을 돕고 변화를 향해 한 단계씩 나아가는 것을 보조할 것이다.

모든 새로운 행동은 중요하다. 새로운 행동이 새로운 습관이 되기 위해서는 반복적인 훈련이 필요하다.

이전의 습관과 행동은 여전히 매력적일 수 있다. 만약 그것을 다시 탐닉하게 될지라도(재발이라 불린다) 포기하지 말라. 아마도 당신은 오랜 시간 동안 이전의 습관 속에 살아 왔을 것이고, 삶의 양식을 바꾸고 회복하는 데에는 시간이 걸린다. 필요하다면 계획을 복습하고 점검하라. 적절한 상호 책임을 찾고, 다시 시작하라.

성경적 통찰 6

내가 행하는 것을 내가 알지 못하노니 곧 내가 원하는 것은 행하지 아니하고 도리어 미워하는 것을 행함이라(롬 7:15).

육체의 소욕은 인간이라는 존재와 함께 온다. 당신의 내담자가 그리스도인이라 할지라도, 그 사람은 여전히 갈등과 유혹을 경험한다. 사도 바울조차도 자신의 내면과 씨름했다. 이 싸움이 육체와 우리 안에 거하시는 성령님 사이의 싸움이라는 것을 기억하라(갈 5:17).

오직 각 사람이 시험을 받는 것은 자기 욕심에 끌려 미혹됨이니 욕심이 잉태한즉 죄를 낳고 죄가 장성한즉 사망을 낳느니라(약 1:14-15).

욕심은 사람의 깊은 곳을 움직일 수 있다(엡 2:3; 4:22). 욕심이 잉태할 때, 또는 사람이 그런 욕망에 따라 움직일 때, 죄를 낳게 된다. 이것은 몸의 사욕에 복종하게 한다(롬 6:12). 죄는 하나님의 노여움과 진노를 받기 마땅한, 심각한 것이다(롬 1:32; 6:12).

죄로부터, 그리고 하나님의 진노로부터 유일한 구원은 오직 예수 그리스도 안에서 발견된다(고전 15:5-57; 히 7:27; 벧전 2:24; 요일 2:2).

오호라 나는 곤고한 사람이로다 이 사망의 몸에서 누가 나를 건져내랴 우리 주 예수 그리스도로 말미암아 하나님께 감사하리로다(롬 7:24-25).

바울 안에 계신 성령님은 하나님이 기뻐하시는 일을 하고자 하시지만, 또 다른 권세는 여전히 바울 안에 있는 죄의 종이 되게 한다(롬 7:23). 바울은 변화의 딜레마와 복잡성을 이해했다. 하나님도 그러하시다. 하나님은 결코 우리를 버려두지 않으신다. 그분은 우리가 겪는 모든 것을 이해하신다.

하나님은 우리의 죄를 위하여 자신의 독생자를 희생 제물로 주셨다. 우리가 아직 죄인 되었을 때 그분은 우리를 향한 자기의 사랑을 확증하셨다.

하나님은 우리를 구원하셨다!

하나님은 계속하여 우리의 모든 필요를 돌보시며 우리의 몸부림을 보신다. 하나님은 우리가 당신 앞으로 나아오기를 간절히 바라신다.

사람이 예수님을 구원자와 주인으로 영접하면 그 사람은 하나님의 자녀가 되고 하나님은 그에게 성령님을 주신다. 성령님은 이런 싸움 속에서 인간의 연약함을 도우신다(행 1:8). 하나님께 내어 드림으로써 중독자는 육신에 대해 승리할 수 있다.

7 기도 첫걸음

오 주님!
　　＿＿＿＿님이 기꺼이 이곳에 나와 자신의 중독을 직면하게 하시니 감사합니

다. 우리는 주님이 _____님에게 일어나는 모든 일을 알고 계심을 인정합니다. 하나님의 사랑과 자비로운 이해에 감사드립니다.

주님은 _____님의 몸부림과 육체적 의존, 고통스러운 감정, 그리고 과거와 미래를 아십니다. 우리는 주님이 필요하다고 말하기 위해 이곳에 와 있습니다. 우리의 깨어짐을 고백하며 주님의 은혜에 의지합니다. 주님 없이, 우리는 어떤 선한 것도 할 수 없습니다. 주님은 주님이 원하시는 모습과 대항하여 싸우는 우리 육신의 소욕을 보십니다.

그러나 하나님이 거룩하신 것처럼 우리도 거룩하게 되는 것이 우리를 향한 하나님의 목적입니다. 우리는 주님이 우리 삶의 모든 영역을 통제하시도록 내어 드립니다. _____님이 이 회복 과정의 각 단계를 지날 때 힘을 주시옵소서.

추천 자료 | 8

추천 도서

Anderson, Neil T. *Freedom from Addiction: Breaking the Bondage of Addiction and Finding Freedom in Christ*. Gospel Light, 1996.

Arterburn, Stephen, and David Stoop. *The Book of Life Recovery*. Tyndale, 2012.

Clinebell, Howard. *Understanding and Counseling Persons with Alcohol, Drug, and Behavioral Addictions*. Abingdon, 1998.

Clinton, Tim. *Turn Your Life Around*. FaithWords, 2006.

Clinton, Tim, Archibald Hart, and George Ohlschlager. *Caring for People God's Way*. Thomas Nelson, 2006.

Dunn, Jerry. *God Is for the Alcoholics*. Moody, 1986.

Hersh, Sharon. *The Last Addiction: Why Self Help Is Not Enough*. WaterBrook, 2008.

Murphey, Cecil. *When Someone You Love Abuses Drugs and Alcohol*. Beacon Hill Press, 2004.

Rice, Michael. *The Choice Theory Approach to Drug and Alcohol Abuse*. Madeira, 2009.

추천 웹사이트

Alcoholics Anonymous: www.aa.org

Celebrate Recovery: www.celebraterecovery.com

Substance Abuse and Mental Health Services Administration(SAMHSA): www.samhsa.gov/

2 외상과 공존 질환

1 상황 묘사

- "어렸을 때, 저는 아버지한테 많이 맞고 자랐습니다…."
  댄은 자신의 삶에 대해 말하기 시작했다.
  "우리는 아버지가 언제 또 술에 취해서 집에 오실지 몰랐어요. 전 항상 공포에 질려 있었죠. 늘 살얼음판을 걷는 기분이었어요."
  이제 댄은 세 명의 어린 자녀를 둔 아버지가 되었고, 자신의 아버지가 했던 똑같은 행동을 반복하고 있는 자신을 발견하고 좌절을 느낀다.
  "나는 우리 아이들에게는 절대로 그런 행동을 하지 않겠다고 다짐했어요. … 하지만 아이들에게 소리를 지르고 술을 마시는 것을 멈출 수가 없습니다!"

- 티나는 22세의 크랙(crack: 코카인 일종의 마약·역주) 중독자이다. 그녀는 상담에 와서 자신이 학대적 관계에 놓여 있다고 말한다. 티나의 남자친구는 그녀의 뺨을 갈기고 주먹으로 때리며, 티나가 자신을 떠나면 죽여 버리겠다고 협박한다.
  티나는 4살 때부터 육체적 학대를 당했다. 아버지는 총격 사고로 사망했고, 어머니는 다른 남자와 살게 되었다. 그 남자는 티나에게 너무나 끔찍한 일을 저질렀고, 티나는 아직 그 일에 대해서 말할 준비가 안 되었다. 티나는 자신의 어린 시절이 분열되었다고 말한다.
  "마치 제가 몸 밖에 있는 것 같아요."
  그녀는 자신이 언급하는 장면에 대해 혼란스러워했고, 말하는 동안 겁에 질린 것 같았다. 폭력, 성, 마약이 그녀의 삶 전체의 중심 주제였다.

- 스티븐은 33세의 국가 방위군 출신 퇴역군인이다. 최근 아프가니스탄 주둔에서 돌아온 이후 민간인의 삶에 적응하는 데 어려움을 겪고 있다. 그는 한 달 이상 꾸준히 직장을 다니지 못한다. 매우 지쳤으며, 극도로 불안하고, 항상 스트레스를 받으며 무기력하게 느낀다. 그는 자신의 동요와 분노를 통제하지 못하며, 이는 결혼 생활에도 영향을 미치기 시작했다.

스티븐은 내면의 깊은 외로움을 느끼고 있으며, 감정적으로 아내와 자녀들과 분리되어 있다. 그는 숙면을 취하는 데에 어려움을 느낀다. 매일 밤 잊히지 않는 수백 가지 전쟁의 기억들이 잠을 방해하는 것이 두렵다. 그는 "안정을 취하기 위해" 술을 마시며, 자신도 도움이 필요하다는 것을 알고 있다.

정의와 주요 개념 2

- 공존 질환(comorbidity)은 한 사람이 두 개 이상의 장애 혹은 질병을 동시에 혹은 순차적으로 지니게 되는 상태이다. 이 용어는 하나의 질병이 다른 질병(들)의 진행과 예후에 영향을 미치는 장애들 사이의 상호작용을 의미한다.[1]
- 이중 진단(dual diagnosis)은 공존 질환을 위해 종종 사용되는 용어이다. 그러나 이 용어는 구체적으로 한 사람이 물질 중독(남용/의존)과 정신 질환(우울증, 불안, 양극성 인격 장애 등)을 동시에 지닌 상태를 말한다.
- 이중 진단은 일반적이다. 예를 들어, 약물 중독으로 진단받은 사람들은 일반 대중과 비교하여 기분 장애(우울증, 조울증 등)와 불안 장애(범불안 장애, 강박 장애, 외상후 스트레스 장애 등)로 진단받을 확률이 두 배 더 높다. 기분 장애나 불안 장애로 진단받은 사람들은 중독 관련 문제

---

1 National Institute of Drug Abuse, "Research Reports: Comorbidity: Addiction and Other Mental Illnesses," September 2010, www.drugabuse.gov/publications/research-reports/comorbidity-addiction-other-mental-illnesses/what-comorbidity.

를 지닐 확률이 두 배 더 높다. 행동 장애(품행 장애 혹은 반사회적 인격 장애)로 진단받은 사람들 역시 중독 관련 문제를 지닐 확률이 두 배 더 높다.[2]
- 청소년 중에서 물질 사용, 남용, 의존의 발병률은 6-33퍼센트(연구 방법에 따라)이며, 이 청소년 중 61-68퍼센트는 적어도 한 가지의 정신의학적 공존 질환 진단을 받는다. 청소년 사이에서는 외현화 장애(품행 장애, 주의력 결핍 및 과잉 행동 장애, 적대적 반항 장애 등)가 내재화 장애(기분 장애 또는 불안 장애)보다 더욱 일반적이다.[3]
- 외상후 스트레스 장애(PTSD)는 불안 장애의 한 종류이다. 이 장애는 다음과 같은 특징을 지닌다.

  - 외상을 유발하는 경험에 노출됨: 자기 자신에게 위험이 되거나(예를 들어, 신체적 학대, 성적 학대, 심각한 부상, 전쟁 트라우마) 다른 사람에게 위험이 되는 상황을 목격함
  - 외상성 상황을 기억하거나 반복적으로 경험하며, 두려움, 공포, 충격, 무기력함을 동반한 원치 않는 생각과 감정으로 반응함
  - 외상과 연관된 생각, 감정, 촉발 상황을 회피함
  - 수면을 취하거나 유지하는 데 어려움, 긴장, 분노의 폭발과 같은 각성의 증가를 경험함[4]

- '투쟁-도피'(fight-or-flight) 반응은 실제로 위험하거나 위험이 기대되는 상황에 놓여 있을 때 자연스러운 반응이다. 그러나 외상후 스트레스 장애가 있는 사람들 사이에서 이 정상적 반응 과정은 손상을 입는다. 그들은 더 이상 실제 위험 상황이 아닌 순간에도 투쟁-도피 반응(육체

---

2   Ibid.
3   C. Couwenbergh et al., "Comorbid Psychopathology in Adolescents and Young Adults Treated for Substance Use Disorders: A Review," *European Child and Adolescent Psychiatry* 15, no.2 (2006), 319-28.
4   American Psychiatric Association, *Diagnostic and Statistical Manual of Mental Disorders* (DSM-IV-TR), 4th ed. (2000).

적이고 심리적인)을 보인다.
- 최근 몇 년간 임상가들과 연구자들은 특별히 퇴역한 참전군인들 사이에서 외상후 스트레스 장애와 물질 남용(남용/의존)의 이중 진단 발생률이 높다는 사실을 알게 되었다. 물질 사용 장애를 지닌 환자들의 20-30퍼센트는 외상후 스트레스 장애의 진단 기준도 함께 충족시킨다. 이 비율은 일반적으로 여성의 경우에 더욱 높다(30-59퍼센트).[5] 추산에 따르면, 베트남전쟁 퇴역군인들의 75퍼센트가 평생 물질 의존 진단 기준을 충족시킨다.[6]
- 이중 진단은 단일 진단보다 더 큰 문제를 야기한다. 외상후 스트레스 장애와 물질 중독 장애를 함께 진단받은 사람은 한 가지 장애를 진단받은 사람보다 중증의 증상을 보인다. 외상후 스트레스 장애의 증상에는 감정적 각성과 생리적 각성(두려움, 공포, 충격, 수면 장애, 과민성, 놀람 반응을 동반한 원치 않는 트라우마의 회상), 그리고 이러한 강렬한 각성 증상에 대한 회피가 포함된다. 일반적으로 단일 진단을 지닌 사람들보다 치료가 어렵다. 치료는 장기화되며, 전문가와 내담자 양측에게 상당히 힘든 과정이 될 수 있다. 이 집단에서 재발과 입원이 더 자주 보고된다. 물질의 사용으로 인해 의료적 약물의 효과가 악화하는 것으로 보인다.[7]
- 연구자들은 외상후 스트레스 장애와 물질 남용의 상관관계에 관한 두 가지 설명을 제시해 왔다.

  - 첫 번째 모델은 약물 남용이 외상후 스트레스 장애에 선행한다고 제안한다. 물질 남용자들은 약물을 구하는 과정에서 위험한 상황에 반

---

5 L. M. Najavits, "Seeking Safety: A New Psychotherapy for Post-traumatic Stress Disorder and Substance Use Disorder," in *Trauma and Substance Abuse: Causes, Consequences, and Treatment of Comorbid Disorders* (Washington, DC: American Psychological Association, 2007), 147-70.

6 L. Jacobsen, S. Southwick, and T. Kosten, "Substance Use Disorders in Patients with Post-traumatic Stress Disorder: A Review of the Literature," *American Journal of Psychiatry* 158, no. 8 (2001), 1184.

7 Ibid.

복적으로 처하게 하며, 이는 종종 트라우마를 일으킬 수 있는 상황에 크게 노출되는 결과를 낳는다. 장기적 물질 사용은 더 높은 수준의 각성과 스트레스에 대한 민감성의 증가로 이어지며, 이는 외상후 스트레스 장애 발달의 취약성으로 이어진다.

- 두 번째 모델은 외상후 스트레스 장애가 약물 남용에 선행한다고 제안한다. 외상후 스트레스 장애로 고통받는 사람들은 강렬한 감정적, 심리적 각성에 대처하기 위해 물질을 사용한다. 환자들은 실제로 술, 대마초, 아편, 벤조디아제핀과 같은 억제제를 통한 증상 완화를 보고한다.[8]

- 화학 물질 의존/남용과 외상후 스트레스 장애로 힘겨워하는 사람들에게는 종합적 돌봄 치료가 제공되어야 한다. 이들에게는 심리적 필요에 집중할 수 있는 전문가와 해독을 포함한 의료적 돌봄을 제공할 수 있는 의료 전문가가 필요하다. 치료는 반드시 다양한 측면을 고려해야 하며, 내담자가 중독으로부터 회복되는 것을 도울 뿐만 아니라 일상과 사회적 기술을 강화할 수 있도록 생각과 감정(또는 감정의 관리)에도 집중해야 한다.

3 진단 인터뷰

1) 상담사의 책임

지속적 외상의 경우, 즉각적 위험에 처해 있는 내담자는 반드시 안전한 환경으로 인도되어야 한다. 아동기에 경험된 학대와 같은 외상은 미래의 신체적, 감정적, 정신적 건강에 심각한 영향을 미친다.

만약 당신의 내담자가 미성년자이고 학대나 방임이 의심된다면, 지역 법 집행 기관, 보건사회복지부, 아동보호서비스 등 적절한 기관에 보고하

---

[8] Ibid.

는 것이 당신의 도덕적 책임이다. 자격증을 소지한 임상가들이 이미 알고 있거나 의심되는 학대 관련 사례를 보고하는 것은 정부와 규제위원회에 의해 의무화되어 있다.

2) 선행 질문

1. 1부터 10까지의 범위 중 1은 기분 좋음, 10은 극도의 우울감을 나타낸다면, 오늘 당신의 기분은 어떻습니까?
2. 당신은 자해에 대해 생각하십니까?
   당신은 자살에 대해 생각하십니까?
   당신은 자해나 자살을 계획하고 있습니까?

만약 내담자가 자살하려는 의도가 분명하다면, 내담자를 위해 즉시 전문적인 도움을 구하라.

3) 내담자를 위한 질문

진단 인터뷰에는 물질 사용에 대한 질문과 심리사회적 개인사에 대한 질문이 모두 포함되어야 한다.

1. 오늘 무슨 일로 이곳에 오셨습니까?
   이번이 처음으로 도움을 구하는 것입니까?
2. 과거에 극도로 공포스럽거나, 끔찍하거나, 트라우마를 불러일으키거나, 신체적으로 해롭거나, 생명의 위협을 느끼는 상황을 경험 또는 목격하신 적이 있습니까?
3. 당신에게는 위의 상황에 대한 이미지, 생각, 직관 같은 고통스러운 기억이 있습니까?
   당신은 그 상황에 대한 고통스러운 꿈이나 악몽을 꾸십니까?
4. 당신은 외상에 대해 이야기하면서, 스스로 이런 생각이나 감정을 피하고자 애쓰는 자신을 보게 됩니까?

5. 당신은 위험 상황에 놓여 있습니까?

    누군가 당신을 위협하고 있습니까, 만약 그렇다면, 당신은 어떤 경계막을 세웠습니까?

    당신은 학대를 멈추고자 노력해 보았습니까, 만약 그랬다면, 어떤 일이 일어났습니까?

6. 지난달에 당신은 우울감, 무가치감, 절망감, 불안, 긴장, 초조함과 같은 기분을 얼마나 자주 느꼈습니까?

    1부터 10까지의 범위 중 10이 가장 강렬하다고 했을 때, 당신은 얼마나 강렬하게 이런 기분을 느꼈습니까?

7. 위의 감정 중 당신의 일 또는 학업에 영향을 미치는 감정이 있습니까?

8. 이런 감정은 당신의 친구 관계, 업무 관계, 또는 결혼과 가족 관계에 어떤 영향을 미칩니까?

9. 최근 술이나 다른 약물을 사용하고 계십니까?

    당신은 스스로 중단할 수 없다고 느끼는 습관에 빠져 있습니까?

    1부터 10까지의 범위 중에서 10이 가장 강하다고 했을 때, 당신이 제대로 기능하기 위해서 이 약물이 필요하다고 얼마나 강하게 믿고 있습니까?

10. 당신은 알코올이나 어떤 약물의 사용을 줄여야 한다고 느낀 적이 있습니까?

    당신이 마시거나 사용하는 알코올이나 어떤 약물의 양과 횟수에 대해 거짓말을 한 적이 있습니까?

11. 당신은 그 약물을 얼마나 많이, 언제, 어디서 사용하십니까?

    당신이 마지막으로 약물을 사용하기 전과 후에 어떻게 느꼈는지, 그리고 당신의 마음에 어떤 생각이 떠올랐는지 설명해 주십시오.

12. 당신은 음주, 약물 사용, 격렬한 감정에 대해 의료 전문가와 상의해 본 적이 있습니까?

    당신은 다른 심리학자나 상담자의 도움을 구한 적이 있습니까, 만약 그렇다면, 치료의 과정이 어땠는지, 또 무엇 때문에 치료를 중단하게 되었는지 설명해 주십시오.

13. 당신은 자신에 대해 어떤 믿음을 갖고 있습니까?
    당신은 하나님이 당신을 어떻게 보고 계신다고 생각하십니까?
    당신은 하나님을 어떻게 생각하십니까?

지혜로운 상담을 위한 조언 4

　많은 경우 이중 진단으로 고통받는 사람들에게는 종합적 치료가 필요하다. 그들이 겪고 있는 과정은 단순하지 않다. 하나님의 말씀으로부터 오는 가르침과 격려가 분명히 존재하는 반면, 단순히 성경 구절을 나누는 것이 모든 심리적이고 의학적인 문제를 반드시 해결하는 것은 아니다.
　격렬한 감정을 다루는 데 어려움을 느끼는 사람들은 당신이 나누는 성경 말씀에 공감하는 것이 힘들 수도 있다. 그들은 심지어 당신과 공감하는 것이 어려울 수 있다. 때로는 전문의료인, 심리상담사, 사회사업가, 그리고 배려심 있는 친구와 가족들로 구성된 팀이 필요하다.
　상황을 더욱 복잡하게 만들자면, 동일한 진단 아래서도 개별 증상과 필요는 사람에 따라 달라질 수 있다. 중독적 순환을 끊기 위해서 어떤 사람들은 입원이나 해독이 필요하다. 어떤 사람들은 약물 치료가 필요하다. 다른 사람들은 사회성 기술 훈련, 스트레스 관리 훈련이 필요하다. 어떤 사람들은 재정 관리나 직업 면접 준비와 같은 생활 기능 교육이 필요할 수 있다. 종합적 진단과 각 사람에 대한 이해가 효과적 상담 계획에 필수적이다.
　대인 간 외상(감정적, 신체적, 성적 학대)은 경계의 위반이다. 이런 위반으로부터 치유되기 위해서는 민감함과 온화한 돌봄이 필요하며, 이를 통해 피해자는 안전, 신뢰, 인간관계의 건강한 경계를 회복한다. 돌봄 제공자로서 당신의 진정성 있는 실재가 중요하다. 당신은 그들의 있는 모습 그대로를 받아들이고, 그들이 현재 있는 자리에서 그들을 만나야 한다. 당신의 사랑의 실재를 통해 그들은 하나님의 안전함과 사랑을 받아들일 수 있게 될 것이다.
　이중 진단을 가진 사람들과 상담하는 것은 특별히 도전적일 수 있다.

이 사람들이 금단을 유지하기는 쉽지 않다. 재발이 확실시되기 때문에 당신 편에서도 상당한 인내심이 요구된다. 그리스도의 사랑이 상담사로서 당신의 동기가 되어야만 한다. 내담자의 기복과 상관없이 상담의 전 과정을 통해 그리스도가 그들을 사랑하듯 내담자를 변함없이 사랑하라. 빠른 결과나 치유를 기대하지 말라. 작고 달성 가능한 목표를 설정하라. 약속을 지키고, 책임감 있게 행동하고, 적당한 개인적 경계를 세우고, 정신 질환에 관해 공부하는 것 등의 목표를 설정하라.

이중 진단을 가진 사람들은 하나님 앞에서 수치심과 죄책감을 지니는 경향이 있다. 부정적인 감정에 대처하기 위해 그들은 중독적 순환을 시작한다. 자신의 행동이 잘못되었다는 것을 아는 동시에 죄책감과 수치심은 커지고, 하나님과는 더욱 멀어진다. 이런 상태의 내담자가 하나님의 은혜와 용서를 받아들이도록 돕는 일은 상담의 중요한 목표가 된다.

5 내담자를 위한 행동 단계

1) 당신에게 문제가 있음을 인정하라

- 만약 당신이 문제가 있음을 인정하지 않는다면 당신은 변화를 위해 아무것도 하지 않게 될 것이다.
- 중독이 당신에게 미치는 영향과 격렬한 감정적, 생리적 고통을 생각해 보라.
- 회복을 위해 얼마나 동기 부여가 되어 있는지 정직하게 자신에게 질문하라.
  과거에 당신이 변화와 치유를 받아들이는 데 방해가 된 것은 무엇인가?
  회복 과정이 시작된다면, 당신은 어떤 일이 일어날까 봐 두려운가?
- 다른 사람이나 과거에 대한 비난을 멈추라. 당신은 다른 사람이나 이미 일어난 일을 변화시킬 수 없다. 당신이 할 수 있는 것은 하나님께서 당신을 변화시키시도록 내어 드리는 것이다.

2) 전문적 도움을 구하라

- 당신은 중독과 정신 건강 문제 도움을 줄 수 있는 전문가팀을 통해 회복을 이루는 최상의 기회를 얻을 수 있다.
- 이용 가능한 치료 서비스에 대한 정보를 수집하라. 치료 옵션에는 입원 해독 프로그램, 주거 재활 센터, 개인 상담, 가족 상담, 그룹 상담, 명상, 회복 그룹(예를 들어, '익명의 알코올 중독자들', 12단계 프로그램) 등이 있다.

3) 당신이 치유될 수 있음을 믿으라

- 외상의 충격이 심각하다 할지라도 그리스도 안에 있으면 당신에게는 미래가 있다. 당신을 피해자로 여기기를 거부하라. 당신은 생존자다. 당신에게는 선택권이 있음을 기억하라. 당신은 지금 있는 자리에 머물 수도 있고, 회복을 위해 한 걸음 나아갈 수도 있다.
- 당신은 빠른 회복을 꿈꿀 수도 있겠으나, 현실적으로 생각하라. 반드시 작고 성취 가능한 목표를 세우라. 당신은 한 번에 한 단계의 단일 목표를 성취하는 것에 초점을 두어야 한다.
- 당신 자신에게 인내심을 가지라. 치유에는 시간이 걸린다. 당신의 성과를 다른 사람의 회복과 비교하지 말라. 당신은 재발을 경험하게 될 수도 있겠지만, 많은 경우 재발도 회복 과정의 일부임을 기억하라. 당신을 향한 하나님의 사랑은 오래 참으며, 하나님은 당신을 포기하지 않으신다(고전 13:4-7). 낙심하지 말라.

4) 궁극적인 치료자, 하나님을 구하라

- 당신은 하나님 앞에서 죄책감을 느낄 수도 있다. 하나님으로부터 거리감을 느낄 수도 있다. 그러나 성경 말씀을 읽고 묵상함으로써 용기를 내어 하나님을 구하고 이해하라. 하나님은 자신이 은혜가 풍성하고 자비로운 하나님이시라는 것을 당신이 알게 되기를 원하신

다. 그분은 당신의 문제, 당신의 과거, 당신 마음의 외침을 모두 알고 계신다.

5) 동반 책임 파트너를 구하라

- 치유 과정은 복잡하다. 당신은 두렵고 외롭게 느낄 수 있다. 회복을 위해, 당신에게는 의지할 수 있는 전문가뿐만 아니라 당신과 같은 어려움을 겪으며 이 여정을 함께할 수 있는 사람들이 필요하다. 당신이 혼자가 아니라는 사실을 이해하는 데에는 힘이 있다. 당신의 전문적 지원자들과 동료 그룹에 가까이 다가가라. 당신이 걸려 넘어지는 것이 반드시 원점으로 돌아가게 된다는 것을 의미하지는 않는다.

6 성경적 통찰

> 만일 우리가 우리 죄를 자백하면 그는 미쁘시고 의로우사 우리 죄를 사하시며 우리를 모든 불의에서 깨끗하게 하실 것이요(요일 1:9).

만약 하나님께 죄를 용서받기 위해 한 번도 구한 적이 없는 사람이라면, 이 고백은 가장 중요한 결정이다. 이 고백은 우리의 죄를 위해 죽으신 예수 그리스도를 믿고 의지한다는 것을 의미한다. 성경은 우리에게 주 예수 그리스도를 믿고 구원을 받으라고 말한다(롬 10:9, 13).

내담자가 이미 그리스도께 죄와 형벌로부터 구원해 주시기를 구했다 할지라도 그들은 여전히 하나님으로부터 거리감과 죄책감을 느낄 수 있다. 약물이나 알코올 중독, 다른 나쁜 습관에 대한 중독과 그들이 믿어 온 거짓말의 죄를 자백하는 것은 중요하다. 내담자가 이런 것들에 자신의 마음과 몸을 주었음을 인정하도록 도우라.

그들이 용서를 구할 때, 하나님은 용서하신다. 이 용서는 보증된 일이며, 하나님은 자신의 약속을 지키신다. 그들이 시간을 갖고 이 약속에 대해 묵상할 수 있게 하라.

그러나 더욱 큰 은혜를 주시나니 그러므로 일렀으되 하나님이 교만한 자를 물리치시고 겸손한 자에게 은혜를 주신다 하였느니라 그런즉 너희는 하나님께 복종할지어다 마귀를 대적하라 그리하면 너희를 피하리라 하나님을 가까이하라 그리하면 너희를 가까이하시리라(약 4:6-8).

하나님은 마음이 깨어지고 겸손한 자들에게 긍휼을 베푸신다. 사람들이 하나님 앞에 겸손히 나올 때, 그분은 언제든지 그들을 만날 준비가 되어 계시다. 사람들이 자신에게 하나님이 필요하다는 것을 알게 될 때, 그분의 용서와 치유, 성장이 필요하다는 것을 알게 될 때, 하나님은 기쁨으로 은혜와 힘, 회복을 허락하신다.

그는 멸시를 받아 사람들에게 버림받았으며 간고를 많이 겪었으며 질고를 아는 자라 마치 사람들이 그에게서 얼굴을 가리는 것같이 멸시를 당하였고 우리도 그를 귀히 여기지 아니하였도다 그는 실로 우리의 질고를 지고 우리의 슬픔을 당하였거늘 우리는 생각하기를 그는 징벌을 받아 하나님께 맞으며 고난을 당한다 하였노라 그가 찔림은 우리의 허물 때문이요 그가 상함은 우리의 죄악 때문이라 그가 징계를 받으므로 우리는 평화를 누리고 그가 채찍에 맞으므로 우리는 나음을 받았도다 우리는 다 양 같아서 그릇 행하여 각기 제 길로 갔거늘 여호와께서는 우리 모두의 죄악을 그에게 담당시키셨도다(사 53:3-6).

당신의 내담자가 끔찍한 일을 목격했거나 다른 사람들에게 억울한 일을 당했거나 학대를 당했다는 사실은 대단히 충격적이며 안타까운 일이다.
 진정으로 그 고통을 이해할 수 있는 사람은 누구인가?
 그들처럼 학대당한 사람이 또 누가 있는가?
 주 예수님은 이 모든 것을 경험하셨다. 그분은 그들의 고통을 보신다. 하나님은 자신의 고통에 그들을 초청하신다. 이러한 치유 과정은 예수 그리스도를 더욱 완전히 이해하는 기회가 된다.

 사랑은 오래 참고 사랑은 온유하며 시기하지 아니하며 사랑은 자랑하지 아니하며 교만하지 아니하며 무례히 행하지 아니하며 자기의 유익을 구하지 아니하며 성내지 아니하며 악한 것을 생각하지 아니하며 불의를 기뻐하지 아니하며 진리와 함께 기뻐하고 모든 것을 참으며 모든 것을 믿으며 모든 것을 바라며 모든 것을 견디느니라 사랑은 언제까지나 떨어지지 아니하되 예언도 폐하고 방언도 그치고 지식도 폐하리라(고전 13:4-8).

이것이 우리를 향한 하나님의 사랑이다. 하나님은 오래 참으시며 온유하시다. 자신의 실패와 재발을 보며 낙담할 때, 우리는 우리의 실패에 놀라지 않으시는 예수님을 바라봐야 한다. 그분은 우리의 연약함을 아시며, 그분의 사랑은 결코 실패하지 않는다. 그분의 사랑은 영원하다.

7 기도 첫걸음

> 주 예수님!
> _____님을 주님의 가족으로 받아들이기 위한 주님의 용서와 따뜻한 초청에 감사드립니다. _____님은 하나님의 자녀입니다. 주님은 _____님을 깊이 그리고 진심으로 사랑하십니다. 주님은 _____님의 내면 깊은 곳의 가장 쓰라린 고통을 아시며 _____님에게 어떤 일이 일어났는지 자세히 알고 계십니다. _____님의 모든 두려움을 아십니다. 하나님, _____님을 주님의 빛 가운데로 인도해 주시옵소서. 우리가 주님의 임재 안에 있을 때 안전하다는 것을 알고 있습니다. 지금 이 시간, _____님이 주님의 사랑의 임재로 충만하기를 기도합니다.

추천 자료 8

추천 도서

Adsit, Chris. *The Combat Trauma Healing Manual: Christ-Centered Solutions for Combat Trauma*. Military Ministry Press, 2008.

Clinton, Tim, Archibald Hart, and George Ohlschlager. *Caring for People God's Way: Personal and Emotional Issues, Addictions, Grief, and Trauma*. Thomas Nelson, 2006.

Evans, Katie, and Michael Sullivan. *Dual Diagnosis: Counseling the Mentally Ill Substance Abuser*. Guilford Press, 2001.

―――. *Treating Addicted Survivors of Trauma*. Guilford Press, 2004.

Ferrini, Cindi. *Balancing the Active Life*: Reclaiming Life after Trauma. Tate Publishing, 2011.

Gingrich, Heather Davediuk. *Restoring the Shattered Self: A Christian Counselor's Guide to Complex Trauma*. IVP Academic, 2013.

Laaser, Mark. *Healing the Wounds of Sexual Addiction*. Zondervan, 2004.

Ortman, Dennis. *The Dual Diagnosis Recovery Sourcebook: A Physical, Mental, and Spiritual Approach to Addiction with an Emotional Disorder*. Lowell House, 2001.

Roberts, Candyce. *Help for the Fractured Soul: Experiencing Healing and Deliverance from Deep Trauma*. Chosen, 2012.

Smith, Gary. *Radical Compassion: Finding Christ in the Heart of the Poor*. Loyola Press, 2002.

Wright, H. Norman. *The Complete Guide to Crisis and Trauma Counseling: What to Do and Say When It Matters Most!* Regal, 2011.

추천 웹사이트

Brookhaven Hospital: www.brookhavenhospital.com/ptsd-treatment/
Capstone Treatment Center: www.capstonetreatmentcenter.com/
The Christian Treatment Center: www.thechristiantreatmentcenter.com/our-program
Keystone Treatment Center: www.keystonetreatment.com
Meier Clinics: www.meierclinics.com/
The Minirth Clinic: www.theminirthclinic.com/
New Life Recovery: www.newliferecovery.net/ChristianBasedDrugRehabChristian-RelatedAddictionTreatme   ntCenter.htm
Timberline Knolls: www.timberlineknolls.com/information/christian-path

3 치료 절차

1 상황 묘사

- 이사벨은 생명을 위협하는 암 진단을 받았다. 그녀는 오로지 암 극복에 대해서만 생각했고, 그래서 구체적으로 그 질병에 대해 이해하고 그 질병에 관련된 치료 절차에 전문 지식을 지닌 전문가들과 상담했다. 그녀는 최상의 회복 기회를 얻기 위해 가장 효과적인 치료법을 찾고 있었다. 어쩌면 당신의 상담실에는 심각한 중독 문제를 가진 내담자가 있을지도 모른다. 당신과 내담자는, 암 진단의 경우와 같이, 간절한 마음으로 가능한 최상의 치료를 구하고 있을 것이다.

- 앨리스에게는 벤자민이라는 16세의 아들이 있다. 지난 주, 앨리스는 벤자민이 절도와 불법 약물 소지로 학교에서 정학당했다는 것을 알고 크게 놀랐다. 그녀는 벤자민이 착한 아들이며 마약과 관련된 문제를 일으킬 일은 전혀 없다고 생각했었다. 이제 앨리스는 벤자민이 마리화나, 코카인, 메스암페타민과 깊이 연루되어 있다는 것을 알게 되었다. 그녀는 너무나 화가 나면서도, 동시에 크게 걱정이 되었다.
'벤자민은 어떻게 이런 일에 연루되었을까?'
벤자민은 이제 어디로 가야 하나?
어디서부터 첫걸음을 내디뎌야 할까?

벤자민은 잘못했다고 하지만, 마약만 끊는다면 모든 것이 괜찮아질까?
그는 어떤 도움을 받아야 할까?
벤자민에게는 어떤 선택권이 있을까?
하나님에 대한 그의 믿음은 어떻게 되는 것인가?'

정의와 주요 개념　2

1) 통계와 최근 치료 동향

- 미국에서 물질 남용은 널리 확산되어 있으며, 치료의 필요 또한 매우 높다. 추산에 따르면, 12세 이상의 2,320만 사람들에게 중독 치료가 필요하다.[1] 치료가 필요한 인구의 오직 10퍼센트만이 실제로 전문적인 치료를 받고 있다.
- 종합적으로 연구들은 치료의 결과가 좋지 않음을 보여 준다. 치료를 시작한 사람의 대부분은 끝까지 치료를 받지 않는다.[2] 정해진 치료를 마친 사람의 절반은 재발하여, 문제가 되었던 알코올이나 마약을 6개월 안에 다시 시작하는 것으로 보인다.[3] 지표에 따르면 치료 센터의 평균 성공률은 2-20퍼센트에 그친다.
- 전통적으로 **합병증-중심 접근**(complication-driven approaches, 위장과적, 정신과적, 정형외과적, 외상 관련 결과에 집중한다)과 **진단과 프로그램-중심 접근**(diagnosis-and-program-driven approaches, 중독에서 회복하는 것이 관건이며, 치료 프로그램은 기간, 내용, 구성에 따라 사전에 준비되어 있다)이 흔히 행해져 왔다.[4] 이런 접근들은 종종 각 내담자의 고유한 필요를 채울 수 있을 만큼 포괄적이지는 않다.
- 최근에는 종합적 진단과 여러 단계별 치료 방침을 갖춘 **개별화된 치료적 접근**이 표준이 되고 있다.[5] 이런 변화는 내담자의 개인적 차이와 고유한 필요를 이해하는 것과 중독의 저변적 문제를 다루는 것의 중요성을 반영한다.

전통적 접근에서는 이런 부분에 반드시 초점을 두지는 않는다. 더 나

1　Institute of Addiction Medicine, www.ioam.org/statistics.html.
2　Ibid.
3　Ibid.
4　Ibid.
5　D. Mee-Lee, ed., *Patient Placement Criteria for the Treatment of Substance-Related Disorders*, 2nd ed. (ASAM PPC-2R) (American Society of Addiction Medicine, 2001).

아가 전문가들은 전문가 한 명의 평가나 객관적인 데이터만이 아닌 내담자들의 반응을 이용하는 결과-정보 치료 접근(outcome-informed treatment approach)을 사용하여 치료의 전체적 효과뿐만 아니라 치료가 내담자의 필요에 얼마나 적합한지 평가하도록 권장받고 있다.[6]
- 회복을 위해서는 긍정적 결과에 최선의 영향을 줄 수 있는 정확한 치료, 적절한 서비스, 그리고 최적의 환경이 필요하다. 치료에 관한 결정은 중독의 다양한 요소(심각성, 치료 기간, 약물의 종류 등)와 개인의 신체적, 감정적, 사회적, 영적 필요에 달려 있다.

2) 돌봄의 수준

미국중독의학학회(The American Society of Addiction Medicine)는 각 내담자가 속할 수 있는 다섯 가지 단계를 정의한다.

- 0.5단계(초기 중재): 이 단계의 돌봄은 치료가 아닌 심리교육과 진단으로, 중독의 문제를 발달시킬 위험에 있거나 진단을 내리기에는 정보가 충분하지 않은 사람들이 그 대상이다. 만약 내담자가 즉각적 위험에 처하지 않은 경우, 적절한 단계의 돌봄으로 옮겨진다. 만약 내담자가 즉각적 위험에 처하지는 않았지만 외래 치료가 필요한 경우, 물질 남용의 결과에 대한 자각을 높이는 데 도움이 되는 진료를 시도한다.
- 1단계(외래 치료): 개인 상담이나 그룹 상담과 같은 체계적 서비스가 비거주 시설에서 이루어진다. 서비스는 정기적으로 정해진 일정에 따라 제공된다. 이 단계의 돌봄은 임상적 중증도를 보이는 사람들을 치료하도록 고안되었으며, 중독 관련 행동, 정신 기능, 삶의 방식, 행동 문제에 대한 영구적 변화를 이루도록 돕는다.
- 2단계(집중 외래 치료/부분적 입원): 체계적 외래 진료 서비스는 직장과 학교 시작 전/후에, 또는 주말에 이루어진다. 이 단계의 돌봄은 기본적 교육과 치료 요소를 포함하는 한편, 내담자가 학습한 기술을 "실제

---
[6] Ibid.

환경"에 적용할 수 있도록 돕는다.
- 3단계(거주/입원 치료): 중독 치료 전문가와 정신 건강 종사자들에 의해 24시간 입주 환경에서 이루어지는 체계적 서비스(예를 들어, 사회 복귀 훈련 시설, 상담 재활 시설, 상담 공동체)가 제공된다. 이 단계의 돌봄은 회복 기술을 얻기 위해 안전하고 안정적인 생활 환경이 필요한 사람들을 위해 고안되었다.
- 4단계(의료적으로 관리되는 집중 입원 치료): 내과 의사와 정신과 의사를 포함한 중독 관련 유자격증 임상가의 합동 팀에 의해 병원 내의 24시간 계획 프로그램이 제공된다. 서비스에는 의료 진단, 의료 관리, 정신 장애와 물질 관련 장애를 위한 치료가 포함된다. 이 단계의 돌봄은 중독 문제의 심각성으로 인해 생체 의학적, 정신과적, 간호적 돌봄이 필요한 사람들을 위해 고안되었다.[7]

3) 치료 계획

- 중독기술전수센터(ATTC: Addiction Technology Transfer Centers)의 '국가교육과정위원회'(The National Curriculum Committee)는 치료 계획이란 "상담사와 내담자가 기대하는 치료 결과를 발전시키고 그것을 성취하기 위한 전략을 찾는 협업 과정"이라고 정의했다.[8]
- 종합 진단은 반드시 치료 계획보다 선행되어야 한다. 임상적 진단의 구성요소에는 알코올과 약물 사용 이력, 신체 건강의 과거와 현재 상태, 정신 건강, 물질 사용, 과거 치료 이력, 직장 이력과 직업 문제, 사회경제적 수준, 생활 방식, 법적 상태, 가족 문제, 영성, 교육, 기본 생활 기술, 사회적 자원의 이용이 포함된다.[9]

---

7 Ibid.
8 Addiction Technology Transfer Centers (ATTC), *Unifying Research, Education, and Practice to Transform Lives: Performance Assessment Rubrics for the Addiction Counseling Competences*, attcnetwork.org/explore/priority areas/wfd/getready/docs/rubric5-11-2001-2.pdf (2001), 18.
9 Ibid.

- 관련성 있고 철저한 진단이 이루어진 후, 상담사는 내담자를 위해 결과를 요약한다. 상담사와 내담자는 협력하여 **내담자의 필요와 관심의 우선순위를 정한다**. 이 지점에서 그들은 치료에 대한 준비의 정도에 관해서도 논의한다. 그들은 측정가능한 치료 결과 또는 치료 목표를 공식화하고, 각 결과에 대한 전략을 확인한다.
- 치료 목표는 개인의 견해나 중독의 모델에 따라 다양해질 수 있다. 예를 들어, 질병 모델(내담자는 질병을 지니고 있기에 스스로 사용의 진행을 통제할 수 없다고 제안하는 모델)을 수용한다면 치료 목표는 완전한 금단일 것이다. 예를 들어, 사교적 음주는 허용가능하다고 생각하는 사람들을 위한 치료 목표는 통제가능한 사교적 음주를 향한 치료일 것이다.[10]

4) 치료 전략

- 자기 통제적 행동 훈련(self-control of behavior training)은 내담자가 스스로 자기 자신의 행동을 관찰하고 변화시킬 수 있는 기술을 갖추도록 한다.
- 우발 상황 관리(contingency management)는 중독 행동을 보상하거나 처벌하는 환경적 우발 상황을 확인하고 조정한다.
- 변화를 위한 동기 부여는 행동을 변화시키고자 하는 내담자의 동기를 활성화하고 변화된 행동 패턴을 유지하도록 한다.
- 기술 훈련은 내담자들에게 문제 해결, 의사 결정, 완화, 자기 주장, 사회적 기술을 훈련한다.
- 체계 이론에 기초한 **결혼과 가정 상담**은 중독 행동을 고착화하는 건강하지 않은 관계나 가족 상호 작용을 변화시키고, 가족 구성원들이 회복 과정을 지지하는 데에 참여토록 한다.
- 인지 상담은 내담자가 자신과 환경에 대한 평가를 변화하도록 돕는다.
- 혐오 조건화는 물질 사용과 불쾌한 경험을 결합시킨다.

---

10 C. L. Hart, C. Kasir, and R. Oakley, Drugs, Society, and Human Behavior (New York: McGrawHill, 2009).

- 동반 책임과 자기 도움 그룹은 조직화된 지지 그룹으로서, 구성원들이 서로의 회복과 금단을 함께 책임지고 경험담을 나누며 개인적 책임감과 대처 기술을 습득하도록 돕는다.
- 약물 요법(Pharmacotherapies)

  - 해독은 갑작스러운 약물 사용의 중단에 따른 불쾌한 금단 증상을 완화하기 위한 초기 의료 절차이다.
  - 작용 약물/대체 치료(Agonist/Substitution Therapy)는 재발과 욕구를 막기 위해 더 안전한 성분을 사용한 교차 내성을 유도한다(예를 들어, 담배 의존의 경우 니코틴 대체 약물).
  - 대항 약물 치료(Antagonist Therapy)는 남용 약물이 제공하는 쾌감의 소멸을 유도한다(예를 들어, 헤로인 의존의 경우 날트렉손[Naltrexone]).
  - 혐오 치료는 내담자가 약물을 사용할 때 혐오적 반응을 생성한다(예를 들어, 알코올의 경우 다이설피람[Disulfiram]을 사용함으로써 알코올이 체내에 존재할 때 두통, 구토, 호흡 곤란을 유발한다).[11]

5) 좋은 치료 계획의 구성요소

- 치료 계획은 전인적이다.
- 목적과 목표가 기술되어 있다.
- 치료 계획은 필요한 기술 훈련과 교육을 고려한다.
- 목적과 목표는 내담자의 강점에 기초한다.
- 목적과 목표는 달성가능하다.
- 목적과 목표는 측정가능하다.
- 치료 계획은 주인 의식을 창조한다.
- 치료 계획은 반응적이기보다는 주도적이다.
- 치료 계획은 재발을 촉발하는 잠재적 요인을 확인한다.
- 내담자는 혼자라고 느끼지 않는다.

11　Ibid.

두 사람이 한 사람보다 나음은 그들이 수고함으로 좋은 상을 얻을 것임이라 혹시 그들이 넘어지면 하나가 그 동무를 붙들어 일으키려니와 홀로 있어 넘어지고 붙들어 일으킬 자가 없는 자에게는 화가 있으리라… 한 사람이면 패하겠거니와 두 사람이면 맞설 수 있나니 세 겹 줄은 쉽게 끊어지지 아니하느니라(전 4:9-10, 12).

3 진단 인터뷰

중독 문제를 지닌 사람들과의 상담 초기 단계에는 내담자와 라포를 형성하고, 종합적이고 체계적으로 정보를 수집하며, 내담자의 필요와 목적에 적합한 치료 옵션을 고려해야 한다.

1. 오늘 어떤 이유로 이곳에 오게 되었는지 말씀해 주십시오. 당신의 삶에 대해 간략히 말씀해 주세요.
2. 어떤 약물을 사용하고 계십니까?
   얼마나 오래, 얼마나 자주, 얼마나 많이 사용하십니까?
   당신이 약물을 사용하거나 사용을 멈췄을 때 경험하는 증상에 대해 말씀해 주십시오.
3. 과거에 정신 질환으로 진단을 받으신 적이 있으십니까?
4. 약물을 사용하면서 타인을 향해 공격적이 되거나 당신 자신을 해치려는 생각을 한 적이 있습니까?
5. 이전에도 같은 문제로 도움을 구하신 적이 있으십니까?
   어떤 부분이 효과적이었고, 어떤 부분이 효과적이지 않았습니까?
6. 약물이 현재 당신의 삶의 문제에 끼치는 영향을 말씀해 주시겠습니까?
7. 1부터 10까지의 범위 중 10이 매우 준비됨이라면, 당신은 변화를 위한 치료를 받는 데에 얼마나 준비되어 계십니까?
8. 당신에게는 어떤 종류의 사회적 지원 시스템이 있습니까?
   목표를 향해 노력하는 과정에 있어서, 가족들은 얼마나 당신을 지지한다고 생각하십니까?

9. 어떤 경제적 자원을 갖고 계십니까?
10. 하나님과 당신의 관계에 관해 설명해 보십시오.
    당신이 중독으로 씨름할 때, 하나님은 어디에 계십니까?

4 지혜로운 상담을 위한 조언

개인에게 적합한 최상의 치료를 선별해 내는 것은 간단한 작업이 아니다. 이 작업을 위한 세 가지 핵심 요소가 있다.

첫째, 이것은 내담자와의 협업 과정이다. 궁극적으로 변화를 위한 내담자의 결심과 헌신이다. 당신은 중독에서 회복되고자 하는 내담자의 결심 과정을 지지하고, 촉진하고, 인도해야 한다. 당신은 초기에 내담자와 라포를 반드시 형성하여 치료 기간 협력하는 동반자적 관계를 유지해야 한다. 내담자는 안전하고, 이해받으며, 용납받는다고 느껴야 하며, 당신이 그들과 함께하고 있다고 믿어야 한다.

둘째, 당신은 조력자로서 개인에게 즉각적인 돌봄이 필요한지 분별해야 한다. 내담자가 자기 자신이나 타인에게 상해를 입히고자 하는 어떠한 징후든지 이를 변별해 내는 것은 필수적이다(약물 사용의 빈도, 기간, 강도와 금단 현상의 심각도). 특정한 약물의 금단 현상은 치명적일 수 있다. 이런 경우, 당신은 그들을 적절한 치료 기관에 위탁해야 한다. 조력자는 내담자를 의료 전문가에게 위탁하고 다른 도움 전문가들과 협의하는 일에 지체해서는 안 된다.

셋째, 적절한 치료 방안의 선택에는 각 내담자를 종합적으로 이해하여 필요한 치료의 우선순위를 설정하는 것이 요구된다. 당신의 역할은 당신과 내담자가 함께 분명한 목표를 세워 가는 데에 지표가 되는 질문을 던지는 것이다. 각 목표에 따라 기대되는 결과를 성취할 수 있는 전략을 연구하고, 협력적인 방법으로 함께 수용할 수 있는 행동 계획을 수립하라. 전략이 결정되면, 당신은 치료 과정을 관찰, 지지, 평가함으로써 내담자의 치료에 인내심 있게 동참해야 한다.

5. 내담자를 위한 행동 단계

1) 속도를 늦추고 변화를 준비하라

- 중독은 종종 사람들이 통제권을 상실한 것처럼 느끼게 만든다. 강렬한 충동과 욕구는 당신에게 선택의 여지가 없는 것처럼 느끼도록 만든다. 당신은 속도를 늦추는 법을 배워야 한다. 속도를 늦추어 당신의 삶을 되돌아볼 때 중독을 향한 애통한 마음이 일어날 수 있다. 그리고 이러한 애통은 잃어버렸을지도 모르는 것들(소중한 관계, 가족, 일, 경제, 건강, 꿈, 또는 하나님과의 관계)에 대한 이해와 함께 일어날 수 있다.
- 당신이 중독을 기꺼이 떠나 보낼 마음이 있는지 정직하게 생각해 볼 필요가 있다. 중독이 얼마나 철저하게 당신의 삶을 장악했는지를 깨닫는 한편, 당신은 안락감을 주는 도피 기제를 떠나보내야 한다는 두려움을 마주하게 될지도 모른다. 음주와 약물은 지루함, 외로움, 공허함, 절망감을 대체하거나, 아니면 단순히 삶의 현실을 대체한다.
당신은 변화에 준비되어 있는가?

2) 열린 마음으로 도움을 구하라

- 당신은 중독이 신체에 줄 수 있는 강력한 영향을 자각해야 한다. 의사와 상담하는 것도 중요할 수 있다. 약물의 종류, 투여량, 빈도에 따라 금단 증상은 치명적일 수 있으며 신중한 의료적 치료가 필요할 수도 있다.
- 정신 건강 전문가는 치료의 옵션을 연구해야 할 수도 있다. 당신은 삶에서 일어나는 다양한 문제들로 인해 압도당하는 것처럼 느낄 수 있으며, 길을 잃은 것처럼 느낄 수도 있다. 당신은 전문가와 이야기함으로써 당신의 문제, 필요, 우선순위, 성취 가능한 목표, 그리고 그러한 목표를 이루기 위한 단계와 전략을 측정하는 데에 도움을 얻을 수 있을 것이다.
- 당신은 신앙 공동체와 다른 지지적이며 이용 가능한 자원들을 찾는 데에 적극적이어야 한다. 당신은 이 과정에서 고립과 동반 책임이 하

는 역할을 이해해야 하며, 특별히 외로움을 경험할 때 그러해야 한다. 당신을 세워 주고 격려해 줄, 사랑이 풍성한 지혜로운 친구를 찾고 의지하는 것이 중요하다. 회복 중인 중독자는 그들을 진심으로 돌보고 지지해 줄 누군가가 필요하다.

3) 하나님의 능력 안에 거하라

- 전문가는 당신이 적절한 치료 계획을 선택하도록 돕고 당신과 함께 그 과정을 통과할 수 있다. 자기 도움 그룹의 동반 책임 파트너는 회복에 있어서 귀중하고 유익한 존재이다. 그러나 궁극적으로 한 개인의 모든 상하 기복을 아는 분은 하나님이시다. 바로 그분이 악한 습관과 죄성을 극복하는 힘을 주시는 분이다. 성령님의 능력으로부터, 그리고 그 능력을 통하여 변화가 찾아온다.
- 정직하게 하나님을 마주하는 것은 힘든 일일 수 있겠지만, 오직 그분을 통해서만 소망을 발견할 수 있다.

당신이 경험하는 하나님은 화가 나 있거나 거리감이 느껴지는가?
아니면 당신은 하나님이 당신의 죄를 용서하셨음을 믿는가?
당신은 하나님을 의지하며, 회복을 위한 하나님의 능력을 의지하는가?
비록 당신이 다시 중독에 빠지게 된다 할지라도 당신은 하나님의 자비로운 신실하심을 의지할 수 있는가?

성경적 통찰 | 6

> 예수께서 대답하여 이르시되 기록된 바 주 너의 하나님께 경배하고 다만 그를 섬기라 하였느니라(눅 4:8).

내담자들은 대부분 선한 의도가 있다. 그들은 그저 알코올이나 약물을 완전히 끊기 원하거나, 이미 여러 번 이런 일을 시도해 보았을지도 모른다. 이와 같은 자기 노력의 결과는 거듭되는 실패였을 수도 있다.

만약 그렇다면, 그들은 회복이 상당히 복잡하고 힘겨운 과정이라는 것을 알고 있다. 그들은 이것이 혼자 감당할 수 있는 일이 아니며, 중독에서의 해방은 주권에 관한 문제, 즉 누가 진정한 주인인가를 정의하는 문제라는 것을 깨닫게 되었는지도 모른다. 중독으로부터의 승리는 하나님의 사역이며, 여기에는 하나님에 대한 완전한 순복이 요구된다.

여호와를 경외하는 것이 지혜의 근본이요 거룩하신 자를 아는 것이 명철이니라 (잠 9:10).

하나님을 경외하는 것이 지혜의 근본이기에, 내담자는 하나님을 경외해야 한다. 이 전쟁은 사람들이 스스로 싸우도록 준비된 전쟁이 아니기에, 그들에게는 하나님의 능력과 지혜가 필요하다. 효과적 전략은 육체와 중독에 대항하여 싸우는 데에 반드시 필요하다. 하나님의 지혜는 그분을 경외하고 찾는 자들에게 주어진다. 하나님은 모든 사람에게 꾸짖지 아니하고 후히 주신다.

의논이 없으면 경영이 무너지고 지략이 많으면 경영이 성립하느니라 (잠 15:22).

내담자는 반드시 지혜로운 조언에 둘러싸여 있어야 한다. 중독자들을 돌보며 보조하는 상담사들은 중독에서 자유를 얻는 방법에 대한 계획을 세우고, 각 단계를 안내하는 데에 도움을 제공할 수 있다.

7 기도 첫걸음

오, 주님!
우리가 하나님께 의존할 수밖에 없음을 인정하면서 주님의 임재 안으로 나아갑니다. 주님은 우리 삶에서 일어나는 모든 일을 아십니다. _____님이 우리 힘으로 감당하기엔 너무나 큰 문제를 직면할 준비가 되었으니, _____님

> 에게 용기를 허락해 주시옵소서. 우리에게 허락하신 주님의 분별력과 지혜, 능력에 감사드립니다. 주님의 변함없는 사랑을 믿습니다. 주님, 우리의 발걸음을 인도하시고, 하나님을 영화롭게 하며 자유를 불러올 수 있는 계획을 허락해 주시옵소서.

추천 자료 8

추천 도서

Anderson, Neil T., Mike Quarles, and Julia Quarles. *Freedom from Addiction: Breaking the Bondage of Addiction and Finding Freedom in Christ.* Gospel Light, 1996.

Belzman, Michael. *Handbook for Christ-Centered Substance Abuse and Addiction Counselors.* Xulon Press, 2011.

Benda, Brent B., and Thomas F. McGovern. *Spirituality and Religiousness and Alcohol/Other Drug Problems: Treatment and Recovery Perspectives.* Haworth Press, 2006.

Clinebell, Harvard. *Understanding and Counseling Persons with Alcohol, Drug, and Behavioral Addictions.* Abingdon Press, 1998.

Clinton, Tim. *Turn Your Life Around.* FaithWords, 2006.

Erickson, Carlton K. *The Science of Addiction: From Neurobiology to Treatment.* W. W. Norton, 2007.

Jones, Bishop Samuel. *Breaking the Spirit of Addiction: Counseling Guide.* Xulon Press, 2011.

추천 웹사이트

Alcohol Drug Abuse Help and Resource Center: www.addicthelp.com/addictiontreatment.asp

Drug Addiction Support Organization: www.drug-addiction-support.org/ChristianTreatment.html

National Institute of Drug Abuse (NIDA): www.drugabuse.gov/

New Life Recovery (Christian Addiction Treatment Drug Rehab Centers): www.newliferecovery.net/ChristianBasedDrugRehabChristianRelatedAddictionTreatmentCenter.html

Substance Abuse and Mental Health Services Administration (SAMHSA): www.samhsa.gov/

4 영적 적용

1 상황 묘사

- 크리스는 알코올 중독 가정에서 자랐으며, 자신은 절대로 부모처럼 살지 않겠다고 맹세했다. 하지만 17세가 되었을 때, 크리스는 고등학교 파티에 참석해 술을 마시기 시작했다. 단순히 즐거움을 위한 것이라고 스스로 믿고 싶었지만, 그의 삶은 음주를 중심으로 통제 불능이 되어 가고 있었다. 술에 취한 상태에서 운전하다가 음주 운전으로 적발되었을 때, 그의 삶은 바닥을 치게 되었다.
그 시점부터, 크리스는 자신이 부모와 같은 삶을 살고 있다는 것을 깨달았다. 그는 지난 5년 동안 '익명의 알코올 중독자들'에 참여해 왔다. 크리스는 '익명의 알코올 중독자들'에서 쌓은 관계를 통해 큰 유익을 얻었으며 하나님과 더욱 친밀한 관계로 인도되었다.

- 로렌은 부모의 집에서 쫓겨난 후, 20대 중반에 심각한 헤로인 중독에 빠지게 되었다. 단지 몇 개월의 약물 사용 후에 그녀는 의도치 않게 약물을 과다 투여하게 되었고, 친구에 의해 응급실로 옮겨졌다. 병원에서 회복 기간을 거친 후 로렌은 금단을 유지하기 위해 스스로 4주 치료 시설에 입소했다.
그리고 그 과정을 완료한 다음 '익명의 약물 중독자들'에 참여했다. 하지만 로렌은 그 모임이 자신이 원하는 만큼 기독교 신앙에 기초하지는 않았다는 것을 곧 깨달았다. 최근에 그녀의 교회는 회복축제 모임을 시작하게 되었고, 이곳에서 로렌은 자신이 필요로 했던 영적 인도를 받게 되었다.

- 빌은 알코올 중독에서 회복된 지 7년이 되었고, 마침내 그는 자신과 비슷한 어려움을 가지고 씨름하는 사람들을 돕는 사역에 참여할 수 있다고 느끼는 수준에 이르게 되었다. 빌은 자신이 도움 그룹에서 리더의 역할을 감당할 수 있을 만큼 강해졌는지 확인하기 위해 상담을 받고 있다. 그는 하나님께서 회복의 과정을 성공적으로 이끌어 주셨다는 사실을 믿고 있으며, 자신이 마침내 품게 된 해방감을 다른 이들도 느낄 수 있도록 돕는 일에 열정을 품고 있다. 그러나 그는 여전히 중독과 싸우고 있는 사람들과 일하면서 자신이 경험하게 될 자극에 대해 두려워하고 있다.

2 정의와 주요 개념

- 중독 회복에서의 영적 적용은 오늘날 사용되는 다양한 치료 모델에서 나타난다. 가장 잘 알려지고 폭넓게 사용되는 모델 중 하나인 12단계(12 Steps)는 원래 익명의 알코올 중독자를 위해 고안되었다. 12단계는 수년 동안 반복되었으며, 다른 회복 그룹을 위해 확장되었다. 최근에는 중독 회복에 대한 신앙 중심의 접근이 축소되고, 다른 여러 종교 그룹과 믿음 체계를 수용하는 포괄적 관점으로 이동하게 되었다.

  하나님에 대한 이해와 개념이 다양해진다 해도(예를 들어, 당신의 이해에 따라 하나님을 그분, 더 큰 힘 등으로 여길 수 있다), 연구는 순종, 용서, 묵상, 기도와 같은 기독교적 원리가 회복 과정에 실제로 도움이 된다는 것을 보여 주었다.

- '익명의 알코올 중독자들'(Alcoholics Anonymous)은 1935년 6월 10일, 금주를 유지하기 위해 함께 노력했던 밥 스미스(Bob Smith) 박사와 빌 윌슨(Bill Wilson) 두 사람에 의해 시작되었다.[1] 오늘날 '익명의 알코올 중독자들'은 미국 내에서만 120만 명의 회원을 포함하여, 160개국 이상

---

1   M. Gross, "Alcoholics Anonymous: Still Sober after 75 Years", *American Journal of Public Health* 100, no. 12 (2010), 2361-2363.

에서 200만 명의 회원을 보유하고 있다.[2]

'익명의 알코올 중독자들'은 스스로를 종교적 모임이 아닌, 영적 조직이라고 주장한다.[3] 이 조직은 상하위계적 구조를 거부한다. 여기서 상하위계적 구조란 치료 전문가가 상위에 놓이고 내담자가 하위에 놓이는, 대부분의 회복과 치료 센터들이 채택하는 구조이다. 이와 달리 '익명의 알코올 중독자들'은 한 명의 알코올 중독자가 자신의 중독 회복 과정을 통해 다른 알코올 중독자를 돕는 원리에 뿌리를 두고 있다.[4]

'익명의 알코올 중독자들'은 최초로 12단계를 정의했으며, 현재 다른 많은 프로그램도 이를 사용하고 확장해 왔다.[5]

- 기독교 관점에서 본 12단계[6]

    - 1단계: 우리 스스로는 (중독의 이름)에 대해 무력하며, 따라서 우리의 삶이 수습할 수 없게 되었음을 인정한다.

    우리가 율법은 신령한 줄 알거니와 나는 육신에 속하여 죄 아래에 팔렸도다(롬 7:14).

    - 2단계: 우리는 하나님께서 예수 그리스도를 통하여 우리를 온전한 정신으로 회복시키실 수 있음을 믿게 되었다.

    너희 안에서 행하시는 이는 하나님이시니 자기의 기쁘신 뜻을 위하여 너희에게 소원을 두고 행하게 하시나니(빌 2:13).

    - 3단계: 우리는 예수 그리스도를 통하여 우리의 삶을 하나님께 내어 드리기로 결단한다.

---

2   Ibid.
3   Ibid.
4   Ibid.
5   Ibid.
6   Ibid.

그러므로 형제들아 내가 하나님의 모든 자비하심으로 너희를 권하노니 너희 몸을 하나님이 기뻐하시는 거룩한 산 제물로 드리라 이는 너희가 드릴 영적 예배니라(롬 12:1).

- 4단계: 우리는 철저하고 두려움 없이 우리 자신의 도덕적 행동을 검토한 목록을 작성한다.

우리가 스스로 우리의 행위들을 조사하고 여호와께로 돌아가자(애 3:40).

- 5단계: 우리는 하나님과, 우리 자신, 그리고 다른 사람들에게 우리 잘못의 정확한 본질을 인정한다.

그러므로 너희 죄를 서로 고백하며 병이 낫기를 위하여 서로 기도하라 의인의 간구는 역사하는 힘이 큼이니라(약 5:16).

- 6단계: 우리는 하나님께서 우리 삶에서 죄악 된 행동 양식을 제거해 주시기를 간절히 소망하며, 하나님께 순종하기로 결단한다.

주 앞에서 낮추라 그리하면 주께서 너희를 높이시리라(약 4:10).

- 7단계: 우리는 우리의 죄악 된 행동 양식이 의의 행동 양식으로 변화될 수 있도록 하나님께서 우리의 마음을 새롭게 해 주시기를 겸손히 구한다.

너희는 이 세대를 본받지 말고 오직 마음을 새롭게 함으로 변화를 받아 하나님의 선하시고 기뻐하시고 온전하신 뜻이 무엇인지 분별하도록 하라(롬 12:2).

- 8단계: 우리는 우리가 해를 끼친 모든 사람의 목록을 작성하고 그들 모두에게 기꺼이 보상할 마음을 갖게 되었다.

남에게 대접을 받고자 하는 대로 너희도 남을 대접하라(눅 6:31).

- 9단계: 어느 누구에게도 해가 되지 않는 한, 할 수 있는 데까지 어디서나 그들에게 직접 보상한다.

그러므로 예물을 제단에 드리려다가 거기서 네 형제에게 원망들을 만한 일이 있는 것이 생각나거든 예물을 제단 앞에 두고 먼저 가서 형제와 화목하고 그 후에 와서 예물을 드리라(마 5:23-24).

- 10단계: 우리는 도덕적 검토를 계속하여 잘못이 있을 때마다 바로 시인한다.

그런즉 선 줄로 생각하는 자는 넘어질까 조심하라(고전 10:12).

- 11단계: 우리는 하나님의 뜻을 실천하도록 지혜와 능력을 주시기를 기도하면서, 기도, 묵상, 순종을 통해 예수 그리스도와의 관계 속에서 성장하기를 구한다.

너희 중에 누구든지 지혜가 부족하거든 모든 사람에게 후히 주시고 꾸짖지 아니하시는 하나님께 구하라 그리하면 주시리라 오직 믿음으로 구하고 조금도 의심하지 말라 의심하는 자는 마치 바람에 밀려 요동하는 바다 물결 같으니(약 1:5-6).

- 12단계: 우리 자신이 영적으로 각성됨에 따라 우리는 다른 중독자와 의존자들에게 그리스도의 은혜와 회복을 전하며, 이러한 원리를 우리 삶의 모든 상황에 실천하고자 노력한다.

형제들아 사람이 만일 무슨 범죄한 일이 드러나거든 신령한 너희는 온유한 심령으로 그러한 자를 바로잡고 너 자신을 살펴보아 너도 시험을 받을까 두려워하라(갈 6:1).

- '회복축제'(Celebrate Recovery)는 1990년 캘리포니아 레이크 포레스트(Lake Forest, California)에 자리 잡은 미국 내 가장 큰 복음주의 교회 중 하나인 새들백교회(Saddleback Church)에서 발전되었다.[7] 이 그룹의 목적은 중독으로 고통받는 사람들이 예수 그리스도가 "유일하고 진정한 더 위대한 힘"이 되신다는 것을 발견하여, 중독적이고, 충동적이며, 역기능적인 행동에서 해방되도록 돕는 것이다.[8]

  이 프로그램은 12단계를 확장한 것이며 '익명의 알코올 중독자들'보다 더 구체적으로 그리스도 중심적이다.

  중독으로부터의 자유와 회복 과정의 기반으로서 마태복음 5장에 나오는 산상수훈에 초점을 맞춘다.

- 영적 항복은 기꺼이 주님 앞에 통제권을 내려놓는 것을 포함한다. 여기에는 자기 자신에 대해 죽고(눅 9:23-24), 우리 삶에서 하나님께 합당한 자리를 내어 드리기로 선택하는 행동이 수반된다.[9]

  '익명의 알코올 중독자들', 회복축제, 그 외의 12단계 프로그램은 '항복'이라는 개념을 사용한다. '익명의 알코올 중독자들' 모델의 3단계, 4단계, 5단계는 영적 항복의 개념을 반영한다. 이와 비슷하게, 회복축제의 3원칙, 4원칙, 5원칙도 하나님께서 치유를 베푸실 수 있음을 믿으면서 개인의 중독을 주님께 항복하는 행동을 서술한다.[10]

  영적 항복은 "물질 남용과 중독으로부터 회복되는 변화의 핵심 요소"이다.[11]

- 고백은 치유와 회복의 또 다른 진입로이다. 이 개념은 익명의 알코올 중독자 4단계와 5단계, 회복축제 원칙의 4단계, 5단계, 6단계에 나타난다. 중독에 있어서 중요한 점은, 개인의 과거가 중독으로부터 직/간접적으로 발전된 상처, 고통, 결핍으로 채워져 있을 가능성이 크다

---

7 C. W. Dyslin, "The Power of Powerlessness: The Role of Spiritual Surrender and Interpersonal Confession in the Treatment of Addictions," *Journal of Psychology and Christianity* 27, no. 1 (2008), 41-55.
8 Celebrate Recovery Bible: NIV (Grand Rapids: Zondervan, 2007).
9 Dyslin, "The Power of Powerlessness."
10 Ibid.
11 Ibid., 44

는 것이다. 치유와 회복의 과정에는 중독자가 다른 사람에게 잘못해 온 방식을 인정하고 그 사실을 하나님과 그 사람들에게 고백하는 것이 포함된다. 단, 이러한 고백은 고백을 받는 사람이나 다른 사람에게 해가 되지 않는 경우에만 한다.

고백은 개인이 자신이 누군가를 (누군가의 권리를) 훼손했다는 것을 인정하고 이러한 훼손에 대해 용서를 구하는 공적이거나 사적인 행동이라고 정의된다.[12]

고백은 신체적, 심리적, 영적 건강에 중대한 영향을 미칠 수 있다.[13]

고백은 해방하고 죄책감을 경감하는 효과를 지닌다. 고백은 중독자의 긴장감을 덜어 주고, 용납과 화해를 경험케 하며, 죄책감을 해소하고, 자신을 개선하도록 책임감을 부여한다.[14]

- **말씀 묵상과 관상/향심 기도**(contemplative/centering prayer)[15]

묵상은 '익명의 알코올 중독자들' 모델의 11단계와 회복축제 모델 7원칙에 포함되어 있다.

관상 기도는 "사랑의 하나님의 임재를 자각하면서 자기 자신을 잊고 은혜와 사랑을 통해 하나님께로 나아가는" 데에 집중한다는 점에서 전통적 묵상과는 차별된다.[16]

관상적 방법으로 하나님의 말씀을 묵상하는 것은 중독자가 전통적 묵상에서는 할 수 없었던 방법으로 하나님과 교제할 수 있는 틀을 제공한다. 대부분 12단계 모델은 그 자체로 반드시 그리스도께 초점을 맞추지는 않지만, 하나님을 더 위대한 힘이라고 언급한다. 누구든지 묵상을 활용할 수 있다. 그러나 기독교인들은 그리스도와 말씀을 묵상함으로써 그들이 느끼는 하나님과의 유대감을 더욱 강화할 수 있다.

---

12 A. B. Murray-Swank, K. M. McConnell, and K. I. Pargament, "Understanding Spiritual Confession: A Review and theoretical Synthesis," *Mental Health, Religion and Culture* 10, no. 3 (2007), 276.
13 Ibid.
14 Ibid.
15 Contemplative Outreach, www.contemplativeoutreach.org/.
16 Ibid., 831.

3 진단 인터뷰

1. 당신의 회복에 있어 영성은 얼마나 중요합니까?
2. 당신은 자발적으로 회복되고자 하는 마음이 있습니까? (M. R. Laaser의 "영적 시각에서 부부 상담하기"에서 강조되었듯이)[17]
3. 당신은 성경이나 영적 원리에 입각한 도움 그룹에 참여하신 적이 있습니까?
  만약 그렇다면, 그 그룹은 얼마나 도움이 되었습니까?
4. 당신의 일상에서 영성은 얼마나 중요합니까?
5. 중독에서 벗어난 미래에 대해 당신은 어떤 비전을 품고 있습니까?
6. 중독이 당신에게 충족시켜 주는 필요나 요구는 무엇입니까?
7. 하나님에 대해 당신은 어떤 개념을 갖고 있는지, 그리고 당신이 중독을 지나오는 데에 하나님이 어떤 도움을 주셨는지 설명해 보십시오.
8. 당신은 등록 교인이십니까?
  당신은 교회에서 중독에 관한 도움을 받았습니까?
9. 금단을 하게 된 사람으로서, 당신은 중독 문제를 지닌 다른 사람들을 돕는 일을 고려해 보겠습니까?
10. 당신은 하나님이 중독에 대해 어떻게 생각하신다고 믿습니까?
  그분의 말씀은 이 주제에 대해 어떻게 이야기하고 있습니까?
11. 당신은 금단을 유지하기 위해 기도나 묵상을 하고 있습니까?

4 지혜로운 상담을 위한 조언

'익명의 알코올 중독자들'과 다른 12단계 도움 그룹의 성공이 보여 주는 것은, 관계가 중독을 치료하고 극복하는 비결이라는 것이다. 중독으로 씨름하는 사람들과 상담할 때 상담사가 내담자들과 관계를 형성하고 유지하

---

[17] Mark R. Laaser, "Working with Couples from a Spiritual Perspective", *Sexual Addiction and Compulsivity* 13 (2006), 209-217.

는 개념을 확실히 정립하는 것이 중요하다. 중독자가 비슷한 경험을 겪은 사람에게 지지받고, 확인받고, 인도받는 유익은 헤아릴 수 없을 만큼 크다.

이와 마찬가지로 중독과 회복에 있어서 영적 측면을 방치해서는 안 된다. 과학자이자 철학자인 블레이즈 파스칼(Blaise Pascal)이 기록했다.

> 모든 사람의 마음에는 창조된 것으로는 채워질 수 없고 오직 예수님을 통해 자신을 알리신 창조주 하나님으로만 채워질 수 있는, 하나님께서 만들어 놓으신 빈 공간이 존재한다.[18]

중독으로 씨름하는 사람들은 마치 이 공간을 모든 잘못된 것으로 채우려고 애쓰는 것처럼 보인다. 그들은 자신을 완전하다고 느끼게 해 주는 것이면, 그것이 무엇이든지 움켜쥐려 한다. 많은 경우에, 중독자들에게는 해결하고자 하는 근본 문제가 있다. 이것이 과거의 학대나 트라우마로 인한 것이든, 가족 문제, 상실감, 육체적 고통, 또는 그 어떤 형태의 상처로 인한 것이든, 중독자는 자신의 고통을 마비시키기 위해 결국에는 그 사람을 망가뜨릴 물질이나 행동을 의지한다.

중독의 뿌리는 믿을 수 없을 정도로 복잡하지만, 중독자의 영적 필요를 채우는 것을 통해 회복 과정에 상당한 도움을 줄 수 있다. 궁극적으로 그들은 오직 예수 그리스도와의 관계를 통해서만 만족을 얻을 수 있기에, 상담자는 이러한 필요를 놓쳐서는 안 된다.

5 내담자를 위한 행동 단계

1) 영적 리더와 상담하라

영적 관점에서 회복에 대한 당신의 필요를 다루기 위해 목회자나 기독교 상담사와 같은 영적 리더와 상담하는 것이 필수적이다. 이러한 영적

---

[18] Blaise Pascal, en.wikiquote.org/wiki/Blaise_Pascal.

인도는 당신이 발전하고 성장하여 하나님과 생동감 있게 동행할 수 있는 지침과 발판을 제공할 것이다.

기독교 상담사는 성경적 원리를 정신 건강 문제와 중독 문제에 적용할 수 있다. 이러한 복합적 전문 지식은 영적 관점에서 중독을 다루는 데에 가장 효과적일 수 있다. 상담사를 만날 때, 상담 과정에서 영적 원리를 적용하기 원하는 당신의 바람을 분명히 알리도록 한다.

2) 동반 책임을 유지하라

금단을 유지하고 믿음 안에서 성장하는 데에는 상호 협력적인 책임을 찾는 것이 포함된다. 여기에는 목회자, 소그룹 인도자, 또는 성숙한 그리스도인 친구와의 관계가 포함된다.

당신은 당신이 신뢰할 수 있고, 기꺼이 당신의 여정에 대해 나눌 수 있는 사람을 찾아야만 한다. 그런 지지와 격려는 중독으로부터의 지속적 회복에 용기를 북돋아 줄 것이다.

3) 당신의 삶을 하나님께 항복하라

영적으로 성숙하는 것의 한 부분은 하나님께 기꺼이 자신의 통제권을 내어 드리는 것이다. 맑은 정신으로 살기 위해서, 당신은 매일의 싸움, 고군분투, 유혹을 예수 그리스도의 주 되심 앞에 항복해야 한다.

내려놓음의 행동은 깊은 곳으로부터 자유를 경험케 할 수 있다. 신뢰하는 목회자나 그리스도인 멘토와 상담하여 일상 속에서 내려놓음을 실천하는 방법을 배우라.

4) 성경을 공부하라

성경 말씀을 공부하고 묵상하는 것은 매일의 회복을 살아 내기 위한 힘과 통찰을 줄 수 있다. 하나님의 말씀을 받아들이고 그분의 약속을 신뢰하는 것은 재발을 방지하는 데에 필요한 지혜와 용기로 매일을 마주할 수 있게 해 줄 것이다.

친구와 함께, 또는 교회에서 성경 공부에 참석할 것을 고려해 보라. 기독교 동반 책임과 성장은 회복 과정을 돕고 재발을 방지하는 건강한 관계를 형성하게 할 것이다.

5) 기도하라

성경은 우리에게 항상 기도하라고 가르친다(살전 5:17). 회복과 금단에 있어서 하나님과 대화하고 하나님과 당신의 삶에 대해 의논해야 한다는 사실을 기억하는 것은 절대적으로 중요하다.

당신이 기도하면서 하나님과 이야기할 때, 당신의 두려움과 불안은 줄어들고 명철을 얻게 될 것이다. 성경은, 우리가 우리의 염려를 놓고 기도할 때 모든 지각에 뛰어난 하나님의 평강을 받을 것이라고 말한다(빌 4:6-7). 주님이 당신의 필요를 채우시고 당신을 그분의 확신과 주권 속에 거하게 하신다는 사실을 믿는 믿음을 배우라.

6 성경적 통찰

> 모든 성경은 하나님의 감동으로 된 것으로 교훈과 책망과 바르게 함과 의로 교육하기에 유익하니(딤후 3:16).

이 성경 구절은 우리에게 성경의 권위와 유용성에 관해 알려 준다. 성경이 삶의 모든 상황에 적절하고, 권위 있으며, 적용 가능하다는 사실을 설명함으로써 우리는 이 말씀을 매일의 싸움에 더욱 철저히 적용할 수 있다. 영적 방법으로 중독을 다루는 방법을 찾는 사람들에게 있어 성경의 권위를 인정하는 것이야말로 이러한 적용의 토대가 된다.

> 내가 너희에게 이르노니 사람이 무슨 무익한 말을 하든지 심판 날에 이에 대하여 심문을 받으리니(마 12:36).

이 조언은 우리가 다른 사람과 나눈 대화에 대해 겸손히 묵상하도록 인도한다. 중독으로 씨름하는 사람들과 상담할 때, 상담사는 자신이 하는 말에 매우 신중해야 한다. 주님은 우리가 하는 모든 말에 대한 책임을 물으실 것이다. 따라서 이 민감한 영역을 상담하는 데 있어서 우리가 어떤 말을 하고 어떻게 다른 사람을 바르게 하고 책망할 것인가에 대해 충분히 생각해야 한다. 우리는 하나님을 기쁘시게 하는 말을 할 수 있도록 우리의 혀를 길들여야 한다는 것을 기억해야 한다(약 3:1-12).

> 하나님의 도는 완전하고 여호와의 말씀은 순수하니 그는 자기에게 피하는 모든 자의 방패시로다(시 18:30).

하나님은 자신을 신뢰하는 모든 이를 보호하신다. 이 신뢰 과정에는 그의 말씀이 완전하다는 것을 믿는 것이 포함된다. 이를 통해 중독에 사로잡힌 신앙인은 이 바르게 함과, 지혜, 명철의 권위 있는 근원을 받아들일 수 있으며, 말씀의 지식을 매일의 삶에 적용함으로써 중독을 극복할 수 있다.

기도 첫걸음 7

오, 주님!
치유와 회복에 대한 _____님의 관심에 감사드립니다. _____님에게 이 문제에 대해 도움을 구할 용기와 힘과 겸손함을 허락하셔서 감사합니다. 주님, 우리가 주님을 바랄 때 우리에게 지혜를 주심에 감사드립니다. 우리가 성령님의 역사에 민감하며 열린 마음으로 해답을 찾을 수 있도록 도와주시옵소서. 이 상황을 통해 주님이 _____님의 삶에서 이루실 모든 일에 감사드립니다. 우리는 모든 해답을 갖고 있지 않을지라도, 주님은 모든 해답을 갖고 계심에 감사드립니다. _____님이 치유, 성장, 이해, 그리고 회복의 여정을 시작할 때 용기를 주시옵소서.

8 추천 자료

추천 도서

Anderson, Neil, Mike Quarles, and Julia Quarles. One Day at a Time: *The Devotional for Overcomers*. Gospel Light, 2000.

Arterburn, Stephen, and David Stoop. *The Book of Life Recovery*. Tyndale, 2012.

Baker, John. *Celebrate Recovery Bible*: NIV. Zondervan, 2007.

Hontz, Marilyn. *Shame Lifter: Replacing Your Fears and Tears with Forgiveness, Truth, and Hope*. Tyndale, 2009.

May, Gerald. *Addiction and Grace: Love and Spirituality in the Healing of Addiction*. HarperOne, 2006.

Morgan, Oliver J., and Merle Jordan, eds. *Addiction and Spirituality: A Multidisciplinary Approach*. Chalice Press, 1999.

Rohr, Richard. *Breathing under Water: Spirituality and the Twelve Steps*. Franciscan Media, 2011.

Williams, Don. *12 Steps with Jesus*. Gospel Light, 2004.

추천 웹사이트

www.celebraterecovery.com

회복과 재발 방지 5

상황 묘사 1

- 차드는 목회자 가정에서 태어났다. 자라면서 그는 부모와 교회로부터 은혜를 거의 경험하지 못했으며, 그 결과 하나님께서 자신과 자신의 행동을 경멸하신다고 확신하게 되었다. 십 대에 그는 부모에 대한 반항으로 마약을 시도해 보았다.

  친구들과의 주말 여가 활동으로 시작했던 마약은 차드가 20대에 들어서면서 순식간에 통제 불능하게 되었다. 그는 29세 이전에 술과 마약에 심각하게 중독되었다. 친구들과 아버지와의 관계를 잃고, 음주/약물 복용으로 두 번이나 유죄 판결을 받았으며, 직장을 잃었다.

  더 이상 삶을 감당하기 힘들어졌을 때, 한 친구로부터 교회에서 열리는 회복축제 모임을 소개받았다. 자신이 밑바닥까지 내려갔다는 것을 확신하면서, 차드는 금요일 밤, 그룹에 참석했다. 후원자와 연결되고 회복축제 원칙에 따라 행동하기 시작하면서, 차드는 다시 한번 맑은 정신을 지닌 성인으로서의 삶을 시작하는 자신을 발견하게 되었다.

- 중독 가정에서 자라면서, 케이티는 자신은 절대로 그런 행동을 하지 않겠다고 다짐했었다. 어렸을 때 케이티는 학업과 운동에 뛰어난 성취를 이룸으로써 가정에서의 혼란을 덮고자 애썼다. 그러나 대학에 가면서 케이티는 완벽하게 보이고자 노력하는 것에 지치게 되었고, 곧 아무도 몰래 처방 약물 중독에 빠진 남자와의 관계라는 덫에 빠진 자신을 발견했다.

  케이티는 몇 년 동안 약물 중독자와의 공동의존 관계에서 헤어나오지 못했고, 결국 자신도 가족들이 빠져 있었던 동일한 순환 가운데 빠져 있다는 사실을 깨달았다. 상담사의 도움으로 케이티는 그 관계에 종지부를 찍을 수 있었고 자신의 공동의존적 성향을 극복하고자 노력했다. 그리고 마침내 자신에 대한 과도한 기대감과 중독에 빠진 사람과의 연인 관계에서 자유를 경험하게 되었다.

- 론은 금단을 유지한 지 5개월이 되었지만, 이혼, 건강 악화, 경제적 불확실성과 같은 중독의 결과로 인해 여전히 힘겨워하고 있다. 초기에 입원 집중 프로그램에서 몇 주를 보내면서 론은 자유를 경험했다. 그러나 이제 일상에서의 기복을 마주하게 되자, 론은 다시 코카인이 주는 위로를 통해 스트레스를 해소하고 싶은 유혹을 받는다.

2 정의와 주요 개념

- 재발(relapse)은 일정 기간의 금단 후 심각한 중독으로의 복귀라고 정의된다.[1]
- 실수(lapse)는 일정 기간의 금단 후 중독으로의 일회적 복귀라고 정의된다.[2]
- 재발률은 사용되는 물질에 따라 크게 다르다.[3]
- 위험요소는 사람에 따라 다르므로 상담과 치료는 개인별 차이를 알아내고 이에 적합하게 진행해야 한다.
- 중독 질환의 재발률은 50-90퍼센트까지 이른다.[4]
- 연구들은 치료 중인 여성이 남성보다 재발하는 빈도가 낮다는 것을 보여 주었으며, 부분적으로 이것은 여성이 그룹 상담에 참여하는 확률이 더 높기 때문이다.[5]

---

1 Everyday Health, www.everydayhealth.com/addiction/understanding-addiction-relapse.aspx.
2 Ibid.
3 Ibid.
4 www.caron.org/current-statistics.html.
5 Ibid.

- 재발 촉발제(relapse trigger)는 약물을 재사용하거나 문제 행동의 반복 위험을 증가하는 사건이나 특별한 요인이다. 치료 전략에는 잠재적 촉발제의 선별과 이를 중심으로 한 안전장치와 방어벽의 형성이 요구된다.

진단 인터뷰 | 3

1. 금단을 유지한 후 당신의 삶은 어떻게 변화되었습니까?
2. 중독으로 돌아가고 싶다는 유혹을 받은 적이 있습니까? 어떤 유혹입니까?
3. 당신은 회복 과정 중에 동반 책임을 구하고 있습니까?
4. 지지 그룹으로부터 도움을 구하셨습니까?
5. 중독의 결과로 생긴 지속적인 의료적 문제가 있습니까? 만약 그렇다면, 이 문제를 어떻게 해결하고 계십니까?
6. 회복 과정이 시작된 이후에 생긴 친밀한 관계에 대해 말씀해 주십시오.
7. 회복 과정이 시작된 이후 하나님과 당신의 관계에 대해 말씀해 주십시오.
8. 금단을 유지하기 위해 어떤 계획을 갖고 계십니까?
9. 맑은 정신 유지에 도움을 주는 기도나 묵상에 참여하고 있습니까?
10. 미래의 재발을 예방하기 위해 어떤 계획을 갖고 있습니까?
11. 당신의 중독에 있어 잠재적인 재발 촉발제는 무엇이며, 이 부분은 치료에서 어떻게 다루어지고 있습니까?

지혜로운 상담을 위한 조언 | 4

중독에서 회복되고 재발을 방지하는 가장 효과적인 방법을 내담자 스스로가 이해하는 것은 중요하다. 중독은 복잡하며, 삶의 다양한 영역은 중독의 결과에 따라 영향을 받는다. 따라서 회복의 삶이 어떻게 다를 수 있는지 깊이 이해하고 다양한 촉발제를 파악할 수 있도록 내담자와 협력하는 것이 핵심이다.

연구들은 지지 그룹에 참여하는 것이 금단을 유지하는 개인의 능력을 상당히 향상시킨다는 것을 보여 주었다. 따라서 상담사는 내담자가 '익명의 알코올 중독자들', '익명의 약물 중독자들', '회복축제'와 같은 그룹의 지속적 후원을 받도록 격려해야 한다. 심지어 수년에 걸친 금단의 삶 이후에도, 재발은 단지 한 번의 결정으로 시작될 수 있다.

비슷한 상황을 경험한 다른 사람들의 격려는 믿을 수 없을 만큼 치유적이며 치료적이다. 이와 비슷하게, 내담자는 금단을 통해 지혜와 통찰을 얻은 후, 이 지식을 사용하여 다른 사람들에게 도움을 줄 수 있다.

상담사는 회복의 초기 단계를 지나면서 내담자의 인간관계를 민감하게 살펴보아야 한다. 일부 관계는 고침을 받아야 한다. 다른 관계는 만약 그것이 내담자의 회복에 독이 된다면 정리되어야 할 수도 있다. 내담자의 회복이 유지될 수 있도록 지지와 확신을 주는 사람들과 인간관계를 발전시킬 수 있도록 격려하라.

5 내담자를 위한 행동 단계

1) 의료적 지원을 구하라

중독의 결과로 발생하는 건강 상태를 파악하기 위해 의사로부터 의료적 그리고/또는 정신과적 진단과 치료를 받는 것은 중요하다. 당신이 신체적으로 건강하다는 확신, 또는 신체적 질병과 그 질병을 어떻게 극복할 것인가에 관한 이해는 회복 과정에 도움이 될 것이다.

의료 건강 전문가에게 도움과 식견을 구하는 것을 피하지 말라. 회복은 정신적, 감정적, 신체적, 관계적, 영적 건강의 모든 영역을 포괄한다. 건강 상태는 초기 단계뿐만 아니라 주기적으로 점검되어야 한다.

2) 계획을 세우라

회복에 있어서 재발 촉발제를 파악하고 과거의 중독적 생활 양식에 빠지게 하는 유혹과 상황을 어떻게 극복할 것인가에 관한 구체적 계획을 세우는 것이 중요하다. 치료와 회복의 초기 단계에, 몇 달 후, 몇 년 후에 일어날 수 있는 재발을 방지하기 위한 계획을 적어 두도록 한다.

회복을 향한 길은 과정이다. 금단을 유지하기 위한 목적과 계획을 수립하는 과정에서 당신이 다시 중독의 덫에 빠지도록 유도하는 어려움들을 직면해 보도록 한다. 효과적 계획에는 동반 책임을 구하고, 회복에 도움이 되지 않는 상황이나 환경을 피하며, 신뢰할 수 있는 사람들과 유혹에 대하여 논의하고, 당신의 생각이 중독으로부터 멀어지게 하는 방법을 찾는 것이 포함된다.[6]

3) 후원 그룹 찾으라

다른 사람들의 후원을 받으면서 그들과 함께 회복의 과정을 지나는 것은 재발 방지에 있어 필수적이다. 하나님은 사람이 혼자 사는 것이 좋지 않다고 말씀하시면서, 인간관계와 교류에 대한 우리의 필요를 나타내셨다(창 2:18). 더 건강한 삶을 위한 지속적 노력을 후원하는 건강한 모임을 찾으라.

히브리서 기자는 다음과 같이 믿음의 사람들을 격려한다.

> 서로 돌아보아 사랑과 선행을 격려하며 모이기를 폐하는 어떤 사람들의 습관과 같이 하지 말고(히 10:24).

'익명의 알코올 중독자들', '익명의 약물 중독자들', '회복축제'와 같이 신앙에 기초한 후원 그룹 등 다수의 잘 알려진 회복 모임들이 있으며, 이

---

[6] Stephen Arterburn, "Effective Inpatient and Residential Addiction Recovery Models", *Christian Counseling Today* 16, no. 1 (2008), 34-37.

모임들은 개인의 금단 유지 능력을 향상시켜 준다고 알려져 있다.

회복 모임에 참여하지 않거나 책임동반자가 없는 사람들은 도움이 가장 절실할 때 충분한 후원을 받지 못하게 되며, 이에 종종 재발에 빠지게 된다.[7]

후원 모임을 선택할 때 당신의 필요, 욕구, 믿음, 성격 등을 고려하라. 모임을 선정한 후에는 그 모임에 성실히 참여하면서 회복 과정을 신뢰하도록 한다.

4) 성경을 공부하라

성경 말씀을 공부하고 묵상함으로써 회복 과정에 따르는 힘겨운 날들을 지나는 데에 힘과 통찰을 얻을 수 있다. 하나님의 말씀을 받아들이고 그분의 약속을 신뢰하는 것은 당신이 재발 방지에 필요한 지혜와 용기를 가지고 하루를 마주할 수 있도록 도울 것이다.

친구나 교회 사람들과 함께 성경 공부 모임에 참여하는 것을 고려해 보라. 기독교 동반 책임과 성장은 회복 과정과 재발 방지에 힘을 주는 건강한 관계들을 세워 가도록 도와줄 것이다.[8]

5) 운동하라

운동은 뇌와 신체를 자극하며, 회복 과정에 상당한 도움을 줄 수 있다. 운동은 스트레스를 감소하며, 하루의 스트레스와 긴장을 이완하는 배출구가 될 수 있다.

적절한 운동 습관을 유지하는 것이 어려울 수 있으므로, 동반 책임도 좋은 방법이다. 만일 가능하다면, 당신의 운동 계획에 친구나 가족 구성원을 포함시키라. 지역 운동 교실에 참석하라. 좋은 목적의 달리기 모임에 가입하여 몇 주 혹은 몇 달에 걸쳐 훈련하라.

---

[7] Ibid.
[8] Ibid.

6) 영양소의 섭취에 관심을 기울이라

좋은 섭식 습관은 신체 건강과 정신 건강에 좋은 영향을 미치고 회복에 도움을 준다. 하루 동안 소량의 음식을 자주 섭취하는 것은 에너지 수준과 기분을 안정적으로 유지하는 데에 도움이 된다. 신선한 과일과 채소, 통밀로 만든 음식을 섭취하고, 디카페인 커피나 허브티를 마심으로써 카페인 섭취를 제한하는 것이 현명하다. 마찬가지로 적절한 소화력과 에너지 수준을 유지하기 위해 육류와 설탕의 섭취량을 제한하는 것도 바람직하다.[9]

6 성경적 통찰

너희 염려를 다 주께 맡기라 이는 그가 너희를 돌보심이라(벧전 5:7).

하나님은 자신을 따르는 모든 이를 부르셔서, 하나님께서 우리의 염려를 넉넉히 해결하실 수 있다는 믿음 안에서 모든 염려를 그분에게 맡기라고 하신다. 우리는 우리가 섬기는 하나님이, 우리의 걱정에도 불구하고, 모든 연약한 이들에게 평안을 주시며 우리를 지탱해 주시는 분이라는 것을 신뢰할 수 있다. 우리가 있는 바로 그 자리에서 우리를 만나 주신다는 신뢰 속에서, 하나님은 우리가 우리의 짐을 그분께 내어 드리기를 원하신다.

형제들아 나는 아직 내가 잡은 줄로 여기지 아니하고 오직 한 일 즉 뒤에 있는 것은 잊어버리고 앞에 있는 것을 잡으려고(빌 3:13-14).

이 말씀은 예수 안에 있는 소망을 붙들도록 우리를 격려한다. 우리는 과거를 받아들이되 과거 속에서 살지 아니하며, 하나님께서 우리 삶에 행

---

[9] Alcoholics Victorious, www.alcoholicsvictorious.org/faq/rec-diet.html.

하신 모든 일을 신뢰하면서 앞으로 전진하도록 부름을 받았다. 우리는 하나님께서 우리에게 허락하시는 힘과 방향성을 통해서 회복과 재발 방지가 가능하다는 것을 신뢰할 수 있다.

> 이것을 너희에게 이르는 것은 너희로 내 안에서 평안을 누리게 하려 함이라 세상에서는 너희가 환난을 당하나 담대하라 내가 세상을 이기었노라 (요 6:33).

주님은 혼란, 두려움, 염려, 변화, 새로운 시작의 때에 우리에게 평안을 주신다. 하나님은 우리가 우리 삶을 당신께 드릴 때 모든 어려움과 짐들이 사라질 것이라고 약속하지 않으셨다. 그러나 하나님은 분명 그분 안에서 오는 평안과 확신을 허락하신다. 그리고 이를 통해 우리는 삶에 필연적으로 생기는 좋은 날과 힘겨운 날을 넉넉히 감당할 수 있게 된다. 하나님은 당신을 신뢰하도록 우리를 부르신다.
세상을 이기신 그분을 신뢰하도록 우리를 부르신다!

> 내가 여호와를 기다리고 기다렸더니 귀를 기울이사 나의 부르짖음을 들으셨도다 나를 기가 막힐 웅덩이와 수렁에서 끌어올리시고 내 발을 반석 위에 두사 내 걸음을 견고하게 하셨도다 (시 40:1-2).

우리가 극복해 온 모든 것을 돌아보는 것은 우리 안에서 역사하시는 하나님을 기억하는 훌륭한 방법이다. 우리가 그분을 부를 때 그분이 들으신다는 사실을 신뢰할 수 있다. 그분은 우리 삶의 세밀한 부분까지도 함께하기 원하신다. 그분이 우리 과거에 어떻게 일하셨는지 기억함으로써, 우리는 미래의 장애물과 어려움을 마주하게 될 때 그분이 우리를 위해 동일하게 일하실 것을 믿을 수 있다.

> 너는 알지 못하였느냐 듣지 못하였느냐 영원하신 하나님 여호와, 땅 끝까지 창조하신 이는 피곤하지 않으시며 곤비하지 않으시며 명철이 한이 없으시며 피곤한 자에게는 능력을 주시며 무능한 자에게는 힘을 더하시나

니 소년이라도 피곤하며 곤비하며 장정이라도 넘어지며 쓰러지되 오직 여호와를 앙망하는 자는 새 힘을 얻으리니 독수리가 날개 치며 올라감 같을 것이요 달음박질하여도 곤비하지 아니하겠고 걸어가도 피곤하지 아니하리로다(사 40:28-31).

회복과 재발 방지의 과정을 지나면서, 더 건강한 삶을 유지하려고 쏟는 노력에 지치는 순간이 찾아올 수 있다. 이것은 정상적이다. 필요한 변화를 이루기 위해서는 고된 노력이 필요하다. 이런 노력이 우리가 감당하기에 너무 벅차다고 느껴질 때, 하나님은 그분을 신뢰하고 그분 안에 소망을 두는 사람들에게 헤아릴 수 없는 능력과 한없는 평안을 허락하시겠다고 약속하신다.

우리의 문제는 하나님께서 돌보시기에 그리 큰 문제가 아니다. 하나님은 기꺼이 우리의 필요를 채우기 원하시며, 우리가 더 이상 힘겨운 하루를 마주할 능력이 없다고 느낄 때 우리에게 힘을 주신다.

기도 첫걸음 7

오, 주님!
주님께서 _____ 님의 삶에 이미 베풀어 주신 모든 일에 감사를 드립니다. _____ 님을 과거의 중독적 생활 방식으로부터 구원하시고, 회복을 위한 도움을 구하도록 인도하심에 감사드립니다. _____ 님이 맑은 정신을 지닌 미래를 마주해 나갈 때, 주님께서 길을 보여 주시고 지혜와 힘을 주시기를 기도합니다. _____ 님에게 건강하고 온전한 정신을 유지하고자 하는 열망을 주심에 감사드립니다. 삶 속에서 재발을 유발하는 상황과 유혹을 떨쳐 주시고, 이 여정을 가는 동안 _____ 님의 마음과 생각을 지켜 주시옵소서.

8 추천 자료

추천 도서

Anderson, Neil. *Overcoming Addictive Behavior*. The Victory over the Darkness Series. Gospel Light, 1999.

Anderson, Neil T., Mike Quarles, and Julia Quarles. *One Day at a Time: The Devotional for Overcomers*. Gospel Light, 2000.

Arterburn, Stephen, and David Stoop. *The Book of Life Recovery*. Tyndale, 2012.

Baker, John. *Celebrate Recovery Bible: NIV*. Zondervan, 2007.

Conyers, Beverly. *Everything Changes: Help for Families of Newly Recovering Addicts*. Hazelden Foundation, 2009.

Hontz, Marilyn. *Shame Lifter: Replacing Your Fears and Tears with Forgiveness, Truth, and Hope*. Tyndale, 2009.

Laaser, Mark. *Healing Wounds of Sexual Addiction*. Zondervan, 2004.

Lutzer, Erwin W. *Putting Your Past behind You: Finding Hope for Life's Deepest Hurts*. Moody, 1997.

May, Gerald. *Addiction and Grace: Love and Spirituality in the Healing of Addiction*. HarperOne, 2006.

Quick, Daryl. *The Healing Journey for Adult Children of Alcoholics*. InterVarsity, 2011.

Rohr, Richard. *Breathing under Water: Spirituality and the Twelve Steps*. Franciscan Media, 2011.

Urschel, Harold. *Healing the Addicted Brain: The Revolutionary, Science-Based Alcoholism and Addiction Recovery Program*. Sourcebooks, 2009.

Williams, Don. *12 Steps with Jesus*. Gospel Light, 2004.

추천 웹사이트

Alcoholics Anonymous: www.aa.org

Celebrate Recovery: www.celebraterecovery.com

Codependents Anonymous: www.coda.org

Narcotics Anonymous: www.na.org

제2부

물질 남용 중독

제2부에서는 물질 중독과 회복의 중요한 측면을 포괄적으로 살펴본다. 화학 물질 의존(chemical dependency)은 물질 남용, 약물 중독, 알코올 중독과 같은 몇 가지 용어들과 종종 호환해서 사용하는 용어이다. 그러나 다른 기분전환 물질과 비교하여 중독이 지니는 공통적인 특징은, 중독자가 심각한 건강 관련, 경제적, 법적, 직업적, 사회적, 영적 결과에도 불구하고 특정 행동을 멈출 수 없다는 데에 있다.

또한, 화학 물질 의존은 모든 인구학적 경계를 넘어선다(인종, 성별, 나이, 교육 수준, 경제적 지위, 종교 성향). 질병 모델이 이 분야에서 널리 받아들여지고 있는 가운데, 성경에 기초한 그리스도-중심 요인들은 종종 성공적인 치료와 회복에 있어서 대단히 중요한 역할을 한다.

개요 부분에서 회복의 여정으로 제시되었던 네 가지 기본 단계들을 되짚어 보자.

1단계: **인정하고 수용하라**(고백의 역할과 비밀의 힘 깨뜨리기)
2단계: **감염을 제거하라**(애통의 역할과 부정의 힘 깨뜨리기)
3단계: **마음을 새롭게 하라**(진리의 역할과 불신앙의 힘 깨뜨리기)
4단계: **의지를 실천하라**(책임의 역할과 두려움의 힘 깨뜨리기)

6 알코올

1 상황 묘사

- 짐은 호텔 방에 홀로 앉아, 어쩌다가 자신의 삶이 여기까지 오게 되었는지 생각하고 있었다. 그는 자신의 삶을 통제하고 있다고 생각했는데, 지금은 그렇지 못하다는 것을 깨달았다. 그는 술에 취한 채로 집에 들어갔고, 아내는 이런 일을 너무나 오래 겪었다. 아내는 그에게 집에서 나가지 않으면 경찰을 부르겠다고 했다. 그는 이런 식으로 아내가 자신을 대하는 것에 화가 났지만, 한편으로 그녀가 옳다는 것을 알고 있었다.
'이것은 내가 원하는 모습이 아니야. 나는 도움이 필요해.'
그는 스스로 인정했다.

- 린제이는 창창한 미래가 앞에 놓인, 똑똑하고 재주 많은 십 대이다. 그녀는 열네 살 때 친구 집에서 처음으로 술을 마셨다. 이제 열여덟 살이 되어, 그녀는 친구들과 정기적으로 파티에 간다. 그녀의 많은 또래 친구들은 이런 파티에 참석하며, 그녀는 재미있는 시간을 혼자서 놓치고 싶지 않다. 린제이 자신에게 이런 파티는 큰 문제거리가 아니다.
하지만 그녀의 부모는 그녀의 성적이 급격히 떨어지고 평소에 즐기던 활동에 대해 점차적으로 무관심해지는 것을 본다. 어찌할 바를 몰라, 부모는 린제이를 상담에 데려가기로 했다.

- 찰스가 기억하는 한, 알코올은 자기 삶의 일부였다. 찰스가 여덟 살밖에 되지 않았을 때 아버지는 처음 그에게 술을 주었다. 마흔여섯 살이 된 된 지금, 그는 알코올 없는 삶을 상상할 수조차 없다. 음주로 인

해 직장 생활의 유지에 어려움을 겪기에, 그는 끊임없이 새로운 일자리를 찾는다. 어젯밤 기억을 잃고, 오늘 그는 병원에서 눈을 떴다. 나이가 들어갈수록, 그는 건강에 대해 걱정한다. 여러 번 술을 끊으려고 노력해봤지만, 아무것도 효과가 없었다.

'도대체 나는 무엇이 문제인가?

왜 멈출 수가 없는 걸까?'

그는 궁금하다.

그는 재발로 인해 의기소침한 채, 아무런 소망 없이 상담 사무실로 들어온다.

2 정의와 주요 개념

- 알코올은 중추신경계에 영향을 미쳐서 반응 속도를 늦추는 억제제이다.
- 이것은 과일, 채소, 곡물의 **발효** 과정에서 생성된다.
- 알코올의 속칭에는, 부즈(booze), 후쉬(hooch), 브루(brew), 처그(chug), 잭(jack), 주스(juice) 등이 있다.
- 약물과 알코올 남용은 미국에서 예방 가능한 사망 원인 중 1위이며, 우리 사회에서 가장 만연한 정신 건강 문제이다.
- 미국에는 추산 1억 1,900만 명의 알코올 사용자들이 있다.[1]
- 맥주는 오늘날 가장 흔히 소비되는 알코올 음료이다.[2]
- 전체 가정 폭력의 56퍼센트는 알코올과 관련이 있다.[3]
- 2006년 미국 전체 교통 사상 사건의 32퍼센트는 음주 운전과 관련이 있다.[4]

---

1 Doweiko, *Concepts of Chemical Dependency*, 60-71.
2 Ibid.
3 Ibid.
4 NHTSA, "Traffic Safety Facts," last modified March 2008, www.nrd.nhtsa.dot.gov/pubs/810801.

- 알코올은 심각한 상해와 심지어 사망에 이르는 **중대한 건강 문제**를 유발할 수 있다. 과음자의 경우, 한 번의 알코올 다량 섭취는 췌장(소화기와 내분비 시스템의 통제)에 출혈을 일으키거나 연수(뇌줄기 하단의 반)의 호흡중추를 억제하여 사망에 이르게 한다. 다수의 알코올 사용자에게 간 기능의 저하뿐 아니라 간에 상흔을 입히는 **간경변**이 나타난다.[5]
- **섬망증**(DTs: Delirium Tremens)은 알코올 금단 증상의 심각한 형태로서 의료적 응급상황으로 간주되며 치명적일 수 있다. 일반적으로 과음자들(예를 들어, 몇 달간 매일 맥주 캔 7-8개 정도를 마시는 경우)에게 나타나며, 마지막으로 알코올을 섭취한 지 대략 72시간 후에 나타난다. 일부 증상에는 신체 떨림, 혼란, 동요, 피로감, 급격한 감정 변화, 구토 등이 있다.[6]
- 신체는 체내 화학 물질이 존재하는 상태에서 정상적 기능을 유지하기 위한 노력으로 시간의 경과에 따라 알코올에 대한 **내성**을 발달시킨다. 그러나 알코올의 치명적 섭취량은 내성의 정도와 상관없이 동일하다.
- 알코올은 단지 그것을 소비하는 사람에게만 영향을 미치는 것이 아니다. 알코올을 소비하는 사람과 접촉하게 되는 사람들, 특히 가족들은 다양한 방면으로 영향을 받을 수 있다. 추산에 따르면, 한 명의 중독자에게 **적어도 4-5명**의 사람이 해로운 영향을 받는다.
- 일부 알코올 사용자들은 알코올을 섭취하면서도 정상적 생활을 유지할 수 있다. 이 사람들을 기능적 알코올 중독자라고 부른다. 주목해야 할 점은, 현재 이들의 삶이 방해받지 않는 것처럼 보일지라도, 문제는 점점 악화되고 있다는 사실이다. 비록 기능적 알코올 중독자들이 자신의 음주를 문제시하지 않는다 할지라도, 그들은 여전히 위험한 수준으로 술을 마시고 있으며 다양한 건강 문제의 위험에 노출되어 있다.

---

5 P. Stevens and R. Smith, *Substance Abuse Counseling: Theory and Practice* (Columbus, OH: Pearson, 2005), 44-53.

6 U.S. National Library of Medicine, "PubMed Health," last modified March 20, 2001, www.ncbi.nlm.nih.gov/pubmedhealth/PMH0001771/.

진단 인터뷰 | 3

1) CAGE 테스트

CAGE 테스트는 구두 또는 서면으로 시행되는 간단한 네 가지 질문의 설문이다. 이 테스트는 매우 정확하며, 상담사에게 문제의 심각성에 대한 기본적 아이디어를 제공한다. 만약 두 가지 질문에 '예'라고 답한다면 알코올에 관련된 문제가 존재한다는 것이며, 심층 진단이 요구된다.

1. Cut Down (C): 당신은 음주를 줄여야 한다고 느낀 적이 있습니까?
2. Annoyed (A): 당신은 주변 사람들이 당신의 음주에 관해 언급할 때 불쾌하게 느낀 적이 있습니까?
3. Guilty (G): 당신은 자신의 음주에 관해 죄책감을 느끼거나 불쾌한 기분을 느낀 적이 있습니까?
4. Eye-Opener (E): 당신은 신경을 안정시키거나 숙취를 없애기 위해 오전에 자극적인 음료나 해장술을 마신 적이 있습니까?

2) 일반 질문

1. 당신은 얼마나 자주 술을 마십니까? (알코올 중독자들이 자신에게 유리하게 말하는 데에 능숙하다는 것을 기억하라. 그들은 술을 계속 마시기 위해 그렇게 해야만 한다. 일반적으로 이 질문에 대한 답은 부정으로 인해 축소될 수 있다.)
2. 당신은 한 번에 술을 얼마나 많이 마십니까?
3. 술을 마시면 어떤 기분을 느끼십니까?
4. 당신은 술을 그만 마시려고 노력한 적이 있습니까?
5. 당신은 언제 처음으로 술을 마셨습니까? (많은 경우, 과음자들은 처음 술을 마신 순간을 생생하게 기억할 것이다. 과음자들에게 이 순간은 인생을 변화시키는 영향력을 지녔기 때문에, 감정적 기억으로 자리를 잡는다)
6. 당신은 얼마나 오래 술을 마셔 왔습니까?

7. 현재 당신이 마시는 술의 양과 비교했을 때, 일 년 전에는 얼만큼의 술을 마셨습니까?
8. 알코올은 당신의 직업이나 학업 성취에 어떤 영향을 미쳤습니까?
9. 음주 문제가 당신의 결혼이나 다른 인간관계에 어떤 영향을 미친다고 생각하십니까?
   이 부분은 앞으로 달라질 것 같습니까?
10. 당신이 가장 자주 술을 마시는 곳은 어디입니까?
    왜 그렇습니까?
11. 당신은 혼자서 술을 마십니까, 아니면 다른 사람들과 함께 마십니까?
12. 만약 배우자나 친구와 같은 사람이 당신과 동일한 증상을 보인다면, 당신은 그 사람에게 문제가 있다고 생각하시겠습니까?

4 지혜로운 상담을 위한 조언

1) 상담사를 위한 조언

첫째, 알코올을 남용하는 내담자를 대할 때 긴급한 의료적 문제에 집중하라. 만약 내담자의 생명이나 의료적 상태에 즉각적으로 위협이 되는 부분이 있다면, 이것이 당신이 취할 첫 번째 행동 수칙이 되어야 한다. 내담자가 양호한 건강 상태를 유지하는 것처럼 보일지라도, 알코올이 신체 건강에 미치는 잠재적 위험을 결코 간과해서는 안 된다.

둘째, 당신이 지닌 알코올과 알코올 중독자에 대한 편견과 가정에 유의하라. 술을 마시는 모든 사람이 노숙자이거나 실직자는 아니며, 단정하지 못한 차림새를 하는 것도 아니다. 알코올 중독은 인종이나 사회적 지위를 차별하지 않는다. 만약 당신의 내담자가 그리스도인이라면, 기독교 공동체의 음주, 특히 과음을 경멸하는 분위기로 인해 자신의 음주가 발각될까 봐 두려워할 것이다. 그들에게 상담에서의 비밀유지에 대해 다시 한번 확인시켜 주고, 당신의 상담실이 그들의 문제를 공유하는 안전한 공간이 될 수 있도록 하라.

셋째, 알코올에 중독된 사람들은 자신의 문제의 심각성에 관해 부정할 가능성이 매우 크다는 사실을 유념하라. 어떤 경우에는 자신에게 문제가 있다는 사실조차 인정하지 않을 것이다. 음주 문제를 인정하는 것은 그들의 일상을 혼란 가운데 빠뜨릴 수 있기에, 문제적 음주자뿐 아니라 가족들도 부정(denial)을 사용하여 이 문제를 회피하고자 할 것이다. 따라서 그들이 부정에 대해 직면하도록 민감하고 시기적절하게 돕는 것이 중요하다.

2) 배우자와 가족들을 위한 조언

공동의존(Codependency)은 정체성과 자기 가치를 자신의 외부에서 찾는 부적응적이고 문제적인 방법이다. 알코올에 중독된 내담자의 배우자는 공동의존을 발전시키는 가장 큰 위험에 노출되어 있다.

공동의존 증상에는 환경과 사람을 통제하려는 강박 관념, 알코올 남용자의 '치료'를 위한 지나친 개인적 희생, 자기 가치에 대한 외부적 원천의 사용, 배우자와 지나치게 밀착된(과도히 연루된) 관계 등이 포함된다. 그들은 알코올 사용자의 선택이나 행동에 과도한 책임감을 느낀다. 공동의존자를 위한 목표는 중독자와의 분리이다.

어린 자녀에 대해서는 방치 및 학대 가능성의 징후를 확인하고 귀를 기울이라. 알코올 사용자는 알코올의 영향 아래서 어린 자녀를 차에 태운 채로 운전을 했을 수도 있다.

알코올 사용자와 어린 자녀를 보호하기 위한 즉각적 행동을 취하라. 다른 가족들에게 문제를 알리거나 반응과 상황에 따라 아동 보호 전문 기관에 연락을 취함으로써 알코올 사용자가 문제를 직면하도록(그러나 적절하게) 할 필요가 있다. 자녀가 충분히 의사 표현을 할 수 있는 나이라면, 부모가 알코올의 영향 아래 있을 때 차에 타기를 거절한다거나 도움을 요청하도록 권유한다. 만약 학대가 존재한다면, 보호 기관에 즉각 보고하고 아동이 위험으로부터 나올 수 있는 계획을 세운다.

만약 가족 구성원이 이런 행동을 감춰주거나 가능하도록 돕고 있다면,

그들을 부드럽게 직면하여 중독자의 행동에 대해 더욱 정직하고 열린 반응을 할 수 있도록 격려하라. 이것은 알코올 중독으로 씨름하는 사람의 행동 변화에 도움을 줄 것이다.

종종 가족들은 전반적인 안정 상태를 유지하기 위해 알코올 사용자의 행동에 관해 이야기하거나 감정을 표출하려고 하지 않을 것이다. 덧붙여서, '비밀'을 고수하려는 힘이 존재하기 때문에, 그들은 종종 이 문제에 관해 아무도 신뢰하지 말라는 이야기를 들어 왔다. 그들을 위한 지원 시스템을 구축하는 것이 중요하다.

5. 내담자를 위한 행동 단계

1) 알코올 중독자를 위한 행동 단계

(1) 의사와 상담하라
- 당신의 신체가 체내에 존재하는 알코올로 인해 위험할 수 있다는 사실을 인지하라. 금단은 과음자들에게 생명의 위협이 될 수 있으며, 의료 전문가에 의해 관찰되어야 한다.

(2) 스스로에게 정직하라
- 당신은 알코올의 사용/남용이 어떻게 감당할 수 없는 상황까지 오게 되었는지, 그리고 이것이 어떻게 당신의 삶에 부정적 영향을 끼치고 있는지 직면할 필요가 있다.
- 만약 아무것도 변하지 않는다면, 아무것도 변하지 않는다. 중독을 유지하기 위해서 다른 사람들과 주변 환경을 조종하고 속이지 말라. 정직하게 문제를 다루고 변화를 이루어 내라.

(3) 전문적인 도움을 구하라
- 중독을 극복하기 위해서, 당신에게는 전문적인 도움과 후원 그룹이 함께 필요할 것이다. 지역의 상담사를 찾아 상담 약속을 잡으라. 또한

후원 그룹에 참여하는 것을 고려하라. 현재 미국에서는 '익명의 알코올 중독자들'이 이 문제를 다루는 최고의 프로그램이다. 회복축제와 같이 기독교에 기초한 후원 그룹도 있다.

(4) 하나님의 힘을 구하라
- 당신의 의지는 알코올의 속박으로부터 당신을 해방하기에 충분하지 않다는 사실을 깨달아라. 당신에게는 당신의 삶을 통해 일하실, 중독보다 초월적이며 강한 분이 필요하다. 당신에게는 하나님이 필요하다.
- 하나님께서 회복 과정 가운데 당신을 인도하시기를 기도하고 구하라.
- 당신의 영혼을 거룩한 영향력으로 채우라. 매일 하나님의 말씀을 읽으라.

(5) 동반 책임 파트너를 찾으라
- 목회자, 친구, 또는 신뢰하는 사람들에게 이야기하고 도움을 구하라. 당신은 혼자 이 일을 감당할 수 없다. 고립은 재발과 계속되는 중독의 지름길이다.
- 이 사람들로 하여금 당신의 행동에 대해 질문하도록 하라. 누군가에게 직접 대답하는 것은 당신의 삶이 변화하도록 동기를 부여할 것이다.
- 금주를 지속하고자 하는 기간에 대한 계약서를 작성하라. 당신과 당신의 동반 책임 파트너가 함께 서명하도록 한다.

2) 배우자와 가족들을 위한 행동 단계

(1) 도움을 구하라
- 당신이 이 문제를 헤쳐나가는 데에 도움이 되도록 생활 속에서 광범위한 지원 시스템을 구축하는 것이 중요하다.
- 교회나 다른 기관에 당신이 참가할 수 있는 지원 그룹이 있는지 찾아보라. 알아넌(Al-Anon: 무명의 알코올 중독자 가족 그룹), 알코올 중독자의 성인 자녀 모임, 무명의 가족 모임은 알코올 문제를 겪고 있는 가족들

에게 지원 그룹을 제공한다.

(2) 상담사를 만나라
- 지원 시스템에 더하여, 당신이 상황 대처 기술을 갖추도록 도움을 줄 전문가를 만나는 것은 지혜로운 일이다.

(3) 당신 자신에게 집중하라
- 자기 돌봄에 우선순위를 두라. 당신의 문제는 무시한 채, 다른 사람들의 문제로 당신의 마음이 산란해지는 것을 허용하지 말라. 이는 당신의 전인적 건강에 해롭다.
- 당신의 성취와 삶의 긍정적인 면에 집중하라. 당신이 존중과 품격으로 대우받을 가치가 있는 사람이라는 사실을 받아들이라.
- 당신의 행동에 집중하여 당신이 왜 그런 일을 했는지 스스로 질문하라.

(4) 사용자와 분리되라
- 당신이 사용자를 치유하거나 치료와 회복에 있어서 중요한 선택을 내릴 수 없다는 사실을 인정하라. 때로 당신이 할 수 있는 최선은 그들이 스스로 행동의 결과를 직면하도록 하는 것이다.
- 적당한 경계를 세우고 '아니'라고 말하는 법을 배우라. 이것은 당신이 건강한 자아존중감을 발전하는 데에 도움이 될 것이다.

6 성경적 통찰

> 너희 몸은 너희가 하나님께로부터 받은 바 너희 가운데 계신 성령의 전인 줄을 알지 못하느냐 너희는 너희 자신의 것이 아니라 값으로 산 것이 되었으니 그런즉 너희 몸으로 하나님께 영광을 돌리라(고전 6:19-20).

신앙인으로서, 우리의 몸은 성령의 전이며 우리의 것이 아니다. 우리의 몸은 하나님께 속해 있다. 우리는 우리 몸에 들어가는 물질이 무엇인지,

그리고 그것이 하나님을 영화롭게 하는지 그렇지 않은지에 대해 의식할 필요가 있다.

> 포도주는 거만하게 하는 것이요 독주는 떠들게 하는 것이라 이에 미혹되는 자마다 지혜가 없느니라(잠 20:1).

이 성경 구절에서 와인과 독주는 모두 의인화되어, 와인은 그 마시는 사람을 거만하게 하고 독주는 그 사람을 떠들게 하는 것임을 보여 준다. 이 둘은 모두 사람을 어긋난 길로 인도하는 힘을 갖고 있다.

> 재앙이 뉘게 있느뇨 근심이 뉘게 있느뇨 분쟁이 뉘게 있느뇨 원망이 뉘게 있느뇨 까닭 없는 상처가 뉘게 있느뇨 붉은 눈이 뉘게 있느뇨 술에 잠긴 자에게 있고 혼합한 술을 구하러 다니는 자에게 있느니라 포도주는 붉고 잔에서 번쩍이며 순하게 내려가나니 너는 그것을 보지도 말지어다 그것이 마침내 뱀 같이 물 것이요 독사 같이 쏠 것이며 또 네 눈에는 괴이한 것이 보일 것이요 네 마음은 구부러진 말을 할 것이며 너는 바다 가운데에 누운 자 같을 것이요 돛대 위에 누운 자 같을 것이며 네가 스스로 말하기를 사람이 나를 때려도 나는 아프지 아니하고 나를 상하게 하여도 내게 감각이 없도다 내가 언제나 깰까 다시 술을 찾겠다 하리라(잠 23:29-35).

이 성경 구절의 앞부분에 있는 질문은 알코올이 감정적(재앙과 근심), 사회적(분쟁과 원망), 신체적(까닭 없는 상처와 붉은 눈) 문제의 원인이라는 것을 보여 준다. 알코올 문제는 복잡하며, 조심성 있게 다루어져야 한다. 알코올 중독으로 씨름하는 사람은 알코올 문제가 삶의 전 영역에 퍼져 나가게 되면서, 사기가 저하될 수 있다. 그들은 탈출구를 찾지 못한다.

알코올은 부드럽고 매혹적이기에 굉장히 유혹적으로 다가올 수 있지만, 그 실체를 보여 주는 경고가 있다. 그 유혹의 결과는 독사에 쏘인 고통이며, 아침에 깨면 항상 더 많이 원하게 되는 것으로 표현된다. 알코올을 마시는 사람은 알코올의 노예가 된다.

그런즉 너희가 어떻게 행할지를 자세히 주의하여 지혜 없는 자 같이 하지 말고 오직 지혜 있는 자같이 하여 세월을 아끼라 때가 악하니라 그러므로 어리석은 자가 되지 말고 오직 주의 뜻이 무엇인가 이해하라 술 취하지 말라 이는 방탕한 것이니 오직 성령으로 충만함을 받으라(엡 5:15-18).

이 성경 구절은 "술 취하지 말라"라는 부정적 언급과 함께, "성령으로 충만함을 받으라"라는 긍정적 언급을 덧붙인다. 이는 당신 자신을 알코올이 아닌 성령께서 통제하시도록 내려놓으라는 말씀이다. 우리는 어떻게 살아야 하는가에 관심을 집중해야 한다.

우리가 지혜, 능력, 은혜를 구하면서 하나님과 교제하고 꾸준히 하나님의 말씀을 읽을 때 우리는 성령으로 충만하게 된다.

이 구절은 음주가 얼마나 소모적인 활동인지를 보여 준다. 음주는 당신이 시간을 사용하는 최선의 방법이 아니다. 알코올을 포기함으로써, 당신은 가족과 친구, 그리고 하나님과 더 많은 시간을 보내면서 매 순간을 소중히 만들어 갈 수 있다.

7 기도 첫걸음

> 오, 주님!
> _____님의 삶으로 인해 감사드리며, 또한 _____님이 기꺼이 이 문제를 직면할 수 있게 하시니 감사합니다. 이것은 쉬운 일이 아니기에, _____님이 지금까지 보여 준 용기와 담대함에 감사를 드립니다. _____님에게 알코올 중독을 이길 능력과 회복 과정을 끝까지 견뎌 낼 힘을 허락하시기를 우리가 함께 기도합니다. _____님의 가족과 그 주변의 사람들과 함께해 주시옵소서. 그들을 위로하시고 후원할 수 있는 영을 허락해 주시옵소서.

추천 자료 8

추천 도서
Arterburn, Stephen, and David Stoop. *The Book of Life Recovery*. Tyndale, 2012.

Clinebell, Howard. *Understanding and Counseling Persons with Alcohol, Drug, and Behavioral Addictions*. Abingdon, 1998.

Clinton, Tim. *Turn Your Life Around*. FaithWords, 2006.

Davis, Martin M. *The Gospel and the Twelve Steps: Following Jesus on the Path of Recovery*. Winepress, 2005.

Kuhar, Michael. *The Addicted Brain: Why We Abuse Drugs, Alcohol, and Nicotine*. Pearson Education, 2012.

Weaver, Andrew, Harold Koenig, and Howard Stone. *Pastoral Care of Alcohol Abusers*. Creative Pastoral Care and Counseling Series. Fortress, 2009.

Welch, Edward T. *Addictions: A Banquet in the Grave: Finding Hope in the Power of the Gospel*. P&R, 2001.

추천 웹사이트
Adult Children of Alcoholics: www.adultchildren.org

Al-Anon Family Groups: www.al-anon.alateen.org/

Alcoholics Anonymous: www.aa.org

Celebrate Recovery: www.celebraterecovery.com

Codependents Anonymous: www.coda.org

Help Guide: www.helpguide.org/mental/alcohol_abuse_alcoholism_signs_effects_treatment.htm

National Institute on Alcohol Abuse and Alcoholism: www.niaaa.nih.gov/

WebMD: www.webmd.com/mental-health/alcohol-abuse/alcohol-abuse-and-dependence-topic-overview

7 카페인

1 상황 묘사

- 저스틴은 게임과 사랑에 빠진 스물두 살의 남성이다. 그는 직업 없이 부모와 함께 살고 있으며, 게임을 하는 데에 모든 여가 시간을 허비하고 있다. 저스틴은 게임을 하면서 각성 상태를 유지해 주는 탄산 음료와 에너지 음료 마시기를 좋아한다. 그는 늦게까지 게임을 하기 위해서 보통 밤에 더 많이 마시며, 어떤 때는 밤을 새우기까지 한다. 최근 그는 심한 두통과 평소보다 심한 불안감으로 인해 오후가 되어야 잠에서 깨기 시작했다. 그는 (한 손에 탄산 음료를 들고) 비디오 게임을 시작하면 두통이 사라지는 것을 알게 되었다. 저스틴은 카페인에 중독되었지만 아직은 그것이 문제라는 사실을 인식하지 못한다.

- "나는 밤늦게까지라도 이 과제를 끝내야 해! 다시는 낮은 성적을 받아선 안돼."
  캐런은 또다시 에너지 음료를 들이킨다.
  캐런은 성적에서 중요한 부분을 차지하는 보고서를 작성하고 있다. 일을 미루는 버릇과 비효율적 시간 사용으로 인해 캐런은 과제물 제출 전날 또다시 밤늦게까지 자지 못하는 자신을 발견한다.
  사실, 이런 상황은 캐런에게 흔한 일이다. 그녀는 일주일에 3-4일은 과중한 학교 과제를 해내기 위해 늦게까지 깨어 있어야 한다고 느낀다. 과제를 하기 위해 기숙사로 향할 때마다, 그녀는 항상 자판기에 들러서 밤새우는 것을 도와줄 에너지 음료 두세 개를 산다.

- 메리에게는 세 명의 어린 자녀가 있으며, 그녀는 최근에 취직했다. 평소 그녀는 일찍 일어나서 아이들을 학교에 데려다주고 자신도 출근해야 한

다. 퇴근 후 어린이집에서 아이들을 데리고 온 후, 첫째 아이를 농구 교실에 데려다준다. 저녁 시간에는 가족들을 위해 저녁을 만들고, 일주일에 몇 번은 교회로 달려가 다양한 프로젝트와 사역을 돕는다.

하루를 버틸 힘을 얻고자 메리는 보통 다섯 잔에서 여섯 잔의 커피를 마신다. 최근에 그녀는 의사를 방문했고 고혈압이 있다는 사실을 알게 되었다. 무언가 변화가 일어나야만 한다.

2 정의와 주요 개념

카페인은 암페타민, 코카인, 니코틴, 엑스터시와 함께 중추신경 자극제 (stimulant)로 분류된다. 이는 적어도 63개의 다양한 식물에서 발견된다.

카페인 함유 가능성이 있는 제품에는 커피, 차, 탄산 음료, 에너지 음료, 에너지샷, 요거트, 커피맛 아이스크림, 초콜릿, 초코 우유, 코코아 제품, 미돌(Midol: 미국 생리통 약 브랜드명 · 역주), 엑시드린(Excedrin: 미국 편두통약 브랜드명 · 역주), 노도즈(NoDoz: 미국 각성 보조제 브랜드명 · 역주), 비비아린 (Viviarin: 미국 각성 보조제 브랜드명 · 역주) 등이 있다.

카페인은 세계에서 가장 많이 소비되는 향정신성 물질이며, 추산 90퍼센트의 미국인들이 매일 카페인을 섭취한다.[1]

평균적인 미국인들은 하루에 280밀리그램의 카페인을 소비한다(이는 탄산 음료 7캔, 또는 커피 17온스와 동량이다).[2]

존스홉킨스매디슨 웹사이트(존스홉킨스병원과 존스홉킨스 약학대학의 공식 커뮤니케이션 링크)의 한 연구는, 매일 단 100밀리그램의 카페인 섭취만으로도 그 사용을 중단했을 때 신체적 의존과 금단 현상을 일으킬 수 있음을 보여 주었다.[3]

---

1 Johns Hopkins, "Behavioral Pharmacology Research Unit Fact Sheet: Caffeine Dependence," www.hopkinsmedicine.org/bin/m/b/Caffeine_Dependence_Fact_Sheet.pdf.
2 Ibid.
3 Ibid.

가장 흔한 금단 현상으로는 두통이 있으며, 그 외 피로감, 건망증, 짜증, 기분의 변화, 수면 장애, 메스꺼움/구토, 집중 방해, 나른함, 작업 방해, 근육통 등이 있다.

카페인의 반감기는 6시간이다. 이것의 의미는, 만약 당신이 늦은 오후에 커피를 마셨다면 카페인이 지닌 효과의 50퍼센트는 여전히 당신의 몸속에 남아, 그날 밤 수면의 양과 질을 방해할 수 있다는 것이다.

사람들이 말하는 카페인을 섭취하는 공통 이유에는, 각성 또는 기억력 증가, 정신적 또는 신체적 피로감 완화, 더 많은 카페인에 대한 원함 또는 갈망, 금단 현상 예방이 포함된다.

대부분 성인은 카페인 제품으로 커피를 선택하는 반면, 미성년자들은 탄산 음료를 선호한다.

카페인-프리 제품에 카페인이 전혀 없는 것은 아니다. 제품 속에는 여전히 소량의 카페인이 존재한다.

3 진단 인터뷰

1. 지난 3-6개월 동안, 당신은 하루에 얼마나 많은 양의 탄산 음료를 섭취했습니까?
2. 지난 3-6개월 동안, 당신은 하루에 몇 잔 정도의 커피를 드셨습니까?
3. 누군가 당신에게 카페인 섭취량을 줄여야겠다고 말한 적이 있습니까?
4. 당신은 스스로 카페인 섭취량을 줄이기를 바라고 있습니까?
5. 당신은 카페인 섭취를 멈추고자 노력하신 적이 있습니까? 실패의 원인이 무엇이라고 생각하십니까?
6. 당신의 체내에 카페인이 없는 상태로 가장 오래 지속된 기간은 어느 정도입니까?
7. 당신은 어떤 면에서 카페인이 당신에게 유익하다고 믿으십니까?
8. 당신은 어떤 면에서 카페인이 당신에게 해롭다고 믿으십니까?
9. 카페인 섭취를 중단했을 때, 당신은 그 부작용을 감지할 수 있

습니까?
10. 당신은 두통, 메스꺼움, 피로감, 또는 다른 불편감을 해소하기 위해 카페인을 섭취하신 적이 있습니까?
11. 시간이 지남에 따라 당신이 소비하는 카페인의 양이 변화되었다고 말할 수 있습니까?
12. 당신이 카페인을 섭취했을 때 하루의 임무를 완수하는 것이 더 수월해집니까?
13. 언제 처음으로 당신의 카페인 섭취에 문제가 있다는 것을 감지했습니까?
14. 당신은 얼마나 자주 더 많은 양의 카페인을 소비하고 싶다는 생각을 하십니까?

4 지혜로운 상담을 위한 조언

내담자는 자신의 카페인 섭취가 문제라고 생각하지 않기 때문에 금단 현상을 카페인이 아닌 다른 무언가의 탓으로 돌릴 것이다. 상담사의 역할은 내담자가 카페인이 자신의 삶에 미치는 부정적 영향을 깨닫도록 돕는 것이다. 내담자의 말을 주의 깊게 듣고 그 말을 다른 표현으로 바꾸어 삶에 대한 통찰을 제공하라.

카페인 의존이 생명에 위협적인 것으로 간주되지는 않지만, 카페인의 치사량은 7-10그램 정도이다. 이 정도로 많은 양의 카페인을 섭취하기 위해서는 24시간 내에 100잔 정도의 커피를 마셔야 한다. 따라서 치사량을 섭취하는 일은 매우 희박하지만, 그럼에도 카페인 섭취로 인한 사망이 보고되어 왔다.

게다가 카페인은 고혈압 등과 같은 다른 건강 문제를 일으키는 촉발제의 역할을 할 수 있으며, 관상동맥성 심장 질환의 위험을 증가시킨다. 상담사는 내담자의 종합적 건강과 함께, 카페인의 다량 섭취가 내담자의 건강에 어떤 영향을 미치는지 반드시 진단해야 한다.

5. 내담자를 위한 행동 단계

1) 당신의 카페인 섭취에 주의를 기울이라

- 단순히 매일 섭취하는 카페인의 양에 관심을 갖는 것으로 당신의 행동을 변화시키는 자극을 받을 수 있다. 또한, 이것은 당신이 왜 그렇게 많은 양의 카페인을 섭취하는지 이해하는 데 도움을 줄 수 있다.
- 당신이 섭취하는 카페인의 양과 그것에 비례한 수면의 양과 질에 관심을 갖기 시작하라.
  당신은 정시에 잠자리에 들었음에도 여전히 아침에 피로감을 느끼는가? 당신은 집중력이 저하되는 것을 느끼는가?
- 카페인을 함유한 제품을 먹거나 마실 때마다 일지에 기록하는 것도 좋은 훈련이 될 수 있다.

2) 카페인에 관한 교육을 받으라

- 당신은 지나친 카페인 소비가 모니터링되어야 하는 이유를 이해할 필요가 있다. 인터넷을 찾아보든지 의사 또는 의료 전문가와 통화를 시도하여 카페인에 관한 정보를 구하라.
- 카페인이 어떻게 당신의 몸에 작용하는지 배우라. 카페인은 화학적 자극제이며 당신의 신체에 변화를 일으킬 것이다. 건강을 의식하면서 당신의 카페인 섭취를 모니터링하라.
- 당신이 활력을 얻기 위해 카페인을 섭취한다면, 보충제나 비타민을 이용함으로써 자연적으로 활력을 높이는 방법에 대해 의사와 상의하라.

3) 계획을 세우라

- 목표를 세우라.
  당신은 어떻게 당신의 카페인 섭취에 변화를 주기 원하는가?
  당신이 희망하는 일들을 진단하고, 당신이 바라는 목표를 분명하게 진술하라.
- 카페인을 갑작스럽게 중단하는 것은 효과적이지 않다. 이것은 심각한 금단 현상을 일으킬 수 있다(더 강력한 자극제 약물의 금단 증상과 비슷할 수도 있다). 당신이 세운 목표량에 이르기까지, 시간을 두고 점차 카페인 섭취량을 줄여 나갈 것을 권장한다.
- 의사와 상담하여 당신의 필요에 맞는 계획을 수립하라. 사람들은 모두 다르며, 개별화된 계획을 필요로 한다.

4) 결심을 유지하라

- 계획을 잘 따르는 것이 중요하다. 식료품점에서는 카페인을 함유하지 않은 제품을 사는 것에 우선순위를 두라.
- 카페인이 함유된 제품이 당신을 유혹한다면, 그런 제품을 가까이 두지 말라. 당신 자신을 어떤 상황에 몰아넣는지 지혜롭게 생각하라. 예를 들어, 만약 당신이 외식하게 된다면 가기 전에 카페인이 없는 음료만 마시겠다고 다짐하라.
- 다른 사람들에게 당신의 목표를 이야기하고 신뢰할 수 있는 누군가에게 당신의 행동을 점검받으라. 이것은 당신이 궤도에서 벗어나지 않도록 도와줄 것이다.

5) 보상 시스템을 만들라

- 당신이 진전을 보이고 목표를 달성했을 때 당신 자신에게 보상하라. 당신의 발전을 즐기라. 당신이 하고 싶어 하는 일이나 갖고 싶은 물건을 생각해 내어 카페인 목표를 달성하기 전까지 그것을 하거나 갖지 않기로 스스로 약속하라. 이것은 당신이 카페인 소비를 줄이는 데에 자극이 될 것이다.

6　성경적 통찰

> 나는 비천에 처할 줄도 알고 풍부에 처할 줄도 알아 모든 일 곧 배부름과 배고픔과 풍부와 궁핍에도 처할 줄 아는 일체의 비결을 배웠노라 내게 능력 주시는 자 안에서 내가 모든 것을 할 수 있느니라(빌 4:12-13).

사도 바울은 이 구절에서 주님의 능력을 선포한다. 비천에 처하든지 풍부에 처하든지, 바울은 그리스도의 힘과 능력으로 모든 것을 할 수 있었다. 그것이 큰일이든 작은 일이든 하나님은 당신에게 그 일을 감당할 수 있는 넉넉한 힘과 은혜를 허락하신다.

> 모든 것이 내게 가하나 다 유익한 것이 아니요 모든 것이 내게 가하나 내가 무엇에든지 얽매이지 아니하리라(고전 6:12).

이 구절은 카페인 중독에 적용될 수 있다. 카페인 섭취 자체가 문제가 되는 것은 아니다. 하지만 지나치게 많은 양의 카페인을 섭취할 경우, 그 유익과 대가가 무엇인지 점검하여 카페인 섭취가 진정 도움이 되는지 판단해야 한다.

이 구절은 또한 우리의 몸이 주님의 것이며, 따라서 다른 어떤 것이 우리의 몸을 주장하거나 통제하게 해서는 안 된다고 말한다. 그러므로 여기서 목표는 당신의 몸을 하나님의 통제 아래에 둠으로써 카페인이 당신의 몸을 통제하지 못하도록 하는 것이다.

7　기도 첫걸음

> 오, 하나님!
> 우리에게 하나님의 아들을 보내시고 우리를 위해 대신 죽게 하셔서 우리가 이 땅에서 약물의 속박 가운데 살지 않도록 해 주시니 감사합니다. ＿＿＿＿ 님이 삶에서 이 문제를 극복할 수 있도록 하나님의 힘을 허락해 주시옵소서.

> 카페인이 _____님의 몸을 통제하고 있습니다. 하나님께서 _____님의 삶에서 일하실 수 있도록, _____님이 자신의 몸을 하나님께 내어 드리기를 기도합니다.

추천 자료 8

추천 도서

Anderson, Neil T. *Freedom from Addiction: Breaking the Bondage of Addiction and Finding Freedom in Christ*. Gospel Light, 1997.

Buchholz, David. *Heal Your Headache*. Workman, 2002.

Cherniske, Stephen. *Caffeine Blues: Wake Up to the Hidden Dangers of America's #1 Drug*. Warner, 1998.

Clinton, Tim. *Turn Your Life Around*. FaithWords, 2006.

Kuhar, Michael. *The Addicted Brain: Why We Abuse Drugs, Alcohol, and Nicotine*. Pearson Education, 2012.

Kushner, Marina. Confessions of a Caffeine Addict. SCR, 2010.

———. *The Truth about Caffeine*. SCR, 2009.

추천 웹사이트

Caffeine Awareness: www.caffeineawareness.org/

Johns Hopkins Medical Center: www.caffeinedependence.org/caffeine_dependence.html

Medicine Net: www.medicinenet.com/caffeine/article.htm

Web MD: www.webmd.com/balance/caffeine-myths-and-facts

8 코카인과 크랙 코카인

1 상황 묘사

- 제인은 언론학을 전공하는 대학생이었다. 올해는 새로운 아파트로 이사를 가기 때문에 무언가 새로운 일이 일어날 것 같았다. 이사 후에, 그녀는 옆집에 사는 남자를 알게 되었다. 그는 잘 생기고 매력적이었다. 그들은 만난 지 일주일도 안 되어 데이트를 시작했으며, 함께 즐거운 시간을 보냈다. 하루는 남자친구가 코카인을 가지고 와서 그녀에게도 권했다. 별생각 없이, 그녀는 코카인을 받아들였고, 이후로 남자친구와 코카인하는 시간을 즐기게 되었다.
그러나 얼마 지나지 않아, 제인은 단지 코카인만을 즐기게 되었다. 남자친구는 그 지역을 떠나게 되었고, 제인의 머릿속에는 어떻게 코카인을 구할 수 있을까에 대한 생각뿐이었다. 그녀의 성적은 추락했고, 더 이상 아파트를 유지할 수도 없었다. 그녀는 자신이 얼마나 어리석었는지 생각했다. 아파트에서 쫓겨날지도 모른다는 위협을 느끼면서, 제인은 도움을 구하기로 결심했다.

- 존은 분노했다. 마약 딜러는 코카인을 정시에 배달하지 않았고, 더 이상 기다릴 수가 없었다. 마침내 마약 딜러가 도착했지만, 너무나 필사적이었던 존은 파이프로 그를 세게 때리고 코카인을 낚아챘다. 이제 존은 폭행죄로 감옥에 가게 되었고, 무엇을 생각하고 행동해야 할지 막막했다. 그는 치료 프로그램에 참석하라는 명령을 받아 마지못해 참석하고 있다.

- 미구엘은 친구들과 동네 공원에서 스케이트보드 타기를 즐기는 16세 소년이다. 어느 날 밤, 미구엘보다 나이가 꽤 많은 친구 한 명이 그에

게 소량의 코카인을 주었다. 코카인을 사용해 본 미구엘은 그 환각 효과에 깜짝 놀랐다. 그는 코카인이 고소공포증 극복에 도움을 주어 스케이드보드를 더 잘 탈 수 있게 해 준다는 사실을 알게 되었다.

얼마 지나지 않아 미구엘의 어머니는 집에서 뭔가가 자꾸 없어진다는 사실을 눈치챘고, 이 일에 대해 미구엘을 추궁했다. 물론, 그는 자신이 무언가를 가져갔다는 사실을 부인했다. 어느 날 밤, 미구엘의 어머니는 마약을 사기 위해 어머니의 보석을 훔치는 미구엘을 잡았다. 몹시 화가 난 어머니는 그를 호되게 꾸짖고, 마약을 끊지 않으면 경찰에 신고하겠다고 말했다.

정의와 주요 개념 | 2

- 미국에서 코카인은 불법 약물이다.
- 코카인은 코카나무의 잎에서 얻은 화학 물질이다.
- 코카인은 극도의 황홀감을 유발할 뿐만 아니라 체온, 혈압, 심장 박동을 증가시키는 중추신경 자극제로 분류된다. 이는 국소 마취제로도 사용될 수 있다.
- 코카인 사용자는 약에 취했을 때 **리비도를 증가시키는 강렬한 황홀감**을 느끼게 된다. 이를 플래쉬(flash) 또는 러쉬(rush)라고 일컫는다.
- 코카인의 종류에는 코카 잎에서 추출한 **백색 가루**와 작은 수정 조각같이 생긴 **크랙 코카인**이 있다.
- 코카인과 크랙 코카인의 속칭으로는 **코크**(coke), **블로우**(blow), **페루비안 레이디**(Peruvian lady), **스노우**(Snow), **올 어메리칸 드럭**(all-American drug), **빔**(beam), **캔디**(candy), **락**(rocks,) **화이트 드래곤**(white dragon), **라인**(line) 등이 있다.
- 코카인이나 크랙 코카인을 사용하는 몇 가지 방법은 다음과 같다. **코를 통한 흡입**(insufflation 흡입법), **주사**(intravenous 정맥주사법), **구강 투여**(sublingual 설하선법), **항문 투여**(rectal 직장법), **질 투여**(질투여법 vaginally), **흡연**(inhalation 흡입법).

- 마약 남용에 대한 국가 가계 조사에 따르면, 12세 이상의 대략 170만 (0.7퍼센트) 미국인들이 2001년 현재 코카인을 사용하고 있으며, 40만 6천 명(0.2퍼센트)은 크랙 코카인 사용자였다. 코카인 사용자의 대다수는 18세에서 34세 사이에 집중되어 있다.[1]
- 매년 코카인은 미국 약물 치료 입원의 상당수를 차지한다.[2]
- 코카인은 중독 물질로서 강력한 위험요소를 지닌다. 현대 문화는 이 약물을 사용한 모든 사람이 약물에 중독되는 것처럼 묘사해 왔다. 그러나 코카인을 사용한 사람들 중 24.9퍼센트만이 약물 의존으로 진단받았다.[3]
- 이 약물 사용에 있어 몇 가지 심각한 의료적 우려 사항과 부작용은 다음과 같다.

    · 심장마비와 고혈압
    · 순환 장애
    · 불안과 공황 장애적 반응
    · 의주감(formication 피부에 벌레가 기어 다니는 듯한 느낌; 때로 코카인 사용자들은 신체에 스크래치 마크를 갖게 되는데, 이것은 이 부작용으로 인해 사용자가 몸을 긁어 왔음을 보여 준다)

- 코카인은 자살과 타살의 강력한 위험요소라고 보고된다. 60세 이하 사람들 사이에 발생한 자살의 20퍼센트가 코카인과 관련된 것으로 추정된다.[4]
- 코카인 사용 후 우울증은 크래쉬(crash 급격한 추락)라고 일컬어지며, 종종 인지, 감정 반응, 건강 상태에 영향을 미치는 우울증과 동반된다.

---

1 Substance Abuse and Mental Health Services Administration, "2001 National Household Survey on Drug Abuse," last modified June 16, 2008) www.oas.samhsa.gov/nhsda/2k1n-hsda/ vol1/chapter2.htm.
2 Ibid.
3 Ibid.
4 Doweiko, *Concepts of Chemical Dependency*, 131-143.

이것은 결국, 우울증의 고통을 경감하기 위해 또다시 약물을 사용하는 원인으로 작용한다. 추락의 기간에 자살의 우려는 매우 높아진다.
- 코카인에 중독된 사람에게서 보이는 증상은 **금전의 부족**인데, 이는 코카인이 고가이기 때문이다. 코카인은 식욕 억제제의 역할도 하기에, 일반적으로 체중 감소가 목격된다. 코카인 사용자들은 오랜 시간 음식을 먹지 않고 지내기도 한다. 코카인은 각성 물질이기 때문에 사용자들은 보통 수면 패턴에 방해를 받으며, 하루 중 이상한 시간에 잠을 자기도 한다.
- 신체 이미지로 고민하는 일부 소녀들은 음식 섭취를 중단하는 데 도움을 얻기 위해 코카인을 남용할 수도 있다. 이는 심각한 의료적 영향을 가져온다. 근본적인 심리적 문제는 코카인이 아닌 거식증일 수 있다.
- 대부분 코카인 사용자들은 코카인과 함께 다른 물질도 남용하며, 이는 복합적인 건강상의 위험을 야기한다. 코카인이 알코올과 함께 사용될 때, 소량의 코카인은 인체에 극독성인 **코카 에틸렌**(coca ehylene)으로 변형된다.

진단 인터뷰 3

1) 선행 질문

1. 이전에, 혹은 최근 들어 자신을 해치고자 하는 생각을 한 적이 있습니까?
2. 약물의 영향 아래 있을 때, 폭력으로 간주할 만한 어떤 생각을 한 적이 있습니까?
   당신은 다른 사람들을 해치려는 의도를 갖고 있습니까?

2) 일반 질문

1. 최근에 코카인이나 크랙 코카인을 얼마나 자주, 그리고 얼마나 많이 사용했습니까 (하루, 그리고 일주일 단위로)?

2. 만약 사용했다면, 다른 약물들을 코카인과 함께 사용했습니까?
3. 당신은 자신의 코카인 사용에 대해 의사와 상의한 적이 있습니까?
4. 과거에 치료 프로그램에 참여한 적이 있습니까?
5. 다른 사람들이 당신의 코카인 사용에 대해 언급한 적이 있습니까? 무슨 말을 했습니까?
6. 당신이 약물을 사용한 이후에 직장, 학업 성취, 다른 활동, 기분, 관계의 영역에서 감지된 변화가 있습니까?
7. 1부터 10까지의 범위에서 10이 가장 나쁘다고 했을 때, 당신의 코카인 사용은 얼마나 큰 문제입니까?
8. 당신의 습관을 유지하기 위해 가족이나 친구로부터 무언가를 훔치거나, 법을 어긴 적이 있습니까?
9. 당신은 삶의 어떤 상황에 코카인이 가장 필요하다고 느끼십니까?
10. 언제 처음으로 코카인을 사용하셨습니까?
11. 당신은 미래에 코카인을 사용하지 않게 되리라고 생각하십니까?

4 지혜로운 상담을 위한 조언

약물을 사용하는 사람들과 인터뷰를 할 경우, 그 사람의 전체 건강 상태를 진단하고 긴급한 의료 문제를 가려내는 것이 중요하다. 코카인 금단에는 대체로 아무런 신체 증상은 없지만, 종종 우울증, 불안, 피해망상, 쾌감의 부족, 초조함을 동반한다. 내담자가 당신의 사무실을 떠나기 전, 내담자에게 자살이 위험이 있거나 다른 사람들에게 위협이 되지 않는지 반드시 확인해야 한다.

코카인의 다른 부작용이 리비도의 상승이기 때문에, 커플이 함께 코카인을 남용할 우려가 커진다. 그들은 코카인이 자신들의 관계에 있어 육체적 쾌감을 높이거나 강화해 준다고 생각한다. 그들은 코카인을 **관계의 파괴**물로 생각하는 대신, 오히려 관계의 강화제라고 여긴다. 이는 결코 사실이 아니다. 커플을 상담하는 경우에, 코카인이 어떻게 관계를 파괴하고 상처를 입히는지 강조하고 그 깨어짐 속에서 오는 소망과 치유를 전해야 한다.

코카인에 중독된 내담자에 대한 당신의 판단에 있어 신중하라. 그들을 약하거나 도덕적으로 열등한 사람으로 바라보지 말라. 대신 그들을 하나님께서 창조하신 내적 가치를 지닌 존재로 바라보라.

사실 중독에 빠진 사람들은 자신의 인생에서 한 차원 높은 무언가를 찾고 있기에 물질을 남용하고 있다. 따라서 그들은 자신의 내면의 공허함을 감지하고 있다는 측면에서 자기 자신과 소통하고 있지만, 공허함을 채우고자 하는 노력 속에서 길을 잃었다고 말할 수 있다. 상담사로서 당신은 이 완벽한 기회를 사용하여 그들에게 그리스도의 사랑을 나누고 그분 안에서 충만함을 찾아가도록 인도하라.

코카인 남용자들이 종종 당신을 조종하고자 시도하며 약물이 얼마나 유익이 되는지에 대해 이야기할 것이라는 사실에 유의하라. 그들의 이야기에서 모순점을 찾아내 약물이 자신에게 주는 유익이라고 생각하는 부분과 약물의 실제 영향 사이의 차이점을 지적하라.

내담자를 위한 행동 단계 5

1) 의사와 상의하라

- 코카인은 다양한 방법으로 당신의 신체에 영향을 주며 사망이나 심각한 상해에 이르게 할 수 있다. 전문의료인의 도움을 받아 전반적인 건강 상태를 진단받도록 한다.

2) 물질 중독 상담사나 정신 건강 전문가를 만나라

- 코카인 중독으로부터 회복되는 것은 쉬운 과정이 아니며, 이 과정을 당신과 함께할 누군가를 만나는 것은 큰 도움이 된다. 그 사람은 당신의 유익을 최우선시하면서 약물 의존을 극복하는 데에 필요한 도구를 제공할 것이다.
- 당신은 지역 상담사를 찾거나 www.treatment4addiction.com 또는

www.healthgrades.com 같은 다양한 웹사이트를 통해 온라인 상담사를 찾을 수도 있다.
- 당신의 삶에서 당신을 붙들어 줄 수 있는 누군가를 찾으라. 아마도 친구나 친척, 상담사, 약물 중독 그룹 사람일 것이다. 당신은 '익명의 약물 중독자들'에 참석할 수 있다.

3) 당신 자신을 받아들이라

- 당신 자신에 대해 비판적 태도를 취할 때 회복은 일어나지 않을 것이다. 자유롭게 되기 위해 당신 자신에게 정직하라. 그리고 책임을 받아들이라.
- 과거의 선택과 행동 때문에 자신을 학대한다면 당신은 결국 자신에 대해 더욱 처참하게 느끼게 될 것이다. 자신을 정죄하는 것은 긍정적 변화를 가로막는다. 적극적이고 책임감 있게 행동하되, 하나님의 은혜와 용서가 그것을 구하는 모든 이에게 주어진다는 사실을 이해하라.

4) 그리스도의 사랑을 깨달으라

- 당신 내면의 공허함을 채우고자 또는 고통을 감추기 위해 코카인을 찾는 것을 멈추라. 대신 지역 교회에 참석하여 긍정적 영향을 주는 사람들과 함께하고, 하나님께 나아가 도움을 구하라.
- 하나님의 사랑은 우리의 모든 갈망을 채우기에 충분하며, 당신은 그분께 순종함으로써 기쁨을 회복할 수 있다.

5) 현재에 집중하라

- 과거의 잘못과 미래에 대한 비합리적 공포의 속박에서 벗어나라. 지금 현재에 집중하고 당신의 모든 에너지를 회복에 쏟아부으라.

성경적 통찰 6

> 오직 주 예수 그리스도로 옷 입고 정욕을 위하여 육신의 일을 도모하지 말라(롬 13:14).

이 구절은 우리에게 순결한 삶을 사는 비밀을 알려 준다. 다음 코카인을 투약할 생각 대신 그리스도에 대해 생각하고 능력을 주시도록 기도하라. 유혹적 생각이 수면으로 올라올 때 그것을 사로잡고 긍정적 생각을 하도록 자신을 훈련하라.

> 모든 사람에게 구원을 주시는 하나님의 은혜가 나타나 우리를 양육하시되 경건하지 않은 것과 이 세상 정욕을 다 버리고 신중함과 의로움과 경건함으로 이 세상에 살고(딛 2:11-12).

구원은 누구에게나 열려 있고, 값없이 주어지는 선물이다. 하나님의 능력으로 우리를 억압하는 모든 마약에서 완전한 자유를 얻을 수 있다.

우리 삶에서 구원과 그분의 임재를 통한 하나님의 은혜를 경험할 때 우리는 충만함을 준다고 약속하지만 결국 공허함만을 남기는 코카인과 다른 비슷한 것들에 대해 '아니'라고 말할 수 있게 된다.

> 우리가 아직 죄인 되었을 때에 그리스도께서 우리를 위하여 죽으심으로 하나님께서 우리에 대한 자기의 사랑을 확증하셨느니라(롬 5:8).

> 내가 이르노니 너희는 성령을 따라 행하라 그리하면 육체의 욕심을 이루지 아니하리라(갈 5:16).

신앙인들이 약물(육체의 욕심)의 통제를 이기는 방법은 성령을 따라 행하는 것이다. 성령은 우리 안에 거하시지만, 악한 욕망으로부터 우리를 자동적으로 구원하시는 것은 아니다. 성령은 우리가 당신께 의지하기를 기다리시며, 우리가 당신을 따라 행하기를 기다리신다. 우리가 그렇게 할 때 그분은 당신의 능력으로 코카인에 대한 갈망에 저항할 수 있도록 도와주신다고 약속하신다.

7 기도 첫걸음

> 하나님!
> 우리를 향한 하나님의 사랑에 감사합니다. 우리는 오직 성령의 능력의 인도하심을 통해서 _____님이 코카인 중독을 극복할 수 있음을 알고 있습니다. 우리는 이 끔찍한 속박으로부터 해방과 악한 영으로부터 보호를 구합니다. _____님이 이런 힘겨운 시기에 하나님의 도움을 구하며 하나님께 의지할 수 있기를 기도합니다.

8 추천 자료

추천 도서

Clinebell, Howard. *Understanding and Counseling Persons with Alcohol, Drug, and Behavioral Addictions*. Abingdon, 1998.

Clinton, Tim. *Turn Your Life Around*. FaithWords, 2006.

Kuhar, Michael. *The Addicted Brain: Why We Abuse Drugs, Alcohol, and Nicotine*. Pearson Education, 2012.

Lookadoo, Justin. *The Dirt on Drugs*. Revell, 2008.

Murphey, Cecil. *When Someone You Love Abuses Drugs or Alcohol*. Beacon Hill Press, 2004.

Washton, Arnold M. *Cocaine Addiction: Treatment, Recovery, and Relapse Prevention*. W. W. Norton, 1991.

추천 웹사이트

Addictions and Recovery: www.addictionsandrecovery.org/cocaine.htm

Celebrate Recovery: www.celebraterecovery.com

Cocaine Anonymous: www.ca.org/ Medicine Net: www.medicinenet.com/cocaine_and_crack_abuse/article.htm

Narcotics Anonymous: www.na.org

National Institute on Drug Abuse: www.drugabuse.gov/publications/drugfacts/cocaine

Web MD: www.webmd.com

억제제 9

상황 묘사 1

- 개리는 능력 있는 사업가이다. 그는 끊임없이 세계를 돌아다니며 강연을 하고 다양한 회사의 중역들과 미팅을 한다. 그 결과 개리는 충분한 수면을 취하기 힘들다. 그는 숙면에 도움을 주는 수면제를 소량 처방받았다. 처음에는 효과가 있었지만, 시간이 지나자 약효가 사라지는 것을 느꼈다. 그는 약의 복용량을 늘리기 시작했고 한동안은 효과가 있는 것처럼 보였다.
어느 날 호텔 방에서, 그는 평소에 먹던 양의 수면제를 복용하고 침대로 걸어가던 중 방향감각을 잃고 쓰러졌다. 그는 유리 꽃병을 쓰러뜨렸고 팔을 심하게 베었다. 병원에서 의사는 그의 수면 습관에 대해 상담사를 만나보라고 강력히 권유했다.

- 오늘은 크리스가 주급을 정산받는 금요일이다. 그는 집으로 가는 길에 주요소에 들러 한 주의 스트레스를 해소할 맥주를 샀다. 지금 그는 소파에 앉아 TV를 보며 여전히 맥주를 마시고 있다. 그는 그저 긴장을 풀고 싶을 뿐이다. 그 다음으로 그가 기억하는 것은 누군가 자신을 흔들어 깨웠다는 사실이다. 술을 너무 많이 마셔서 정신을 잃었다.

- "아니, 오늘 밤엔 그냥 집에 있을래. 숙제가 너무 많아."
질은 저녁 식사에 초대하는 고등학교 친구들에게 말했다. 하지만 그녀가 친구들과의 약속을 거절한 이유는 숙제 때문이 아니었다. 그것은 그녀의 삶에서 나타나는 원인 모를 높은 수준의 불안감 때문이었다. 질은 지난 몇 달 동안 상담사에게 상담을 받으며 약을 복용해 왔다. 질의 가족은 이 지역에 이사 온 지 얼마 안 되었기에, 질의 증상이 단번에 해결되기를 바라면서 새로운 상담사를 찾고 있다. 그러나 부모는 질이 약을 처방보다 빨리 복용한다는 것을 알게 되었고, 이에 따른 새로운 문제가 생겨났다.

2 정의와 주요 개념

- 억제제(Depressant)는 복용했을 때 뇌의 특정 부분의 기능을 억제 또는 감소시키는 다양한 종류의 약물을 설명하는 포괄적 용어이다. 억제제는 중추신경계의 정상적 기능을 둔화시키는 약물이다.
- 이러한 약물의 효과로 인해 진정제(downer)라고도 불린다.
- 사람들이 억제제를 사용하는 가장 흔한 이유는 긴장 이완, 수면 장애에 도움, 스트레스 해소, 불안감과 공황으로부터 진정감을 얻기 위해서이다.
- 모든 억제제는 남용될 수 있으며, 신체적으로 중독될 수 있다.
- 억제제는 여전히 의료적 목적으로 널리 사용되고 있다. 결과적으로 이러한 약물은 비밀 실험실에서 제조되는 것이 아니라 **남용될 수 있는 합법적 약물**이다.
- 2010년 미국의 12세 이상 700만 명(2.7퍼센트)이 전월 내에 처방형 정신치료제를 비의료적으로 사용한 경험이 있었다.[1]
- 억제제 사용에서 관찰된 **중독과 그 영향**은 경미한 수준에서 치명적 수준에까지 이른다.

  - **경증 수준**: 진정, 불분명한 발음, 방향감각의 상실, 운동실조(ataxia: 근육조절 능력의 상실), 안구진탕증(nystagmus: 비자발성 안구 운동)

---

1 Substance Abuse and Mental Health Services Administration, Results from the 2010 National Survey on Drug Use and Health: Summary of National Findings, NSDUH Series H-41, HHS publication no. (SMA) 11-4658 (Rockville, MD: Substance Abuse and Mental Health Services Administration, 2011).

- 중증 수준: 혼수 상태(통증에 의해 자극될 수 있음), 호흡저하(호흡기 억제), 심부건 반사 억제
- 치명적 수준: 깊은 혼수 상태, 구역질 반사 부재, 무호흡, 저혈압, 쇼크, 저체온증
- 사망

- 억제제 사용의 중단은 생명에 위협이 될 수도 있다. 섬망증(DTs: Delirium tremens)과 발작에 주의를 기울여야 한다. 일부 섬망 증상에는 신체 떨림, 혼란, 불안, 피로, 급격한 감정 변화, 구토가 있다.[2] 경미한 형태의 금단 증상에는 불안과 불면증이 있으며, 개인은 애초에 이런 증상 때문에 약물을 남용하기 시작했을 수도 있다.
- 과다 복용의 가능성이 증가하기 때문에 억제제는 절대로 다른 억제 약물(특히 알코올과 같은)과 함께 복용해서는 안 된다.
- 우울 장애 및 불안 장애를 위한 다양한 처방제는 자살에 대한 생각과 행동을 증가시키는 위험성을 지닌다.
- 억제제에는 진정제 및 최면제로 사용되는 약물이 포함된다. 화학적 구성에 따른 억제-최면 약물의 특정 분류는 다음과 같다.
바르비투르산염(barbiturates), 벤조디아제핀(benzodiazepines), 알코올, 흡입제, 감마 히드록시 부티르산(GHB, gamma-hydroxybutyrate) 그리고 주요 신경안정제.

1) 바르비투르산염(Barbiturates)

- 바르비투르산염은 불안 장애의 치료에 사용되는 억제제이다. 벤조디아제핀이 바르비투르산염을 널리 대체했지만, 바르비투르산염은 여전히 사용되며 남용되고 있다. 의학계에서 바르비투르산염은 특정 외과적 처치, 뇌부종 억제, 편두통 치료, 응급 발작 치료, 간질 통제에 최소한으로 사용된다. 티오펜탈(Thiopental)은 치사 주사(사형 집행에 사

[2] U.S. National Library of Medicine, "PubMed Health."

용되는 주사·역)로 사용되기도 한다.
- 속칭으로는 바브스(barbes), 옐로우(yellow), 레드 버드(red birds), 투티스(tooties)가 있다.
- 수천 가지의 바르비투르산염이 생산되었지만, 오직 50가지만 임상적으로 사용할 수 있다. 오늘날 대략 20여 종의 바르비투르산염이 여전히 존재한다. 바르비투르산염은 전체 처방의 10퍼센트 미만이다.[3]
- 일반적 바르비투르산염으로는 아모바르비탈(amobarbital, 아미탈[Amytal]), 아프로바르비탈(aprobarbital, 알루레이트[Alurate]), 부타바르비탈(butabarbital, 부티솔[Butisol]), 페노바르비탈(phenobarbital, 루미날[Luminal]), 세코바르비탈(secobarbital, 세코날[Seconal]), 탈부탈(talbutal, 로투세이트[Lotusate])이 있다. 모든 바르비투르산염은 작용 시간에 따라 분류된다.
- 바르비투르산염 사용자는 종종 성욕 감퇴, 방향감각 상실, 복용 익일 숙취감, 광과민성을 경험한다. 일부는 I.Q. 점수가 8점이나 하락하는 것을 경험을 했다.

2) 벤조디아제핀(benzodiazepines)

- 벤조디아제핀은 불안 장애, 불면증, 근육 긴장, 발작을 치료하는 **항불안 약물**이다.
- 속칭으로는 트랭스(tranks), 캔디(candy), 수면제(sleeping pills) 등이 있다.
- 현재 이 약들은 세계에서 가장 흔히 처방되는 향정신성 치료제 종류이다.[4]
- 일반적 벤조디아제핀으로는 디아제팜(diazepam, 발륨[Valium]), 클로르디아제폭사이드(chlordiazepoxide, 리브리엄[Librium]), 플루니트라제팜(flunitrazepam, 로힙놀[Rohypnol] 또는 루피스[roofies]라고 불리는 데이트 강간 마약), 알프라졸람(alprazolam, 자낙스[Xanax]), 그리고 클로나제팜(clonaze-

---

[3] The United States Drug Enforcement Administration, "Depressants," www.justice.gov/dea/concern/depressants.html
[4] Doweiko, *Concepts of Chemical Dependency*, chap. 7.

pam, 클로노핀[Klonopin])이 있다.
- 부작용으로는 나른함 및 졸음, 숙취감, 도취감, 과민성, 우울 반응, 분노가 있다.

3) 감마-히드록시부티르산(GHB: Gamma-Hydroxybutyrate)

- GHB는 인간의 몸에서 자연적으로 형성되는 중추신경 억제제로, 합성적으로 생성할 수도 있다. 지나치게 많은 양이 시스템에 유입될 경우 문제가 나타난다.
- 일반적으로 클럽이나 레이브 파티에서 볼 수 있는 이 약물은 인체에 MDMA(엑스터시) 또는 알코올과 비슷한 효과를 가져온다.
- 로힙놀과 함께 데이트 강간 마약으로 알려져 있다. 이 마약은 사용자를 이용당하기에 취약한 상태로 만든다.
- 경미 및 중간 수준의 진정제로서, 원래는 FDA로부터 기면증 치료를 위한 의약품으로 승인받았다.
- 흔히 사용되는 몇몇 속칭으로는 리퀴드 엑스터시, 리퀴드 X, 판타지, 조지아 홈 보이(Goergia Home Boy), G, 밀스(Mils)가 있다.

4) 주요 안정제

- 주요 안정제는 항정신성 약물이라고 일컬어진다. 이 약물들은 정신분열증, 망상 장애, 양극성 장애와 같은 심각한 정신 질환(환청 및 환각)을 치료하는 데에 사용된다.
- 흔히 사용되는 항정신성 약물로는 할로페리돌(haloperidol, 할돌[Haldol]), 벤페리돌(benperidol, 클로로프로마진[chlorpromazine] 또는 토라진[Torazine]), 퍼페나진(perphenazine), 클로자핀(clozapine, 클로자릴[Clozaril]), 플루펜틱솔(flupenthixol)이 있다.
- 이와 같은 약물의 부작용에는 과립구 감소증(agranulocytosis)이 있으며, 이는 감염, 졸음, 자세를 바꿀 때의 현기증, 흐릿한 시야, 빠른 심장박동, 햇빛에 대한 민감성, 피부 발진, 여성 생리 문제 등과 싸우는 백

혈구가 손실되는 증상이다.

5) 알코올

제6장 알코올을 참조하라

6) 흡입제

제12장 흡입제를 참조하라

3 진단 인터뷰

1) 선행 질문

1. 이전에 혹은 최근 들어 자신을 해치고자 하는 생각을 한 적이 있습니까?
2. 얼마나 다양한 종류의 약물을 남용하고 있습니까?
   지금 현재 금단 증상을 경험하는 위험한 상황에 있습니까?

2) 일반 질문

1. 당신이 현재 복용 중인 약물은 무엇이며, 얼마나 많이 복용하고 있습니까?
   처방된 양을 초과하여 복용하거나 약물의 본래 의도와 상관없는 목적으로 복용하고 있습니까?
2. 당신이 생각하기에, 당신이 그런 약물을 가장 쉽게 오용하거나 남용하게 되는 상황은 어떤 상황입니까?
3. 당신에게 최고의 시간과 최악의 시간은 언제입니까?
   그 두 가지를 구분 짓는 것은 무엇입니까?

4. 주변 사람들은 당신의 약물 사용에 대해 무엇이라고 말합니까?
   당신은 그 말에 동의하십니까, 아니면 동의하지 않으십니까?
5. 당신의 삶에서 변화되고 싶은 가장 중요한 한 가지는 무엇입니까?
   당신의 약물 사용이 그것에 어떤 식으로든 영향을 주고 있습니까?
6. 당신은 현재 어떤 수준으로 기능하고 있습니까?
   당신의 일상적인 하루에 대해 말씀해 주십시오.
7. 당신은 통증이나 다른 건강상의 문제를 경험하고 있습니까?
8. 당신은 한 번에 1회 복용량 이상의 진정제를 남용하고 있습니까?
   그 행동에 따른 주요 위험요소들을 알고 있습니까?
9. 1부터 10까지 범위에서 1이 건강함을 나타내고 10이 극도의 우울감을 나타낸다면, 당신은 오늘 자신이 어디에 있다고 생각하십니까?
10. 삶에서 당신을 가장 불안하게 만드는 상황은 무엇입니까?
    보통 당신은 그런 상황을 어떻게 대처하십니까?

지혜로운 상담을 위한 조언 4

첫째, 진정제에 대해 다룰 때는 내담자에게 자살 의도가 있는지, 그리고 내담자가 위험 상황에 처해 있지 않은지 항상 질문하라. 많은 진정제가 자살의 위험을 증가시킨다. 만일 내담자에게 주치의가 있다면, 내담자가 복용하고 있는 약과 그 약의 잠정적 부작용에 대해 주치의와 상의하도록 한다. 당신이 처방 약물의 의료적 영향에 대해 전부 이해하지 못할지라도 걱정하지 말라.

당신은 전문가에게 도움을 요청할 수 있다. 억제제의 사용 중단에 따른 섬망 증상은 치명적일 수 있다. 당신의 내담자가 금단으로부터 오는 위험에 놓이지 않았는지 확인하라.

둘째, 진정제를 남용하는 많은 사람은 종종 불안감이나 우울감에 빠져 있다 (이는 공존 질환을 생성한다). 그들이 이런 감정을 느끼는 이유에 대해 이야기를 나누라. 당신의 내담자는 물질을 남용하면서 동시에 불안증이나 우울증을 겪고 있을 수도 있다. 하나의 문제는 다른 문제를 더욱 복잡하게 만든다.

　최선의 방법은 약물 남용을 먼저 진단하여 긴급한 의료적 문제의 유무를 판단하는 것이다. 이 부분의 진단이 완료되면, 약물 남용과 불안증 또는 우울증을 동시에 치료함으로써 유익을 얻을 수 있다. 만일 이러한 문제 중 하나(물질 남용이나 불안증/우울증)가 해결되지 않고 지속된다면, 종종 다른 영역의 치료 과정에 방해가 된다.

　셋째, 미국에서는 많은 억제제가 합법적이다. 따라서 일부 내담자들은 이러한 약물이 불법이 아니며, 엄밀히 말해 자신이 잘못하는 것은 아니라고 말하면서 스스로의 행동을 정당화할 것이다. 일부 내담자들은 처방 한도를 초과하여 사용하는 약물의 양을 과소평가할 것이다. 일부 내담자들은 건강 상태의 악화에 따른 추가적 약물 복용이 얼마나 절실한지 당신에게 이야기할 것이다. 이 모든 상황에서 내담자는 자신의 행동에 대한 책임을 회피하고 있다. 그들 행동의 부정적 결과를 언급하고 자기 자신에 대한 합리화를 직면하게 하라.

5 내담자를 위한 행동 단계

1) 건강 검진을 받으라

- 인체에 해로운 영향을 끼치는 화학 물질이 남용되었을 때 안전은 중요한 사안이다.
- 중독 치료 기간 중 전문의료인이 당신의 건강을 추적 관찰하도록 하라.

2) 운전하지 말라

- 억제제는 지각에 영향을 끼치며 반응 시간을 늦추는 약물이다. 약물의 영향 아래서 운전을 하거나 특정 기기를 작동하는 것은 매우 위험하며 이는 많은 경우 불법이다.

- 상담자는 내담자의 가족들이 내담자의 운전을 말리도록 격려해야 한다. 억제제를 남용하는 사람들에게는 특별한 예방 조치가 필요하다.
- 알코올이나 다른 억제제는 남용될 수 있는 잠재적 가능성을 지닌다. 만약 이런 물질을 남용하고 있다면 즉각적으로 전문가의 도움을 구해야 한다.

3) 목표를 세우라

- 당신 자신을 위한 목표를 세우고 삶의 새로운 방향성을 획득하라.
- 당신을 격려하는 사람들에 둘러싸여 당신의 목표 성취를 유도하는 긍정적 분위기 속에 머물라.
- 약물과 알코올을 혼합하지 않겠다고 서약하라.
- 당신의 서약을 지켜 낼 수 있는 힘과 용기를 주시도록 기도하라.

4) 도움을 구하라

- 만약 당신이 억제제를 복용하고 있다면, 당신은 삶에서 어느 정도의 불안과 우울을 느끼고 있을 가능성이 크다. 이 근본적인 문제는 자격을 갖춘 상담사와 함께 전문적으로 치료되어야 한다.
- 생활 속의 스트레스를 다루는 대처 전략을 배우고 활용하라.

5) 계약서에 서명하라

- 어떤 중독이든지 신뢰할 수 있는 동반 책임(accountability) 관계를 갖는 것은 중요하다.
- 상담사나 친구 앞에서 당신이 선택한 약물을 남용하지 않겠다는 계약서에 서명하는 것은 좋은 방법이다.

6 성경적 통찰

> 그러므로 하나님의 능하신 손 아래에서 겸손하라 때가 되면 너희를 높이시리라 너희 염려를 다 주께 맡기라 이는 그가 너희를 돌보심이라 (벧전 5:6-7).

우리는 하나님 앞에서 우리 자신을 겸손히 하고 어려운 시기에 그분의 도우심을 구해야 한다. 우리가 그렇게 할 수 있는 이유는 그리스도께서 우리를 돌보시고 우리를 회복시키기 원하신다는 확신이 있기 때문이다.

당신의 염려를 스스로 치료하는 대신, 그 염려를 하나님께 맡기고 당신의 걱정을 하나님께 아뢰라.

> 끝으로 너희가 주 안에서와 그 힘의 능력으로 강건하여지고 마귀의 간계를 능히 대적하기 위하여 하나님의 전신 갑주를 입으라(엡 6:10-11).

우리가 옳은 일을 행하고 중독을 극복하고자 한다면, 사단은 매 순간 우리의 노력을 좌절시키려고 할 것이다. 우리는 악한 영을 대적하기 위해 하나님의 전신갑주를 입어야 한다.

> 근심이 사람의 마음에 있으면 그것으로 번뇌하게 되나 선한 말은 그것을 즐겁게 하느니라(잠 12:25).

당신을 성장시키고 좌절시키지 않을 좋은 영향력을 지닌 사람들 주변에 머무르라. 이것은 회복을 향한 당신의 여정에서 가장 유익한 걸음 중 하나가 될 것이다. 당신이 필요할 때 긍정적인 말을 듣는 것은 당신의 영혼을 새롭게 하고, 당신에게 필요한 동기 부여를 해 줄 것이다.

7 기도 첫걸음

오, 주님!
주님은 포로된 자를 자유케 하러 오셨다고 말씀하셨습니다. 그 일을 _____님의 삶에 행하시기를 기도합니다. 지금 이 시간, _____님은 자신을 옭아매고 있는 약물을 포기하기 위해 주님의 힘이 필요합니다. _____님을 주님의 사랑으로 감싸 주시고 그 짐을 벗겨 주시기를 기도합니다. 우리는 주님께서 우리를 돌보시는 줄 압니다. 감사합니다.

8 추천 자료

추천 도서

Benda, Brent B., and Thomas F. McGovern. *Spirituality and Religiousness and Alcohol/ Other Drug Problems: Treatment and Recovery Perspectives.* Haworth Press, 2006.

Hart, Archibald. The Anxiety Cure. Thomas Nelson, 2001.

———. Sleep—*It Does a Family Good: How Busy Families Can Overcome Sleep Deprivation.* Tyndale, 2010.

Kuhar, Michael. *The Addicted Brain: Why We Abuse Drugs, Alcohol, and Nicotine.* Pearson Education, 2012.

McKeever, Bridget C. *Hidden Addictions: A Pastoral Response to the Abuse of Legal Drugs.* Haworth Press, 1998.

Warren, Kay. Choose Joy: *Because Happiness Isn't Enough.* Revell, 2012.

추천 웹사이트

Substance Abuse and Mental Health Services Administration: www.samhsa.gov/

10 이뇨제와 체중 감량

1 상황 묘사

- 질은 미 전역에 걸쳐 미인대회에 참가 중이며 몇몇 대회에서는 수상을 하기도 했다. 질은 막 열여섯 살이 되었으며, 이제 운전면허증도 땄다. 아름답게 보여야 하고 특정한 몸매를 유지해야 한다는 너무나 큰 압박으로 인해, 그녀는 방과 후 동네 약국에 들러 엑스펠(Xpel)이라는 약을 사기 시작했다. 어리석은 생각이라는 것을 알았지만, 그래도 모든 것이 조금씩은 도움이 되기에 어쨌든 그렇게 한다.

  질은 각 대회에 참가하기 전 약을 복용하기 시작했다. 지금은 몸무게가 조금이라도 늘지 않게 하려고 거의 모든 식사 후에 약을 먹는다. 어느 날 질의 어머니는 그녀의 방 청소를 돕다가 이 약병을 발견했다. 당황한 어머니는 딸을 위해 즉각적으로 상담사를 찾았다.

- 벤은 유소년 리그부터 미식축구 선수로 활동해 왔으며, 계속 선수로서 성장하고자 하는 계획을 갖고 있다. 그는 매우 의욕적이며, NFL(미국 프로 미식축구 리그)로 가기 위해 뭐든지 할 준비가 되어 있다. 그는 현재 대학팀에 소속되어 탁월한 성적을 보이고 있다.

  그의 성공의 원인 중 하나는 필드에서 경기력을 향상하기 위해 스테로이드를 실험해 보고 있다는 사실이다. 또한, 경기가 없을 때는 즐거움을 위해 다른 약물들을 사용해 왔다. 정기적 약물 검사가 있다는 것을 알기에, 벤은 각 연습 때마다 자신의 비정식 실험을 감추기 위해 이뇨제를 사용하여 자신의 시스템을 정화한다.

  벤은 연습 중에 쓰러졌고, 급히 병원으로 이송됐다. 병원에 도착했을 때 자신이 약물, 스테로이드제, 이뇨제 중 무엇 때문에 병원에 온 것인지 알 수 없었지만, 무언가 큰 실수를 저질렀다는 것은 알 수 있었다.

- 클레어는 다음 수업에 가기 위해 서둘러 샤워를 했다. 그녀는 따뜻한 물을 틀었고, 피부에 무언가 기어가는 듯한 기분을 느꼈다. 현기증에 사로잡혀 무릎을 꿇었다. 시야가 천천히 어두워졌고, 마지막으로 그녀에게 떠오른 생각은, '그래도 날씬하게 죽는구나'였다. 룸메이트가 그녀를 발견해 흔들어 깨웠다. 클레어는 공포에 질렸다.

지난 3년 동안, 클레어는 살을 빼기 위해 완하제를 복용해 왔다. 그녀는 고등학교 시절, 뚱뚱하다는 이유로 놀림과 괴롭힘을 당했었다. 대학에 가면서 그녀는 하루에 시리얼 한 그릇과 커피/차를 섭취하는 비밀 다이어트를 하기로 결심했다. 샤워 중에 쓰러진 것은 클레어에게 경각심을 일으키는 사건이었다.

'단지 날씬해지기 위해 내 목숨을 걸지는 않을 거야.'

그녀는 결심했다.

정의와 주요 개념 | 2

1) 이뇨제

- 때로 물약(water pill)이라고도 불리는 이뇨제는 신장을 목표로 하여 배뇨 속도를 가속화하는 데에 사용된다.
- 의학적으로, 이뇨제는 아래와 같은 **다양한 신체적 질병을 치료하는** 데에 사용된다.[1]

  - 특발성 부종 (여성의 생리 전 증후군에 관련된 조직 팽창 또는 부종)
  - 고혈압
  - 녹내장
  - 골다공증

---

1 Mayo Clinic, "Diuretics," last modified December 16, 2010, www.mayoclinic.com/health/ diuretics/HI00030/NSECTIONGROUP=2.

- 당뇨
    - 신장결석과 같은 신장 질환
    - 심부전
    - 약물 과다 복용이나 독극물 중독 시 유해 물질을 씻어내는 데에 도움을 얻기 위한 경우

- 이뇨제는 기능적 차이와 특정 대상 신체 부위의 차이에 따라 세 가지, 루프 이뇨제(loop diuretics), 티아지드 이뇨제(thiazides), 칼륨 보존 이뇨제(potassium-sparing diuretics)로 분류된다.
- 이뇨제에는 처방 약품과 처방전 없이 구입할 수 있는 두 가지 형태의 약품이 있으나, 처방전 형태의 이뇨제가 더 강력하다. 처방전 없이 판매되는 이뇨제에는 디유렉스(Diurex), 엑스펠(Xpel), 아뷰트롤(Arbuterol), 엑스펠리스(Expelis), 미돌(Midol), 에이치투오 린(H2O Lean)이 있다. 누구나 약국에서 이러한 이뇨제들을 구매할 수 있으며, 심지어 미성년자도 구매할 수 있다.
- 2009년 전체 응급 부서 방문의 7,563(0.7퍼센트) 건은 이뇨제의 비의료적 사용에 따른 것이었으며, 2004년 3,625건이었던 것과 대조된다.[2]
- 275명의 폭식증 환자를 대상으로 한 연구에서, 환자의 44.1퍼센트는 이뇨제를 남용하고 있었다. 그들 중 대다수는 체중 감량이라는 특별한 목적을 위해 이뇨제를 남용했다고 보고했다.[3]
- 이뇨제 남용의 부작용은 다음과 같다.

    - 혈액 내 저나트륨 (저나트륨혈증 hyponatremia)과 기타 전해질 불균형
    - 골 연화
    - 현기증

---

2 Substance Abuse and Mental Health Services Administration, *Drug Abuse Warning Network, 2009: National Estimates of Drug-Related Emergency Department Visits*, DAWN Series D-35, HHS publication no. (SMA) 11-4659 (Rockville, MD: Substance Abuse and Mental Health Services Administration, 2011).

3 J. E. Mitchell, D. Hatsukami, E. D. Eckert, and R. L. Pyle, "Characteristics of 275 Patients with Bulimia," *American Journal of Psychiatry* 142 (1985), 482-85.

- 두통
- 갈증
- 근육 경련
- 메스꺼움
- 탈수
- 혈당 수치 증가
- 콜레스테롤 증가
- 발진
- 관절 장애 (통풍)
- 무기력
- 생리 불순
- 남성의 유방 확대 (여성형 유방[gynecomastia])

- 이뇨제가 남용될 경우 신체의 생명 유지에 필수적인 체액과 전해질 물질이 박탈되어 장기의 손상을 일으킬 수 있으며, 장기 부전과 심지어 사망에 이르게 할 수도 있다.
- 이뇨제 사용의 중단은 **경련, 피로, 변비, 부종, 급격한 감정 변화**와 같은 금단 현상을 일으킬 수 있다.
- 이뇨제 사용이 중단될 때 간혹 **반사적 체액 보유**(reflex fluid retention) 현상이 일어나게 되는데, 이것은 체액이 정상 수준으로 돌아오기 전까지 짧은 기간 동안 신체가 수분을 보유하는 현상이다. 이 부종은 실제로 약물에 의해 유발된 것이지만, 이때 내담자들은 부종이 여전히 존재한다고 믿게 되어 지속해서 이뇨제를 남용하게 된다.[4]
- 불법 약물 사용자들은 **소변 검사**에서 약물 사용의 증거를 감추기 위해 이뇨제를 자주 사용한다. 따라서 이뇨제는 다른 약물 남용의 잠재적 지표가 될 수 있다. 대체로 남용자는 한 가지 이상의 약물을 남용한다.

---

[4] J. E. Mitchell, C. Pomeroy, and M. Huber, "A Clinician's Guide to the Eating Disorders Medicine Cabinet," *International Journal of Eating Disorders 7*, no. 2 (1988), 211-23.

2) 완하제(Laxatives)

- 완하제는 체중 감량을 위해 남용되는 또 다른 물질로서 대장을 목표로 한다.
- 완하제를 사용하는 많은 사람들은 방금 섭취한 음식의 칼로리가 신체에 흡수되기 전 체외로 배출시키기 위해 완하제를 사용한다. 하지만 실제로 이것은 **효과가 없다**. 왜냐하면, 완하제는 대장을 목표로 하는 약물이고, 실제로 대장은 음식물을 소화하는 역할은 하지 않고, 소장에서 소화되지 않은 잉여 음식물을 보유하는 역할을 하기 때문이다. 따라서 신체는 이미 칼로리를 흡수한 상태이다. 그러나 체내의 수분과 다른 체액의 손실로 인해 표면적으로는 체중 감량을 느끼게 될 것이다. 신체의 탈수는 일시적 체중 감소일 뿐이다. 신체가 수분을 회복하면 몸무게도 다시 돌아온다.
- 이뇨제와 완화제의 남용은 폭식증 및 신경성 거식증을 겪고 있는 사람들 사이에서 가장 흔히 나타난다. 그 이유는 약물이 신체가 방금 섭취한 음식을 제거해 주는 것처럼 보이기 때문이다.
- 몇몇 연구를 검토한 내용에 따르면, 폭식증으로 진단받은 **여성의 38-75퍼센트는 완하제를 남용한다**.[5]
- 50명의 여성을 대상으로 한 연구에 따르면, 거식증 환자의 50퍼센트 정도가 완하제를 남용한다.[6]
- 신경성 거식증이나 우울증, 스포츠(운동선수)와 관련된 체중 감량, 잘못된 신체 이미지로 고통받는 사람들은 이뇨제나 완화제를 사용할 수도 있다. 따라서 이뇨제나 완화제의 남용은 다른 심각한 문제에 대한 경고 신호가 되며, 그중 가장 흔한 것은 섭식 장애이다.
- 완화제를 오랜 기간 남용하면 신체는 더 이상 약물에 반응하지 않게

---

5   J. E. Mitchell, et al., "Metabolic Acidosis as a Marker for Laxative Abuse in Patients with Bulimia," *International Journal of Eating Disorders 6*, no. 4 (1987), 557-60.

6   T. Pryor, M. W. Wiederman, and B. McGilley, "Laxative Abuse among Women with Eating Disorders: An Indication of Psychopathology," *International Journal of Eating Disorders 20*, no.1 (1996), 13-18.

되며, 사용자는 기대하는 효과를 얻기 위해 더 많은 양의 약물을 복용한다. 이를 완하제 의존이라 부른다.

3) 토근 시럽(Ipecac Syrup)

- 섭식 장애를 겪는 사람들은 토근 시럽을 남용할 수도 있다. 토근 시럽의 사용 목적은 독성 물질이나 독극물을 삼켰을 때 구토를 유발하는 것이다. 따라서 이 약물은 손쉽게 구할 수 있다.
- 남용자들은 위를 완전히 비워 주는 이 약물의 기능에 매료된다. 대개 처음 구토를 시작했거나 구토를 일으키는 데에 어려움을 느끼는 내담자들이 주로 남용한다. 구역 반사(gag reflex)가 손상되었거나 더 이상 작용하지 않게 되었을 때 만성 이용자들은 이 약물을 정기적으로 남용한다.
- 이 약물의 남용은 심근경색(심장 근육의 손상)을 일으키기 때문에 치명적일 수 있다. 이 약물로 인한 다른 문제로는 근위축증(근육 약화), 쇼크, 혼수 상태, 발작, 경련, 고혈압, 탈수 등이 있다.[7]
- 한 연구는 신경성 폭식증을 겪고 있는 여성 100명 중 28명이 토근 시럽을 남용하고 있다고 지적했다.[8]

3 진단 인터뷰

1) 선행 질문

1. 자신을 해치고자 하는 생각을 하고 계십니까?
2. 언제 마지막으로 음식을 드셨습니까?
   당신은 음식이 소화되도록 놔두셨습니까?

---

[7] Mitchell et al., "A Clinician's Guide to the Eating Disorders Medicine Cabinet," 211-23.
[8] Ibid.

2) 일반 질문

1. 당신은 무슨 이유로 상담에 오셨습니까?
   상담을 받도록 결심하게 만든 생각은 무엇입니까?
2. 당신은 얼마나 오래 이뇨제를 남용해 왔습니까?
   처음 이뇨제를 경험한 것은 언제입니까?
3. 얼마나 자주 그리고 얼마나 많은 양의 이뇨제를 남용하고 계십니까?
4. 이뇨제를 사용할 때 당신은 주로 어떤 기분을 느끼십니까?
5. 당신의 이런 고통에 대해서 누가 알고 있습니까?
6. 거울 속의 당신은 어떤 모습입니까?
7. 다른 사람들은 당신의 몸무게나 신체 이미지에 대해 어떻게 이야기합니까?
   당신은 그 말을 믿으십니까?
8. 당신은 이런 물질의 남용이 당신 삶에서 다른 활동이나 영역에 영향을 주고 있다는 사실을 알고 있습니까?
9. 만약 어느 날 아침에 눈을 떴을 때 당신의 모든 문제가 사라졌다면, 당신의 삶은 어떨 것 같습니까?
10. 다른 사람들과의 관계 속에서 당신은 자신에 대해 어떻게 생각하십니까?
    당신의 감정, 문제, 생각은 다른 사람들의 감정, 문제, 생각보다 더욱 중요합니까, 아니면 덜 중요합니까?
    당신은 자주 사람들이 당신을 판단한다고 느끼십니까?

4 지혜로운 상담을 위한 조언

이뇨제나 완하제, 토근 시럽의 남용은 경미한 수준부터 심각한 수준까지 다양한 건강상의 문제를 수반한다. 내담자의 건강 상태와 의료적 응급 상황은 언제나 최우선의 관심사가 되어야 한다. 내담자가 복용하는 모든 약물에 대해 내담자의 의사와 상의하라.

과거 내담자를 진료했던 의사와 상의할 때, 처방되었던 이뇨제의 양에 대해 질문하라. 이뇨제를 남용하는 많은 내담자가 다수의 의사를 방문하여 다른 의사에게 받은 처방전에 대해 말하지 않고 추가적 이뇨제를 처방받는다. 의사에게 내담자가 상황을 조작하고 있다는 사실을 알리라.

이뇨제나 완하제를 남용하는 대부분 사람은 자신이 지각하는 신체 이미지에 대한 낮은 자존감 때문에 이런 물질을 남용한다. 낮은 자존감 및 자기 혐오가 있을 때 그들은 자살이나 사회적 불안, 심각한 우울증의 위험에 처하게 된다. 이런 문제에 대해 이야기하는 것을 두려워하지 말라. 그렇게 하지 않으면 내담자가 해를 입을 수도 있다.

신체 이미지로 고통받는 사람들에게는 사실에 기초하지 않은 몇몇 부정적 신념이 있다. 다음은 그 신념 중 몇 가지이다.

"내 문제는 아무에게도 중요치 않아."
"다른 사람들과 비교해서 나는 너무 뚱뚱해."
"내가 날씬해지지 않는 한 아무도 날 사랑해 주지 않을 거야."
"나 자신이 괜찮다고 느끼기 위해서는 다른 사람들의 인정이 필요해."

이런 부정적 신념을 제거하고 다루어야 한다. 내담자에게 공감을 표시하는 것으로부터 시작하여 그들의 상황이 얼마나 힘들지에 대해 이야기하라. 다음으로 그들의 신념을 재구성하고, "당신은 이런 상황을 매우 잘 해결하는 강인한 사람입니다"와 같이 현실에 기초한 긍정적 격려를 보이라. 그들의 인식이 변하기 시작하면 더 잘 극복할 수 있게 된다.

내담자가 너무 어리거나 경험이 없어서 체중 조절을 위해 약물 남용이 가능하다는 것을 모를 수도 있다는 사실을 기억하라. 당신이 의심되는 약물 남용에 대해 질문함으로써 의도치 않게 해로운 체중 감량의 방법을 알려 주게 될 수도 있다. 새로운 약물을 시도하거나 실험하는 것을 방지하기 위해 약물 남용의 심각성과 그에 관련된 건강상의 위험에 대해 반드시 설명하라.

섭식 장애가 있는 많은 사람은 자기 삶의 다른 영역들이 통제 불능이기 때문에 음식 섭취라도 통제해야 한다는 필요성을 느낀다. 내담자가 이런 감정을 극복하고 건강한 통제력을 형성할 수 있도록 도우라. 내담자를 격려하고 내담자가 하나님의 주권을 기억하도록 하라.

5. 내담자를 위한 행동 단계

1) 전문적인 도움을 구하라

- 당신이 만일 이뇨제나 완하제를 남용하고 있다면 당신은 신체에 여러 건강상의 문제를 안겨 주고 있다. 의사에게 이 사실을 알리고 예방 검진을 받도록 한다.
- 당신의 상담사는 이 분야의 전문 상담사나 정신 건강 전문가를 찾는 데 도움을 줄 것이다. 교육을 받고 해야 할 일을 아는 것은 회복에 있어서 중요하다. 안전한 사람들에게 당신의 이야기를 나누는 것도 유익하다.

2) 자신에 대한 목록을 작성하라

- 자기 자신을 살펴보아 자신의 강점과 약점, 장점과 책임져야 할 부분, 좋고 나쁜 특징을 찾아보라. 이것은 스스로를 정죄하기 위해서가 아니라, 당신이 자신을 존중하는 마음을 깨닫고 부정적 감정과 싸우는 데 필요한 도구를 찾기 위해서이다. 이것은 또한 당신의 삶에서 재발의 원인이 될 수 있는 취약한 영역을 발견하게 한다.
- 자신에 대한 목록을 작성할 때 용기를 내라. 자신에게 정직하기는 어렵다. 정직과 개방성은 회복에 있어서 가장 중요한 요소이다.

3) 부정적 신념을 겨냥하라

- 자신에 대해 부정적으로 생각하게 만드는 것, 즉 삶에서 부정적 신념을 유발하는 계기나 상황을 파악하라. 그리고 그런 신념이 수면 위로

떠오를 때 거기에 귀를 기울이지 않겠다고 다짐하라. 당신의 부정적 신념의 원인을 파악하라.
- 당신이 자신에 대해 믿고 싶은 긍정적인 말을 적은 메모를 지니고 다녀라. 절망이라는 유혹이 올 때 그 내용을 큰 소리로 읽으라.
- 성격, 인생의 경험, 의미 있는 관계, 성취 등에 관한 긍정적인 부분을 취하여, 그것을 부정적인 부분보다 더 소중하게 여기라.

4) 하나님께 복종하라

- 당신이 온통 부정적인 생각으로 가득 차 있을 때 하나님의 능력을 구하라.
- 하나님에 비추어 당신이 누구인지를 깨달으라. 그리고 하나님 없이는 회복될 수 없음을 깨달으라. 하나님께 의지하라.
- 당신 삶의 통제권을 하나님께 맡기라.

5) 동반 책임을 구하라

- 당신이 신뢰하는 사람에게 당신의 문제에 대해 이야기하고, 그 사람이 당신의 약에 대해 질문할 수 있도록 허락하라.
- 그 사람이 당신이 구매하는 약을 확인하도록 하여 당신이 이뇨제나 완하제를 구매하는 유혹에 빠지지 않도록 하라.

성경적 통찰 6

너희 안에서 행하시는 이는 하나님이시니 자기의 기쁘신 뜻을 위하여 너희에게 소원을 두고 행하게 하시나니(빌 2:13).

하나님은 당신의 능력을 나타내시기 위해 우리를 통해 일하신다. 우리는 하나님께서 그 일을 하시도록 우리 삶을 내어 드려야 한다. 우리가 극복을 위해 노력할 때 하나님은 우리 곁에 오셔서 우리를 도우실 것이다.

> 나에게 이르시기를 내 은혜가 네게 족하도다 이는 내 능력이 약한 데서 온전하여짐이라 하신지라 그러므로 도리어 크게 기뻐함으로 나의 여러 약한 것들에 대하여 자랑하리니 이는 그리스도의 능력이 내게 머물게 하려 함이라 그러므로 내가 그리스도를 위하여 약한 것들과 능욕과 궁핍과 박해와 곤고를 기뻐하노니 이는 내가 약한 그 때에 강함이라 (고전 12:9-10).

이 구절에서 사도 바울은 자신이 연약하다는 사실을 깨닫는다. 이것은 약물을 남용하는 사람들이 느끼는 바와 비슷하다. 그리스도께서는 바울을 통하여 일하셨으며 당신의 강함으로 바울을 강하게 하셨고, 바울은 그분의 은혜가 족하다고 말할 수 있었다. 우리가 연약할 때 우리는 하나님을 의지해 강해질 수 있다.

> 우리가 스스로 우리의 행위들을 조사하고 여호와께로 돌아가자(애 3:20).

이 성경 말씀은 우리에게 항상 자신을 돌아보고 자신에 대한 목록을 만들어야 한다고 이야기한다. 오직 우리의 연약함을 바로 알 때 우리는 하나님께 우리의 필요에 대한 구체적인 도우심을 요청할 수 있다.

이 말씀에서 예레미야는 하나님이 단지 자신에게 고통을 주기 원하시는 하늘의 심판자가 아니시며, 이스라엘을 훈련하시고 그들을 다시 하나님에게로 부르시는 신실한 사랑의 하나님이시라는 것을 깨닫는다. 그는 이 말씀을 기록하면서 다른 사람들도 자신의 믿음을 검증하고 동일한 결론으로 나아올 것을 촉구한다.

이와 같이 우리도 하나님과 우리 자신을 바라보는 우리의 시각을 살펴보고, 혹시 잘못된 믿음이 있지 않은지, 특별히 몸무게에 대한 잘못된 믿음이 있지 않은지 검토할 필요가 있다. 만약 그렇다면, 우리는 이 잘못된 믿음을 하나님 앞에 내려놓고 바른 사고를 위해 기도해야 한다.

기도 첫걸음 7

하나님!
_____님과 _____님이 겪고 있는 어려움을 위해 기도합니다. 이 상황이 _____님에게 매우 힘든 상황이라는 것을 알고 있습니다. 당신이 보시기에 _____님이 얼마나 아름다운지 알려 주시옵소서. 도움을 받기 위해 저를 찾아오기로 선택한 _____님의 용기로 인해 하나님께 감사드립니다. 당신께서 _____님이 자신 앞에 놓인 유혹과 싸워 이기는 데에 필요한 힘을 허락해 주시옵소서. 희망을 심어 주시길 기도합니다.

추천 자료 8

추천 도서

Davidson, Kimberly. *I'm Beautiful? Why Can't I See It?: Daily Encouragement to Promote Healthy Eating and Positive Self-Esteem*. Tate Publishing, 2006.
ICON Health. *Laxative Abuse: A 3-in-1 Medical Reference*. ICON Health Publications, 2004.
Jantz, Gregory, and Ann McMurray. *Hope, Help, and Healing for Eating Disorders: A Whole-Person Approach to Treatment of Anorexia, Bulimia, and Disordered Eating*. WaterBrook, 2010.
McClure, Cynthia Rowland. *The Monster Within: Facing an Eating Disorder*. Baker, 2002.
McGee, Robert S. *Rapha's 12-Step Program for Overcoming Eating Disorders: A New Biblically Integrated Approach to Recovery from the ABCs of Eating Disorders— Anorexia, Bulimia, and Compulsive Overeating*. Rapha/Word, 1990.
Mintle, Linda. *Making Peace with Your Thighs: Get Off the Scales and Get On with Your Life*. Thomas Nelson, 2006.
Mottram, David R. *Drugs in Sport*. 5th ed. Routledge, 2011.
Smalley, Gary. *Healthy Weight Loss*. Tyndale, 2007.

추천 웹사이트

Eating Disorders Treatment: www.eating-disorder.com/Eating-Treatment/EatingDisorders/diuretic-abuse.htm
National Center for Biotechnology Information: www.ncbi.nlm.nih.gov/pmc/articles/PMC2962812/
National Eating Disorders Association: www.nationaleatingdisorders.org/

11 환각제

1 상황 묘사

- 가이는 평소처럼 학생 주차장에 차를 주차했다. 주차장을 가로질러 학교 건물을 향해 가려는데, 마침 옆에 있는 차에 한 무리의 학생들이 올라타고 있었다. 가이는 그들과 아주 잘 아는 사이는 아니었지만, 알고는 있었다. 어디에 가냐는 가이의 물음에 그들은 가이에게도 함께 가자고 대답했다. 가이는 별 생각 없이 차에 올라탔다.
알고 보니 이 학생들은 매주 정기적으로 수업에 결석하고, 파티에 가서 엑스터시를 하고 있었다. 그들은 가이에게도 마약을 권유했고, 가이는 인생 최고의 순간을 경험했다.
가이는 정기적으로 학교에 결석하기 시작했고 성적은 바닥으로 떨어졌다. 선생님 한 명이 가이를 걱정하는 마음으로 그의 어머니에게 전화를 했고, 요즘 일어나고 있는 일에 대해 알고 있는지 질문했다. 가이는 여러 번 아무 일도 없다고 말하며 어머니와 말다툼을 한 후에야, 마침내 어머니에게 자신이 어디에 다니고 있었는지를 고백했다.

- "나는 무언가가 다가오고 있다는 사실을 알았어요. 나는 친구들에게 우리가 가야 한다고 말했어요. 우리는 자정이 되기 전에 돌아가야만 했어요.
왜냐고요?
그건 나도 몰라요. 제가 아는 건 우리가 별 모양의 들판 밖으로 나가야 한다는 것과 그 정체불명의 생명체로부터 도망쳐야 한다는 것이었어요. 나는 친구들에게 따라오라고 말하면서 최대한 빨리 달렸어요. 내 앞에 큰 구덩이가 나타났고 나는 그 위로 뛰었어요.
내가 그것을 뛰어넘었을까요?"

그러자 모든 것이 깜깜해졌다. 카메론은 병실에서 깨어났고, 부모가 옆에 있었다. 부모는 카메론의 룸메이트가 카메론이 집에 있는지 확인하는 전화를 받고서 무언가 잘못되었다는 것을 느꼈고, 카메론이 좋아하는 들판으로 그를 찾아 나섰다. 카메론은 집에서 조금 떨어진 나무숲의 깊고 좁은 골짜기에서 굴러떨어져 다리가 부러져 있었다. 카메론은 LSD 환각 상태였고, 골짜기의 깊이를 가늠하지 못했다.

카메론은 이 사건 후에 매우 큰 두려움을 느끼게 되었고 자신의 삶을 바로잡기 원했다. 마약은 이제 멈추고 싶었으며, 더 이상의 '불쾌한 환각 체험'(a bad trip)도 원치 않았다.

- 앤서니의 별자리는 전갈자리이며, 자신에게 주어진 운명과 하나가 되기를 원한다. 그는 약간의 매직버섯을 사용하여 자신의 별자리와 우주와 하나가 되고자 했다. 마약을 사용하기 전까지 그는 자신의 최대 잠재력에 이르지 못했고 자신의 종교를 완전히 경험할 수 없었다. 약에 취해 있을 때, 모든 것이 이치에 닿으며 정확히 맞물리고, 초월적인 존재가 되는 기분을 느낄 수 있다. 그의 정신은 일반 사람들에게는 보이지 않는 사물에 대해 점차 열리게 되었고, 이것은 그를 특별하게 만들어 주었다.

앤서니는 상담을 받으러 가기로 했는데, 약물 남용 때문이 아니라 약물을 하지 않을 때 경험하는 우울증 때문이었다. 그는 자신의 약물 남용을 문제라고 생각하지 않았으며, 만일 상담사가 그 문제에 대해 이야기하면 상담을 중단하겠다고 협박했다.

2 정의와 주요 개념

- 오늘날 사용되는 환각제 또는 사이키델릭(pscyedelics)에는 LSD, 엑스터시, PCP, 페요테 선인장(peyote), 케타민(ketamine), 덱스트로메토르판(dextromethorphan), 버섯(psilocybin) 등이 있다.
- 환각제는 인체의 세로토닌 수치를 교란하고, 뇌의 자극에 대한 인지

를 변경하며, 현실에 근거하지 않은 사물의 소리나 시각적 이미지를 유발하는 능력으로 잘 알려져 있다.
- 이러한 약물들은 항상 종교적 경험이나 종교적 의식, 치유 의식, 미래의 예측(운세)과 같은, 현재뿐만 아니라 과거에 대한 어떤 통찰을 포괄하는 경험과 연관이 있어 왔다.
- 페요테 선인장의 사용과 종교와의 연관성은 멀리 4천 년 전까지 거슬러 올라갈 수 있다.[1]
- 2010년 미국에서는 엑스터시를 사용한 69만 5000명(0.3퍼센트)을 포함해 12세 이상 120만 명(0.5퍼센트)이 전월에 환각제를 사용한 것으로 추정됐다. 이러한 추정치는 2009년의 추정치와 비슷했다.[2]
- 환각제는 60년대와 70년대 초 미국이 베트남전쟁 중이었을 때 그 인기의 정점을 찍었다. 이는 비틀즈와 같은 아이콘이 주도했던 히피 반체제 운동이 일어나던 시기였다.

1) LSD

- LSD, 즉 리세르그산 디에틸아미드(Lysergic acid diethylamide)는 일상생활에서 엑시드(acid), 루시(Lucy), 앨리스(Alice), 부머(boomers), 블라터(blotter), 시드(cid), 윈도우페인(windowpanes), 닷츠(dots), 히트(hits), 도스(doses), 탭스(tabs), 옐로우 선샤인(yellow sunshine) 등으로 불린다.
- 현재 미국 내에서 LSD가 합법적으로 사용되는 경우는 없다.
- 다수의 LSD 남용자들은 일반적으로 종교적 신념과 연관성을 갖고 이를 남용한다. 이 약물은 1938년 실험실에서 처음으로 합성되었으며, 이와 비슷한 다른 약물들은 **환각을 통해 통찰력을 불러온다고 여겨진다**(일부 환각제는 수 세기 동안 이런 목적으로 사용되어 왔다).
- 2010년 전년에 LSD를 처음으로 사용한 12세 이상의 사람은 37만 7

---

1 Doweiko, *Concepts of Chemical Dependency*, chap. 12.
2 Substance Abuse and Mental Health Services Administration, Results from the 2010 National Survey on Drug Use and Health.

천 명이었다. 이 수치는 2009년의 33만 7천 명과는 비슷했으나 2003년부터 2007년까지의 추청치인 20만 명부터 27만 명보다는 높았다.[3]
- 13세부터 17세의 청소년 7명 중의 1명(12.9퍼센트)은 LSD가 "상당히" 또는 "매우" 구하기 쉽다고 보고했다.[4]
- 흡수성이 매우 강력한 **흡수지**에 LSD 증류수 용액이 **흡수되도록** 한다 (수돗물에는 염화물질이 함유되어 있어 LSD를 파괴한다). 사용자들은 그 종이를 혀에 붙이고 5분에서 10분 동안 빨아들인다. 그 후 대부분 사용자들은 최상의 약효를 위해 그 종이를 삼킨다.
- 환각 또는 현실의 왜곡은 약물의 섭취 후 3분에서 60분 후에 나타난다. 대개 약효는 2시간에서 4시간 가량 지속되며, 그 후 8시간에서 12시간에 걸쳐 소멸된다.[5]
- 환각제 사용자들은 아래와 같은 경험을 보고한다.

  - 모든 경계가 사라지고, 시간과 공간을 초월하는 듯한 환상적인 기분
  - 각성된 통찰력, 직관적 앎, 경외감
  - 감각 지각에 대한 인지
  - 기억력 증강
  - 행복감, 만족감, 순수한 기쁨
  - 우주와 '하나'가 된 듯한 느낌

- 다른 여느 약물처럼 LSD의 부정적인 효과는 주관적이지만, 가장 일반적으로 보고되는 부정적 효과는 아래와 같다.

  - 불안감
  - 복부 불편감
  - 빠른 심박수(빈맥)
  - 혈압 상승

---

3   Ibid.
4   Ibid.
5   Doweiko, *Concepts of Chemical Dependency*, chap. 12.

- 체온 상승
- 동공 확장
- 메스꺼움
- 근력 저하
- 반사작용(과다반사)
- 떨림
- 현기증

- 부정적인 효과는 대개 약물 섭취 후 5분에서 10분 후에 시작된다.
- 이러한 효과는 견딜 수 있는 정도이거나 견딜 수 없는 정도로 분류된다. 만일 후자가 경험되었다면 사용자는 약물의 효과에 대한 공황적인 반응인, **불쾌한 환각 체험**(a bad trip)을 했다고 일컬어진다.
- LSD에 대한 내성은 굉장히 빠르게 형성된다. 보통 단지 2일에서 4일간의 연속적인 사용 후에 사용자는 동일한 효과를 얻기 위해 며칠을 다시 기다려야 한다.[6]
- LSD에 의한 사망은 거의 알려진 바가 없으며, 다만 인지적 왜곡의 결과로 인한 사고사를 불러일으킨다. LSD 과다 복용 (일반적으로 1회 복용량이 60마이크로그램 이상인 경우로 정의)은 가능하지만, 치사량은 관찰된 적이 없다. 과다 복용의 증상으로는 **경련**, **고열**, **과장된 약효** 등이 있다. 만약 이런 반응을 관찰하게 된다면, 즉각적으로 의료적 진단을 요청해야 한다.
- 플래시백은 실제로 약을 다시 복용하지 않은 상태에서 LSD의 효과를 경험하는 기간이다. 보통 LSD를 장기간 사용한 남용자들은 이런 현상을 남은 평생 경험한다. 플래시백 기간 동안, 사용자는 인지적 왜곡, 빛과 색의 섬광, 자아분리를 경험한다. LSD 사용자의 15퍼센트에서 70퍼센트는 적어도 한 번 이상의 플래시백을 경험한다.[7]

---

6 Ibid.
7 Ibid.

2) 엑스터시(MDMA)

- MDMA(또는 3, 4-methylene dioxy-methamphetaminesms)는 흔히 엑스터시라고 불리는 약물이다. 엑스터시의 속칭은 150여 개가 넘는 것으로 알려져 있다. 그중 흔히 사용되는 것으로는, X, E, XTC, 허그 드러그(hug drugs), 러버스 스피드(lover's speed), 디스코 비스킷(disco biscuit), 아담, 이브, 빈스(beans) 등이 있다.
- 이 약물은 처음에는 식욕 억제제로 소개되었다가, 1950년대 군대에서 화학전의 목적으로 관심을 두었다. 70년대에 이르러 인기를 얻었으며 그 후에는 불법 약물로 분류되었다.
- 미국에서는 엑스터시가 불법임에도 불구하고 여전히 널리 사용되고 있으며, 이는 매년 제조되는 8메트릭 톤 혹은 그 이상의 양에 의해 입증된다.[8]
- 2008년 추산에 따르면, 5세부터 64세 사이의 900만 명이 지난 12개월 동안 엑스터시를 남용했다.[9]
- 2010년 현재, 최근 엑스터시를 처음으로 사용한 사람들 대부분(59.2퍼센트)은 그 약물을 최초로 사용할 당시 18세 또는 그 이상이었다. 그 전년도 12세-49세 사이의 엑스터시 최초 사용자의 최초 사용 시 평균 연령은 19.4세였다.[10]
- 엑스터시는 다양한 환경에서 사용되지만, 가장 인기 있는 장소는 댄스 클럽이나 레이브 파티 공간이다. 이에 엑스터시는 "클럽 마약"으로 분류된다.
- 구강으로 1회 복용량을 섭취했을 경우 **효과는 약 20분 안에 나타나며**, 1시간에서 4시간 안에 절정에 이른다.
- MDMA는 개방성, 공감능력, 자기 성찰에 영향을 미치기 때문에 심

---

[8] United Nations Office on Drugs and Crime, *2008 World Drug Report* (New York: United Nations Publications, 2008).
[9] Ibid.
[10] Substance Abuse and Mental Health Services Administration, Results from the 2010 National Survey on Drug Use and Health.

리치료를 돕는 약물로서 실험되었다. 이런 효능으로 인해 오늘날 "사랑의 마약"(love drug)으로 인기를 얻었다. 인식된 효과는 다음과 같다.

- 행복감
- 타인에 대한 공감 능력의 증가
- 정서적 개방성
- 정신 운동 에너지의 증가
- 자신감의 증가
- 친밀감
- 성적 파트너로서의 선호도 증가
- 향상된 자기인식에 대한 믿음
- 강렬한 감정
- 다른 차원의 정신이나 자각
- 색감과 소리에 대한 민감성
- 신체 접촉에 대한 자각의 고조

• 엑스터시 사용에 따른 몇 가지 부작용은 다음과 같다.

- 메스꺼움과 구토
- 두통
- 알치증 (이 갈기)
- 고혈압과 심장의 두근거림
- 갑작스런 심장마비
- 거식증
- 요실금
- 운동실조 (근육 운동의 자발적 조직력의 부족), 근육 긴장
- 흐릿한 시야
- 운동성 틱
- 의식 상실
- 고체온증 또는 저체온증

- 발작
- 지주막하출혈(뇌출혈)
- 대뇌 정맥 부비강 혈전증(뇌졸중의 드문 형태)
- 위험한 수준의 체온 상승(섭씨 47도까지)
- 탈수와 갈증의 증가
- '개구 장애'(lockjaw) 또는 '조임'(clamping): 입이 뻣뻣해지고 통증이 느껴지며, 사용자는 때로 사탕을 빨거나, 껌을 씹거나, 담배를 피움으로써 증상의 완화를 경험한다. 이 증상으로 엑스터시 남용을 쉽게 식별할 수 있다.

- 엑스터시 남용은 치명적일 수 있다. 인간에게 치명적이라고 추정되는 복용량은 6,000밀리그램 정도로, 각 알약의 강도에 따라 다르겠지만 보통 20-30알 정도이다. 훨씬 더 적은 양이 치사량이라는 보고도 있다. 많은 양을 복용하는 것뿐 아니라, 엑스터시를 다른 화학 물질이나 약물과 혼합하는 것 역시 사망 위험의 증가를 촉진한다.

3) 펜시클리딘(PCP: Phencyclidine)

- PCP는 원래 마취라는 특성 때문에 관심을 받았던 해리성 약물(dissociative drugs)이지만, 임상 실험에서 부작용이 관찰된 후 승인되지 않았다. 이것은 돼지 안정제로도 사용되어 왔다.
- 몇몇 속칭으로는 엔젤 더스트(angel dust), 오존(ozon), 웩(wack), 로켓 퓨얼(rocket fuel)이 있다.
- 현재 PCP의 사용은 감소하고 있으나, 약효를 강화하려는 목적으로 여전히 다른 약물들과 혼합하여 사용되고 있다. 이것은 종종 다른 이름으로 판매되거나 다른 약물들과 혼합해 판매되며, 이 사실을 전혀 모르는 사용자가 뜻하지 않게 PCP에 노출되는 경우가 생길 수 있다.
- 미국 전체 인구 중 0.5퍼센트 미만이 PCP를 남용한 적이 있는 것으로

여겨진다.[11]
- PCP는 구강, 정맥, 비강, 흡연을 통해 투약될 수 있다. 흡연을 통한 투약은 투약하는 양을 조절할 수 있다는 점에서 가장 대중적으로 사용된다. 사용자는 PCP를 카나비스, 오레가노, 민트와 같은 잎에 추가해서 흡연한다.
- 흡연했을 때, PCP는 2-3분 안에 효과를 나타내기 시작하여, 15-20분 안에 절정에 이른다. 한 번의 사용 후 4-6시간 가량 효과가 지속된다.
- PCP의 영향 아래서 사용자들은 다음을 경험한다.

  - 의식 수준의 변동
  - 환각
  - 극도의 불안
  - 해리
  - 행복감
  - 억제의 감소
  - 막강한 힘의 느낌
  - 통각 상실(고통에 대한 감각의 상실)
  - 시간에 대한 혼란 및/또한 변경된 시간 감각
  - 감각의 상실(예를 들어, 신체 일부분이 몸에서 분리된 것처럼 느껴짐)
  - 피해망상
  - 우울증과 자살에 대한 생각
  - 과민성
  - 기억력 손상
  - 발작
  - 고혈압
  - 공격성

---

11 Doweiko, *Concepts of Chemical Dependency*, chap. 12.

- PCP 남용에 의해 간접적으로 사망할 수 있다. 다양한 건강 문제로 인해 사망하거나, 사용자들이 공격적이고 예측불가능하게 되면서 살인과 자살이 일어날 수 있다.
- PCP 남용자가 약물로 인한 정신착란증상을 보일 때, 당신은 LSD 남용자에게 할 수 있는 것처럼 이 상황을 말로써 진정시키려고 해서는 안 된다. 많은 어려운 사례의 경우, 그 에피소드가 지나갈 때까지 개인에 대한 통제력을 유지하기 위해 구속 또는 진정제 투여가 필요하다.

4) 페요테 선인장(Peyote)

- 페요테는 멕시코 북부와 미국 남부에서 자라는, 작고 가시 없는 선인장이다. 이것은 수천 년 동안 종교 의식을 도와 통찰력과 비전을 얻는 데에 사용되었다. 주요 성분은 메스칼린(mescaline)이다.
- 페요테의 다른 이름으로는 데빌스 루트(devil's root), 매직 머쉬룸(magic mushrooms), 버튼(button), 펠로테(pellote), 새크리드 머쉬룸(sacred mushrooms) 등이 있다.
- 선인장의 크라운(지면 위로 올라온 부분)은 향정신성 물질을 함유하는 원반 형태의 버튼을 생성한다. 그 버튼은 그냥 씹어서 섭취하거나 차에 끓여서 마신다. 보통 이것이 지닌 강한 쓴맛 때문에 차에 섞어서 마신다.
- 정신에 작용하는 복용량은 0.3-0.5그램이며, 효과는 보통 12시간 가량 지속된다.
- 페요테 선인장과 메스칼린은 제1종 물질(schedule 1 substance, 예를 들어, 남용에 대한 높은 잠재성, 의료적 사용의 불허, 의료 감독하에 안전성 결여 등)로 분류되며, 아메리카 원주민 교회의 "보나피드 종교 의식"(bonafide religious ceremonies)에서 사용하는 것을 제외하고는 불법이다.
- 아메리카 원주민 교회의 일원은 철야 종교 의식 도중 10개에서 수십 개의 '버튼'을 소비한다. 이것의 목적은 신적 존재, 동료 예배자, 자기 자신과 소통할 뿐 아니라 육체와 영적 질병의 치유를 경험하기

위험이다.[12]
- 경우에 따라 아메리카 인디언 문화에서 페요테의 사용은 유익한 것으로 여겨지며, 일부는 이것을 매일 사용하라고 조언한다. 일부 종족은 이것을 씹어서 화상이나 뱀에게 물린 상처의 치유를 위해 바른다.[13]
- 2008년 고등학교 3학년 학생의 7.8퍼센트는 인생에서 적어도 한 번 이상 LSD 이외의 환각제(페요테, 실로시빈 등이 포함되는 그룹)를 사용했다. 전년도 사용은 5.0퍼센트였다.[14]
- 89명의 내담자 중 열 명(11.2퍼센트)은 페요테 선인장의 불법적 사용을 보고했다. 이 청소년(n = 8)의 대부분은 인생에서 한 번 또는 두 번 페요테 선인장을 사용한 적이 있다고 보고했다.[15]
- 페요테 선인장의 부작용은 다음을 포함한다.

  - 체온 증가
  - 심박수 증가
  - 운동실조
  - 발한과 홍조
  - 두통
  - 현기증
  - 메스꺼움
  - 불안
  - 피해망상과 공포

---

12 P. N. Jones, "The American Indian Church and Its Sacramental Use of Peyote: A Review for Professionals in the Mental-Health Arena," *Mental Health, Religion and Culture 8*, no. 4 (2005), 277-90.
13 Ibid.
14 National Institute on Drug Abuse, "Infofacts: Hallucinogens," last modified June 2009, www.drugabuse.gov/publications/infofacts/hallu cinogens-lsd-peyote-psilocybin-pcp.
15 A. Fickenscher, D. Novins, and S. M. Manson, "Illicit Peyote Use among American Indian Adolescents in Substance Abuse Treatment: A Preliminary Investigation," *Substance Use and Misuse 41* (2006), 1139-54.

- 페요테 사용에 따른 환각에 의해 야기된 자살이나 살인의 결과로서 사망에 이를 수 있다.

5) 케타민(Ketamine)

- 케타민은 환각 효과를 지닌 해리성 마취제이다. 케타민은 스페셜 K (special K), 비타민 K(vitamin K), 캣 발륨(cat valium), 제트(jet), 퍼플(purple), 수퍼 액시드(super acid), 킷캣(kit-kat) 등의 속칭으로 불린다.
- 케타민은 클럽, 춤, 레이브 파티에서 젊은 층에 의해 많이 사용되기 때문에 '클럽 마약' 범주에 속하게 되었다.
- 케타민의 사용에 따른 다양한 경험에 따라 고유한 이름이 주어진다. 예를 들어, 'k 세상'(k-land)은 부드럽고 다채로운 경험을, 'k-홀'(k-hole)은 육체에서 분리된 듯한, 죽음에 가까운 경험을 일컫는다. 다양한 경험에 따른 다른 이름에는 '신'(God), '이유식'(baby food) 등이 있다.
- 케타민의 효과는 다음과 같다.

  - 환각
  - 해리/분열
  - 빛과 소리에 대한 민감성
  - 동요
  - 우울감
  - 인지적 장애
  - 의식 상실
  - 기억 상실
  - 무의식적 급속 안구 운동
  - 동공 확장
  - 타액의 분비
  - 눈물의 분비
  - 근육 경직

- LSD와 PCP 이용자들처럼 케타민 이용자들은 약물을 복용한 지 오랜 시간이 지난 후 약물의 효과를 다시 경험하는 플래시백을 보고해 왔다.
- 이 약물은 '루피스'(roofies)와 같이 사용자를 무력화함으로써 성폭행을 조장하는 방향으로 사용되어 왔다. 이러한 이유로, 이 약물은 데이트 강간 약물로 간주된다.
- 남용에 이용되는 대부분의 케타민은 합법적 배송물, 특히 동물을 진정시키기 위해 이 약물을 사용하는 동물 병원에서 용도가 변경되거나 도난당한 배송물에서 입수한다.

6) 덱스트로메토르판(DXM)

- DXM은 약국에서 판매하는 많은 종류의 약에 함유된 기침 억제제이다. 이 약을 소량의 권장량만 복용하면 안전하고 효과적이지만, 많은 양을 남용하면 문제를 일으킬 뿐만 아니라 생명에 위협이 될 수도 있다.
- 1950년대에 들어서면서 DXM은 중독의 위험이 있는 코데인을 대신하여 점차적으로 모든 약국 판매용 기침 억제제에 사용되기 시작했다.
- DXM은 기침 시럽, 파우더, 캡슐, 알약 등 다양한 형태로 구할 수 있다.
- DXM은 로보트리핑(robotripping), 로보(robo), 터신(tussin), 트리플 C(triple C), 덱스(dex), 스키틀즈(skittles), 벨벳(velvet), 드랭크(drank), 시럽(syrup), 롬(rome), 푸어 맨스 PCP(poor man's PCP)라는 이름으로 불린다.
- DXM을 함유한 기침약 브랜드명에는 수다페드(Sudafed), 트리아미닉(Triaminic), 콤트렉스(Comtrex), 로비터신(Robitussin), 빅스(Vicks), 코리시딩 HBP(Coricidin HBP) 등이 있다.
- DXM은 소리나 색에 대한 감각을 고조시키기 때문에 댄스 파티나 레이브 파티에서 청소년들에게 인기가 높으며, 클럽 마약이라고 불린다. 이 약물의 인기가 고조되는 이유는 습득의 용이성에 있으며, 혼합물을 분리하는 방법에 대한 정보를 인터넷에서 쉽게 찾을 수 있기 때문이기도 하다.

- 오하이오주 데이턴의 고등학생 4,000명 이상을 대상으로 한 연구에서, 4.9퍼센트의 고3 학생들이 DXM을 상시 사용하고 있다고 응답했으며, 3.9퍼센트의 고2 학생들이 DXM을 상시 사용하고 있다고 응답했다.[16]
- DXM 성분이 함유된 기침 시럽의 권장 복용량은 일회 **15-30밀리그램씩 하루 최대 4회 복용**이다. 기침의 억제 효과는 5-6시간 가량 지속된다.[17]
- 권장량의 5배 이상의 약물이 복용될 때 약물의 향정신성 특성이 나타나기 시작한다.[18]
- DXM 남용의 부작용은 다음과 같다.

  · 해리/분리
  · 소리와 색에 대한 민감성
  · 환각
  · 동요
  · 편집증/피해망상
  · 혼란
  · 부적절한 웃음
  · 지나친 흥분감
  · 무기력함
  · 운동 실조
  · 불분명한 발음
  · 발한
  · 고혈압

---

[16] R. G. Carlson, Wright State University Boonshoft School of Medicine, "The Prevalence of Dextromethorphan Abuse among High School Students," last modified May 11, 2011, www.med.wright.edu/citar/dads/letter.

[17] Drug Enforcement Administration, "Drug Fact Sheet: Dextromethorphan," www.justice.gov/dea/pubs/abuse/drug_data_sheets/Detro methorphan.pdf.

[18] P. Addy, "Facilitating Transpersonal Experiences with Dextromethorphan: Potential Cautions and Caveats," The Journal of Transpersonal Psychology 39, no. 1 (2007), 1-22.

- 급속 안구 운동

- 알코올이나 다른 항우울제와 함께 복용되었을 때 그 혼합물은 치명적일 수 있다. 또한 DXM이 기침 시럽에 함유된 다른 성분들과 분리되지 않았을 때 다른 화학 물질들은 각각의 고유한 부작용을 불러일으키게 되고, 이는 추가적 합병증과 사망을 초래할 수 있다.

7) 버섯(실로시빈, Psilocybin)

- 실로시빈과 사이오신(psyocin)은 환각을 일으키는 효과로 인해 남용되는 환각 유발 혼합물이며, 대략 190여 종의 버섯에 이러한 성분이 함유된 것으로 알려져 있다. 이 버섯들은 보통 미국, 멕시코, 남아메리카의 열대 지방과 아열대 지방에서 서식한다.[19]
- 대개 버섯은 그 쓴맛을 감추기 위해 차로 우려내거나, 초콜릿으로 감싸거나, 다른 음식과 섞어서 **구강으로 섭취**한다. 댄스 파티나 레이브 파티에서 클럽 마약으로써 인기가 있다.
- 버섯은 흔히 쉬룸스(shrooms), 새크리드 머쉬룸(sacred mushrooms), 갓스 플레쉬(God's flesh), 실리 퍼티(silly putty), 머스크(musk)와 그 외 다른 이름들로 알려져 있다.
- 실리시빈은 현재 미국에서 **불법**이다.
- 1997년의 한 보고에 따르면, 미국에 거주하는 사람들의 대략 5퍼센트(1천 20만 명)가 실리시빈 버섯을 시도해 본 적이 있다.[20]
- 부작용은 다음과 같다.

---

19 National Drug Intelligence Center, "Psilocybin Fast Facts," last modified August 2003, www.justice.gov/ndic/pubs6/6038/index.htm.

20 Substance Abuse and Mental Health Services Administration, "2001 National Household Survey on Drug Abuse," last modified June 16, 2008, www.oas.samhsa.gov/nhsda/2k1nhsda/ vol1/chapter2.htm.

- 환각
- 어지러움
- 도취감
- 빛과 소리에 대한 민감성
- 메스꺼움
- 경련
- 구토
- 설사
- 시간 혼돈
- 현실 분별 능력 상실
- 공황 발작 (불쾌한 환각 경험)

- **약효**는 복용 후 20분 후에 시작되며 보통 45분 안에 절정에 이른다.
- 어떤 버섯은 인간이 섭취했을 때 독성을 지닌다. 일부 독성의 버섯류는 환각을 일으키는 종류와 외관상 비슷하므로 종종 오인을 불러일으킨다. 만약 버섯을 섭취한 후 불편함을 느끼기 시작한다면 즉각적으로 의료적 도움을 구해야 한다.

3 진단 인터뷰

1) 선행 질문

먼저, 만약 누군가 환각제의 영향 아래에서 '불쾌한 환각 경험'을 하고 있다면, 그리고 당신이 그들을 말로써 진정시킬 수 없다면, 당신은 응급의료진에 전화를 걸어야 할 수도 있다. 사용자들에게 그들이 현재 느끼는 것은 약물의 영향이며, 그런 증상은 결국 지나갈 것이라는 이야기를 해줄 필요가 있다. 그러나 만약 이런 설명이 효과가 없고 그들이 자기 자신이나 다른 사람들에게 위험이 된다면 응급의료진은 그 에피소드가 지나가기까지 억제제나 진정제를 사용할 수도 있다.

2) 일반 질문

1. 특정 약물이나 약물들을 얼마나 자주 사용하십니까?
2. 당신은 당신의 약물 사용이 문제라고 생각하십니까?
3. 당신은 그 약물을 특정한 누군가와 함께 사용하십니까?
   보통 어디에서 약물을 사용하십니까?
   왜 그곳으로 갑니까?
4. 당신의 종교적 신념은 무엇입니까?
   그 신념이 당신의 약물 사용에 어떤 영향을 줍니까?
5. 다른 사람들은 당신의 약물 사용에 대해 어떻게 이야기합니까?
   그들이 당신의 약물 사용을 인정합니까?
   약물 사용 때문에 다른 사람들과의 관계가 불편해지기 시작했습니까?
6. 약물의 영향 아래서 당신은 나중에 후회할 만한 행동을 하신 적이 있습니까?
   약물의 영향 아래서 당신 자신이나 다른 사람에게 심각한 상해를 입힌 적이 있습니까?
7. 약물을 사용하는 동안 위법 행동을 한 적이 있습니까?
8. 불쾌한 환각 경험(a bad trip)을 한 적이 있습니까?
   무슨 일이 일어났습니까?
   그 일이 일어났을 때 당신은 어떤 상황에 있었습니까?
9. 1부터 10까지 범위에서 10이 최악이라고 했을 때, 당신은 자신의 약물 사용이 얼마나 나쁘다고 생각하십니까?
10. 당신은 변화에 대해 얼마나 의욕적이십니까?
    만일 변화를 원하신다면, 변화를 위해 어떤 장애물을 극복해야 한다고 생각하십니까?
11. 약물을 사용하지 않을 때, 어떤 기분을 느끼십니까?

지혜로운 상담을 위한 조언　4

　다른 약물과 비교했을 때 환각제가 인체에 극도로 위험하지는 않지만, 환각제의 사용에 따른 위험요소가 분명히 존재한다. 약물의 영향과 변덕스럽고 예측불가능한 행동으로 인해 자살과 살인이 일어날 수 있다. 사용자가 눈에 보이지 않는 위협으로부터 도망치거나 위험한 지형에 있는 비현실적인 목적지를 향해 달려갈 때, 그리고 자신이 어디에 있는지 혼란스러워할 때 많은 부상이 일어난다.

　또한, 일부 사용자들은 특정한 종교적 신념이나 사상의 요구에 따라 스스로 상해를 입힌다. 사용자가 악령, 생명체, 또는 충격적 이미지를 보기 시작하면 그들은 다른 사람을 위협적 존재로 착각하여 폭력적으로 변할 수도 있다. 내담자에게 환각제 사용과 관련된 위험에 대해 신중히 경고하라.

　LSD, 페요테 선인장, 그 외 다른 환각제를 사용하는 대부분의 남용자가 강한 종교적 연관성으로 인해 약물을 사용한다. 페요테 선인장 사용자들은 전형적으로 아메리카 원주민 교회의 일원인 반면, LSD 남용자들은 때로 다른 사람들에게 이상하게 보이는 다양한 범주의 믿음을 가질 수 있다.

　먼저, 약물 남용의 문제에 집중하고, 그것이 개인의 삶에 어떤 부정적 영향을 미치는지에 집중하라. 당신이 내담자의 신뢰를 얻고 건강한 관계를 형성하게 되면 그들의 종교적 신념에 대해 이야기를 나누라. 종종 내담자가 당신이 자신을 돕고 있다는 것을 알게 될 때 그들은 수용적이 되며, 당신은 내담자에게 당신의 개인적 믿음을 이야기할 수 있는 기회를 얻게 된다.

　낯선 문화에 적응하는 것은 언제나 전문성을 요구한다. 내담자의 생각에 대해 어떤 것도 가정하지 말라. 그들의 가치는 당신의 가치와 다를 수 있다. 당신은 어떤 주제에 대해 당신이 평소에 접근하는 것과는 다른 방식으로 접근해야 할 수도 있다. 다문화 경쟁력은 다른 문화적 배경을 지닌 내담자와 상담할 때 필수적이다.

5 내담자를 위한 행동 단계

1) 상황을 평가하라

- 전문 상담사를 만나 당신이 약물의 영향 아래에 있을 때의 경험을 이야기하라. 상담사의 도움을 받아 약물이 당신의 삶에 미치는 영향을 평가하라. 우리는 약물이 우리에게 미치는 부정적인 영향을 깨닫지 못할 때가 많다.
- 당신이 남용하는 약물을 단순히 문제에서 벗어나거나 긴장을 풀기 위한 수단으로 여기기보다 위험하고 해로운 물질로 바라보기 시작하라. 그것이 건강이든, 관계이든, 이루지 못한 목표이든, 약물이 어떻게 당신에게서 유익한 것들을 빼앗아 갔는지 깨닫게 될 때 당신의 인식은 변하게 될 것이다.

2) 굳게 결심하라

- 약물 사용에 관해 도움을 얻는 것을 당신의 최우선순위에 두기로 결심하라.
- 당신이 결심을 지킬 수 있도록 친구에게 동반 책임을 요청하라. 이 친구에게 당신이 보유한 마약을 처리하는 데 도움을 요청하라. 일부 마약 재활 센터는 약물을 적합한 방법으로 폐기할 수 있도록 도와주며, 많은 지역 경찰서는 익명의 제출함을 구비하여 수집된 약물을 소각한다.

3) 지속적 부작용을 어떻게 다룰지 배우라

- 종종 환각제 남용에는 약물의 정신 반응으로 생기는 우울증이 동반된다. 어쩌면 당신이 환각 유발 약물을 남용하는 이유가 우울증 증상 때문일 수도 있다. 상담은 이런 잠재적 기저 문제를 해결하는 데에 도움을 줄 수 있다.

- 정신에 영향을 미치는 환각제의 특성으로 인해 피해망상이나 불안증이 생길 수 있다. 플래시백은 당신을 불안하게 하며 대처 능력을 상실하도록 할 수 있다. 상담의 한 부분은 이러한 어려움을 다루고 효과적인 대처 전략을 배우는 것이다.

4) 새로운 활동을 찾으라

- 상담은 당신이 약물 남용을 대체할 건설적인 무언가를 찾도록 인도할 것이다.
- 당신의 시간을 채울 흥미로운 방법을 찾는 것이 당신이 약물에서 멀어지도록 도울 것이다.
- 새로운 활동은 당신의 긴장을 완화하고 편안함과 만족감을 주는 것이어야 한다. 만약 그것이 일상의 스트레스를 해소하는 데에 도움을 주지 못한다면 당신은 약물로 돌아가고 싶은 갈망을 느끼게 될 수도 있다.

5) 재발을 방지하라

- 자신을 잘 감시하라. 만일 이전의 감정이나 습관이 당신의 삶에 슬며시 들어오기 시작했다면, 가능한 한 빨리 그것을 제거하기 위한 조치를 취하라.
- 재발의 조짐에 주의를 기울이라. 상담 약속에 우선순위를 두지 않거나, 상담 약속을 놓치거나, 과도한 스트레스를 느끼거나, 당신에게 문제가 있다는 사실을 부인하거나, 이전의 습관으로 돌아가는 행동에 주의를 기울이라.
- 당신이 이와 같은 경고 표시를 보게 된다면 이 사실을 다른 사람에게 알리고, 재발 방지를 위한 새로운 전략을 세우라.

6 성경적 통찰

너희 안에 이 마음을 품으라 곧 그리스도 예수의 마음이니(빌 2:5).

환각제는 마음과 지각을 왜곡한다. 그리스도는 우리에게 당신의 마음을 품으라고 도전하신다. 우리는 매일 마음으로 그리스도를 더 닮아 가기 위해 노력해야 한다. 이 말씀은 그리스도께서 십자가의 죽음에 복종하시기까지 겸손하셨음을 보여 준다(8절). 약물을 사용하는 것은 이기적 행동이며, 겸손한 행동이 아니다.

그러므로 우리는 다른 이들과 같이 자지 말고 오직 깨어 정신을 차릴지라 자는 자들은 밤에 자고 취하는 자들은 밤에 취하되 우리는 낮에 속하였으니 정신을 차리고 믿음과 사랑의 호심경을 붙이고 구원의 소망의 투구를 쓰자(살전 5:6-8).

앞선 구절에서 사도 바울은 마지막 때에 대해 이야기한다. 이 구절에서 그리스도인은 스스로 훈련하고(바른 정신), 앞으로 다가올 놀라운 일을 기억하며(들려 올라감), 믿지 않는 자들과 같이 무기력하지 말 것(무관심)에 대해 책망받는다. 술 취하거나 약물에 빠진 사람들은 다른 물질에게 통제권을 내어 줌으로써 스스로 통제하지 못하며, 이 통제의 부족은 그들을 비틀거리게 한다.

군인이 전쟁을 위해 전투복을 갖추어 입듯이, 그리스도인도 믿음, 사랑, 소망의 옷을 입어야 한다. 구원의 투구는 우리의 정신이 해로운 물질에 몰두하지 않도록 어리석은 생각으로부터 우리를 보호하며 앞으로 다가올 일에 집중하게 해 준다.

그러므로 너희 마음의 허리를 동이고 근신하여 예수 그리스도께서 나타나실 때에 너희에게 가져다 주실 은혜를 온전히 바랄지어다(벧전 1:13).

이 구절에는 그리스도인들의 새로운 마음가짐을 위한 세 가지 권고가 담겨 있다.

첫 번째 권고는 우리는 행동을 위한 마음의 준비를 해야 한다. 순종의 결단을 내릴 수 있도록 준비하라.

두 번째 권고는 자기 통제, 그리고 마약과 같이 정신을 약화시키는 모든 것에 대한 해방이다. 신앙인들은 마약이 아닌, 성령의 다스림을 받아야 한다.

세 번째 권고는 그리스도께서 우리에게 자신을 계시하실 때 은혜 위에 우리의 소망을 두는 것이다. 이 소망을 통해 우리는 지속적 결단력과 긍정적 태도를 지니게 될 것이다.

> 모든 지킬 만한 것 중에 더욱 네 마음을 지키라 생명의 근원이 이에서 남이니라(잠 4:23).

성경은 그리스도인들이 지혜로운 결단을 내릴 수 있도록 자기 통제와 자기 훈련의 필요성에 대해 끊임없이 반복한다. 우리는 매일 우리의 믿음을 타협하려는 유혹에 직면한다. 만약 물질이 우리의 바른 정신 상태를 방해한다면, 우리는 악마의 공격을 물리칠 수 있는 강력한 위치에 설 수 없다. 당신의 가치가 무엇인지 결정하고 그러한 가치를 타협하지 않도록 당신의 마음을 지키라.

기도 첫걸음 7

하나님!
오늘 우리가 _____님을 하나님 앞에 올려드리며 _____님의 삶에 개입하셔서 _____님의 마음을 붙드시기를 기도합니다. _____님이 눈을 들어 하나님을 바라보고 하나님께 완전히 사로잡혀 중독을 떨쳐 버릴 힘을 얻게 되기를 기도합니다. _____님이 자신의 삶에서 이 문제를 직면할 수 있는

> 용기로 인해 하나님께 감사합니다. _____님은 자유케 되기를 원하고 있습니다. _____님에게 소망을 허락해 주시옵소서. 제가 _____님을 인도하는 동안 저를 인도해 주시옵소서.

8 추천 자료

추천 도서

Anderson, Neil T., Mike Quarles, and J. Quarles. *Freedom from Addiction: Breaking the Bondage of Addiction and Finding Freedom in Christ*. Gospel Light, 1997.
Clarke, David. *Converted on an LSD Trip*. Abshott, 2001.
Clinton, Tim. *Turn Your Life Around*. FaithWords, 2006.
Hurwitz, Ann Ricki, and S. Hurwitz. *Hallucinogens*. The Drug Abuse Prevention Library. Rosen, 1999.
Kuhar, Michael. *The Addicted Brain: Why We Abuse Drugs, Alcohol, and Nicotine*. Pearson Education, 2012.
Lookadoo, Justin. *The Dirt on Drugs*. Revell, 2008.
Murphey, Cecil. *When Someone You Love Abuses Drugs or Alcohol*. Beacon Hill Press, 2004.

추천 웹사이트

Encyclopedia of Mental Disorders: www.minddisorders.com/Flu-Inv/Hallucinogens-and-related-disorders.html
National Institute on Drug Abuse:
www.drugabuse.gov/publications/drugfacts/ hallucinogens-lsd-peyote-psilocybin-pcp
www.drugabuse.gov/publications/ research-reports/hallucinogens-dissociative-drugs

흡입제 12

상황 묘사 1

- 제이미는 심심했지만, 집에서 딱히 할 일이 없었다. 제이미는 집에서 멀지 않은 쇼핑센터에 가기로 했다. 그곳은 이 동네 친구들이 모여서 놀기 좋아하는 곳이었다. 제이미가 그곳에 도착했을 때 친구들은 모두 둥그렇게 앉아서 부탄가스를 흡입하고 있었다. 친구들은 그것이 "새로운 끝내주는 일"이라고 말했고, 제이미도 한번 시도해 보기로 했다.

  그녀는 즉시 기분이 좋아졌지만, 곧 사그라들었다. 곧바로 든 생각은 또 다시 해야겠다는 것이었다. 결국, 친구 한 명은 또 한 병을 흡입했고, 넘어져서 다시는 일어나지 못했다. 두려운 마음에 흡입을 멈추고 싶었지만, 그렇게 할 수 있을지 확신이 서지 않았다. 가스를 흡입하면 기분이 너무나 좋아졌다. 제이미는 자신을 초대한 누군가와 함께 교회에 나가기 시작했고 그곳에서 도움을 받을 수 있기를 기대한다.

- "여기가 어디지?
  어떻게 된 거야?
  그러자 모든 것이 기억이 났어요. 저는 휘핑크림 병에서 가스를 어느 정도 흡입하고서 벽돌로 된 방파벽을 걷고 있었어요. 제가 떨어진 것이 분명해요. 그 후에 제 뒤통수가 따뜻하고 축축하게 느껴졌어요. 손을 뻗어 머리를 만져 보니 피더라고요. 얼마나 심각한지 알고 싶었어요. 친구에게 확인을 부탁하러 친구 집으로 가기로 했죠. 가기 전에 다시 가스를 흡입했어요. 기분이 정말 좋았죠.
  친구 집에 도착해서 다시 정신을 잃었어요. 그게 출혈 때문이었는지, 가스를 다시 흡입한 것 때문이었는지는 모르겠어요. 일어나 보니 집이었고, 부모님은 제 곁에 서서 저에게는 선택의 여지가 없다고 하셨어요. 저는 치료를 받으러 가게 될 것이라고요."

- 어느 날 밤, 14세의 카라는 친구들과 함께 콘서트에 갔다. 친구 한 명은 나이가 훨씬 많았다. 중앙 홀에 있는 화장실에서 친구는 접착제 혼합물을 꺼내 카라에게 주었다. 둘은 그것을 흡입하고 기분이 매우 좋아졌으며, 함께 콘서트를 즐겼다.

  다음날 카라는 친구에게 그것을 좀 더 달라고 했고 친구는 그렇게 했다. 세 병까지 준 후에, 친구는 카라에게 돈을 요구하기 시작했다. 카라는 이미 걸려들었고 싫다고 말할 수 없었다. 하지만 어느 날, 카라의 아버지는 지갑에서 돈을 훔치는 카라를 잡았다.

2 정의와 주요 개념

- 흡입제는 흡입할 때 중독 효과를 내는 화학 증기를 방출하는 독성 물질이다. 흡입제에는 대마초와 같이 태우거나 열을 가한 후 흡입하는 화학 물질은 포함되지 않는다.
- 흡입제의 장기적 영향은 여전히 연구되고 있으나, 일반적 결론은 흡입제의 사용과 남용이 예측 불허하고 위험한 결과를 가져온다는 것이다.
- 환각 효과를 얻기 위해 이런 위험한 화학 물질을 흡입하는 것을 흔히 허핑(huffing)이라고 부른다.
- 흡입제를 남용하는 구체적인 방법은 다음의 세 가지 범주로 분류된다.

  - 허핑(huffing): 헝겊을 흡입제에 적신 후 그 헝겊을 입에 대고 누른다.
  - 스니핑(sniffing): 에어로졸 용기에서 나오는 연기를 들이마시거나 코로 킁킁거린다.
  - 배깅(bagging): 비닐백이나 종이백에 제품을 쏟거나 스프레이한 후 그 연기를 흡입한다.

- 컴퓨터 클리너와 같은 세척제를 코로 들이마시는 것을 더스팅(dusting)이라고 부른다. 일부 남용자들은 해로운 물질을 풍선이나 음료수 캔에 채워 들이마시거나, 물질에 열을 가해 그 연기를 흡입한다. 이런 모든 방법의 흡입은 극도로 위험하다.
- 흡입제를 일컫는 속어로는 에어 블래스트(air blast), 뱅(bang), 뷸렛 볼트(bullet bolt), 부즈 범(buzz bomb), 크로밍(chroming), 디스코라마(discorama), 글루이(gluey), 하트온(heart-o), 하이볼(high ball), 히피 크랙(hippie crack), 허프(huff), 래핑 가스(laughing gas), 메두사(medusa), 문 가스(moon gas), 오즈(oz), 펄스(pearls), 포퍼스(poppers), 퀵실버(quicksilver), 스낫볼(snotballs), 스프레이(spray), 텍사스 슈샤인(Texas shoe shine), 스내퍼스(snappers), 휘팻(whippets), 화이트 아웃(white out) 등이 있다.
- 흡입제로 사용되는 물질은 대부분은 합법적이다. 흔히 사용되는 흡입제는 다음과 같다.[1]

  - 접착제: 플라스틱용 접착제, 고무 접착제, PVC 접착제
  - 용액과 가스: 매니큐어 제거제, 페인트 신나, 페인트 제거제, 수정액, 유독성의 매직 마커, 순수 톨루엔, 라이터 용액, 가솔린, 기화기 세척제, 옥탄 부스터, 연료 가스, 에어컨 냉각수, 라이터, 소화전
  - 에어로졸: 스프레이용 페인트, 헤어스프레이, 공기 청정제, 데오도란트, 직물 보호제, 컴퓨터 클리너
  - 클리닝 보조제: 드라이 클리닝 용액, 얼룩 제거제, 기름기 제거제
  - 식료품: 요리용 스프레이, 에어로졸 휘핑 크림
  - 가스: 아산화질소, 부탄, 프로판, 헬륨, 에테르, 클로로포름, 할로세인

- 흡입제 남용은 보통 청소년기에 시작되어 성인기에 중단된다. 대부분 일 년이나 이 년 정도 남용 후 중단한다. 그러나 많은 성인이 매년 흡

---

[1] Alliance for Consumer Education, Inhalant.org. www.inhalant.org/inhalant/abusable.php.

입제 남용 치료를 시작한다.[2]
- 추산에 따르면, 흡입제 남용자의 4퍼센트 정도가 계속하여 **약물 남용에 의존적 패턴을 발전시킨다**.[3]
- 흡입제 남용은 전세계적이다. 그러나 제3세계에서 남용의 목적은 기분전환이 아니다. 많은 흡입용 화학 물질이 배고픔으로 인한 고통을 둔화시키거나 다른 형태의 결핍을 이겨 내기 위해 사용된다(예를 들어, 브라질의 길거리 아이들에게서 이러한 상황을 볼 수 있다).
- 흡입제의 사용이 종종 다른 물질의 남용을 조장하거나 인도한다는 의미에서, 흡입제는 마약의 등용문(gateway drugs)으로 여겨지기도 한다. 2010년, 지난 12개월 안에 처음으로 불법적 약물을 사용했던 12세 이상의 3백만의 사람 중, 상당한 비율의 사람들이 첫 경험으로 흡입제 사용을 보고했다(9퍼센트).[4]
- 2010년 12세부터 49세의 사람들 중 흡입제를 처음으로 사용했던 사람들의 평균 연령은 16.3세였다.[5]
- 2010년, 지난 12개월 안에 처음으로 흡입제를 사용했던 12세 이상의 사람들은 79만 3천 명이었으며, 이는 2002년부터의 수치와 비슷했다.[6]
- 2006년 미국에서 약물 중독으로 치료를 받은 10.3퍼센트의 사람은 흡입제 남용에 대한 치료를 받았다.[7]
- 흡입제의 효과는 몇 초 이내에 나타나며 보통 45분 이하로 지속된다. 효과는 행복감, 무감각, 현기증, 통제력 상실, 경미한 환각 증상 등이다.

2　Doweiko, *Concepts of Chemical Dependency*, chap. 13.
3　Ibid.
4　Substance Abuse and Mental Health Services Administration, Results from the 2010 National Survey on Drug Use and Health.
5　Substance Abuse and Mental Health Services Administration, Results from the 2010 National Survey on Drug Use and Health.
6　Ibid.
7　United Nations Office on Drugs and Crime, 2008 World Drug Report, chart, United Nations publication sales no. E.08.XI.1 978-92-1-148229-4.

- 남용에 따른 원치 않는 부작용은 다음과 같다.

    - 메스꺼움
    - 구토
    - 불분명한 발음
    - 흥분감
    - 이중 시야 (double vision)
    - 이명
    - 동요
    - 폭력
    - 숙취감

- 흡입제 남용은 치명적일 수 있다. 누군가는 흡입제의 처음 **남용으로** 사망할 수도 있고, 누군가는 **200번째 남용**으로 사망할 수도 있다. 횟수는 상관없다. 모든 흡입이 마지막이 될 수 있다. 흡입제와 관련된 사망의 50퍼센트는 '급성 흡입 사망 증후군'(SSDS: sudden sniffing death syndrome) 또는 부정맥(심실세동)에 의해 발생한다. 급성 흡입 사망 증후군은 남용자가 흡입 중에 놀라거나 흥분할 때 일어난다. 특별히 흥분되는 환각이나 특별히 무서운 환각도 이런 증후군을 유발할 수 있다.[8]

- 흡입제에 대해 논의할 때 다양한 건강 문제가 표면화된다. 흡입제를 남용하면 심폐, 호흡기, 중추신경계 모두 위험에 처한다. 심장, 폐, 신장, 간 등의 내부기관도 남용에 따른 합병증을 경험할 수 있다. 낙상이나 충돌에 따른 화상이나 손상과 같은 다른 부상도 유해한 물질을 흡입하는 데서 비롯될 수 있다. 약물로 인한 정신 질환이 생길 수 있으며, 영구적으로 지속될 수도 있다.

- 흡입제 남용의 결과로 우울증이 나타날 수 있다. 우울증은 자살 행동의 위험요소이므로, 흡입제 남용자의 자살률은 일반 인구보다 높

---

8 Doweiko, *Concepts of Chemical Dependency*, chap. 13.

다. 약물 사용의 빈도와 양이 많을수록 자살 행동 확률 역시 높게 나타난다.

3 진단 인터뷰

1) 선행 질문

1. 당신은 자신이나 다른 사람에게 해롭거나 폭력적인 생각을 해 본 적이 있습니까?

2) 일반 질문

1. 처음 흡입제를 사용했던 때를 떠올려 보시고, 어떠했는지 설명해 주시겠습니까?
2. 어떤 흡입제를 사용했거나 남용하고 있습니까?
3. 얼마나 자주 그리고 얼마나 많은 양의 화학 물질을 남용하고 있습니까?
4. 1부터 10까지의 범위에서 1이 '위험하지 않다'를 나타내고 10이 '매우 위험하다'를 나타낸다고 했을 때, 당신이 사용하고 있는 화학 물질은 당신의 신체에 얼마나 위험합니까?
5. 이 문제에 대해 의사와 상의해 보신 적이 있습니까?
6. 당신 주변의 친한 친구나 친척들은 당신의 행동에 대해 어떻게 이야기합니까?
  그들이 한 인간으로서 당신을 바라보는 관점이 달라졌습니까?
  그렇다면 왜 그렇게 되었다고 생각하십니까?
7. 흡입제 사용을 중단하려고 시도한 적이 있습니까?
  어떤 일이 일어났습니까?
8. 약물에 취해 있지 않을 때, 당신은 어떤 기분을 느끼십니까?
  어떤 감정이 올라옵니까?

9. 당신이 허핑/스니핑/배깅을 할 때 어떤 환경에 있습니까?
    다른 사람들과 함께 합니까?
    당신이 선호하는 장소가 있습니까?
10. 화학 물질의 사용이 당신의 삶에 부정적 영향을 끼치고 있다는 것을 알고 있습니까?
    당신의 약물 사용이 인간관계나 직장이나 학업 능력에 영향을 주고 있습니까?
11. (청소년을 상담할 때) 부모님이나 보호자와의 관계가 어떻습니까?
    그분들과 어떻게 상호 작용하는지 설명해 주세요.

4 지혜로운 상담을 위한 조언

내담자가 자기 자신이나 다른 사람들에 대해 폭력적 행동을 할 징후가 나타나는지 항상 귀기울여 듣고 관심을 기울이라. 자살은 특히 화학 약물을 남용하는 청소년들에게 위험요소이다. 만약 이런 징후가 보인다면 두려워하지 말고 이 문제에 관해 이야기를 나누라.

청소년을 상담하고 있다면, 가능한 한 부모를 상담 과정에 초청하라. 이를 통해 동반 책임감을 높이고 가족 참여를 유도할 수 있다. 만약 청소년 문제 행동의 원인이 되는 가족 문제가 있다면 그 부분에 대해 상담하는 것도 도움이 된다.

청소년에게 당신이 그들의 삶을 통제하려 한다고 생각하게 만드는 장황한 이야기를 삼가라. 조언이나 가르침을 주기 전에 그들의 신뢰를 얻고 긍정적 관계를 쌓으라. 공감을 보이고, 그들을 향한 안타까운 마음을 가지며, 그들에게 이 상황이 얼마나 힘든 것인지를 이해하도록 하라.

5. 내담자를 위한 행동 단계

1) 도움을 구하라

- 당신보다 나이가 많고 지혜로운 누군가를 찾아 그들에게 당신의 이야기를 나누라. 그들에게 당신의 힘든 상황에 대해 이야기하라.
- 흡입제 사용을 비밀에 부치는 것은 그 습관을 반복하게 할 뿐이다. 사람들에게 거짓말하는 것을 멈추고 그들이 당신을 도울 수 있도록 하라.

2) 부정적인 영향을 피하라

- 당신 주변의 모든 사람이 흡입제를 사용할 때 당신 혼자 흡입제 사용을 멈추기는 매우 어렵다. 흡입제 사용을 부추기는 사람과 장소를 멀리하라.
- 당신은 또래 집단의 압력에 얼마간은 저항할 수 있겠지만, 결국에는 그것이 당신을 넘어뜨리고, 당신은 처음 시작했던 그 장소에 다시 돌아가 있는 자신을 발견하게 될 것이다.

3) 도움을 받으라

- 당신의 흡입제 사용에 대해 누군가에게 털어놓았다면 당신이 이 힘든 시간을 지나는 동안 그들의 도움을 받으라. 이런 적극적인 과정이 변화를 촉진한다.
- 당신이 삶의 패턴을 변화하고 새로운 대처 방법을 배우기로 결단하는 과정에서 누군가의 도움이 필요하게 될 것이다.

4) 계약서에 서명하라

- 상담사나 부모님, 목회자와 함께 서면 합의서를 준비하여 더 이상 흡

입제를 남용하지 않겠다고 적으라. 이로써 당신은 흡입제를 금단하는 일에 의미와 긴급성을 갖게 될 것이며, 동반 책임감을 느끼게 될 것이다.

5) 지원 시스템을 구축하라

- 당신 혼자서 이 일을 할 수 없다. 당신이 회복의 길로 계속 나아가기 위해 친구와 가족, 다른 자원의 도움이 필요하다. 당신이 어떻게 생활하고 있는지 그들에게 자주 보고하라.
- 재발을 방지하라. 당신이 과거의 습관으로 빠져드는 느낌을 받을 때 즉각 다른 누군가에게 그 상황을 알리고, 그들의 도움을 받아 극복 방안을 찾으라.

6 성경적 통찰

내가 이르노니 너희는 성령을 따라 행하라 그리하면 육체의 욕심을 이루지 아니하리라 육체의 소욕은 성령을 거스르고 성령은 육체를 거스르나니 이 둘이 서로 대적함으로 너희가 원하는 것을 하지 못하게 하려 함이니라(갈 5:16-17).

신앙인은 중독의 힘에 억눌릴 필요가 없다. 우리 안에 거하시는 성령께서는 우리가 원치 않는 일을 행하도록 만드는 육체의 욕심으로부터 승리를 경험하도록 우리를 도우신다.

그러나 이런 일은 자동적으로 일어나지 않는다. 성령님은 그분께서 우리를 위해 움직이시기 전, 우리가 먼저 그분께 부르짖기를 기다리신다. 그분은 우리를 돕기 위해 움직이실 것이다. 당신의 몸에 대한 통제권을 성령님께 드리라. 당신이 유혹을 받을 때 그분의 능력으로 당신의 약물에 대한 갈망을 거두어 주시기를 기도하고 간구하라.

너희 몸은 너희가 하나님께로부터 받은 바 너희 가운데 계신 성령의 전인 줄을 알지 못하느냐 너희는 너희 자신의 것이 아니라 값으로 산 것이 되었으니 그런즉 너희 몸으로 하나님께 영광을 돌리라(고전 6:19-20).

당신이 신앙인이라면 성령님이 당신 안에 내주하신다. 당신의 몸은 하나님의 성전 또는 하나님이 거하시는 장소가 되었다. 그리스도의 희생으로 인해 당신의 몸은 당신의 것이 아니다. 이것은 당신이 그리스도를 위해 살아야 하며 당신의 몸을 해로운 물질로부터 정결하고 자유롭게 유지해야 함을 의미한다. 당신 자신에게, 화학 약물을 흡입하는 것이 과연 하나님을 영화롭게 하는 일인가 질문하라.

의논이 없으면 경영이 무너지고 지략이 많으면 경영이 성립하느니라 (잠 15:22).

때로 당신은 혼자서 계획을 세우고 그 계획을 지켜 나갈 만큼 강하지 않다. 당신에게는 당신이 혼자서는 다다를 수 없는 곳에 이르도록 격려하고 세워 줄, 당신을 소중하게 생각하는 더욱 힘 있는 누군가가 필요하다.

만일 우리가 우리 죄를 자백하면 그는 미쁘시고 의로우사 우리 죄를 사하시며 우리를 모든 불의에서 깨끗하게 하실 것이요 만일 우리가 범죄하지 아니하였다 하면 하나님을 거짓말하는 이로 만드는 것이니 또한 그의 말씀이 우리 속에 있지 아니하니라(요일 1:8-9).

죄에 대해 하나님께 정직하라. 경건한 삶을 살고자 노력하는 모든 사람들이 재발로 인해 어려움을 겪는다. 재발은 하나님이 당신에 대해 실패하셨다는 것을 의미하지 않는다. 당신이 아무리 많이 실패한다 해도 하나님은 용서해 주실 것이다. 그분은 신실하시다. 그러나, 은혜가 죄에 대한 면허증이 아니듯이, 회복도 재발에 대한 면허증은 아니다.

7 기도 첫걸음

> 주님!
> 우리가 깨어진 마음으로 은혜를 구하며 주님 앞에 나옵니다. 우리의 죄를 용서하시고 모든 불의로부터 우리를 정결케 해 주시옵소서. 특별히, _____님을 위해 기도하기 원합니다. _____님이 자신의 잠재력을 깨닫게 하시고 이 문제와 싸울 수 있는 용기를 허락해 주시옵소서. _____님을 성령님의 능력으로 강건케 하시고 인도해 주시옵소서.

8 추천 자료

추천 도서

Brotherton, M. Buzz: *A Graphic Reality Check for Teens Dealing with Drugs and Alcohol*. Multnomah, 2006.

Clinton, Tim. *Turn Your Life Around*. FaithWords, 2006.

Dobson, James C. *Preparing for Adolescence: How to Survive the Coming Years of Change*. Gospel Light, 2000.

Kuhar, Michael. *The Addicted Brain: Why We Abuse Drugs, Alcohol, and Nicotine*. Pearson Education, 2012.

Lobo, Ingrid A. *Inhalants: Drugs, the Straight Facts*. Chelsea House, 2004.

Lookadoo, Justin. *The Dirt on Drugs*. Revell, 2008.

Townsend, John. *Boundaries with Teens: When to Say Yes, How to Say No*. Zondervan, 2007.

추천 웹사이트

Inhalant Abuse Prevention: www.inhalant.org/inhalant-abuse/

Mayo Clinic: www.mayoclinic.com/health/inhalant-abuse/HQ00923

National Inhalant Prevention Coalition: www.inhalants.org/

National Institute on Drug Abuse: www.drugabuse.gov/publications/research-reports/inhalant-abuse

기타 정보

유해물질관리센터(Poison Control Center): 당신이 흡입제를 남용하는 누군가를 안다면 유해물질관리센터 1-800-222-12222로 전화주시거나, 제품 라벨에 적혀 있는 800번으로 전화 주십시오.

13 대마초와 해시시

1 상황 묘사

- 브렛은 거의 매주 주말마다 한 친구의 집에 놀러가곤 했었다. 친구 집에 갔던 어느 날, 브렛과 친구는 차를 타러 뒷마당 헛간으로 갔다. 헛간에서 냉장고를 보게 되었고, 목이 마르던 차에 음료수를 가지러 갔던 브렛은 음료수 대신 대마초처럼 보이는 것을 발견했다.
"우와, 이걸 발견할 줄은 몰랐는데!"
친구는 브렛이 뭐라고 말했는지 물었고, 브렛은 "별 말 아니야"라고 말하며 넘겼다. 그날 밤, 호기심으로 가득 찬 브렛은 친구 집 헛간으로 돌아가서 대마초를 약간 훔쳤다. 그는 그것을 말아서 피우는 방법을 찾아보았고, 혼자 있게 되었을 때 그 방법을 따라해 보았다.

- 켈리는 친구들과 함께 고등학교 졸업반 파티에 가기로 했다. 그녀는 대마초 공급자로 유명한 켄트도 그 파티에 온다는 소식을 들었다. 켈리는 이 파티가 술과 대마초로 흥분된 파티가 되리라는 것을 알았다. 파티에 도착하자마자 켄트를 찾아서 친구들과 함께 피우기에 넉넉한 양의 대마초를 부탁했다. 켈리의 친구 달시는 선택을 내려야만 했다. 자신의 첫 대마초를 피울 것인가?
달시는 파티의 흥을 깨고 싶지 않고, 또 괜히 일을 크게 만들고 싶지 않아서 친구들과 함께하기로 했다. 이로부터 달시의 성적은 하락하기 시작했고, 두 과목에서 낙제했다. 결국, 그녀는 자신이 원했던 대학에 입학하지 못했다.

정의와 주요 개념 2

- 대마초(Marijuana)는 카나비스 사티바(Cannabis sativa) 과(科)에 속하는 식물이다. 카나비스에는 다양한 종이 있으며, 모든 품종이 남용될 수 있는 잠재성을 지닌 것은 아니다. 다양한 종류의 카나비스는 마섬유를 수확하기 위해 재배되며, 이것은 다양한 옷감을 꿰매거나 종이, 밧줄, 장신구, 캔버스를 만드는 데에 사용된다.
- 대마초는 400개 이상의 다양한 화합물을 함유하고 있지만, 60가지의 향정신성 약물 중 기초적 항정신성 약물은 THC(lipid-soluble delta9-tetrahydrocannabinol)이다.
- 지용성이라는 THC의 특성상, 이 화학 물질을 남용하는 가장 대중적인 방법은 흡연이며, 폐를 통해 혈류로 쉽게 흡수된다. 섭취 등의 다른 방법을 통해서도 남용될 수 있다.
- 해시시(Hashish)는 식물의 꽃에서 나오는 농도 짙은 수지의 이름이다. 해시시를 남용하는 대중적 방법은 그 특유의 맛을 가리기 위해 브라우니에 섞어서 굽는 것이다. 해시시 오일은 카나비스 사티바 식물이 생성해 내는 오일로 적게는 25퍼센트, 많게는 60퍼센트 정도의 THC를 함유한다.[1] 종종 이 오일은 더욱 강력한 효능을 위해 대마초나 해시시에 추가된다.
- 현재 대마초의 효능은 알려지지 않았다. 2004년의 연구에 따르면 대마초 속의 THC 농도는 평균 9.4퍼센트라고 하지만, 현재 획득한 표본들 사이에 너무나 큰 차이가 있기 때문에 누구도 확실히 알 수 없다.[2]
- 대마초는 1937년 미국에서 처음으로 대마초 세법에 따라 불법 물질이 되었다. 대마초는 크게 논란이 되고 있는 약물이며, 그 합법성에 대해서도 뜨거운 논쟁이 계속되고 있다. 그러나 현재는 중독성이 있는 물질로 대마초를 소지하거나 남용하는 것은 불법이다.

---

1   Doweiko, *Concepts of Chemical Dependency*, chap. 10.
2   Ibid.

- 캘리포니아를 포함한 미국의 일부 주에는 비범죄화법과 의료적 대마초법이 있다. 캘리포니아에서는 만약 의사가 의료적 목적으로 사용을 권장했다면, 환자와 그 환자의 보호자가 대마초를 소지하거나 재배(최대 6개의 성숙한 식물 또는 최대 12개의 미성숙한 식물)하는 것이 합법이다. 그러나 대마초를 판매하거나 배포하는 것은 여전히 불법이다.

  미연방법에 따르면 대마초는 처방전이 있다 해도 불법이며, 따라서 연방 사유지에 있는 환자들은 기소 대상이 된다. 의료용 대마초에 관한 논란이 계속되고 있으며, 악용될 여지가 크다고 생각하는 사람도 많다.

- 2012년 선거 기간 동안 워싱턴주와 콜로라도주 시민들은 대마초의 오락용 사용의 합법화에 투표했으며, 다른 열 개의 주도 같은 방향으로 진행할 것을 고려 중이다(2022년 현재, 미국 19개 주와 수도 워싱턴DC에서 기호용 대마초 소지가 합법화되었다-역주).

- 대마초는 분류하기가 쉽지 않은 약물이며, 이 부분에 있어 상당한 논쟁이 있어 왔다. 대마초는 경미한 환각제처럼 작용하면서도, 억제제와 자극제와 유사한 효과를 생성한다. 미국에서 대마초의 공식적 분류는 환각제이다.

- 대마초에는 다양한 속칭이 있지만, 오늘날 가장 대중적으로 사용되는 이름에는 블런트(blunt), 크로닉(chronic), 도프(dope), 간자(ganja), 그래스(grass), 허브(herb), 조인트(joint), 버드(bud), 메리 제인(Mary Jane), 엠제이(MJ), 키프(kif), 팟(pot), 리퍼(reefer), 그린(green), 트리(trees), 스모크(smoke), 신세밀랴(sinsemilla), 스컹크(skunk), 위드(weed), 해시(hash), 티(tea), 420, 후치(hooch), 주주(ju-ju), 여바(yerba) 등이 있다.

- 블런트(blunt)는 내용물을 비운 후 대마초와 담배 혼합물로 그 속을 채운 시가 담배이다. 조인트(joint)는 대마초를 담배 크기로 말아 피우도록 한 것이다.

- 대마초는 미국에서 가장 인기 있는 오락용 불법 약물이며, 여전히 술과 담배라는 합법 물질의 뒤를 바짝 추적하고 있다.

- 대마초는 현재 미국에서 재배하는 가장 큰 현금 작물이다.[3]

---

[3] Ibid.

- 전 세계 15세 이상의 대마초 남용자는 약 1억 천 6백만 명으로 추산된다.[4]
- 미국에서 대략 6000명 정도의 사람들이 매일 대마초를 처음 시도하는 것으로 추산되며, 18세 이상의 43퍼센트가 대마초를 남용해 보았거나 현재 남용 중이다.[5]
- 2010년 한 달에 천 7백 40만 명의 사용자가 있었다. 2007년과 2010년 사이에 대마초 사용 비율은 5.8퍼센트에서 6.9퍼센트로 증가했고, 사용자의 수는 천 4백 40만 명에서 천 7백 40만 명으로 증가했다.[6]
- 현재 12-17세 사이 청소년의 남용률은 7.4퍼센트이며 증가 추세에 있다.[7]
- 대마초를 매일 남용하는 14퍼센트의 남용자가 대마초 판매량의 95퍼센트를 소비한다.[8]
- 수년 동안 많은 사람들은 대마초가 중독성이 없다고 믿었다. 그러나 대마초 남용자 중 10-20퍼센트는, 특히 약물의 활성 성분인 THC의 높은 효력 수준으로 인해 신체적 의존을 발전시켰다. 훨씬 더 많은 사람들은 심리적으로 중독된다.[9]
- 대마초 남용은 내성과 금단 현상이라는, 중독의 기준이 되는 두 가지 특성을 지닌다. 그러나 대마초 금단 현상은 다른 약물에서 흔히 경험되는 금단 현상과는 차이가 있다. 대마초 금단 현상에는 다음과 같은 증상이 포함된다.

  - 우울감
  - 불안감
  - 과민성

---

4 Ibid.
5 Ibid.
6 Substance Abuse and Mental Health Services Administration, Results from the 2010 National Survey on Drug Use and Health.
7 Ibid.
8 United Nations Office on Drugs and Crime, 2008 World Drug Report.
9 Doweiko, *Concepts of Chemical Dependency*, chap. 10.

- 공격성
- 불면증
- 발한
- 메스꺼움
- 빈맥 (빠른 심박률)
- 거식증
- 구토
- 강렬한 욕구

- 대마초를 피우면 몇 초 안에 뇌에 다다르게 되며, 10분 안에 뇌 속 최고량이 확인된다.[10]
- 많은 남용자가 대마초만을 독점적으로 사용하지 않는다. 그들은 코카인이나 메스와 같은 다른 약물들을 함께 사용할 수도 있다. 혼합 약물의 효과에 대한 유의미한 연구는 아직 행해지지 않았다. 알코올을 섭취하면서 대마초를 흡연할 때 사용자는 알코올 중독과 과다 복용의 위험에 더욱 크게 노출될 수 있는데, 이것은 대마초가 구토와 메스꺼움을 억제하는 효능을 지닌 것으로 알려져 있기 때문이다. 그러나 이것은 단지 이론일 뿐이다.
- 대마초 도취감에는 두 가지 단계가 있다.

첫 번째 단계의 효과는 다음과 같이 보고된다.

- 경미한 불안감
- 행복감
- 이완
- 감각적 왜곡
- 사물에 대한 지각의 변화
- 불쾌한 경험 (강렬한 우울감)

---
10 Ibid.

- 웃음
- 수다스러움

• 두 번째 단계에 찾아오는 부정적 효과는 다음을 포함한다.

- 불안감
- 우울감
- 운동실조(근육 운동의 자발적 조정 부족)
- 급격한 감정 기복
- 배고픔("먼치"[munchies]라고 알려짐)

• 효과는 한 번의 사용 후 5시간에서 12시간까지 지속된다.
• 대마초는 흡연 후 한 시간 안에 심박률을 20퍼센트에서 100퍼센트까지 상승시키는 것으로 입증되었다. 따라서 고연령층과 심장 질환을 가진 사람들에게 더 큰 우려가 된다.
• 대마초 부류연(sidestream marijuana smoke)에는 담배의 부류연보다 20배나 더 많은 암모니아가 있는 것으로 나타난다. 이것은 또한 폐에 자극을 주는 발암성 화합물을 함유한다.
• 대마초는 또한 신체 및 정신 건강, 기억, 학업 성취, 사회 생활, 가족 친밀감, 직업 상태에 부정적 영향을 미칠 수 있다.
• 장기간에 걸친 만성적 대마초의 사용은 '의욕 상실 증후군'(amotivational syndrome)과 관련이 있으며, 이는 다음과 같은 특징을 지닌다.

- 무관심
- 판단력 손상
- 기억력 및 집중력의 상실
- 개인적 목표에 대한 동기와 야망, 흥미의 부재
- 산만함
- 현재를 넘어서는 계획 수립에 대한 관심의 부재

- 위의 특징들이 대마초 장기 남용자들에게 나타나지만, 이것은 약물 자체의 영향일 수도 있고, 약물에 이끌리는 사람들의 성격적 특징일 수도 있다. 의욕 상실 증후군의 실제 존재 여부는 여전히 의문의 여지가 있다.
- 대마초는 오랜 시간 동안 마약의 등용문(gateway drug)이라고 불려 왔다. 코카인이나 헤로인 같은 강력한 약물에 심각하게 중독된 사용자들은 보통 대마초를 남용하는 데서 시작했다고 알려져 있다. 따라서 대마초는 좀 더 위험한 다른 약물의 사용을 조장한다는 결론에 이른다. 이런 현상이 실제로 존재하는가 아니면 사람들이 반드시 사실일 필요가 없는 관계성에 대한 결론을 도출하는가에 관한 논쟁이 있다.
- 전년도 불법 약물을 처음으로 사용한 사람들 중 61.8퍼센트가 그들의 첫 약물이 대마초였다고 보고했다.[11]
- 현재 여성보다 남성이 대마초를 더 많이 남용한다.[12]
- 대마초 남용으로 인한 사망은 흔치 않지만 아예 없는 것은 아니며, 특히 심장 질환이 있는 사람들 사이에서 나타난다.

3 진단 인터뷰

1. 대마초를 얼마나 자주, 그리고 얼마나 많이 사용하십니까?
얼마나 오랜 기간 이와 같은 패턴의 남용을 지속해 왔습니까?
2. 당신이 처음 약물을 시도한 나이는 몇 살이었습니까?
3. 당신이 처음으로 대마초를 사용했던 때를 기억해 보십시오.
무슨 일이 있었습니까?
4. 1부터 10까지의 범위에서 10이 '가장 위험하다'를 나타낸다고 했을 때, 당신의 대마초 사용은 얼마나 위험합니까?

---

11 Substance Abuse and Mental Health Services Administration, Results from the 2010 National Survey on Drug Use and Health.
12 Ibid.

5. 대마초의 사용이 당신의 직업, 가족, 전반적인 관계에 어떤 영향을 미칩니까?

 당신은 자신의 기분, 태도, 동기 등에 있어 변화가 생기는 것을 느끼셨습니까?

6. 잠재적 위험을 넘어서, 당신은 자신의 대마초 사용을 어떻게 보십니까?

7. 당신은 대마초의 영향 아래에서 나중에 후회할 만한 일을 한 적이 있습니까?

 대마초의 영향 아래서 법을 어기거나 사랑하는 누군가를 다치게 한 적(감정적 또는 신체적으로)이 있습니까?

8. 당신은 변화에 대한 강한 의지를 갖고 있습니까?

지혜로운 상담을 위한 조언　4

우리 사회가 대마초를 바라보는 방식으로 인해 최근에는 대마초를 "다른 약물들보다는 나쁘지 않은" 혹은 심지어 전혀 해롭지 않은 약물로 바라보는 경향이 있다. 결과적으로 당신은 내담자에게 대마초 중독의 잠재적 위험을 이해시켜야 하는 어려움을 마주할 수도 있다.

최근 연구 논문들을 읽고 대마초 흡연의 다양한 위험에 대한 정보를 얻도록 하라(효력 수준이 계속 상승하고 있다). 특히, 이런 위험에 대해 전혀 생각해 본 적이 없는 젊은 내담자와 상담하는 경우, 이런 정보를 숙지하고 잘 전달하는 것이 중요하다.

대마초는 논란의 여지가 많은 약물이며, 항상 그래 왔다. 내담자들은 이런 현실을 이용하여 본인의 행동 변화를 거부하거나 본인의 행동을 정당화하기 위해 대마초의 합법적 사용이나 다른 문제에 관해 주장할 수도 있다. 누가 옳고 그른지를 놓고 내담자와 힘겨루기를 하지 않도록 한다. 더 나은 삶에 대한 그들의 갈망과 대마초가 어떻게 그런 삶에 방해가 되고 있는지에 초점을 맞추라.

대마초와 그 사용에 관한 미연방법(federal law)과 주법(state law)은 끊임없이 개정되고 있다. 상담자로서 현재 법률에 대한 가장 최신의 정보를 숙지하는 것이 중요하며, 이로써 당신이 이 문제에 대한 권위를 가지고 이야기할 수 있다.

당신은 언제나 내담자와의 비밀을 지켜야 한다. 내담자가 당신에게 최근 불법적 약물을 사용하고 있다고 고백한다면 당신은 비밀유지조항에 따라 이 사실을 경찰에 고발할 수 없으며, 만일 경찰에 고발한다면 당신은 비밀유지조항 합의 불이행으로 내담자에게 고소를 당할 수 있다.

하지만 만일 당신의 내담자나 다른 사람이 약물 남용 때문에, 또는 다른 어떤 이유로 위험에 처해 있다면, 당신은 이 일을 반드시 보고해야 한다. 예를 들어, 만약 당신의 내담자가 자신의 목숨을 끊기 위해 다량의 약물을 먹겠다고 주장한다면, 당신은 이를 보고해야 한다.

5 내담자를 위한 행동 단계

1) 도움을 구하라

- 처음에는 당신 스스로 변화를 만들어낼 만큼 강하지 않다. 누군가에게 당신의 문제를 말할 때 당신은 스스로 동기를 부여할 수 있으며, 더 높은 차원의 동반 책임감을 지니게 됨으로써 금단에 대한 진지한 마음을 유지할 수 있다.
- 가장 좋은 방법은 금단 과정을 지도하고 대처 기술을 교육하는 전문 상담사나 훈련된 사람을 만나는 것이다.

2) 당신의 중독의 본질을 이해하라

- 당신은 신체적으로 대마초에 중독되었을 수 있다. 따라서 금단 현상으로부터 오는 신체적 불편감에 준비되어야 한다. 당신은 도취감을 느끼는 데에 심리적으로 중독되었을 수도 있다. 이런 순환을 끊는 것은 당신에게 주어진 도전이다. 당신은 신체적 싸움뿐만 아니라 심리

적이고 영적인 싸움에 대비해야 하며, 이 부분이 오히려 더 큰 도전이 될 수 있다.
- 당신이 무엇에 대항하여 싸우는지 아는 것은 유익하며, 이를 통해 당신은 회복을 향해 나아가는 데에 알맞은 계획을 수립하게 될 것이다.
- 계획을 세우라. 단호하고 철저하게 약물을 중단에 접근하라. 잘 짜인 계획은 당신의 성공을 추적하는 데에 도움이 되며, 당신이 회복의 길에서 벗어나려 할 때 다시 올바른 방향으로 안내할 것이다.

3) 재발 기폭제에 유의하라

- 재발 기폭제란 당신에게 대마초 흡연을 떠오르게 하거나 대마초에 대한 갈망을 불러일으키는 무언가를 말한다. 대마초를 피우던 장소나 함께 피우던 사람, 대마초와 연관된 어떤 사물이 재발 기폭제가 될 수 있다.
- 가능하다면 당신의 삶에서 재발 기폭제를 제거하는 것이 최선이다. 만약 제거가 불가능한 상황이라면, 당신은 그 기폭제가 당신에게 미치는 영향에 유의하면서 유혹을 받을 때 주의를 분산시켜야 한다.
- 대마초를 중단하기 위해 친구들과의 관계를 끊어야 할 수도 있다. 그러나 이러한 희생은 결국 가치 있는 희생이 될 것이다.
- 대마초를 흡연할 때 사용했던 대마초 흡연 도구들을 제거하는 것은 매우 바람직하다. 그 물건들을 내다버리라. 당신의 결단의 상징으로서 그 물건들을 처분하는 것도 좋은 방법이다.

4) 스케줄을 수정하라

- 얼마나 자주 대마초를 흡연했느냐에 따라, 당신은 금단을 통해 상당히 많은 자유 시간을 얻게 될 것이다. 당신이 나태해졌을 때 다시 유혹에 빠지지 않도록 당신의 시간을 무언가 생산적인 행동으로 채워 넣으라.
- 당신의 스케줄을 수정해야 할 수도 있다. 재발을 방지하기 위한 모든

행동이 결국 당신에게 유익으로 돌아올 것이다.

5) 스트레스를 줄이라

- 많은 경우 스트레스는 회복 중인 중독자의 적이며, 재발의 원인이 되기도 한다. 대마초보다 건강하면서, 긴장을 완화하는 데에 도움이 되는 무언가를 개발함으로써 삶의 유익을 얻을 수 있다. 스트레스를 받는 순간에, 이 시간을 버텨낼 수 있는 건강한 무언가에 의지하라.
- 이 과정은 숙련된 전문가의 도움을 받을 때 가장 수월하게 진행되며, 회복 기간 중 당신과 동행해 줄 상담사를 통해 더욱 신속히 진행될 수 있다.

6 성경적 통찰

> 육체의 일은 분명하니 곧 음행과 더러운 것과 호색과 우상 숭배와 주술과 원수 맺는 것과 분쟁과 시기와 분냄과 당 짓는 것과 분열함과 이단과 투기와 술 취함과 방탕함과 또 그와 같은 것들이라 전에 너희에게 경계한 것 같이 경계하노니 이런 일을 하는 자들은 하나님의 나라를 유업으로 받지 못할 것이요(갈 5:19-21).

이 구절은 약물 사용이 그리스도인에게 부적절한 행동임을 강조하면서, 약물 사용을 강하게 비난한다. 이 구절에서 주술(witchcraft)이라는 단어는 그리스어 파마케이아(*pharmakeia*)로 번역되며, 여기서 영어의 pharmacy(약학)라는 단어가 파생되었다.

사도 바울은 이것을 "육체의 일"이라고 명명함으로써 이런 행동이 성령이 아닌 죄의 본성에서 비롯되었음을 보여 준다. 그리스도인으로서 우리는 성령님을 기쁘시게 하는 행동을 해야 한다. 대마초를 피우는 것은 성령으로 충만한 행동이 아니다.

술 취하지 말라 이는 방탕한 것이니 오직 성령으로 충만함을 받으라
(엡 5:18).

성경에서 구체적으로 대마초 남용을 언급한 적은 없지만, 이 구절처럼 분명 약물에 취한 상태나 도취된 상태에 관해서는 이야기한다. 이 구절은 우리가 그리스도인으로서 대마초와 같은 물질이 아닌 성령님에 의해 통제받아야 함을 분명히 보여 준다.

이것을 너희에게 이르는 것은 너희로 내 안에서 평안을 누리게 하려 함이라 세상에서는 너희가 환난을 당하나 담대하라 내가 세상을 이기었노라
(요 16:33).

이 구절은 성경에서 가장 큰 격려가 되는 말씀 중 하나이다. 우리가 세상에서 어떤 일을 마주하든지, 또 얼마나 절망스러운 상황에 처하든지, 하나님은 그 문제보다 크시며 그 문제를 해결하도록 우리를 도우신다.

회복으로 들어서면서, 당신은 "담대"할 수 있고 용기를 낼 수 있으며 승리에 대한 소망을 품을 수 있다. 이는 그리스도께서 이미 죄를 이기셨기 때문이다.

기도 첫걸음 7

하나님!
대마초로부터 회복의 여정을 시작한 _____ 님을 위해 기도합니다. 하나님의 말씀에 감사하며 우리와 항상 함께하시겠다고 하신 약속에 감사를 드립니다. 지금 _____ 님과 함께해 주셔서, 이 악한 물질에 저항하고 의존의 문제를 극복할 힘을 주시옵소서. _____ 님을 격려하고 용기를 북돋아 줄 수 있는 사람들을 _____ 님의 삶에 보내 주시옵소서. 제가 _____ 님과 함께 일할 때 지혜와 은혜로 제 말과 행동을 인도해 주시옵소서.

8 추천 자료

추천 도서

Anderson, Neil T., Mike Quarles, and Julia Quarles. *Freedom from Addiction: Breaking the Bondage of Addiction and Finding Freedom in Christ*. Gospel Light, 1997.

Clinton, Tim. *Turn Your Life Around*. FaithWords, 2006.

Kuhar, Michael. *The Addicted Brain: Why We Abuse Drugs, Alcohol, and Nicotine*. Pearson Education, 2012.

Lookadoo, Justin. *The Dirt on Drugs*. Revell, 2008.

Townsend, John. *Boundaries with Teens: When to Say Yes, How to Say No*. Zondervan, 2007.

추천 웹사이트

Narconon International: www.narconon.org/drug-abuse/signs-symptoms-hashishuse.html

National Institute on Drug Abuse: www.drugabuse.gov/publications/research-reports/marijuana-abuse

진통제와 아편제 14

상황 묘사 1

- 맨디는 운전하면서 이따금 뒷좌석에 앉은 스물두 살 아들을 거울을 통해 훔쳐보았다. 그녀는 살면서 자신이 아들을 마약 재활 센터에 데려다주는 상황이 올 것이라고는 상상조차 해 보지 않았다.
'내 아들이 마약 중독자라고?
내가 어디서부터 잘못한 걸까?'
맨디는 차선을 벗어나지 않으려고 애쓰면서 자기 자신에게 질문했다. 눈물이 흘러 시야를 가렸다. 그녀가 아들의 중독에 대해 알게 된 것은 불과 며칠 전 일이었다. 아들은 모든 이야기를 털어놓았다.
그는 중학교 때 처음 대마초와 코카인을 접하게 되었고, 고등학교 시절 여자친구가 주었던 옥시콘틴(OxyContin)은 세상 그 무엇과도 비교할 수 없었다. 이 경험은 그를 곧 다른 마취제와 복합 약물로 이끌었다.
맨디는 자신이 이런 상황을 눈치채지 못하고 문제를 더 일찍 해결하지 못했다는 생각에 자신을 비난했다. 그리고 아들의 중학교 시절에 있었던 자신이 이혼이 이 일의 원인이 되었는지도 궁금했다.

- 크리스티나의 이야기는 스물여덟 살 때 있었던 대형 자동차 사고에서부터 시작한다. 그녀는 출근 중에 교통사고를 당했다. 그 결과로 허리에 부상을 당했고 다리의 다섯 부분이 골절되었다. 말할 필요도 없이 그녀는 엄청난 통증을 느꼈으며, 회복 기간 중 통증의 완화를 위해 비코딘 ES(Vicodin ES)를 처방받았다. 처방약을 복용하자 더 이상 통증이 느껴지지 않았다. 실제로 그녀는 기분이 좋아졌고 황홀감이 그녀의 감각에 넘쳐흘렀다.

그 후로 크리스티나는 자신이 왜 그렇게 행동하는지조차 알지 못한 채로 약을 더 먹었고, 더 좋은 기분을 느끼게 되었다. 약이 다 떨어지자 그녀는 약을 더 처방받았고, 처방 기간보다 두 배나 빨리 약을 소진했다. 그 이듬해, 그녀는 자신의 증상에 대해 남편과 가족, 의사들에게 거짓말을 하며 의사들을 찾아다녔다.

더 이상 처방전을 써 줄 의사를 찾지 못하자, 그녀는 스스로 처방전을 쓰기에 이르렀다. 그녀는 그것을 약국에 제출했고, 결국 구금되었다. 구치소에서 이틀을 보내고 나서야 크리스티나는 도움을 구하기로 결심했다.

- 에이미는 손을 꽉 쥔 채로 전화기 옆에 앉아 있다.

'충분히 오래 기다렸어. 지금쯤은 전화가 와야 하잖아.'

그녀는 혼잣말을 했다.

5분 정도 지나자, 그녀는 소파에서 잠들어 있는 8살 난 아들을 깨우며 주먹으로 책상을 내리치기 시작했다. 마침내 전화벨이 울리고 그녀의 헤로인 공급책이 그녀에게 만날 시간과 장소를 알려 주었다. 그녀는 남편에게 이 사실을 알렸고, 마약 공급책을 만나기 위해 온 가족이 차에 올라탔다. 에이미가 마약을 받았고, 그들은 집에 도착할 때까지 기다릴 수가 없었다. 에이미와 남편은 차 안에서 헤로인을 주사했다. 아이들 앞에서 마약을 투약하고 싶지는 않았지만, 어쩔 수가 없었다. 이들은 엄마가 헤로인을 끊으려고 시도하는 것을 봐 왔지만, 결국 아빠에게 헤로인을 내놓으라고 소리지르며 때리게 되었을 뿐이었다. 아이들은 아빠가 정신을 잃고 바닥에 쓰러져 있는 것도 발견했었. 이번에도 그들이 집에 돌아왔을 때, 에이미의 남편은 약을 한 번 더 투약했고 다시 정신을 잃었다. 그의 팔에는 여전히 주사기가 꽂힌 채로 피를 흘리고 있었다. 바로 그 순간, 에이미는 아이들을 위해 남편과 함께 메타돈(역주: 헤로인 금단 증상 완화에 쓰이는 약물) 클리닉에 가기로 결심했다.

정의와 주요 개념 2

- 마약물(Narcotics)이라는 단어의 정의는 오랜 시간 동안 변화되었으며, 대부분 느슨하게 적용되어 왔다. 원래 이 단어는 수면 유도 성질을 가진 특정 정신 활성 화합물과 관련이 있지만, 일부 법 집행 기관에서는 단순히 불법 약물이나 금지된 약물을 일컫는 데에 사용한다.
그러나 이 책의 목적상, 현재 더 폭넓게 받아들여지는 정의는 통증 완화제라고 불리며 아편제와 관련이 있는, 마약성 진통제라는 정의이다.
- 아편(opium)이라는 단어는 '양귀비 수지'(poppy juice)를 의미하는 그리스어 오피온(opion)에서 유래되었다. 아편은 양귀비 씨앗(Papaver somniferum)의 깍지를 긁어서 얻은 말린 라텍스를 일컫는다.
- 아편을 일컫는 속어로는, P.P, 차이나(china), 홉(hop), 미드나잇 오일(midnight oil), 타르(tar), 돕(dope), 빅 오(Big O), 도피엄(dopium), 검(gum), 드리머(dreamer) 등이 있다.
- 통증은 급성 통증, 만성 통증, 암 유발 통증의 세 가지 범주로 분류된다. 진통제와 아편제는 이 모든 종류의 통증을 치료하는 데에 사용된다.
- 통증은 모든 사람이 피하고자 하는 것이며, 이런 종류의 약물은 통증 문제의 해결책이 되기도 한다. 혼란을 줄이기 위해서 진통제의 분류가 필요하다. 통증 치료에 사용되는 세 가지 등급의 화합물로는 마취제(의식을 상실하도록 함), 국소 마취제 그리고 중추신경계에서 통증의 자각을 막는 화합물(예: 노보카인)이 있다. 마약성 진통제는 이 마지막 분류에 속한다.
- 일반적인 마약성 진통제에는 모르핀(morphine), 메페리딘(Demerol), 메타돈(Dolophine), 펜타닐(Sublimaze), 코데인, 옥시코돈(Perdocet, OxyContin), 하이드로코돈(Vicodin)이 있다.
- 아편제 화합물은 자연아편제(모르핀, 코데인), 반합성아편제(헤로인), 합성아편제(메타돈)의 세 그룹으로 분류된다.
- 전 세계적으로 15-64세 사이의 1,650만 명(0.4퍼센트)이 아편제를 남

용하고 있는 것으로 추산된다.[1]
- 아프가니스탄에서 전 세계 아편 공급의 82퍼센트가 생산되고 있는 것으로 추정되며, 이 모두는 불법 의약품 시장으로 유입되고 있다.[2]
- 아편은 대량으로 생산되는 약물이다. 2006년 한 해 동안 압수된 아편의 양이 386 메트릭 톤에 이른다는 사실이 이를 뒷받침해 준다.[3]
- 2008년 한 해 동안 미국 인구의 5퍼센트가 이전 12개월 동안 아편을 투약한 적이 있는 것으로 추산되었다.[4]
- 2009년과 2010년, 이전 12개월 동안 진통제를 비의료적으로 사용한 12세 이상의 사람 중 55퍼센트는 가장 최근에 사용한 약물을 친구나 친척으로부터 무상으로 공급받았다. 다른 17.3퍼센트의 사람들은 진통제를 한 명의 의사로부터 공급받았다고 보고했다. 오직 4.4퍼센트만이 진통제를 마약상이나 다른 낯선 사람으로부터 구했으며, 0.4퍼센트는 진통제를 인터넷에서 구매했다고 보고했다. 친구나 친척으로부터 진통제를 무상으로 획득했다고 보고한 사람 중 79.4퍼센트는 그 친구와 친척이 오직 한 명의 의사로부터 그 약물을 획득했다고 보고했다.[5]

1) 모르핀(Morphine)

- 모르핀은 아편 양귀비 수지에서 발견되는 가장 풍부한 화합물이며, 함유량은 전체적으로 10-17퍼센트를 유지한다.[6]
- 화합물의 이름은 그리스 신이었던 모르페우스를 따라 지어졌다. 모르페우스는 꿈의 신으로, 잠든 사람의 꿈속에 다양한 모습으로 들어갈 수 있다고 여겨졌다.

---

1 United Nations Office on Drugs and Crime, 2008 World Drug Report.
2 Ibid.
3 Ibid.
4 Doweiko, *Concepts of Chemical Dependency*, chap. 11.
5 Substance Abuse and Mental Health Services Administration, Results from the 2010 National Survey on Drug Use and Health.
6 Ibid.

- 모르핀은 1804년 최초로 프리드리히 제르튀르너(Friedrich Sertürner)에 의해 화합물로 분리되었다.
- 모르핀은 환자의 극심한 통증을 치료하는 데에 사용된다.
- 모르핀 제품에는 다음과 같은 **효과**가 있다.

  · 통증 완화
  · 정신적/육체적 수행 능력의 손상
  · 두려움과 불안 완화
  · 극도의 행복감
  · 공복감의 감소
  · 기침 반사의 감소

- 모르핀은 **합법적 약물**이지만, 엄격한 정부 제한하에 오직 **처방전**을 통해서만 획득할 수 있다.
- 모르핀의 속칭에는 M, 13번(number 13), 해피 스터프(happy stuff), 해피 파우더(happy powder), 화이트 너스(white nurse), 레드 크로스(red cross), 엉키(unkie), 모조(mojo), 갓스 오운 메디슨(God's own medicine), 비타민 M(vi-mamine M), 엠마(Emma), 레이디 M(Lady M), 화이트 레이디(white lady), 큐브(cube), 모르프(morf/morph), 화이트 합(white hop), 화이트 머천다이즈(white merchandise), 엉클(uncle), 모르피 삼촌(Uncle Morphy), 빅 M(big M), 머피(Murphy), 모피(morphy), 코비(coby), 코빅스(cobics), 골드 더스트(gold dust), 멍키 더스트(monkey dust), 바늘 사탕(needle candy) 등이 있다.
- 1회 투여 시 30분 정도 후부터 효과를 나타내기 시작하며, 투여 후 60분 이내에 모르핀 혈중 최고치에 도달한다.[7]
- 모르핀은 중독성이 매우 강하여 아주 짧은 시간 내에 습관성이 될 수 있다. 사용자는 극도의 **행복감 효과**(euphoric effects)를 얻기 위해 투여량을 증가하게 되는데, 이로 인해 뇌 보상 체계(brain's reward system)가 활성화된다. 사용자는 극도의 행복감 효과를 기대하면서 상습적으로

---

7   Ibid.

약물을 투여하게 된다.

뇌가 체내의 높은 모르핀 수준에 익숙해지면 **생리적 의존성과 내성**이 발달한다. 약물의 투여가 중단되면 뇌는 고갈된 약물의 수준에서 기능하게 되며, 이때 신체는 더 **많은 양의 약물**을 갈망하게 된다. 종종 이런 갈망은 개인의 삶에 약물에 대한 집착을 형성한다.

- 모르핀은 인간의 **의식 수준**에 영향을 미친다. 따라서 모르핀을 남용하는 사람은 자신의 주변 환경을 제대로 인식하지 못하거나 적절한 사고를 하지 못할 수도 있다.

- 심각한 모르핀 남용은 **과다 투약의 위험성**을 가지며, 이는 사망으로 이어질 수도 있다. 과다 투약의 증상은 다음과 같다.

  - 느리거나 약하거나 불규칙한 호흡(호흡 장애를 초래할 수 있음)
  - 졸음
  - 의식 상실
  - 축 늘어진 근육
  - 차갑고 끈적끈적한 피부
  - 동공 축소
  - 심박수 저하
  - 흐릿한 시야
  - 메스꺼움
  - 기절

- 모르핀에 중독된 경우, 투약이 중단되면 금단 증상이 나타날 수 있다. 금단 증상은 다음과 같다.

  - 눈물
  - 오한
  - 하품
  - 메스꺼움
  - 발한

- 재채기
- 경련
- 설사
- 구토
- 근육 경련
- 비루 (비강은 점액성 액체로 가득 차 있음)
- 체온 상승
- 뇌졸중
- 심박수 증가

● 모르핀은 태반을 통과할 수 있다. 따라서 산모가 임신 중 모르핀을 사용한 경우, 신생아는 금단 증상을 경험하게 된다.

2) 코데인(Codein)

● 코데인은 아편 양귀비에서 추출한 자연산 아편으로서, 화학적으로 모르핀과 비슷하다. 이는 양귀비과 식물에서 발견되는 두 번째로 풍부한 알칼로이드(alkaloid) 성분이며 0.7-2.5퍼센트 정도 함유되어 있다.
● 코데인은 가벼운 통증에서 중간 정도의 통증을 완화하기 위해 사용되며, 모르핀이 지닌 진통 효과의 5분의 1 정도를 지닌 것으로 알려져 있다. 이는 또한 기침을 억제하거나 감소하는 효능을 지닌다.
● 코데인과 코데인에서 파생된 화합물의 속칭에는 하이드로(hydro), 노르코(norco), 바이크스(vikes) 등이 있다.
● 혈중 최고치는 일 회 투약 후 1-2시간이 지나서 관찰된다.[8]
● 자연 발생적 코데인에서 파생된 다양한 반합성 화학물들이 있으며, 그중 일부는 하이드로코돈, 하이드로모르폰, 트라마돌이 된다.
● 코데인으로 인한 사망은 전체 약물 관련 사망의 10퍼센트를 차지한다.[9]

---

8 Ibid.
9 Doweiko, *Concepts of Chemical Dependency*, chap. 11.

- 하이드로코돈(Hydrocodone)은 불법 아편제 중 가장 많이 남용되는 약물이다.[10]
- 하이드로모르폰(Hydromorphone)을 구강으로 복용하면 모르핀보다 5배에서 7배 정도 강한 효과를 내는 것으로 알려져 있다.[11]
- 하이드로코돈의 효과는 다음과 같다.

  · 나른함
  · 현기증
  · 진정
  · 불안
  · 메스꺼움
  · 변비
  · 소변 정체
  · 호흡 곤란

- 금단 증상은 다음과 같다.

  · 초조
  · 근육 통증과 골 통증
  · 불면증
  · 설사
  · 구토

3) 헤로인(Heroin)

- 헤로인은 모르핀에서 추출한 반합성 아편제이다. 헤로인은 기본적으

---

10 Drug Enforcement Administration, "Drug Fact Sheet: Hydrocodone," www.justice.gov/dea/pubs/abuse/drug_data_sheets/Hydrocodone.pdf
11 Doweiko, *Concepts of Chemical Dependency*, chap. 11.

로 디아세틸모르핀(diacetylmorphine)을 생성하는 산소 분자에 의해 합성된 두 개의 모르핀 분자이다.
- 헤로인에는 수백 개의 속칭이 있으며, 그중 흔히 사용되는 것은 호스(horse), 브라운 슈거(brown sugar), 멕시칸 블랙 타르(Mexican black tar), 드래곤(dragon), 돕(dope), 헤론(heron), 히어로(hero), 헤라(hera), 에이치(h), 빅 에이치(big h), 화이트(white), 차이나(China), 화이트 너스(white nurse), 화이트 레이디(white lady), 화이트 호스(white horse), 화이트 걸(white girl), 화이트 보이(white boy), 화이트 스터프(white stuff) 보이(boy), 히(he), 블랙(black), 블랙 타르(black tar), 블랙 펄(black pearl), 블랙 스터프(black stuff), 블랙 이글(black eagle), 브라운(brown), 브라운 크리스탈(brown crystal), 브라운 테이프(brown tape), 브라운 라인(brown Rhine), 지바(chiba), 치바(chiva/chieva), 멕시칸 브라운(Mexican brown), 멕시칸 머드(Mexican mud), 멕시칸 호스(Mexican horse), 정크(junk), 타르(tar), 스노우(snow), 스노우 볼(snowball), 스맥(smack), 스캐그(scag), 스캣(scat), 색(sack), 스컹크(skunk), 넘버 쓰리(number 3), 넘버 포(number 4), 넘버 에잇(number 8) 등이다.
- 현재 북미에서 아편제와 헤로인 소비는 안정적인 것으로 알려져 있으나, 그 소비량은 여전히 높다. 가장 큰 시장은 미국이며, 15-64세 인구의 0.6퍼센트인 대략 120만 명의 사용자가 있다.[12]
- 2010년, 12세 이상이면서 이전 12개월 동안 처음으로 헤로인을 사용한 사람은 14만 명이었다.[13]
- 헤로인의 효과는 모르핀보다 두 배 더 강력하다.
- 처음 이 화합물을 개발한 화학자들은 이것을 스스로 사용해 보고, 이 화합물이 영웅적인 기분을 느끼게 해 준다는 것을 알게 되었다. 이에 이 화합물을 헤로인이라 명명했다.
- 1920년경 헤로인 사용자들은 마약을 구매할 돈을 모으기 위해 건설

---

[12] United Nations Office on Drugs and Crime, 2008 World Drug Report.
[13] Substance Abuse and Mental Health Services Administration, Results from the 2010 National Survey on Drug Use and Health.

현장에서 모은 고철을 고물상에 팔기 시작했다. 이에 그들은 "정키스"(junkies)라는 별명을 얻게 되었다.
- 헤로인은 비강 및 정맥을 통해 혈류에 흡수될 수 있다. 헤로인이 정맥을 통해 투여되면 사실상 **100퍼센트의 흡수율**을 갖게 된다. 한 가지 알아 두어야 할 것은, 마약 문화 내에서 헤로인을 주사로 투여하는 사람은 비강으로 투여하는 사람들보다 '낮은 계급'으로 여겨진다. 헤로인을 주사하는 것은 마약 문화에서 빠져들 수 있는 최악의 상태에 놓인 것으로 간주된다.
- 플래시(flash)와 러시(rush)는 헤로인 사용자들이 자주 보고하는 현상이다. 이 현상은 1-2분 정도 지속되며 성적 오르가즘과 비슷한 기분을 느끼도록 한다.
- 그 외의 **효과**는 다음과 같다.

    · 따뜻함
    · 건조한 입
    · 메스꺼움
    · 손발의 무거움
    · 코막힘
    · 떠다니는 느낌
    · 혼탁한 정신 기능

- 헤로인 금단 증상은 고통스럽기로 유명하다. 금단 증상은 마지막 투약 후 몇 시간 안에 시작될 수도 있다. 마지막 투약 후 2-3일 동안 금단 증상은 최고조에 이르며 일주일 정도 지속될 수도 있다.
- 헤로인 금단 증상은 다음과 같다.

    · 초조
    · 동요와 감정의 기복
    · 동공 팽창
    · 불면증

- 약물에 대한 갈망
- 설사
- 근육통 및 골통
- 소름을 동반한 급격한 추위
- 무의식적인 다리 움직임(발차기)

- 헤로인 금단 중에는 설사와 구토로 인한 심각한 **탈수**가 일어난다. 그 결과로 생기는 폐 **흡인**(pulmonary aspiration)에도 유의해야 한다.

4) 메타돈(Methadone)

- 메타돈은 완전 합성 약물로 중간 정도의 통증부터 극심한 통증을 치료하는 데에 사용된다. 메타돈은 약물 사용을 중단하는 사람들을 위한 해독 프로그램의 일부로 치료 클리닉에서도 자주 사용된다.
- 메타돈의 두 가지 브랜드 이름은 돌로핀(Dolophine)과 메타도스(Methadose)이다.
- 메타돈은 정제, 분산 정제, 액체 용액 및 주사와 같은 다양한 형태로 제공된다.
- 메타돈은 중독성 약물이며 과다 복용 시 사망에 이를 수 있다. 치료 프로그램에서 사용하는 일일 최대 180밀리그램 투약과 함께, 비내성 성인에게 50밀리그램의 투약은 치명적이라고 입증되었다. 메타돈 과다 복용으로 인한 사망은 복용 후 24시간 안에 일어난다. 보통 환자들은 낮은 복용량에서 시작하여 약효가 나타나는 수준까지 증가시킨다.[14]
- 메타돈을 구강으로 복용했을 때, 위장관을 통한 흡수율은 80퍼센트에 이른다.[15]
- 효과는 30-60분 후에 시작되어 2-4시간 안에 최고치에 다다른다.

---

14 Doweiko, *Concepts of Chemical Dependency*, chap. 11.
15 Ibid.

4-6시간 정도 진통 효과를 제공한다.[16]

5) 옥시콘틴(OxyContin)

- 옥시콘틴은 1995년에 도입된 상당히 새로운 약물로, 약물을 주사하지 않으면서 장기적 고통을 완화하는 방법이다.
- 옥시코틴은 **반합성 아편** 옥시코돈의 상품명이며, 엄격한 시간-방출(time-released) 구강 약품이다. 그러나 약물 남용자들은 정제를 씹어 먹거나 물에 녹여 정맥에 주입하거나 권장량보다 많은 양을 복용함으로써 시간 방출 메카니즘을 깨뜨린다.
- 옥시콘틴은 옥시코튼(oxycotton, OCs), 옥시(oxy), 옥스(ox), 힐빌리 헤로인(hillbilly heroin), 필스(pills), 블루(blue), 킥커(kicker), 40(40mg 알약), 80(80 mg 알약), 그 외 다른 여러 이름으로 알려져 있다.
- 닥터 쇼핑이란 약물 남용자들이 처방 약물을 구하기 위해 부상을 가장하여 여러 의사를 찾아다니는 것을 말한다. 이런 방법으로 획득하는 가장 흔한 약물은 옥티콘틴과 발륨(Valium)이다.
- 필 레이디(pill ladies)라는 용어는 현금을 받고 약물 남용자들에게 처방 약물을 파는 노인들을 일컫는다.
- 2010년 처음으로 비의료적 목적으로 옥시콘틴을 사용한 12세 이상의 사람은 59만 8천 명이었으며, 12세-49세 사람들의 최초 사용 평균 연령은 22.8세였다.[17]
- 옥시콘틴의 효과는 다음과 같다.

　　· 극도의 행복감
　　· 이완
　　· 진정
　　· 호흡 억제

---

[16] Ibid.
[17] Substance Abuse and Mental HealthServices Administration, Results from the 2010 National Survey on Drug Use and Health.

- 변비
- 유두 수축
- 기침 억제
- 간 손상

- 과다 복용 증상은 다음과 같다.

  - 극심한 졸음
  - 근육 약화
  - 혼란
  - 차갑고 끈적끈적한 피부
  - 동공 확장
  - 얕은 호흡
  - 심박수 감소
  - 기절
  - 혼수 상태
  - 사망

- 법적으로, 옥시콘틴은 제2군 약물로 분류되어 있다(2군 약물[Schedule II drug]이란 남용의 가능성이 높고, 치료 목적으로 현재 용인되는 의학적 용도를 가지고 있으며, 의존성을 초래할 수 있는 약물을 일컫는다).

진단 인터뷰 3

1. 당신은 약물을 얼마나 많이, 또 얼마나 자주 사용하십니까?
2. 당신이 처음 약물을 사용했을 때 어떤 상황에 있었습니까?
   진통제가 필요한 부상을 입은 적이 있습니까?
   주변 환경은 어땠습니까?
   누구와 함께 있었나요?

어떤 기분이었습니까?
3. 약물을 사용할 때나 사용한 직후, 어떤 감정이나 느낌이 듭니까?
4. 당신의 약물 남용은 일, 학교, 가정에서의 행동에 어떤 영향을 미칩니까?

    가족이나 가까운 친구가 당신의 약물 남용에 대해 지적한 적이 있습니까?

    그들은 뭐라고 말합니까?
5. 약물 사용 습관을 유지하기 위해 닥터 쇼핑, 절도, 위법 행위를 한 적이 있습니까?
6. 당신은 약물 사용을 중단하고자 시도한 적이 있습니까?

    왜 실패했다고 생각하십니까?
7. 당신은 약물 사용 습관을 위해 얼마나 많은 돈을 쓰고 계십니까?
8. 메타돈 클리닉에 가 본 적이 있으십니까?

    지금 다니고 있습니까?
9. 1부터 10까지 범위에서 10이 최악이라고 한다면, 당신은 자신의 약물 남용 수준이 어느 정도라고 생각하십니까?
10. 1부터 10까지 범위에서 10이 최고라고 한다면, 약물 습관을 버리고 변화하기 위해 당신은 얼마나 동기 부여가 되어 있습니까?
11. 1부터 10까지 범위에서 10이 최고라고 한다면, 당신은 약물 남용을 중단하려는 결심에 대해 어느 정도의 통제력을 갖고 있다고 생각하십니까?

4 지혜로운 상담을 위한 조언

약물을 남용하는 사람들은 자신의 약물 남용 습관을 유지하기 위해 매우 교묘한 방법으로 상황을 조정한다. 어떤 이들은 부상을 당해 진통제가 필요하다고 거짓말하며 다양한 이야기를 지어낼 것이다. 신중한 행동을 위해서 내담자들이 하는 말을 문자 그대로 믿기보다는 내담자의 의사와 상의하도록 한다.

또한, 어떤 주제에 관해 그들과 언쟁이나 논쟁을 벌이지 않도록 함으로써 당신의 권위를 유지하도록 한다. 대화의 내용이 내담자와 변화에 대한 갈망에 집중되도록 한다.

약물 의존이라는 특성을 고려할 때, 안전하고 효과적인 해독을 위해서는 의료적이고 전문적인 도움이 필요하다. 이 그룹의 사람들은 재발 확률이 높다. 따라서 치료의 과정에서 나타나는 자연스러운 감정 기복에 대비하는 것이 중요하다. 일반적으로, 강력한 동반 책임 및 다중 지원 시스템이 요청된다.

5 내담자를 위한 행동 단계

1) 전문적 도움을 구하라

- 중독을 극복하기 위해서는 구조적 도움, 코칭, 지원이 필요하다. 전문 상담사나 마약 재활 센터를 통해 이러한 도움을 받을 수 있다.
- 헤로인 중독자들에게 가장 효과적인 치료 방법은 마약 재활 센터에서 제공하는 입원 치료이다.
- 전문가들은 금단의 과정이 가능한 한 편안한 과정이 될 수 있도록 도움을 제공할 것이다.

2) 능력을 주시도록 하나님께 간구하라

- 약물을 중단하기로 한 결정과 그 결정을 이루어 가는 여정은 쉽지 않다. 능력, 용기, 확고한 결단이 필요하다. 때때로 그 여정을 지속할 힘이 부족할 수도 있다. 바로 그 순간에 그 싸움에서 당신을 도와줄, 당신 자신보다 더 큰 존재가 필요다. 하나님께 기도하라. 그분은 환난 중에 도움이 되어 주시겠다고 약속하셨다. 그분의 능력이 당신 안에 역사하시도록 구하라.
- 지역 교회의 12단계 모임이나 지원 그룹에 등록하라. 이런 환경은 당

신에게 격려가 되고 용기를 줄 것이다.

3) 스스로 동기를 부여하라

- 약물을 중단하기 위해서는 희생을 감수해야 하며 어떤 예상치 못한 상황도 기꺼이 받아들여야 한다는 것을 기억하라.
- 당신 자신과 주변 사람이 함께 이 과정을 볼 수 있도록 헌신하라. 굳건한 결단을 통해 힘겨운 과정도 이겨 낼 수 있도록 정신적으로 자신을 준비하라.
- 당신의 결심을 글로 적어 계약서를 만들어 서명하고, 스스로 맺은 약속을 기억할 수 있도록 잘 보관하라.

4) 스스로를 교육하라

- 다양한 치료 옵션과 주변의 지원 그룹 시스템에 익숙해지라.
- 지속적인 약물 사용이 몸과 영혼에 미치는 해로운 영향력에 대해 숙지하라.

5) 정직하라

- 회복의 첫걸음은 당신 자신에게 문제가 있다는 사실을 깨닫는 것이다. 멈추고, 속도를 늦추어 스스로를 평가하라. 주변의 신뢰할 수 있는 사람들에게 당신이 어떤지를 정직하게 물어보라.
- 회복을 성취하고 유지하기 위해서는, 자신의 내면 깊숙이 들어가 솔직하게 자신을 직면해야 한다. 설령 당신이 원치 않는 모습을 보게 될지라도 그렇게 해야 한다.

성경적 통찰 6

그를 향하여 우리가 가진 바 담대함이 이것이니 그의 뜻대로 무엇을 구하면 들으심이라 우리가 무엇이든지 구하는 바를 들으시는 줄을 안즉 우리가 그에게 구한 그것을 얻은 줄을 또한 아느니라(요일 5:14-15).

당신이 그리스도인이라면 하나님께서 우리의 기도를 들으신다는 사실에 확신을 가질 수 있다. 우리는 믿는 자로서 하나님 앞에 자유롭게 나갈 수 있는 권리를 갖고 있으며 그분의 뜻에 따라 기도할 때 하나님께서 응답해 주신다는 사실을 안다. 성경은 우리의 몸이 성령의 전(고전 6:19)이며 따라서 절제의 열매(갈 5:23)를 맺어야 함을 분명히 말하고 있다. 당신이 하나님께 자유와 능력을 구할 때 하나님은 반드시 당신의 삶에 나타나셔서 도와주실 것이다.

하나님은 우리의 피난처시요 힘이시니 환난 중에 만날 큰 도움이시라 그러므로 땅이 변하든지 산이 흔들려 바다 가운데에 빠지든지 바닷물이 솟아나고 뛰놀든지 그것이 넘침으로 산이 흔들릴지라도 우리는 두려워하지 아니하리로다 셀라(시 46:1-3).

이 성경 구절은 하나님이 우리의 피난처가 되시며 세상에서 만나는 어려움의 보호막이 되신다고 선포한다. 하나님은 우리에게 힘을 주시고 고난 가운데 함께하시겠다고 약속해 주셨다.

당신은 금단과 회복의 과정을 두려워할 필요가 없다. 힘겨운 시간이겠지만, 모든 능력을 가지신 하나님께서 당신과 함께하신다고 약속해 주셨다. 그러므로 두려워하지 말라. 용기의 걸음을 내디뎌 회복을 시작하라.

우리가 아직 죄인 되었을 때에 그리스도께서 우리를 위하여 죽으심으로 하나님께서 우리에 대한 자기의 사랑을 확증하셨느니라(롬 5:8).

오직 주 예수 그리스도로 옷 입고 정욕을 위하여 육신의 일을 도모하지 말라(롬 13:14).

　유혹적 생각이 떠오르는 순간마다 경건한 것들을 생각하도록 자신을 훈련하라. 만약 다시 약물을 사용하려는 계획을 세우고 있다면, 스스로를 멈추고 지원 시스템을 찾으라. 그들에게 당신의 생각을 말하고 함께 해결해 나가도록 하라.

　그런즉 너희는 하나님께 복종할지어다 마귀를 대적하라 그리하면 너희를 피하리라(약 4:7).

　하나님께 복종한다는 것은 하나님의 말씀에 순종하는 것이다. 성경 속에 나타난 하나님의 명령에 순종할 때 당신은 그분의 뜻에 당신의 뜻을 복종시키게 된다. 그 후에 마귀와 유혹 앞에 당당히 맞서라. 그러면 이 말씀처럼 마귀가 당신을 피할 것이다. 하나님 앞에 복종하고 마귀를 대적함으로써 당신은 중독의 지배에서 벗어날 수 있다.

7 기도 첫걸음

> 사랑하는 주님!
> 주님의 보좌 앞에 나갈 수 있는 특권에 감사드리며, 우리의 기도에 응답하신다는 약속에 감사드립니다. 큰 능력과 힘을 가진 주님께서 우리의 기도에 귀를 기울이시고 우리를 돕기 원하신다는 사실에 감사드립니다. 주님, 지금 이 시간 _____님의 삶을 도우시기를 간구합니다. _____님이 중독과 맞서 싸울 힘과 용기를 허락하시고 중독이라는 강력한 진으로부터 자유를 얻게 해 주시옵소서. 이 여정을 함께 걸어가는 우리에게 은혜와 긍휼을 베풀어 주시옵소서.

추천 자료 8

추천 도서

Anderson, Neil T., Mike Quarles, and Julia Quarles. *Freedom from Addiction: Breaking the Bondage of Addiction and Finding Freedom in Christ.* Gospel Light, 1997.

Clinton, Tim. *Turn Your Life Around.* FaithWords, 2006.

Kuhar, Michael. *The Addicted Brain: Why We Abuse Drugs, Alcohol, and Nicotine.* Pearson Education, 2012.

Lookadoo, Justin. *The Dirt on Drugs.* Revell, 2008.

McKeever, Bridget C. *Hidden Addictions: A Pastoral Response to the Abuse of Legal Drugs.* Haworth Press, 1998.

Nargi, Janice. *There is No Hero in Heroin.* Twin Feather, 2012.

Pullinger, Jackie. *Chasing the Dragon: One Woman's Struggle against the Darkness of Hong Kong's Drug Dens.* Rev. ed. Regal, 2001.

추천 웹사이트

Heroin Abuse: www.heroinabuse.us/
Narcotics Anonymous: www.na.org/
National Institute on Drug Abuse: www.drugabuse.gov/publications/drugfacts/heroin
Web MD: www.webmd.com/mental-health/abuse-of-prescription-drugs

15 니코틴

1 상황 묘사

- 프랭크는 고등학교와 대학교 때 열심히 공부하는 야심만만한 학생이었다. 그는 고등학교 농구팀의 주장이자 스페인어 클럽의 회장이었다. 그리고 대학교에서는 학생회의 회장이었을 뿐 아니라 다른 리더십 역할도 맡았다. 이 외에도 프랭크는 12세 때 구원을 받은 이후로 교회에도 열심히 참석하고 활동했다.

  프랭크는 성공하고 싶은 강한 열망 때문에 다양한 책임을 짊어지기 시작했고, 이로 인해 엄청난 압박감을 느끼게 되었다. 신경쇠약에 걸린 어느 날, 그의 친구가 담배를 한 개비 피우며 스트레스를 풀라고 권했다. 얼마 지나지 않아 담배와 다른 니코틴 제품의 사용은 통제할 수 없는 완전한 중독으로 바뀌었다.

- 트리샤는 대단히 미국적인 십 대 소녀로 사랑이 넘치는 가정에서 두 명의 남동생과 함께 작은 마을에서 성장했다. 그녀는 자신의 부모가 하루에 평균적으로 4.5갑의 담배를 피웠던 것으로 기억한다. 트리샤의 부모는 그녀가 집 밖에서 오랫동안 노는 것을 허락하지 않았다. 그래서 그녀는 항상 그들의 흡연 습관에 시달렸다.

  현재 18세인 트리샤는 수년간 간접흡연에 노출되었던 결과로 만성 기관지염 진단을 받았다. 이런 경험 때문에 트리샤는 자신의 부모의 니코틴 중독이 동생들에게 가져올 부정적 영향에 대해 계속해서 걱정한다.

- 케니는 이제 막 그리스도인이 되었다. 그는 하나님께 모든 나쁜 습관을 내어 드리고 새로운 피조물로서 삶을 살아가는 방법을 배우고 있

다. 그는 지금까지 거의 모든 것을 포기할 수 있었다. 그러나 그는 새로운 신앙의 길에 큰 걸림돌이 되어 버린 니코틴 중독과 싸우고 있다. 케니는 치료요법과 약물 치료를 받으면서 자신이 다니는 교회의 목사에게 도움을 구하고 있다.

정의와 주요 개념 | 2

- 니코틴은 담뱃잎에서 만들어지는 약물이다. 담배에 있는 물질 역시 중독성이 강하다. 가장 순수한 형태일 때는 한 방울로도 사람을 죽일 수 있다.[1]
- 니코틴 담배의 가장 흔한 속칭에는 식스(cigs), 벗츠(butts), 스모크(smokes) 등이 있다.[2]
- 사용자가 담배 제품을 씹거나, 피우거나, 흡입할 때, 니코틴은 8초 이내에 뇌로 전달된다.[3]
- 담배 한 개비에 들어 있는 니코틴의 양은 10밀리그램이지만, 사용자는 대개 1-2밀리그램만을 흡수한다.[4]
- 수많은 폐해에도 불구하고 니코틴으로 인한 중독은 사용자들을 이 습관에 강하게 묶어 둔다. 12세에서 17세 사이의 청소년 중 350만 명 이상이 니코틴을 사용한다. 미국의 경우 6,650만 명(인구의 29퍼센트)이 어떤 형태로든 니코틴을 사용한다.[5]
- 니코틴은 신경전달물질인 아세틸콜린(acetylcholine)과 비슷하게 작용하고, 뇌와 몸에 급속한 변화를 일으키는 수용체와 결합한다. 이에 더해, 니코틴은 혈액에 더 많은 혈당을 방출할 뿐 아니라 심박수와 호흡률

---

1 MedicineNet, "Nicotine Information," www.medicinenet.com/nicotine/article.htm.
2 Ibid.
3 Ibid.
4 Ibid.
5 Ibid.

을 증가시켜 사용자들에게 높은 각성 상태를 느끼도록 한다.[6]
- 니코틴은 도파민 신경 세포에도 달라붙어 이 세포들이 많이 방출되도록 함으로써 쾌감을 느끼게 한다. 니코틴의 효과는 금세 사라지기 때문에 지속적 사용은 높은 수준의 쾌감을 유지하는 데 도움이 된다.[7]
- 장기간 사용은 니코틴 사용자의 후각과 미각에 영향을 준다.[8]
- 스포츠와 운동과 관련하여 니코틴 사용자의 체력도 저하된다. 이에 더해, 흡연자의 피부는 일반적인 사람들보다 빨리 노화된다. 심하게 변색 된 치아도 니코틴 사용의 결과이다.[9]
- 니코틴 사용과 광장공포증, 즉 밖으로 나가는 것에 대한 두려움 사이에서 연관성이 발견되었다.[10]
- 니코틴의 궁극적 폐해는 그것이 죽음으로 이어진다는 것이다. 통계에 따르면, 니코틴 사용으로 인해 매해 약 50만 명이 사망한다. 니코틴은 미국에서 가장 심각한 사망 원인 중 하나로, 6명의 사망자당 1명의 사망 원인이 니코틴이다.[11]
- 니코틴 사용을 중단하는 것은 뒤를 잇는 금단 증상 때문에 쉽지 않다. 니코틴 금단은 불안, 분노, 우울감, 집중 곤란, 식욕 증가, 약물에 대한 갈망 같은 증상을 가져온다.[12]
- 그러나 이런 증상들은 영구적이지 않다. 식욕 증가와 니코틴에 대한 갈망을 제외하면, 이러한 증상들을 극복하는 데 보통 3-4주 정도 걸린다. 갈망과 계속되는 공복감은 수개월 지속될 수 있다.[13]
- 니코틴 제품에는 관상동맥성 심장 질환, 궤양, 뇌졸중, 폐, 후두, 식도, 방광, 신장, 췌장, 위, 자궁경부와 관련된 각종 암과 같은 질병의 위험

6　Ibid.
7　Ibid.
8　Ibid.
9　Ibid.
10　Ibid.
11　Ibid.
12　National Institute on Drug Abuse, "Factsabout Nicotine and Tobacco Products," National Institutes of Health, www.archives.drugabuse.gov/NIDA_Notes/NNVol13N3/Tearoff.html.
13　Ibid.

- 을 초래하거나 증가시킬 수 있는 다른 물질들이 함유되어 있다.[14]
- 흡연 중인 임산부는 사산아나 미숙아뿐 아니라 저체중아를 출산할 위험이 크다. 그 아이들은 자라서 행동 장애를 발달시킬 수도 있다.[15]
- 니코틴 중독은 극복하는 데 몇 년이 걸릴 수 있는 만성적인 재발성 장애로 묘사될 수 있다. 행동 요법과 약물 치료를 동반한 치료가 성공적인 것으로 나타났다.[16]
- 니코틴 대체 요법은 흡연자가 금단 증상을 조절할 수 있는 충분한 양의 니코틴을 체내에 공급하면서도 중독과 관련된 충격이나 쾌감을 피하면서 금연을 돕는 효과적인 방법이다.[17]
- 동일한 효과가 있는 것으로 확인된 네 가지 유형의 대체 요법은 껌, 니코틴 패치, 비강 스프레이, 니코틴 흡입기이다. 비강 스프레이와 니코틴 흡입기는 처방이 필요한 요법이다.[18]
- 금연을 위한 다른 FDA 승인 약품에는 처방전 없이 구매할 수 있는 로젠지(lozenges)와 니코틴이 함유되지 않은 알약인 자이반(Zyban)과 찬틱스(chantix)가 있다.[19]
- 니코틴은 투쟁-도피 호르몬(fight-or-flight hormone)이라고도 알려진 아드레날린의 분비를 촉진한다. 이것은 심박수를 증가시키고, 심장으로 가는 혈류를 감소시키며, 동맥을 가늘게 하여 흡연자가 심혈관 문제를 갖도록 만들 가능성이 크다. 그러나 흡연자가 담배를 끊으면 몸은 저절로 치유되기 시작한다.[20]
- 간접흡연은 매해 3천 건 이상의 폐암 발병과 평균 4만 6천 건이 넘는 비흡연자의 심장 질환 관련 사망의 원인이 된다. 간접흡연은 아이들

---

14 Ibid.
15 Ibid.
16 Ibid.
17 Ibid.
18 Ibid.
19 American Lung Association, "GeneralSmoking Facts," 2012, www.lung.org/stopsmoking/about-smoking/facts-"gures/generalsmoking-facts.html.
20 Champions for Health, "The Facts about Nicotine Addiction," 2012, www.championsforhealth.org/the-facts-about-nicotine-addiction.php.

의 천식, 감기, 중이염과도 관련이 있으며, '영아 돌연사 증후군'(SIDS: sudden infant death syndrom)과도 연관된다.[21]

3 진단 인터뷰

중독자의 주요 특징 중 하나는 부정이다. 약물 사용자에게 있어 자신의 약물 사용은 문제가 없다. 상담사는 평가 중에 이러한 부정을 반드시 깨뜨려야 한다.

인터뷰를 진행할 때, 구체적 상황과 사건, 증상을 중심으로 질문을 만들라. 대개 내담자는 상담사가 판단적이지 않고 위협적이지 않은 방식으로 질문하면 정직하게 대답할 것이다. 물질 사용자의 가족을 인터뷰할 때 상담사는 질문을 재구성하고 위와 비슷한 접근법을 사용해야 한다.

1) 선행 질문

1. 최근 몇 년간 니코틴 제품 사용이 늘었습니까, 아니면 줄었습니까? 당신이 사용을 멈췄던 적이 있습니까? (이런 질문을 하는 목적은 내성[물질의 사용량을 증가하려는 필요]이 존재하는지 확인하고, 니코틴의 사용이 하나의 문제인지 의존인지를 판단하기 위함이다. 가족 건강성을 포함한 강점과 현재의 치료요법을 의존하는 이유를 평가하는 것도 중요하다. 이 정보는 니코틴 중독에서 벗어나 있던 과거의 역사에서 얻을 수 있다.)
2. 중독 치료를 받았거나 다른 이유로 상담을 받은 적이 있습니까? (이 질문의 목적은 이전 치료의 중대성과 성패 여부를 알기 위함이다. 또한, 니코틴 사용의 근본적인 이유가 정신 장애나 이중 장애 때문인지 평가하기 위함이다.)
3. 당신의 니코틴 사용으로 상처를 받았거나 그에 대해 우려를 표했던 사람, 예를 들어, 가족이 있었습니까? 결혼생활이나 연인 관계가 당신의 니코틴 중독으로 위협받고 있

---

21 American Lung Association, "General Smoking Facts."

습니까?
4. 당신의 니코틴 사용으로 법적 문제에 처했던 적이 있었습니까?
만약 그렇다면, 당신이 했던 행동의 결과는 무엇이었습니까?

2) 일반 질문

1. 몇 살 때부터 니코틴 제품을 사용하기 시작하셨습니까?
왜 시작했는지 기억할 수 있으십니까?
2. 당신의 니코틴 사용에 대해 걱정해 본 적이 있었습니까?
만약 그렇다면 왜 걱정하십니까?
당신의 니코틴 사용과 관련하여 생명을 위협하는 사건이 발생했던 적이 있습니까?
만약 그렇다면, 그것은 당신의 생명이었습니까, 아니면 다른 사람의 생명이었습니까?
3. 당신은 가까운 친구와 가족에게 니코틴을 사용하라고 권장하겠습니까?
왜 권장하겠습니까?
아니면 왜 권장하지 않겠습니까?
4. 친구나 가족에게 니코틴을 사용하는 것을 숨기려 했던 적이 있습니까?
예를 들어, 집에서 멀리 떨어진 곳에서 흡연하거나 그들이 주위에 있을 때는 사용 빈도를 줄인 적이 있습니까?
그들은 당신의 니코틴 사용에 대해 정확히 알고 있습니까?
5. 당신이 어릴 때 가족 중에 니코틴 제품을 많이 사용했던 사람이 있었습니까?
그 사람은 누구였습니까?
당신이 자랄 때 그(녀)의 니코틴 사용에 대해 어떻게 생각했습니까?
6. 당신의 니코틴 사용은 학교나 직장, 다른 일터에 어떤 영향을 끼쳤습니까?
니코틴 사용 때문에 직장에서의 지위가 위협을 받고 있습니까?

7. 니코틴 제품 사용을 끊으려 시도했던 적이 있습니까?
   그 시도는 얼마나 성공적이었습니까?
   당신이 니코틴을 중단하도록 도와줄 사람이 주위에 있습니까?
8. 사용을 중지하는 것이 가족에게 어떤 영향을 끼칠 것 같습니까?
9. 만일 당신이 강한 믿음의 소유자라면, 하나님에 대한 당신의 믿음은 니코틴을 끊고자 하는 바람이나 과거의 끊으려 했던 시도에서 어떤 역할을 했습니까?

4 지혜로운 상담을 위한 조언

내담자의 니코틴 사용 때문에 발생할 수 있는 긴급한 의료 문제에 먼저 주의를 기울이는 것은 중요하다. 첫 번째 행동 방침은 내담자의 건강에 의해 결정될 것이다. 특히, 당면한 건강 상태가 생명을 위협할 수 있을 때는 더욱 그렇다. 내담자가 어떻게 보이든, 니코틴 사용이 그의 몸에 끼칠 수 있는 잠재적 건강 위험을 간과해서는 절대로 안 된다.

흡연자에 대한 편견과 억측을 주의하라. 변색된 머리카락이나 빠진 치아, 흉터, 숱이 적은 머리카락, 누런 손가락 등 당신의 니코틴 사용자에 대한 고정관념과 맞지 않는 내담자를 만날 수 있다. 니코틴 사용자는 어떤 특정한 집단과 동일시되지 않는다. 인종이나 지위, 성별에 상관없이 사용자일 수 있다.

만일 당신의 내담자가 그리스도인이라면, 그들을 어떻게 대할지에 대해 신중하라. 니코틴 사용은 많은 그리스도인에게 비난받는 행동이기 때문이다. 반드시 비밀을 유지하겠다고 그들을 안심시키고 그들이 자신들의 문제를 공유하고 솔직하게 나눌 수 있도록 당신의 사무실을 안전한 장소로 만드는 데 시간을 들여라.

니코틴 중독자들은 니코틴 사용의 심각성을 부정할 가능성이 크다. 자신들에게 문제가 있다고 인정하지 않는 내담자도 있을 수 있다. 문제가 있다고 인정하는 것은 변화가 필요하고 따라서 기준을 뒤집어야 한다는 것을 함축하기 때문에, 당신의 내담자와 가족은 기준을 뒤엎는 이 단계를 밟는 것을 꺼릴 수도 있다. 이러한 부정을 다루는 데 있어 민감하고 시기 적절한 접근이 필요하다.

내담자의 배우자나 니코틴 사용 문제를 이해하기에 충분한 나이의 다른 가족과 인터뷰를 하여 그들의 위치에서 하기 힘들거나 할 수 있는 행동이 무엇인지 알아보라. 니코틴 사용자가 사용을 중단하고 건강해질 수 있도록 격려하는 데 유익한 대체 행동에 대해 논의하라.

상담사를 위한 행동 단계 | 5

다음은 상담사가 따라야 할 단계들이다.

1) 건강 검진을 권면하라

- 건강 검진을 받는 것은 니코틴 사용과 관련된 건강상의 문제를 판단하는 데 도움이 될 것이다.
- 니코틴 사용이 질병 상태로 진행된 경우, 의사의 치료를 받도록 적극적으로 권유한다.
- 의사는 사용자가 상담과 병행할 수 있는, 니코틴 사용을 중단하는 데 도움이 되는 약을 처방해 줄 수 있다.

2) 계약과 동반 책임을 제안하라

- 니코틴 사용자들이 물질 사용을 그만두고 자신의 문제에 대한 도움을 구하기로 동의하는 동반 책임 시스템을 따르도록 도우라. 그들은 상담사와 계약을 맺음으로써 이 합의에 도달할 수 있다. 만약 계약이 상당 기간 유효하다면, 이는 내담자 쪽에서 사용을 중단하겠다는 높은 수준의 책임과 의욕을 보여 주는 것이다.

그러나 내담자가 장기간 도움받는 것을 꺼린다면, 동반 책임에 대한 단기 계약이 사용될 수 있다. 이 계약에서 사용자는 다음 상담 때까지,

또는 며칠, 몇 주 또는 몇 달만 니코틴 사용을 중단하겠다고 약속한다.
- 니코틴 사용자 회복을 위한 기독교 지원 프로그램을 통해 도움을 받도록 내담자를 격려하라.

3) 전문가의 도움을 주선하라

- 내담자의 니코틴 사용이 중독인지 아닌지를 판단하기 위해 약물 의존에 대한 전문 지식을 소유한 전문가에게 평가받도록 내담자를 격려하라. 이런 유형의 평가는 지역 사회의 정신 건강 기관, 병원, 약물 남용 센터 등에서 이뤄질 수 있다.
- 니코틴 중독이 다른 약물 남용이나 이중 장애로 가는 통로라면, 전문 상담사가 니코틴 사용을 치료하는 데 도움을 줄 수 있다.

4) 금연과 관련된 행동을 격려하라

- 금연을 촉진하는 행동을 하도록 권장하라. 예를 들어, 재떨이나 라이터 같은 니코틴 사용과 관련된 모든 물건을 집과 차에서 치우도록 한다.
- 내담자가 흡연 환경을 피하거나 흡연 구역에서 시간을 보내지 않도록 격려하라.
- 당신의 내담자가 흡연 대신 다른 활동을 계획하도록 도우라.

5) 가족의 도움이 구하도록 격려하라

- 내담자의 가족에게 니코틴 사용자 가족을 위한 기독교 중심의 지원 프로그램을 찾아보라고 격려하라. 치료와 통합될 수 있는 니코틴 사용자를 위한 12단계 프로그램도 있다.

성경적 통찰 | 6

> 너희 몸은 너희가 하나님께로부터 받은 바 너희 가운데 계신 성령의 전인 줄을 알지 못하느냐 너희는 너희 자신의 것이 아니라 값으로 산 것이 되었으니 그런즉 너희 몸으로 하나님께 영광을 돌리라(고전 6:19-20).

신앙인으로서 우리는 우리의 몸이 우리에게 속한 것이 아니라 주께 속한 것이라는 사실을 이해하게 된다. 그분은 우리의 몸을 성령을 위한 성소로 삼으셨다. 그러므로 우리는 우리의 몸이 손상되지 않도록 최선을 다해 돌봐야 한다.

또한, 우리는 몸으로 하는 모든 것으로 하나님께 영광을 돌려야 한다. 따라서 몸에 해를 끼치는 어떤 일도 해서는 안 된다.

> 사랑하는 자여 네 영혼이 잘됨 같이 네가 범사에 잘되고 강건하기를 내가 간구하노라(요삼 1:2).

하나님은 신앙인들이 건강하기를 원하신다. 하나님의 말씀은 영혼의 건강과 몸의 건강을 연결한다. 그리스도에 속한 건강한 영혼은 건강한 몸과 일치되어야 한다. 니코틴 사용은 둘 사이를 분리하고, 결국 전인적으로 건강한 사람이 되는 것을 방해한다.

> 그러므로 자기를 힘입어 하나님께 나아가는 자들을 온전히 구원하실 수 있으니 이는 그가 항상 살아 계셔서 그들을 위하여 간구하심이라(히 7:25).

주 예수님이 죽고 다시 사셔서 우리를 하나님께 가까이 나갈 수 있도록 하셨다. 그분은 우리를 구원하심으로써 우리와 하나님 사이의 갈라진 틈을 메우셨다. 그분은 우리가 어려움이나 유혹을 직면할 때 우리를 대신하여 계속해서 중재하신다. 그분께 가까이 나아갈 때, 우리는 우리에게 필요한 모든 치유를 얻는다.

> 속지 말라 악한 동무들은 선한 행실을 더럽히나니(고전 15:33).

때때로 우리가 처한 환경은 우리의 결정과 일에 영향을 미친다. 나쁜 습관을 끊기 위한 여정에서 우리를 격려하고 붙들어 주는 사람들과 함께하는 것은 중요하다.

옛 습관과 좋지 않은 습관을 유발하는 환경을 피하고 주님의 눈에 옳은 일을 하도록 우리를 격려하는 경건한 사람들과 함께하는 것도 중요하다.

> 너희 자신을 종으로 내주어 누구에게 순종하든지 그 순종함을 받는 자의 종이 되는 줄을 너희가 알지 못하느냐 혹은 죄의 종으로 사망에 이르고 혹은 순종의 종으로 의에 이르느니라(롬 6:16).

하나님의 말씀은 우리가 어떤 것에 우리 자신을 내어줄 때 노예가 된다는 사실을 보여 준다. 우리는 우리가 남용하는 물질의 노예가 된다. 따라서 중독을 극복하는 것이 어렵다는 사실은 전혀 놀랍지 않다. 그러나 좋은 소식은 우리가 우리의 의지를 주 예수께 내어 드릴 수 있다는 것이다. 그분은 우리가 순종하고 기쁘게 해 드릴 우리의 새로운 주인이 되실 것이다.

7 기도 첫걸음

> 오, 주님!
> _____님의 인생과 이 문제에 직면하려는 _____님의 의지로 인해 감사드립니다. 쉽지 않은 일이기에, _____님에게 용기를 주심에 감사드립니다. _____님에게 중독을 이길 능력을 주시고 이 과정을 끝까지 해낼 수 있게 힘을 주시옵소서. _____님의 가족과 주위에 있는 사람들과 늘 함께 하여 주시옵소서. 그들에게 힘을 주시고 지원하는 영을 허락해 주시옵소서.

추천 자료 8

추천 도서

Anderson, Neil T., *Mike Quarles, and Julia Quarles. Freedom from Addiction: Breaking the Bondage of Addiction and Finding Freedom in Christ*. Gospel Light, 1997.

Clinton, Tim. *Turn Your Life Around*. FaithWords, 2006.

Kuhar, Michael. *The Addicted Brain: Why We Abuse Drugs, Alcohol, and Nicotine*. Pearson Education, 2012.

May, Gerald G. *Addiction and Grace: Love and Spirituality in the Healing of Addiction*. HarperOne, 2006.

Moore, Beth. *Breaking Free: Discover the Victory of Total Surrender*. Broadman & Holman, 2007.

Welch, Edward T. *Addictions: A Banquet in the Grave: Finding Hope in the Power of the Gospel*. P&R, 2001.

추천 웹사이트

American Lung Association: www.lung.org/

Centers for Disease Control and Prevention: www.cdc.gov/tobacco/campaign/tips/

The Foundation for a Smokefree America: www.tobaccofree.org/?gclid=COiT242_qLAC-FUJo4AodVHGfSg

Mayo Clinic: www.mayoclinic.com/health/nicotine-dependence/DS00307

Medline Plus: www.nlm.nih.gov/medlineplus/ency/article/000953.htm

National Institute on Drug Abuse: www.drugabuse.gov/drugs-abuse/tobacco-addiction-nicotine

Nicotine Anonymous: www.nicotine-anonymous.org/

16 처방 약물

1 상황 묘사

- 멜라니는 스포츠를 사랑했고 고등학교에서 올스타급 운동선수였다. 어느 날 경기 도중 그녀는 심하게 넘어져 팔이 부러지고 발이 골절되었다. 그녀의 부상에도 불구하고 그녀의 팀은 시합에서 승리했고, 2주 후에 열릴 챔피언 결정전에 진출하게 되었다.
그녀의 담당 의사는 수술 후 통증을 줄이고 빠른 회복을 돕기 위해 강력한 진통제를 처방해줬다. 챔피언 결정전에 출전하기 위해 평생 열심히 노력했던 멜라니는 부상으로 인해 한 달 내내 침대에만 누워 있어야 한다는 사실을 받아들일 수 없었다.
챔피언 결정전에 출전하기로 한 멜라니는 고통을 줄이고 재활 과정에 속도를 내기 위해 허가되지 않은 약물을 추가로 복용했다. 그녀의 노력에도 불구하고 의사는 그녀의 출전을 허락하지 않았다. 그러나 복용했던 처방 약의 추가 용량을 끊으면서 상태는 악화하였고, 그녀는 약물을 남용하는 길로 들어서게 되었다.

- 제이크는 음주 운전으로 한 가족의 목숨을 앗아간 치명적인 교통사고를 일으켰었다. 그 끔찍한 사건에 대한 기억은 몇 년 동안 그를 괴롭혔고, 밤에 잠을 잘 수 없게 만들었다. 의사는 처방된 수면제를 복용할 것을 권했고, 처음에 몇 번은 효과가 있었다.
그러나 제이크의 불면증은 새로운 수면제를 복용하기 시작하고 몇 주 지나면 다시 돌아왔다. 그는 자기 몸이 약에 대한 내성이 생겼다고 여겨 처방받은 것보다 더 많은 양의 약을 먹기로 했다. 이 새로운 방법은 그가 어느 날 깨어나지 못할 때까지 더 깊이, 더 오래 잘 수 있게 해 줄 것 같았다.

- 로버트와 매튜는 고등학교에서 인기 있는 형제였다. 그들은 친구들과 정기적으로 어울렸고 매주 파티를 즐겼다. 어느 주말 그들은 버려진 창고에서 광란의 파티를 열기로 했다. 그 파티의 엄청난 활기와 흥분이 유지되도록 그들은 아버지가 기면증 때문에 처방받은 약을 먹었다. 그 약은 합법적으로 처방받은 것이기 때문에 안전하다고 생각했다.

정의와 주요 개념 | 2

- 먼저 처방전을 받지 않고 합법적으로 처방될 수 있는 약물을 의도적으로 사용하는 것은 처방 약 오용 또는 남용으로 간주될 수 있다. 의도되지 않은 목적으로 처방 약물을 복용하는 것도 약물 남용이다.[1]
- "약물 사용 및 건강에 대한 국가 조사"(National Survey on Drug Use and Health)에 따르면, 미국에서 매해 약 700만 명이 처방 약을 남용하는데, 이는 인구의 거의 3퍼센트를 차지한다.[2]
- 처방 약물은 마리화나에 이어 젊은 층에서 두 번째로 많이 남용되는 약이다.[3]
- 처방 약물 남용자들의 약 70퍼센트는 친한 친구나 친척으로부터 약물을 얻는다. 그러나 약 5퍼센트는 인터넷이나 길거리의 마약상으로부터 약을 얻는다.[4]
- 20세에서 64세 사이의 백인 남성은 처방용 아편 진통제(opioids) 남용자 중 가장 높은 비율을 차지한다.[5]

---

1 National Institute on Drug Abuse, "Topics in Brief: Prescription Drug Abuse," www.drugabuse.gov/publications/topics-in-brief/prescription-drug-abuse.
2 Ibid.
3 Office of National Drug Control Policy, "Prescription Drug Abuse," www.whitehouse.gov/ondcp/prescription-drug-abuse.
4 Ibid.
5 Centers for Disease Control and Prevention, "CDC Grand Rounds: Prescription Drug Overdose—a US Epidemic," www.cdc.gov/mmwr/preview/mmwrhtml/mm6101a3.htm?s_cid=mm6101a3_w.

- 현역 군인의 약 12퍼센트 역시 처방 약을 비의료적으로 사용하고 있다고 알려져 있다.[6]
- 정신 질환을 앓는 사람들이 처방 약물을 남용한다고 말하는 일부 연구가 있기는 하지만, 그들의 남용은 지나치게 기술되고 과장되었다. 따라서 남용자 대부분이 어떤 정신 질환을 앓고 있다고 추정하는 것은 현명치 않다.[7]
- 남용되는 처방 약은 크게 네 가지 범주로 나뉜다. 네 가지 범주는 진통제, 안정제, 자극제, 진정제이다.[8]
- 가장 흔히 남용되는 처방 약물은 주로 통증 완화를 위해 처방되는 아편계 진통제이다.[9]
- 아편계 진통제는 고등학교 3학년들이 가장 많이 남용하는 불법적인 약물로, 12명 중 1명은 비코딘(Vicodin)을, 20명 중 1명은 옥시콘틴(OxyContin)을 남용한다. 이러한 약들을 남용하는 고등학교 학생들은 다른 약물이나 알코올을 남용할 위험도 더 크다.[10]
- 비의료적인 목적으로 처방 약물을 사용하는 사람들은 종종 자신들의 위험에 대해 잘못된 개념을 갖고 있다. 이 사용자들은 의사가 합법적으로 처방한 약이기 때문에 안전하다고 여기지만, 이 약물이 남용될 때는 불법적인 약물이 남용될 때 뇌에 작용하는 부위와 같은 부위에 영향을 미친다.[11]
- 이런 약물을 쉽게 구할 수 있다는 것도 이 약물의 비의료적인 사용을 증가시키는 데 일조했다. 최근 몇 년 사이에 그러한 약을 처방받을 가능성과 빈도수가 크게 늘었다.[12]
- 이런 약물을 남용하는 이유에는 도취감, 통증 조절, 불안 감소, 수면

---

6 Office of National Drug Control Policy, "Prescription Drug Abuse."
7 Centers for Disease Control and Prevention, "CDC Grand Rounds."
8 National Institute on Drug Abuse, "Topics in Brief: Prescription Drug Abuse."
9 Centers for Disease Control and Prevention, "CDC Grand Rounds."
10 National Institute on Drug Abuse, "Topics in Brief: Prescription Drug Abuse."
11 Ibid.
12 Ibid.

의 질 향상 등이 포함된다.[13]
- 흔히 남용되는 처방 약물과 관련된 **위험은 다양하다**. 예를 들어, 통증 치료를 위해 주어지는 아편계 진통제의 남용은 호흡 기관의 기능을 떨어뜨리고 결국엔 사망으로 이어질 수 있다.
- 아편계 진통제는 주사 투여가 가능하기 때문에, 소독되지 않은 바늘 사용에 따른 HIV/AIDS 감염 위험이 커진다.[14]
- 불안증과 불면증을 치료할 때 사용되는 중추신경계 진정제의 **남용**은 발작과 같은 중독과 금단 증상으로 이어질 수 있다. 또한, 호흡계의 기능을 떨어뜨리고 사망에 이르게 할 수 있다.
- 보통 ADHD나 기면증을 치료하기 위해 처방되는 자극제에 중독되면 발작, 심혈관 문제, 정신병 같은 원치 않는 결과를 초래할 수 있다.[15]
- 처방 약물의 남용은 치료를 통해 효과적으로 치료될 수 있다.[16]
- 가정에서 약물 남용을 예방할 수 있는 한 가지 방법은, 약물을 잠글 수 있는 캐비닛에 보관하고, 유통기한이 지난 처방 약물을 안전하고 적절하게 처리하는 것이다.[17] 식품의약국(FDA)은 지역 사회의 '회수'(take-back) 프로그램을 활용하여, 약물을 처리하는 지침을 따르고, 동물이나 사람들이 먹을 수 있는 위험을 감소하기 위해 약물을 다른 쓰레기와 섞어 버리라고 권고한다.
- 미국에서 매년 2만 7,000명 이상이 의도하지 않은 약물 과다 복용으로 사망하는데, 이는 처방 약물 남용으로 인한 것이다.[18]
- 의사들은 환자들의 통증에 점점 더 민감해지고 있다. 그 결과, 일부 남용자들은 더 많은 약물을 얻기 위해 의사들의 이러한 민감함을 이용하는 법을 배웠다.[19]
- 환자들을 치료할 때, 특히 복잡한 통증을 앓고 있는 환자를 치료할 때,

---

13 Ibid.
14 Ibid.
15 Ibid.
16 Ibid.
17 Office of National Drug Control Policy, "Prescription Drug Abuse."
18 Centers for Disease Control and Prevention, "CDC Grand Rounds."
19 Ibid.

이런 약물들을 과다하게 처방할 위험이 있을 수 있다.[20]

3 진단 인터뷰

1) 선행 질문

1. 어떤 약물들을 복용해 왔고, 어떤 문제로 복용했습니까?
2. 중독 때문에 치료를 받았거나 다른 이유로 상담을 받은 적이 있습니까?
3. 당신의 처방 약물 의존으로 상처를 받았거나 우려를 표한 사람들이 있습니까?
   배우자가 당신을 떠날 조짐을 보입니까?
4. 처방 약물을 사용하는 일이 법적 문제를 일으킨 적이 있습니까?

2) 일반 질문

1. 당신은 처방 약물을 다른 마약과 혼합해서 복용했습니까?
2. 당신은 이 약물을 얼마나 오랫동안 복용했습니까?
   어떤 건강상의 문제 때문에 이 약물을 처방받았습니까?
3. 이 약물에 의존하는 것에 대해 걱정했던 적이 있습니까?
   만일 그렇다면, 왜 걱정하셨습니까?
   이 약물의 복용과 관련하여 생명을 위협했던 사건이 일어났던 적이 있습니까?
4. 당신의 친구나 가족에게 처방받은 약물을 과도하게 사용하는 것을 감추려고 한 적이 있습니까?
   그들이 당신의 사용에 대해 자세히 알고 있습니까?
5. 이 약물을 사용하는 것이 학교나 직장, 다른 근로 환경에 어떤 영향

---

[20] Ibid.

을 미쳤습니까?
처방 약물 의존 때문에 실직한 적이 있습니까?
6. 이 약물을 끊으려고 시도했던 적이 있습니까?
그 시도는 얼마나 성공적이었습니까?
7. 하나님에 대한 당신의 믿음은 이 약물에 대한 의존을 끊으려고 했던 바람이나 과거의 시도에서 어떤 역할을 했습니까?
맑은 정신을 갖게 되는 여정에서 하나님이 중요한 부분을 차지한다고 생각합니까?

지혜로운 상담을 위한 조언 4

먼저 내담자의 의사에게 약물이 어떤 질병 때문에 처방된 것인지 확인하는 것은 중요하다. 내담자의 약물에 대한 의존이 처방된 정량 때문인지 아니면 고의적인 과다 복용과 남용에 의한 것인지를 판단하기 위해서도 정량을 확인하는 것은 필수적이다.

내담자들이 처방 약물을 합법적으로 얻었을 가능성이 매우 크기 때문에, 그들은 약물에 대한 중독이나 의존성에 대해 부정할 수도 있다. 자신의 남용을 합법적 약물 사용이라고 정당화할 수도 있다. 이에 더해, 자신의 남용이나 과다 복용을 자신이 고통받고 있는 심각한 의료 문제 때문이라고 탓하며 정당화할 수도 있고, 따라서 남용에 대한 책임을 온전히 지지 않으려 할 수 있다.

당신의 내담자가 정신 질환을 앓고 있을 수도 있지만, 이런 경우를 가정하는 것은 안전하지 않다. 대부분의 처방 약물 남용자는 이 범주에 들지 않기 때문이다. 그러나 이중 진단이 필요한지 확인하기 위해 내담자의 정신 상태에 대한 전문가의 진단을 받는 것이 현명하다.

만일 당신의 내담자가 약물을 비의료적인 목적으로 사용하는 십 대라면, 그들이 그 약물에 접근하지 못하도록 부모와 이야기를 나누고 오래되었거나 남은 약물을 적절하게 처리하는 방법을 배우도록 격려하라. 또한, 부모들이 비의료적인 약물 사용이 위험하다는 것을 자녀들에게 말하

교육하도록 하라.

배우자와 다른 가족을 인터뷰하여 그들이 남용자를 위해 할 수 있는 일과 하기 힘든 일이 있는지를 알아보라.

5 상담사를 위한 행동 단계

다음은 상담사가 따라야 할 단계들이다.

1) 진단서를 받으라

- 내담자의 동의하에 그(녀)의 진단서를 받는 것은 내담자의 건강 상태를 이해하는 데 도움이 될 것이다.
- 진단서를 받는 것은 의료 문제를 치료하기 위해 처방받은 약물의 양을 설명하는 데에도 도움이 될 것이다.

2) 전문가의 도움을 받도록 조언하라

- 내담자의 처방 약물 사용이 중독인지 아닌지를 판단하기 위해 약물 의존에 대한 전문가를 만나도록 내담자를 격려하라. 이러한 유형의 평가는 지역 사회의 정신 건강 기관, 병원, 약물 남용 센터 등에서 이뤄질 수 있다.
- 만일 내담자가 중독된 것으로 판명되면, 처방 약물의 남용을 다루는 전문 상담사의 조력이 도움이 될 것이다.
- 처방 약물 남용자의 회복을 위한 기독교 지원 프로그램을 통해 도움을 얻도록 내담자를 격려하라.

3) 적절한 행동을 하도록 격려하라

- 처방 약물을 남용하는 가능성을 줄이기 위해, 집에 많이 남아 있거나

오래된 처방 약물을 치우고 적절한 방식으로 폐기하도록 권유하라.
- 내담자가 처방 약물을 남용하는 것 대신 다른 활동을 계획할 수 있도록 도우라.

4) 도움을 구하도록 가족을 격려하라

- 내담자의 가족에게 약물 중독자 가족을 위한 기독교 중심의 지원 프로그램을 찾아보라고 격려하라.

성경적 통찰 | 6

모든 것이 가하나 모든 것이 유익한 것은 아니요 모든 것이 가하나 모든 것이 덕을 세우는 것은 아니니(고전 13:23).

당신의 처방 약물 사용이 합법적일 수 있지만, 약물의 오용/남용은 장기적으로 유익하지 않다. 당신이 사용하는 것이 합법하다고 해서 주님 앞에서 옳은 것은 아니다.

당신의 가치관에 부합하고 장기적으로 유익이 되는 일을 합법적으로 행하는 것이 중요하다.

근신하라 깨어라 너희 대적 마귀가 우는 사자 같이 두루 다니며 삼킬 자를 찾나니(벧전 5:8).

깨어 있는 것은 모든 신앙인에 대한 하나님의 기준이다. 깨어 있으면 근신하고 주의할 수 있다.

마귀는 덫에 빠뜨리고 해를 끼칠 사람을 항상 찾는다. 술에 취한 마음은 마귀의 목표가 되기 쉽다. 따라서 당신은 그의 악한 계획과 계략에 희생될 수 있다.

> 사랑하는 자여 네 영혼이 잘됨 같이 네가 범사에 잘되고 강건하기를 내가 간구하노라(요삼 1:2).

하나님은 신앙인들이 건강하길 원하신다. 건강을 위해 합법적 약물을 먹는 것은 그분의 뜻에 반하지 않는다.

하나님의 말씀은 영혼의 건강과 몸의 건강을 연결한다. 그리스도에 속한 건강한 영혼은 건강한 몸과 일치해야 한다. 처방 약물의 남용은 둘 사이를 분리하고, 따라서 전인적으로 건강한 사람이 되는 것을 방해한다.

> 너희 몸은 너희가 하나님께로부터 받은 바 너희 가운데 계신 성령의 전인 줄을 알지 못하느냐 너희는 너희 자신의 것이 아니라 값으로 산 것이 되었으니 그런즉 너희 몸으로 하나님께 영광을 돌리라(고전 6:19-20).

신앙인으로서 우리는 우리의 몸이 우리에게 속한 것이 아니라 주께 속한 것이라는 사실을 이해하게 된다. 그분은 우리의 몸을 성령을 위한 성소로 삼으셨다. 그러므로 우리는 우리의 몸이 손상되지 않도록 최선을 다해 돌봐야 한다.

우리는 또한 몸으로 하는 모든 것으로 하나님께 영광을 돌려야 한다. 따라서 몸에 해를 끼치는 어떤 일도 해서는 안 된다.

7 기도 첫걸음

> 주님!
> _____님의 인생과 이 문제에 직면하려는 _____님의 의지로 인해 감사드립니다. 쉽지 않은 일이기에, _____님에게 용기를 주심에 감사드립니다. _____님에게 중독을 이길 능력을 주시고 이 과정을 끝까지 해낼 수 있게 힘을 주시옵소서. _____님의 가족과 주위에 있는 사람들과 늘 함께하여 주시옵소서. 그들에게 힘을 주시고 지원하는 영을 주시옵소서.

추천 자료 8

추천 도서
Anderson, Neil T., Mike Quarles, and Julia Quarles. *Freedom from Addiction: Breaking the Bondage of Addiction and Finding Freedom in Christ*. Gospel Light, 1997.

Clinton, Tim. *Turn Your Life Around*. FaithWords, 2006.

Kuhar, Michael. *The Addicted Brain: Why We Abuse Drugs, Alcohol, and Nicotine*. Pearson Education, 2012.

McKeever, Bridget C. *Hidden Addictions: A Pastoral Response to the Abuse of Legal Drugs*. Haworth Press, 1998.

Minirth, Frank, Paul Meier, and Stephen Arterburn. *Miracle Drugs*. Thomas Nelson, 1996.

Welch, Edward T. *Addictions: A Banquet in the Grave: Finding Hope in the Power of the Gospel*. P&R, 2001.

추천 웹사이트
Centers for Disease Control: www.cdc.gov/mmwr/preview/mmwrhtml/mm6101a3.htm?s_cid=mm6101a3_w

Mayo Clinic: www.mayoclinic.com/health/prescription-drug-abuse/DS01079

National Center for Pain Medication Addiction: www.painmedicationaddiction.org/pain-relievers/commonly-abused-pain-relieverspainkillers?gclid=CPvb54K-4y7ACFQYTNAodZHywVQ

National Institute on Drug Abuse: www.drugabuse.gov/drugs-abuse/prescription-drugs

Web MD: www.webmd.com/mental-health/abuse-of-prescription-drugs

17 자극제

1 상황 묘사

- 앤디는 몇 달 동안 계속해서 악몽을 꾸고 있었다. 종종 그는 환각을 경험한다. 그리고 그의 부모가 그에게 그것은 실제가 아니라고 안심시키는 소리를 듣는다. 이런 악몽들이 너무 심해져서, 그는 17세로서는 이례적으로 부모 방에서 잠을 자야 했다.
어느 날, 자기 방에서 이상한 소리가 난다는 앤디의 요청으로 방을 살펴보던 어머니는 침대 밑에서 유리 파이프, 이상한 가루, 라이터, 수정처럼 생긴 물질을 발견했다. 그녀는 아들의 악몽과 환각의 근원을 이해하기 시작하면서 심장이 철렁 내려앉았다.

- 페넬로페가 고등학교 3학년 때 그녀의 부모는 힘겹고 쓰라린 이혼 절차를 밟게 되었다. 즐거운 활동과 경험으로 가득한 완벽한 3학년을 보내고자 했던 그녀의 꿈은 순식간에 부모의 끝없는 싸움을 견디고 열 살짜리 여동생을 돌보는 악몽과 고통으로 바뀌었다.
자신이 살아가는 현실의 고통을 감당할 수 없었던 페넬로페는 크리스탈 메스(crystal meth: 메스암페타민 결정체-역주)와 코카인을 남용하는 데 의지했다. 졸업식 날 밤에 페넬로페는 심장마비를 일으켜 중환자실에 나흘 동안 입원했다.

- 사라가 임신한 지 얼마 지나지 않아 그녀의 남자친구는 그녀와 결별하고 다른 주로 이사했다. 불안정한 직업을 가진 미혼모라는 가혹한 현실과 사랑하는 사람을 잃었다는 비탄에 직면한 사라는 그녀가 의지할 수 있는 유일한 위안과 즐거움의 원천으로 눈을 돌렸다. 바로 코카인이었다.

몇 달 후에 그녀는 조산아를 출산했다. 그 남자아기는 권장 몸무게의 절반밖에 안 되었고, 자궁 밖에서 살아남기 위해서 다양한 생명 유지 장치를 필요로 했다.

정의와 주요 개념 | 2

- 자극제는 에너지와 행복감을 증진하고 사용자의 기분을 상승시키는 약물의 일종이다.[1]
- 자극제에는 코카인(cocaine), 메스암페타민(methamphetamine), 암페타민(amphetamines), 메틸페니데이트(methylphenidate), 니코틴(nicotine), (엑스터시로 더 잘 알려진) MDMA 등이 있다.
- 코카인에는 두 가지 유형이 있다. 코카나무로 만든 가루와 크랙(crack)이다. 크랙은 약물 속에 함유된 염산을 제거하기 위해 가열된, 흡연에 적합한 형태이다.[2]
- 메스암페타민은 강력한 암페타민 약물에서 나온다. 메스암페타민은 두 가지 주요 형태, 결정체와 분말로 나온다. 이 약물은 물이나 알코올에 쉽게 용해되어 쉽게 검출되지 않을 수 있다. 미국에서 사용되는 메스암페타민의 대부분은 '슈퍼 실험실'(super lab)에서 나온다. 그러나 부동액과 배수관 세제, 배터리 산과 같은 값싸고 흔히 독성이 있는 성분들을 가지고 작은 실험실(small lab)에서도 만들어진다.[3]
- 암페타민은 대개 의사가 처방하는 약물로, 주의력 결핍 및 과잉행동 장애(ADHD) 같은 문제를 치료하는 데 사용된다. 암페타민은 대부분 알약 형태이다. 애더럴(Adderall)을 예로 들 수 있다. 이 약물은 보통 으깨서 코로 흡입한다.[4]

---

1 National Institute on Drug Abuse for Teens, "Stimulants: What Are They?" www.teens.drugabuse.gov/facts/facts_stim1.php#what_are_they
2 Ibid.
3 Ibid.
4 Ibid.

- 암페타민과 마찬가지로, 리탈린이나 콘서타 같은 메틸페니데이트는 주의력 결핍 및 과잉행동 장애를 효과적으로 치료하는 처방 약물로 종종 사용된다.[5]
- 코카인은 흔히 코크(coke), 스노우(snow), 플레이크(flake), 찰리(Charlie), 캔디(candy), 락(rock)으로 불린다. 크랙(crack)은 흡연에 적합한 형태의 코카인을 나타낼 때 사용되는 속칭이다. 다른 약물과 결합한 코카인은 위험한 혼합물이다. 헤로인과 결합하면 스피드볼(speedball)로 불린다.
- 메스암페타민을 나타내는 일반적인 이름에는 메스(meth), 초크(chalk), 스피드(speed), 티나(tina)가 있다. 아이스(ice), 크리스털(crystal), 글라스(glass), 파이어(fire), 고패스트(go fast)라고도 불린다.
- 암페타민의 속칭에는 베니(bennies), 크로스(crosses), 트럭 드라이버(truck drivers), 하트(heart) 등이 있다.
- 메틸페니데이트의 속칭에는 리츠(rits), 웨스트 코스트(west coast), 비타민 R이 있다.[6]
- 자극제는 대개 삼켜서 복용하는데, 혈류에 빠르게 흡수되는 주사나 흡연처럼 강한 효과를 가지지 못한다.[7]
- 새로운 연구에 따르면, 12세에서 17세 사이의 청소년 중 50만 명 이상이 비의료적 목적으로 자극제를 사용한다.[8]
- 위의 연구는 이러한 사용자가 청소년 인구의 2퍼센트 정도를 차지한다고 보고한다. 사용자의 71퍼센트는 이러한 약물 사용과 관련하여 비행을 저질렀다. 비행에는 심각한 싸움, 권총 소지, 불법적 약물 판매, 절도가 포함된다. 그들 중 23퍼센트는 우울증 증상을 나타냈다.[9]

---

5 Ibid.
6 Ibid.
7 Ibid.
8 SAMHSA News, "Stimulants and Delinquent Behavior," www.samhsa.gov/samhsa_news/volumexvi_2/article13.htm.
9 The National Survey on Drug Use and Health Report, "Nonmedical Stimulant Use, Other Drug Use, Delinquent Behaviors, and Depression among Adolescents," www.oas.samhsa.gov/2k8/stimulants/depression.pdf.

- 자극제의 단기 영향에는 극도의 즐거움, 집중력 향상, 식욕 감퇴 등이 있다. 다른 단기 영향에는 불안감과 예민성, 심박수 증가, 혈압 상승, 체온 상승, 메스꺼움, 근육 경련, 흐릿한 시야, 정신 착란 등이 있다.[10]
- 자극제를 장기간 사용하면 몸의 내성이 증가하여 약물에 대한 갈망이 커지는 결과를 가져온다. 다른 영향에는 편집증, 공격성, 신경성 거식증, 환각, 망상, 치아 문제, 난폭한 행동, 흡입으로 인한 만성적인 콧물, HIV 같은 성병을 옮길 수 있는 잠재적으로 위험한 성행위가 있다.[11]
- 자극제 사용으로 인한 신체적 부작용과 정신적 부작용이 있다. 신체적 부작용에는 어지럼증, 떨림, 다한증, 피부홍조, 두근거림을 동반한 가슴 통증, 구토, 두통, 경련성 복통 등이 있다.[12]
- 정신적인 부작용에는 편집증, 공황, 자살/살인 성향, 적개심, 공격성, 환시 및 환청이 포함된다.[13]
- 이런 약물의 사용은 또한 심장 질환, 고체온증, 경련으로 이어져 치명적일 수 있다. 이런 질환들은 초기에 적절하게 치료를 받지 않으면 사망으로 마감하게 될 수도 있다.[14]
- 과다복용할 경우, 일반적으로 사망 직전에 고열, 경련, 심부전이 나타난다.[15]
- 자극제를 남용하는 임산부는 저체중이며 신체 활동이 저하된 아기를 출산할 위험이 높다. 자궁에 있을 때 엄마가 이러한 약물들을 남용했던 아이들은 학업을 방해하는 주의력 장애를 갖게 될 수 있다.[16]
- 자극제는 정신적 및 육체적 작업으로 인한 피로를 해소하는 작용을

---

10 National Institute on Drug Abuse for Teens, "Stimulants: What Are They?"
11 Ibid.
12 U.S. Drug Enforcement Administration, "Stimulants," www.justice.gov/dea/druginfo/factsheets.shtml.
13 Ibid.
14 National Institute on Drug Abuse for Teens, "Stimulants: What Are They?"
15 U.S. Drug Enforcement Administration, "Stimulants."
16 Ibid.

한다.[17]
- 커피, 차, 탄산 음료에 함유된 카페인은 처방전 없이 구할 수 있는 대중적인 자극제다.[18]
- 자극제는 적당히 사용되면 도움이 될 수 있다. 각성도를 높이고 불쾌감을 완화하는 데 도움이 되기 때문이다. 자극제는 비만에 도움이 되기 때문에 체중 감량 약물로 인기가 있다. 또한, 기면증과 주의력 결핍 장애 치료에 도움이 된다.[19]
- 자극제는 각성도를 촉진하는 약물이지만, ADHD를 진단받은 환자에게는 진정 효과를 주기 때문에 ADHD 치료제로 사용된다.[20]
- ADHD 환자 치료에 사용되는 일반적인 정신자극제에는 암페타민-덱스트로암페타민(amphetamine-dextroamphetamine), 애더럴(Adderall), 메틸페니데이트(methylphenidate), 리탈린(Ritalin), 리스덱삼페타민(lisdexamfetamine), 비반세(Vyvanse) 등이 있다.[21]
- 사람들이 자극제를 남용하는 몇 가지 이유는 자신들의 자존감을 높이고, 정신적, 육체적 수행 능력을 향상하고, 체중 감량 목적을 위해 식욕을 줄이고, 잠들지 않는 시간을 늘리기 위해서다.[22]
- 자극제 사용자에게는 이러한 약물에 대한 내성이 매우 빠르게 생기며, 신체적, 정신적으로 의존하게 된다.[23]
- 자극제 사용을 갑자기 중단하면, 우울증, 약물에 대한 갈망, 불안, 탈력감(crash)이라고 알려진 극심한 신체적 탈진을 초래할 수 있다.[24]

---

17 Ibid.
18 Ibid.
19 Ibid.
20 Medline Plus, "Attention Deficit Hyperactivity Disorder," U.S. National Library of Medicine, www.nlm.nih.gov/medlineplus/ency/article/001551.htm.
21 Ibid.
22 U.S. Drug Enforcement Administration, "Stimulants."
23 Ibid.
24 Ibid.

진단 인터뷰 3

1) 선행 질문

1. 최근 몇 년 사이에 자극제 사용이 늘었습니까 아니면 줄었습니까?
2. 사용을 중단했던 시기가 있었습니까?
   어떤 약물들을 복용해 왔고, 어떤 문제로 복용했습니까?
3. 중독 때문에 치료를 받았거나 다른 이유로 상담을 받은 적이 있습니까?
4. 당신의 자극제 사용으로 상처를 받았거나 우려를 표한 가족이 있습니까?
   당신의 자극제 사용이 결혼 생활에 어려움을 주고 있습니까?
   자극제 사용으로 인해 법적 문제에 처한 적이 있습니까?
   만일 그랬었다면, 당신의 행동이 초래했던 법적 결과는 무엇이었습니까?

2) 일반 질문

1. 당신은 보통 어떤 유형의 자극제를 사용하십니까?
   다른 약물과 함께 사용하십니까?
2. 몇 살 때부터 자극제를 사용하기 시작했습니까?
   왜 시작했는지 기억할 수 있습니까?
3. 당신은 자신의 자극제 사용에 대해 걱정해 본 적이 있습니까?
   그렇다면 혹은 그렇지 않다면, 이유가 무엇입니까?
   당신의 자극제 사용과 관련하여 생명을 위협하는 사건이 발생했던 적이 있습니까?
   그것은 당신의 생명이었습니까, 아니면 다른 사람의 생명이었습니까?
4. 당신은 가까운 친구와 가족에게 자극제를 사용하라고 권장하겠습니까?

그렇다면 혹은 그렇지 않다면, 그 이유가 무엇입니까?
5. 당신의 친구들이나 가족에게 자극제를 과도하게 사용하는 것을 감추려고 한 적이 있습니까?
그들은 당신의 자극제 사용에 대해 자세히 알고 있습니까?
6. 당신이 어릴 때 가족 중에 자극제를 심각하게 사용했던 사람이 있습니까?
그 사람은 누구입니까?
당신이 자랄 때 그 사람의 자극제 사용에 대해 어떻게 생각했습니까?
7. 당신의 자극제 사용이 직장이나 학교, 다른 일터에 어떤 영향을 끼쳤습니까?
당신의 상사가 당신의 자극제 사용 때문에 당신을 해고하겠다고 위협했던 적이 있습니까?
8. 이 약물을 끊으려 시도했던 적이 있습니까?
그 시도가 얼마나 성공적이었습니까?
당신이 약물을 끊도록 도와줄 수 있는 사람이 주위에 있습니까?
9. 약물의 사용을 중지하면 당신의 가족이 나아지거나 영향을 받겠습니까?
10. 당신은 자신이 강한 믿음을 갖고 있다고 생각하십니까?
하나님에 대한 당신의 믿음은 이 약물에 대한 의존을 끊으려고 했던 바람이나 과거의 시도에서 어떤 역할을 했습니까?
맑은 정신을 갖게 되는 여정에서 그분이 중요한 부분을 차지한다고 생각하십니까?

4 지혜로운 상담을 위한 조언

자극제 사용은 망상과 환각의 원인이 될 수 있다. 따라서 내담자에게 이런 경험을 했는지 물어보는 것은 중요하다. 이에 더해, 내담자의 의사에게 내담자의 건강 상태를 위해서 자극제를 처방했었는지 확인하라.
자극제에 중독된 사용자들은 중독의 심각성에 대해 부정할 가능성이 크다는 것을 명심하라. 당신의 내담자는 자신이 문제를 안고 있다는 사실을 인정하지 않을 수 있다. 자극제는 합법적으로 처방될 수 있는 약물이므로 일부 내담자들은 자신의 약물 남용을 합법적인 약물 사용이라고 주장하며 정당화할 수도 있다. 그들은 약물 남용을 자신이 고통받고 있는 심각한 의료 문제 탓으로 돌리며 정당화할 수도 있다.

내담자의 배우자나 자극제 사용 문제를 이해할 수 있는 나이의 다른 가족과 인터뷰를 하여 그들이 할 수 있거나 하기 힘든 행동이 있는지 알아보라. 자극제 사용자가 자극제를 끊고 회복될 수 있도록 격려하는, 유익한 대체 행동에 대해 논의하라.

상담사를 위한 행동 단계 | 5

다음은 상담사가 따라야 할 단계들이다.

1) 건강 검진을 권면하라

- 건강 검진을 받는 것은 자극제 사용과 관련된 건강상의 문제를 판단하는 데 도움이 될 것이다.

2) 계약서를 준비하라

- 자극제 사용자들이 물질 사용을 그만두고 그들의 문제에 대한 도움을 구하기로 동의하는 동반 책임 시스템을 따르도록 도우라.
- 합의에 도달한 후에, 당신 또는 다른 상담사와 내담자는 계약서에 서명해야 한다.

3) 전문가의 도움을 받도록 조언하라

- 내담자를 격려하여 약물 의존에 대한 전문가를 만나 진단을 받도록 하라. 이것은 그의 자극제 사용이 중독인지 아닌지를 판단하는 데 도

움을 줄 것이다. 이런 진단은 지역 사회의 정신 건강 기관, 병원, 약물 남용 센터 등에서 이뤄질 수 있다.
- 만일 중독이나 정신 질환과 관련된 이중 장애로 판명되면, 자극제 중독을 치료하는 전문 상담사를 통해 도움을 받을 수 있다.
- 내담자를 격려하여 자극제 중독자의 회복을 위한 기독교 지원 프로그램을 통해 도움을 얻도록 하라.

4) 적절한 행동을 하도록 격려하라

- 가정에서 자극제 사용과 관련된 모든 물건을 치우는 일과 같은, 자극제의 사용 중단을 촉진하는 행동을 하도록 내담자를 격려하라.
- 내담자가 자극제 사용을 촉진하는 파티나 레이브 파티와 같은 환경을 피하도록 격려하라.
- 내담자에게 자극제를 사용하고 싶은 충동이 일어날 때, 그것을 대체할 수 있는 활동을 계획하도록 도움을 주라.

5) 도움을 구하도록 가족을 격려하라

- 내담자의 가족에게 자극제 사용자 가족을 위한 기독교 중심의 지원 프로그램을 찾아보도록 격려하라.

6 성경적 통찰

너희 몸은 너희가 하나님께로부터 받은 바 너희 가운데 계신 성령의 전인 줄을 알지 못하느냐 너희는 너희 자신의 것이 아니라 값으로 산 것이 되었으니 그런즉 너희 몸으로 하나님께 영광을 돌리라(고전 6:19-20).

신앙인으로서 우리는 우리의 몸이 우리에게 속한 것이 아니라 주께 속한 것이라는 사실을 이해하게 된다. 그분은 우리의 몸을 성령을 위한 성소로 삼으셨다. 그러므로 우리는 우리의 몸이 손상되지 않도록 최선을 다해 돌봐야 한다.

우리는 또한 몸으로 하는 모든 것으로 하나님께 영광을 돌려야 한다. 따라서 몸에 해를 끼치는 어떤 일도 해서는 안 된다.

> 사랑하는 자여 네 영혼이 잘됨 같이 네가 범사에 잘되고 강건하기를 내가 간구하노라(요삼 1:2).

하나님은 신앙인들이 건강하길 원하신다. 하나님의 말씀은 영혼의 건강과 몸의 건강을 연결한다. 그리스도에 속한 건강한 영혼은 건강한 몸과 일치해야 한다. 자극제의 남용은 둘 사이를 분리하고, 따라서 전인적으로 건강한 사람이 되는 것을 방해한다.

자극제 남용은 또한 하나님과의 정서적 연결의 상실과 같은 영혼의 더 깊은 문제를 두드러지게 할 수 있다. 이 문제를 다루고 내담자가 주님에 대한 믿음을 회복하거나, 갱신하거나, 재활성화할 수 있도록 돕는 것은 중요하다.

> 그러므로 자기를 힘입어 하나님께 나아가는 자들을 온전히 구원하실 수 있으니 이는 그가 항상 살아 계셔서 그들을 위하여 간구하심이라(히 7:25).

주 예수님이 죽고 다시 사셔서 우리가 하나님께 가까이 나갈 수 있도록 하셨다. 그분은 우리를 구원하심으로써 우리와 하나님 사이의 갈라진 틈을 메우셨다. 그분은 우리가 어려움이나 유혹을 직면할 때 우리를 대신하여 계속해서 중재하신다. 우리가 그분께 가까이 다가갈 때, 우리에게 필요한 모든 치유를 얻는다.

> 속지 말라 악한 동무들은 선한 행실을 더럽히나니(고전 15:33).

때때로 우리가 처한 환경은 우리의 결정과 일에 영향을 미친다. 나쁜 습관을 끊기 위한 여정에서 우리를 격려하고 붙들어 주는 사람들과 함께

하는 것은 중요하다.

옛 습관과 좋지 않은 습관을 유발하는 환경을 피하고 주님의 눈에 옳은 일을 하도록 우리를 격려하는 경건한 사람들과 함께하는 것도 중요하다.

> 너희 자신을 종으로 내주어 누구에게 순종하든지 그 순종함을 받는 자의 종이 되는 줄을 너희가 알지 못하느냐 혹은 죄의 종으로 사망에 이르고 혹은 순종의 종으로 의에 이르느니라(롬 6:16).

하나님의 말씀은 우리가 어떤 것에 우리 자신을 내어줄 때 노예가 된다는 사실을 보여 준다. 우리는 우리가 남용하는 물질의 노예가 된다. 따라서 중독을 극복하는 것이 어렵다는 사실은 전혀 놀랍지 않다. 그러나 좋은 소식은 우리가 우리의 의지를 주 예수께 내어 드릴 수 있다는 것이다. 그분은 우리가 순종하고 기쁘게 해 드릴 우리의 새로운 주인이 되실 것이다.

> 사람이 감당할 시험 밖에는 너희가 당한 것이 없나니 오직 하나님은 미쁘사 너희가 감당하지 못할 시험 당함을 허락하지 아니하시고 시험 당할 즈음에 또한 피할 길을 내사 너희로 능히 감당하게 하시느니라(고전 10:13).

중독에서 회복되는 길은 쉽지 않다. 약물을 남용했던 옛 습관에 다시 빠지도록 하는 유혹이 있을 것이다. 주께서는 그리스도를 신뢰하는 중독자가 회복의 길을 가는 동안 늘 동행하겠다고 약속하신다. 그분은 중독자가 유혹에 저항하거나 견딜 수 있도록 힘을 주실 것이다. 하나님께서는 중독자가 감당할 수 없는 유혹으로 인해 고통받도록 놔두지 않으실 것이다. 만일 유혹이 감당할 수 없을 정도로 너무 크다면, 주께서는 회복되고 있는 중독자에게 피할 길을 마련해 주실 것이다.

7 기도 첫걸음

오, 주님!
_____님의 인생과 이 문제에 직면하려는 _____님의 의지로 인해 감사드립니다. 쉽지 않은 일이기에, _____님에게 용기를 주심에 감사드립니다. _____님에게 중독을 이길 능력을 주시고 이 과정을 끝까지 해낼 수 있는 힘을 주시옵소서. _____님의 가족과 주위에 있는 사람들과 늘 함께하여 주시옵소서. 그들에게 힘을 주시고 지원하는 영을 주시옵소서. _____님이 어려운 여정을 감당하는 동안에 _____님을 격려할 사람들을 허락해 주시옵소서.

8 추천 자료

추천 도서

Anderson, Neil T., Mike Quarles, and Julia Quarles. *Freedom from Addiction: Breaking the Bondage of Addiction and Finding Freedom in Christ*. Gospel Light, 1997.

Clinton, Tim. *Turn Your Life Around*. FaithWords, 2006.

Hedgcorth, Debra. *Mind over Meth*. Tate Publishing, 2008.

Kuhar, Michael. *The Addicted Brain: Why We Abuse Drugs, Alcohol, and Nicotine*. Pearson Education, 2012.

May, Gerald G. *Addiction and Grace: Love and Spirituality in the Healing of Addiction*. HarperOne, 2006.

Moore, Beth. *Breaking Free: Discover the Victory of Total Surrender*. Broadman & Holman, 2007.

Welch, Edward T. *Addictions: A Banquet in the Grave: Finding Hope in the Power of the Gospel*. P&R, 2001.

추천 웹사이트

National Center for Biotechnology Information: www.ncbi.nlm.nih.gov/books/NBK64333/

National Institute on Drug Abuse: www.drugabuse.gov/publications/drugfacts/stimulant-adhd-medications-methylphenidate-amphetamines

National Institute on Drug Abuse for Teens: www.teens.drugabuse.gov/facts/facts_stim1.php#what_are_they

Stimulant Abuse: www.stimulantabuse.net/

제3부

행동 중독

제3부에서는 행동 중독과 회복의 중요한 측면을 포괄적으로 살펴본다. 행동 중독은 물질과 연관되어 있지 않으며, 종종 오랜 시간 반복되는 강박적 행동을 포함한다.

이에 더해, 이런 행동들은 일반적으로 여러 영역(신체적, 정신적, 감정적, 관계적, 영적 영역)에서 사람에게 영향을 끼칠 수 있는 심각하고 부정적인 결과를 초래한다. 중독자는 자신이나 다른 사람들에게 해를 끼치게 되더라도 자신의 행동을 통제하려고 애쓴다. 성경에 근거한 돌봄과 상담의 원리들은 치유와 온전함, 회복의 기회를 제공한다.

회복의 길과 관련하여 서론에서 소개된 네 가지 기본적 단계를 기억하라.

1단계: **인정하고 수용하라**(고백의 역할과 비밀의 힘 깨뜨리기)

2단계: **감염을 제거하라**(애통의 역할과 부정의 힘 깨뜨리기)

3단계: **마음을 새롭게 하라**(진리의 역할과 불신앙의 힘 깨뜨리기)

4단계: **의지를 실천하라**(책임의 역할과 두려움의 힘 깨뜨리기)

보디빌딩과 신체 이미지 18

상황 묘사 | 1

- "무슨 일이지?
  통제할 수 없는 기분이야."
  조는 13살 때부터 보디빌딩을 했다.
  "저는 거울에 비친 제 근육의 크기와 윤곽이 마음에 듭니다. 하지만 최근에는 근육이 축 늘어진 저 자신의 이미지가 머릿속에서 사라지지 않습니다. 저는 매일 아침저녁으로 두 시간씩 헬스장에서 운동하고 있지만, 아직도 부족하고 뚱뚱하다는 느낌을 떨칠 수가 없습니다.
  제 친구들은 더 이상 저를 만날 수가 없다고 합니다. 동의합니다. 헬스장에서 시간을 많이 보내고 있고, 집 근처에 있는 곳과 직장 근처에 있는 두 곳의 헬스장 회원권을 위해 내는 돈이 만만치 않습니다."

- 어느 날 11살 난 메간이 말했다.
  "엄마 저 지금 다이어트 중이에요. 그래서 아침을 먹을 수 없어요."
  메간의 엄마는 자신의 건강하지 않은 자아상이 음식에 대한 딸의 생각에 영향을 끼쳤다는 사실을 전혀 알아차리지 못했었다. 그녀는 자신의 몸에 불만족스러워하고, 뚱뚱하다고 생각하며 거울을 보는 것을 혐오하는 것이 자신만의 비밀이라고 생각했었다.

- 칼리는 여느 16세 청소년과 비슷하다. 그녀는 교회에서 청소년 모임에 참여하고, 고등학교 연극부에서 활동하고, 지역 동물보호소에서 자원봉사한다.
  그러나 칼리는 부모에게 비밀로 하는 것이 있다. 그녀는 자신의 외모를 싫어한다. 그래서 거울에 비치는 자신의 이미지를 바꾸려고 애쓰면서 끊임없이 운동한다. 그녀는 식사를 거르고, 거의 먹지 않고, 다가오는 연극 의상이 몸에 맞지 않을까 봐 걱정한다. 그녀의 치수는 8이고, 연극 감독은 보기 좋다고 말하지만, 칼리는 그 말을 믿지 못한다. 그녀는 자신의 외모를 증오하며, 이를 어떻게 할 수 없다는 기분이 너무 싫다.

2 정의와 주요 개념

- 보디빌딩이나 신체 이미지 중독은 다른 이들과의 관계를 해치고, 재정 상황에 부정적 영향을 끼치며, 건강을 해치는 수준까지 과도하게 외모에 집착하거나 운동하거나 훈련하는 데서 오는 아드레날린을 느끼기를 원하는 **통제할 수 없는 욕구나 충동**이다.
- 보디빌딩과 신체 이미지 중독은 거식증이나 폭식증 같은 섭식 장애로 이어질 수 있다.
- 여러 가지 근본적 영향에는 건강하지 않은 자아상, 우울증, 분노, 강박감 등이 있다.
- 일반적으로 스트레스 호르몬은 사람이 위급상황에 대처하는 데 도움이 된다. 아드레날린과 코티솔(cortisol), 다른 스트레스 호르몬은 자극제로써, 에너지, 흥분감, 기운이나 힘을 창출한다. 다른 운동들과 마찬가지로 보디빌딩은 아드레날린이 급증하는 것을 느끼기 위해 더 많은 운동을 하고 싶도록 만들 수 있다. 종종 이것은 흥분을 지속시키기 위해 과다한 운동을 하는 중독으로 이어질 수 있다.[1]
- **아드레날린-후 우울증**(post-adrenaline depression)은 운동, 스포츠 경기, 직장에서 스트레스를 많이 받은 날 이후 **아드레날린의 효과가 사라질 때** 발생한다. 우울하고, 초조하고, 짜증 나고, 예민하며, 화를 내게 된다.[2]

---

[1] Archibald D. Hart, *Healing Life's Hidden Addictions* (Ann Arbor, MI: Servant, 1990), 39-42.
[2] Ibid.

- 금단 증상은 격렬한 활동의 중간기에 발생한다. 금단 현상은 아드레날린 수치가 낮을 때 나타나고, 일터나 학교에서 더 많은 운동이나 활동, 강렬함을 갈망하게 된다.[3] 보디빌딩과 과도한 운동이 잠재적 중독성을 가진 이유이기도 하다.
- 일부 연구에 따르면, 과도한 운동으로 인한 스트레스에 몸이 반응할 때 베타-엔도르핀(beta-endorphins)이 분비된다. 베타-엔도르핀은 중독성이 있고, 식욕을 억제하며, 불안을 차단하고, 극도의 행복감을 유발한다.
- 1970년대부터 1990년대까지의 십 대 여성 잡지를 대상으로 한 연구에서, 잡지들의 74퍼센트는 운동의 주된 이유가 멋지게 보이기 위해서라고 답했고, 51퍼센트는 체중 감량과 칼로리 소모를 위해서라고 말했다.[4]

진단 인터뷰 3

1. 거울을 보는 데 얼마나 많은 시간을 들이십니까?
   당신의 외모와 신체 이미지에 대해 생각하는 데 많은 시간을 보내십니까?
2. 언제부터 당신의 외모에 만족하지 않게 되었습니까?
3. 하루에 한 번 이상 운동을 합니까?
   부상을 당해도 운동을 합니까?
4. 거울에 비친 모습을 보면서 마지막으로 행복했던 때가 언제입니까?
   멋있게 보이고 싶은 욕망이 다른 사람과의 관계에 영향을 미칩니까?
5. 당신의 친구, 가족, 또는 동료가 당신의 행동을 알고 있습니까?
6. 당신은 자신을 다른 사람들, 즉 당신 주위에 있는 사람들이나 미디어

---

3   Ibid.
4   E. O. Guillen and S. I. Barr, "Nutrition, Dieting, and Fitness Messages," *Journal of Adolescent Health* 15 (1994): 464-72.

에 등장하는 사람들과 비교하십니까?
이러한 비교는 부정적입니까?
만약 그렇다면, 이것이 당신의 행동에 어떤 영향을 끼치고 있습니까? 과도하게 운동하거나, 음식 먹기를 멈추거나 아니면 다른 방식으로 반응하십니까?
7. 만일 한 가지를 바꾼다면, 무엇을 바꾸겠습니까(체형, 턱, 코, 지방, 신체 비율, 근육 모양, 기타)?
그것이 바뀌면 당신의 외모에 만족하시겠습니까?
8. 우리에 대한 하나님의 관점에 비추어 볼 때, 우리는 우리 자신을 어떻게 바라봐야 한다고 생각하십니까?

4 지혜로운 상담을 위한 조언

우리는 자신에 대한 부정적인 메시지가 넘쳐나는 이미지-중심의 문화에서 살고 있다. 미디어는 어떤 모습의 남자와 여자가 인기 있고, 성공하고, 매력적인지를 다양한 예를 통해 보여 준다. 이러한 메시지들은 우리의 사고방식에 영향을 미치고, 우리의 목표, 행동, 그리고 행위를 좌우한다.

우리가 신체적인 것에 지나치게 집중할 때, 우리는 영적인 것을 보지 못하게 된다. 사무엘상 16:7의 말씀을 기억하라.

> 그의 용모와 키를 보지 말라 내가 이미 그를 버렸노라 내가 보는 것은 사람과 같지 아니하니 사람은 외모를 보거니와 나 여호와는 중심을 보느니라 하시더라(삼상 16:7).

자신에 대해 훌륭하게 느껴야 할 필요성은 종종 실패나 거절의 고통을 피하려는 내적 욕구에서 비롯된다. 하나님의 아들과 딸로서, 우리는 사랑 받고 용납된다. 우리의 갈망은 우리의 창조주를 기쁘시게 하고, 그분이 사람의 마음과 중심을 보신다는 사실을 이해하는 것이어야 한다. 우리가 그리스도와의 관계 안에 머무르고 우리 모습 그대로에 만족할 때, 우리는 하나님께서 우리를 보시는 것처럼 우리 자신을 바라볼 수 있다. 이것은 또한 우리의 외모를 보는 올바른 시각에 대한 이해를 넓혀 준다.

내담자를 위한 행동 단계 | 5

1) 당신의 행동이 당신의 삶에 어떤 영향을 끼치는지 직시하라

- 만일 보디빌딩, 과도한 운동과 훈련, 또는 신체 이미지 문제가 배우자, 친구, 가족과의 관계에 영향을 끼치거나 건강상의 문제를 초래한다면, 당신은 무언가가 통제할 수 없게 되었다는 사실을 받아들여야 한다.
- 신체에 관한 지나친 관심은 재정적인 부담을 안길 수 있다. 헬스장 회원권 비용, 고가의 식단, 고가의 기구, 옷, 장비는 당신의 재정에 부담이 될 수 있다.

2) 진실을 인정하라

- 당신의 현재 행동을 고치려고 시도하지 않으면, 아무것도 개선되지 않을 것이라는 사실을 이해하라.
- 당신의 과도한 운동이나 훈련이 당신의 건강과 관계에 해를 끼치고 있다면, 결국 무언가는 포기되어야 한다.

3) 하나님의 형상으로 창조되었다는 사실을 묵상하라

- 하나님은 당신이 하는 일을 통해 영광을 받으시기를 원한다. 이것은 외모나 몸을 가꾸기 위한 어떤 노력보다 앞선다.

4) 운동 시간을 제한하라

- 하루에 한두 시간만 운동에 할애하고, 더 많은 시간을 가족들과 보내

는 데, 그리고 다른 사람들을 도움으로써 하나님을 섬기는 데 사용하라. 이것은 당신의 시간을 나누는 좋은 방법이다. 하나님과 사람들과의 관계를 위한 시간은 하루에 3시간 이상 운동하는 것보다 더 중요하다.
- 운동은 좋은 것이다. 그러나 지나치면 삶에서 훨씬 더 중요하고 우선되는 것을 침해할 것이다.
- 다른 활동에 집중하는 것이 우리의 삶과 우선순위를 제자리로 되돌려준다면, 그것 또한 충분히 유익하다.

5) 하나님께 영광을 돌리는 목표를 세우라

- 하나님이 당신의 내면(마음, 삶에서 나온 생각, 성품)을 변화시켜 주시는 것에 더 큰 가치를 두고, 외면의 모습에 집착하는 시간과 에너지를 아끼라.
- 외적 및 내적 동기와 추구의 건강한 균형을 맞추도록 하라.
- 당신의 몸에 바치는 시간을 제한하는 데 도움이 되는 측정 가능한 작은 목표를 정하라.
- 시간을 어떻게 보낼 것인지에 대한 새로운 목표를 기록하라.
- 이러한 목표들이 가족과 친구와 함께 보내는 시간, 교회와 지역 사회 참여, 학교 참여, 자원봉사와 같이, 성장이 필요한 영역을 분명하게 나타낼 수 있도록 하라.

6) 꾸준히 실행하라

- 당신이 꾸준히 운동하고 꾸준히 외모를 가꾸어 왔듯이, 새로운 목표를 이루는 것도 하나의 꾸준한 생활 방식이 될 수 있도록 노력하라.
- 당신의 영적인 삶에서 탁월성을 갖추도록 노력하라.

성경적 통찰 | 6

> 내가 주께 감사하옴은 나를 지으심이 심히 기묘하심이라 주께서 하시는 일이 기이함을 내 영혼이 잘 아나이다 … 하나님이여 주의 생각이 내게 어찌 그리 보배로우신지요 그 수가 어찌 그리 많은지요 내가 세려고 할지라도 그 수가 모래보다 많도소이다 내가 깰 때에도 여전히 주와 함께 있나이다(시 139:14, 17-18).

우리의 창조주께서는 우리를 너무나 사랑하셔서 바다의 모래보다 더 많이 우리를 생각하신다!
하나님이 인간을 창조하셨을 때, 그분께 큰 기쁨을 드리는 능력과 특성을 가진 아름답고 놀라운 존재로 우리를 만드셨다!
우리가 속한 문화는 우리의 외모가 항상 부족하다고 말할지라도, 하나님은 우리의 모습 그대로를 기뻐하신다!

우리의 가치는 그리스도 안에 있다는 사실을 절대로 잊어서는 안 된다. 그분은 우리를 너무 사랑하셔서 우리를 구원하기 위해 자신의 목숨을 버리셨다.

> 고운 것도 거짓되고 아름다운 것도 헛되나 오직 여호와를 경외하는 여자는 칭찬을 받을 것이라(잠 31:30).

> 육체의 연단은 약간의 유익이 있으나 경건은 범사에 유익하니 금생과 내생에 약속이 있느니라(딤전 4:8).

운동, 신체 단련, 우리의 몸을 건강하게 유지하려는 바람은 좋은 것이다. 그러나 우리의 겉모습에 지나치게 집중하게 되면, 우리의 몸, 다른 이들과의 관계, 그리스도와의 관계에 해를 끼칠 수 있다. 그렇다면 우리는 멈춰 서서, 우리가 과도하게 운동하거나 자신의 이미지를 너무 비판적인 시각으로 보는 이유를 다시 생각해 봐야 한다.

우리는 하나님이 우리의 중심과 동기를 먼저 보시고 우리의 외모를 그리 중요하게 생각하지 않으신다는 사실을 반드시 이해해야 한다. 몸은 일시적이지만 영혼은 영원하다. 우리의 몸은 창조주를 예배하고 섬기는 도구이다. 예배하고 집착하는 대상이 되어서는 안 된다.

> 너희 몸은 너희가 하나님께로부터 받은바 너희 가운데 계신 성령의 전인 줄을 알지 못하느냐 너희는 너희 자신의 것이 아니라 값으로 산 것이 되었으니 그런즉 너희 몸으로 하나님께 영광을 돌리라(고전 6:19-20).

그리스도인들로서, 우리는 우리 자신이 구세주이신 예수 그리스도께서 피 값으로 사신 존재라는 사실을 기억해야 한다. 우리는 그분의 가족에 입양되었고, 지금은 살아 있는 하나님의 자녀들이다. 우리는 우리 자신의 것이 아니다. 하나님이 구속하셨기 때문에, 우리는 그분의 것이다. 우리 몸도 그분의 것이다. 따라서 우리는 우리 몸을 오용하거나 비하해서는 안 된다.

> 그러므로 형제들아 내가 하나님의 모든 자비하심으로 너희를 권하노니 너희 몸을 하나님이 기뻐하시는 거룩한 산 제물로 드리라 이는 너희가 드릴 영적 예배니라(롬 12:1).

하나님과 우리와의 관계를 이해하고 하나님의 자녀라는 우리의 신분을 이해하는 것은, 우리가 우리의 몸을 어떻게 이해해야 하는지에 대한 책임을 받아들이도록 돕는다. 하나님께서 우리에게 원하시는 것은 우리 자신과 거울에 비친 우리의 이미지를 찬미하는 것이 아니다. 하나님께서는 우리가 우리의 몸을 사용하여 그분을 섬기고 그분의 사역을 하게 되기를 원하신다.

우리가 그 사실을 알게 될 때 우리는 우리 자신보다 그분을 더욱 갈망하게 될 것이다. 그리스도 안에서 우리가 누구인가에 대한 건강한 이미지는 신체 이미지와 운동에 대한 충동을 조절하도록 돕는 가이드가 될 것이다.

기도 첫걸음 | 7

하늘에 계신 사랑하는 아버지!
_____님이 우리의 창조주이신 당신께 얼마나 귀한 존재인지 볼 수 있도록 도와주시옵소서. 우리의 눈을 열어 주셔서, 주님이 우리를 위해 십자가에서 행하신 일에 비추어 우리 자신의 가치를 볼 수 있도록 도와주시옵소서. _____님이 자신의 몸에 너무 많은 시간을 소비하게 만드는 모든 감정과 동기를 극복할 수 있도록 그(녀)에게 힘을 허락해 주시기를 기도합니다. 주님, 하나님께 영광을 돌리는 균형 잡힌 삶을 살아갈 수 있도록 우리를 도와주시옵소서.

추천 자료 | 8

추천 도서

Graham, Michelle. *Wanting to Be Her: Body Image Secrets Victoria Won't Tell You*. InterVarsity, 2005.

Hart, Archibald D. *Healing Life's Hidden Addictions*. Servant, 1995.

___. *The Hidden Link between Adrenaline and Stress*. Thomas Nelson, 1995.

Hersh, Sharon A. *Mom, I Feel Fat: Becoming Your Daughter's Ally in Developing a Healthy Body Image*. Random House, 2001.

Newman, Deborah. *Comfortable in Your Own Skin: Making Peace with Your Body Image*. Focus on the Family, 2007.

Reall, Scott. *Journey to Healthy Eating: Freedom from Body Image and Food Issues*. Thomas Nelson, 2008.

TerKeurst, Lysa. *Made to Crave: Satisfying Your Deepest Desire with God, Not Food*. Zondervan, 2010.

추천 웹사이트

Diet Blog:www.diet-blog.com/06/bodybuilding_the_new_form_of_drug_abuse.php

19 자상과 자해

1 상황 묘사

- "저도 제가 왜 그러는지 모르겠어요!"
  14살인 소피는 자신의 행동을 설명하려고 애쓰면서 말한다.
  "전 그냥 저를 해치고 싶었을 뿐이에요. … 저를 베었을 때 고통과 괴로움이 없어지는 것 같아요."
  대부분 사람이 소피에 대해 모르는 것은 그녀가 12살 때 사촌 오빠에게 성적 학대를 당한 후 매일 수치심을 안고 살아간다는 사실이다.

- 20살의 대학생인 잭은 16살에 흡연을 시작했다. 학교에서 받는 스트레스와 또래와 함께할 때의 만족스럽지 못한 느낌이 자신에게 "미친 짓"을 하게 만든다고 그는 말한다.
  "전 담배를 손이나 손목에 댑니다. 그것은 제 느낌을 보여 주는 방식입니다. 때때로 너무 화가 나서 손이 피투성이가 될 때까지 벽을 주먹으로 치곤 합니다."

- 캐리의 부모는 그녀가 최근에 매우 조용하고 움츠려 보이는 것을 알아차렸다. 하루가 어땠냐고 물어보면 캐리는 극도로 화를 낸다. 캐리의 검은 옷과 검은 아이라이너, 시끄러운 음악은 그녀가 거쳐 가는 한 과정일 뿐이라고 생각했다.
  어느 날 아침, 캐리가 학교에 가기 전에 그녀의 어머니는 자신이 도울 수 있는 일이 없는지 물었다. 캐리는 바쁘다고 말하며 집을 나서려고 했다. 그녀의 어머니가 캐리의 팔을 잡았고, 캐리가 팔을 뿌리쳤을 때 그녀의 셔츠 소매가 찢어졌다. 그녀의 어머니는 캐리의 팔에 수직으로 길게 베인 많은 자상을 보고 너무 놀랐다. 왜 자해를 했냐고 어머니가 물었을 때, 캐리는 "그냥 날 좀 내버려 둬"라고 말하고는 집을 뛰쳐나갔다.

정의와 주요 개념 2

- 자상은 날카로운 기구를 사용하여 피부를 베어 피가 나도록 하는 행위이다. 얼핏 자살 기도로 보일 수도 있다. 그러나 이러한 유형의 자해 행동은 대개 뭔가 다르다. 자해 행위는 자신에게 상처를 줌으로써 감정적 고통으로 인식되는 것을 완화한다.[1]
- 2009년의 한 연구에 따르면, 응급실에 오는 7-24세 환자들의 44퍼센트는 신체적 자해 때문이다.[2]
- 자상과 자해 행위는 모든 사회, 문화, 경제 집단에 영향을 끼친다. 90퍼센트는 십 대나 그보다 어린 나이에 시작한다(40퍼센트는 남성이고, 거의 50퍼센트는 어릴 때 성적 학대를 당한 이력을 갖고 있다).[3]
- 자해와 자상(self-mutilation)은 고의로 몸을 상하게 하는 행위나 행동으로 정의된다. 때리기, 화상 입히기, 긁기, 긋기, 피어싱하기, 신체 일부를 세게 치기, 머리카락 뽑기, 심지어는 독성이 있거나 위험한 것을 삼키기가 포함된다.[4]
- 자상과 자해는 스트레스, 분노, 고통, 불안, 또는 과도한 압박감을 줄이거나 감정적으로 완화되기 위해 행해진다.[5]
- 자상과 자해가 종종 감정적 고통에서 벗어나는 결과를 가져오기는 하

---

1 Web MD, www.webmd.com/mental-health/features/cutting-self-harm-signs-treatment.
2 J. A. Bridge, S. Marcus, and M. Olfson, "Outpatient Care of Young People after Emergency Treatment of Deliberate Self-Harm," *Journal of the American Academy of Child and Adolescent Psychiatry* 47, no. 9 (2008), 213-22.
3 Web MD, www.webmd.com/mental-health/features/cutting-self-harm-signs-treatment.
4 HelpGuide, www.helpguide.org/mental/self_injury.htm.
5 Examiner.com, www.examiner.com/parenting-education-in-bu$alo/self-injury-facts.

지만, 그 효과는 일시적이고 그 감정의 느낌이 다시 쇄도하면서, 더 심한 신체적 고통을 가하고자 하는 더 큰 욕구를 갖게 한다.[6] 자상과 자해가 중독될 수 있는 이유이다.
- 자상과 자해는 폭식, 폭음, 우울증, 불안, 정신적 외상후 스트레스 장애, 조현병, 성격 장애(특히 경계성 인격 장애), 약물 사용 장애와 같은 다른 문제와 진단을 동반할 수 있다.
- 자해는 사고사의 위험을 높이기는 하지만 일반적으로 자살 의도가 없는 행위로 인식된다.
- 이러한 문제들은 검증된 의사의 도움이 필요할 수 있다.

3 진단 인터뷰

1. 당신은 걱정되거나 고통을 느낄 때 보통 어떻게 대처하십니까?
2. 대처에 도움이 되고자 알코올이나 약물을 사용한 적이 있습니까?
   만일 그렇다면, 어떤 상황에서 얼마나 많은 양을 사용했습니까?
3. 당신은 자해했던 적이 있습니까?
   만일 그렇다면, 당신이 고통을 느끼도록 만들었던 일은 무엇이었습니까?
4. 이전에 어떤 방식으로 자해했습니까?
   의사의 진료가 필요했습니까?
5. 당신은 자해를 멈추길 원하십니까?
   자해를 멈추고자 시도했던 적이 있습니까?
   당신은 자해를 멈추는 것이 두렵습니까?
6. 자해를 멈출 수 있도록 전문 상담사와 노력하겠다고 약속할 수 있습니까?
7. 당신은 그리스도와 인격적 관계를 맺고 있습니까?

---

6 Web MD, www.webmd.com/mental-health/features/cutting-self-harm-signs-treatment.

그분이 당신을 사랑하시고 이런 행동을 극복할 힘을 당신에게 주기 원하신다는 사실을 믿으십니까?

지혜로운 상담을 위한 조언 4

자해와 자상의 원인에는 여러 가지가 있다.

- 정신 외상을 초래할 정도의 과거 경험들
- 쌓인 기분과 감정을 표현하는 방식
- 압박과 스트레스, 고통을 푸는 방식
- 몸을 통제할 수 있는 느낌의 제공

자해와 자상으로부터의 회복은 친구와 가족의 관계적 지원 시스템뿐 아니라 상담과 강한 동반 책임감을 필요로 한다. 내담자들은 자해나 자상을 멈추려는 간절한 마음과 책임감이 있어야 한다. 치료 프로그램을 시작한 후에도 자해나 자상을 다시 할 수도 있다는 사실을 내담자에게 이해시켜야 한다. 상담사는 그런 상황에서도 내담자가 자신의 행동에 대해 솔직하게 이야기하고, 해로운 행동을 반복하지 않겠다는 책임감 있는 약속을 갱신할 수 있도록 설득해야 한다.

내담자를 위한 행동 단계 5

1) 전문가의 도움을 구하라

- 당신의 상담사는 당신이 자해를 멈출 수 있도록 훈련받은 실력 있는 전문가를 찾도록 도와줄 것이다. 그 전문가는 아직 해결되지 않았거나 근본적으로 존재하는 당신의 감정적 또는 정신적 문제를 해결하는 데 도움을 줄 것이다.

2) 당신의 감정을 이해하라

- 당신의 감정은 고통과 괴로움에서 비롯된다. 하나님이 당신을 사랑하시고 이러한 문제를 극복하는 힘을 주기 원하신다는 사실에 비추어 상처와 고통, 절망의 모든 영역을 다뤄야 한다.

3) 당신의 감정을 적절하게 표현하는 방법을 찾으라

- 자상이나 자해가 아닌 다른 건강한 방법으로 고통을 극복하고 완화하는 방법을 찾겠다고 결정하는 것이 중요하다. 당신의 생각과 감정을 처리하는 일기, 예술, 음악, 다른 형태의 적절한 표현 방법에 대해 고심하라.

4) 경계를 설정하라

- 다음으로 당신이 넘지 않을 경계를 설정하라(예를 들어, 자해 충동이 생길때는 반드시 누군가와 대화를 한다거나 자해를 부추기는 친구와 단둘이 있지 않겠다는 내용에 대한 구두 또한 서면 계약을 전문 상담사나 동반 책임 파트너와 맺는 것).
- 자해나 자상을 하고 싶은 충동이 일어났을 때 연락할 수 있는 친구, 친척, 전문 상담사 또는 청소년 지도자를 선택하라. 그들은 정기적으로 당신을 살피고, 당신을 위해 기도하고, 격려하면서 당신을 책임감 있게 도울 수 있다.

5) 하나님의 사랑이 당신의 원동력이 되도록 하라

- 하나님은 당신을 매우 귀하게 여기시고 당신을 사랑한다는 사실을 기억하라.
그분은 십자가에서 당신을 위해 죽으셨다!
그분은 당신이 소망과 복, 평안의 삶을 살기 원하신다.

- 당신은 하나님에게 소중한 존재다. 그 사실을 자신에게 매일 일깨워 주는 방법을 찾으라. 예를 들어, 그분의 말씀을 읽고, 성경공부반에 참석하고, 기독교 지원 모임에 가라. 하나님은, 당신이 그분을 신뢰하면서 치유되고 성장하기를 원하신다는 사실을 믿어라.

6) 자해에 사용되었던 것들을 없애라

- 당신의 소지품 목록을 동반 책임 파트너(친구, 가족, 전문 상담사, 청소년 지도자 등)와 함께 작성하라. 자해나 자상 행위에 사용되었거나 영향을 끼친 것들(면도칼, 바늘, 고무장갑, 지혈대, 막대기, 칼, 등)을 동반 책임 파트너에 주거나 없애라.

7) 당신의 진행 상황을 기록하라

- 당신의 진행 상황을 일기장이나 달력에 적어라. 당신의 감정을 적고, 자유를 향한 당신의 여정을 기록하라.

8) 하나님과의 관계를 깊게 발전시키라

- 당신은 이 일을 혼자 할 수 없다. 그 문제들은 당신보다 크다. 그러나 하나님께서 다루지 못하실 정도로 크지는 않다! 그분께 불가능한 것은 없다. 당신의 삶을 주관하시고 당신이 중요한 변화를 결정하는 데 도우실 수 있도록 그분을 신뢰하라.
- 하나님과의 관계는 중요하다. 매일 성경을 읽고 묵상하라. 그리고 종일 기도하라. 만일 당신의 마음과 생각이 열려 있다면, 하나님께서는 당신의 삶에서 끊임없이 일하실 것이다.

6 성경적 통찰

> 참새 다섯 마리가 두 앗사리온에 팔리는 것이 아니냐 그러나 하나님 앞에는 그 하나도 잊어버리시는 바 되지 아니하는도다 너희에게는 심지어 머리털까지도 다 세신 바 되었나니 두려워하지 말라 너희는 많은 참새보다 더 귀하니라(눅 12:6-7).

예수님은 당신께서 작은 새들도 아시고 돌보신다고 말씀하셨다.
그분이 당신에게 얼마나 더 마음을 쓰시겠는가!
그분은 당신의 머리털이 얼마나 많은지 세고 계신다. 당신은 그분께 매우 소중하다.

> 너희 염려를 다 주께 맡기라 이는 그가 너희를 돌보심이라(벧전 5:7).

우리의 고통, 불안, 좌절, 열등감, 거절, 증오, 분노, 두려움의 감정을 하나님께 맡길 때, 그분은 그것을 받으시고, 우리에게 당신을 신뢰할 수 있는 은혜와 힘을 주시면서 우리 마음을 돌보신다.

> 그가 너를 그의 깃으로 덮으시리니 네가 그의 날개 아래에 피하리로다 그의 진실함은 방패와 손 방패가 되시나니(시 91:4).

이 구절에서 나타나는 하나님의 이미지는 날개로 우리를 덮으시고 보호하시면서 평안과 위로를 주시는 위대하고 위풍당당한 독수리이다. 하나님께서는 우리가 모든 문제를 그분께 맡기고 관심, 은혜, 격려, 보살핌을 누리기 원하신다.

> 그의 영광의 힘을 따라 모든 능력으로 능하게 하시며 기쁨으로 모든 견딤과 오래 참음에 이르게 하시고(골 1:11).

우리가 가장 연약한 순간에, 우리가 깨어지고 고통받는 순간에, 그분은 우리와 함께하시면서 우리의 몸을 상하게 하려는 충동에 저항하는 힘과 그런 유혹을 극복하는 평안을 우리에게 주신다.

7 기도 첫걸음

사랑하는 예수님!
_____님에게 이 문제를 극복하고, 주님이 상처받은 심령에 진정한 치유와 용서를 가져오실 수 있음을 알게 도와주시옵소서. _____님이 주님의 사랑과 신실하심이 영원하고, 이 여정의 모든 순간에 _____님과 함께하실 것이라는 사실을 이해하도록 도와주시옵소서. 우리를 안전하게 지키심에 감사를 드립니다. _____님이 주님께 상처, 고통, 분노, 두려움의 모든 감정을 충실히 맡길 수 있도록 도와주시옵소서. 주님이 그(녀)를 귀히 여기시듯이, 그(녀)가 자신을 귀히 여길 수 있기를 기도합니다.

8 추천 자료

추천 도서

Alcorn, Nancy. *Beyond the Cut: Real Stories, Real Freedom*. WinePress, 2008.
———. *Cut: Mercy for Self-Harm*. WinePress, 2007.
Hollander, Michael. *Helping Teens Who Cut: Understanding and Ending Self-Injury*. Guilford Press, 2008.
Levenkron, Steven. *Cutting: Understanding and Overcoming Self-Mutilation*. W. W. Norton, 1998.
McIntosh, Helen, B. *Messages to Myself: Overcoming a Distorted Self-Image*. Beacon Hill Press, 2009.
Robson, Abigail. *Secret Scars: One Woman's Story of Overcoming Self-Harm*. Biblica, 2007.
Rowell, Shannon. *Chains Be Broken: Finding Freedom from Cutting, Anxiety, Depression, Anorexia, and Suicide*. Covenant Media, 2010.
Scott, Sophie. *Crying Scarlet Tears: My Journey through Self-Harm*. Monarch, 2008.
Strong, Marilee. *A Bright Red Scream: Self-Mutilation and the Language of Pain*. Penguin,

1998.

Wilson, Jess. *The Cutting Edge: Clinging to God in the Face of Self-Harm*. Authentic Media, 2008.

추천 웹사이트

American Self-harm Information Clearinghouse: www.selfinjury.org

Focus on the Family: www.focusonthefamily.com/lifechallenges/abuse_and_addiction/conquering_cutting_and_other_forms_of_selfinjury.aspx

National Self-Harm Network: www.nshn.co.uk/

Youth Work Resources: www.youthworkresource.com/ready-to-use-session-plans/self-harm-session/

섭식 장애 20

상황 묘사 | 1

- 거울에 비친 루시의 모습은 항상 멋있었다. 그녀의 남편과 친구들, 동료들은 항상 그녀의 미모를 칭찬했다. 그러나 그들이 결코 알지 못했던 것은 루시의 자아상은 다른 사람의 평가에 의존해 있었고, 수년간 매일 운동을 하고 저녁 식사 후에는 제거 행동(퍼징 [purging]: 대개 체중 조절의 목적으로 구토나 설사 등의 방법을 이용해 음식물이 체내에 소화 흡수되는 것을 막는 행동-역주)을 해 왔다는 사실이다.

  거울에 비치는 자신의 모습이 전혀 만족스럽지 않았지만, 그녀의 비밀은 여전히 아무도 모른다. 루시는 제거 행동이 자신에 대한 통제감을 높여 주며, 5-10파운드를 매우 빠르게 줄여 준다는 것을 알게 되었다. 루시는 자신에게 문제가 있다는 것을 인식하지만 어디서 도움을 받아야 할지 모른다.

  만약 남편이나 친구들이 알게 되면, 그들은 어떻게 생각할까?

- 브리아나는 16살이다. 그녀는 교회 고등부와 학교 연극부에 적극적으로 참여하고 있다. 그녀는 고등학교 연극에서 주연을 맡았지만, 외모로 인해 고심하고 있다. 배역에 맞게 날씬한가를 걱정한 브리아나는 주말마다 완하제를 복용하고 식사를 하지 않고 있다. 그녀의 엄마는 더 먹어야 한다고 말했지만, 브리아나는 자신이 뚱뚱하다고 느낄 뿐만 아니라 자신의 첫 주연 작품에서 큰 인상을 남기길 원한다. 그녀는 자신에게 문제가 있다고 생각하지 않지만, 섭식 장애를 앓는 사람들에게 익숙한 길로 빠르게 접어들고 있다.

- 에리카의 이야기는 고통과 학대에 관한 것이다.

"2주 전에 카페에서 어떤 사람을 만났는데 나를 교회로 초대했습니다. 저는 평생 교회에 다녀본 적이 없습니다. 그들은 모두 친절히 저를 받아 줬습니다. 저는 태어나서 처음으로 저에게 진심으로 마음을 쓰는 사람들을 만난 것 같았습니다.

저는 예수님에 대해서 들었고 예배를 마치고 앞으로 나아갔습니다. 한 상냥한 할머니가 저의 손을 잡고 제가 앉을 자리로 안내했습니다. 거기서 그분은 구원을 받는 방법에 대해 설명해 줬습니다. 나는 하나님께 구원을 받을 자격이 없다고 그분에게 말했습니다.

저는 어릴 때 학대를 당했고 지난 10년간 여러 남자와 살았습니다. 그 중 몇은 저를 학대했고, 전 그들이 그렇게 하도록 내버려 뒀습니다. 전 항상 저 자신을 욕했고 미워했습니다. 굶고, 제거 행동을 하고, 과도하게 운동하는 것이 저의 고통을 다루는 유일한 방법이었습니다. 남자친구는 제가 너무 말랐다고 말합니다. 그러나 제가 보는 것은 살진 돼지입니다.

저랑 이야기를 나눴던 그 여성분은 예수님이 저를 위해 죽으셨을 정도로 저를 사랑한다고 말해 주었습니다. 그분은 저를 구원하기 원하시고 저의 두려움과 삶의 문제를 돕기 원하십니다. 태어나서 처음으로 소망이 있다고 생각했습니다."

2 정의와 주요 개념

미국에서는 다양한 나이와 성별을 가진 2,400만 명이 섭식 장애를 앓고 있다. 13-18세 사이에서 평생 유병률은 2.7퍼센트에 달한다.[1]

- 사춘기와 초기 성인기 사이의 기간은 섭식 장애가 발생할 위험이 가장 큰 시기로, "정상적" 다이어트의 30퍼센트 이상이 병적 다이어트

---

[1] The Renfrew Center Foundation for Eating Disorders, "Eating Disorders 101 Guide: A Summary of Issues, Statistics, and Resources," (North Palm Beach, FL: 2002).

로 진행된다.[2]
- 섭식 장애를 진단받은 사람들의 약 50퍼센트는 **합병 우울증** 진단을 받는데, 정신 질환 중에 가장 사망률이 높다(여성의 경우 다른 장애보다 사망률이 12배 높다). 십 대에서 발견되는 세 번째로 많은 만성질환이다.[3]
- 섭식 장애는 거식증(anorexia), 폭식증(bulimia), 폭식 장애(binge eating)로 구성된 중독이다. 모든 것은 깊은 감정적, 정신적, 자아상 문제를 해결하려고 음식을 오용하는 것과 관련된다.
- 신경성 식욕 부진증 또는 신경성 거식증(anorexia nervosa)은 날씬해야 한다는 강박 관념으로 특징지어진다. 지속적인 다이어트, 단식, 과도한 운동, 이뇨제 남용, 건강하지 않은 자아상으로 이어진다. 환자들은 거울에서 무엇을 보더라도 자신이 비만하고 매력적이지 않다고 생각한다.
- 거식증의 징후는 다음과 같다.[4]

  - 지나치게 마른 몸
  - 급속한 체중 감소
  - 비이상적인 혈구 수치
  - 부정맥
  - 저혈압 또는 혈압 이상
  - 현기증 또는 실신
  - 연한 푸른색 손가락
  - 몸을 덮는 부드럽고 가느다란 털
  - 빠져서 숱이 적어지는 머리카락
  - 불규칙적이거나 없어진 월경 주기
  - 골다공증

---

[2] National Eating Disorders Association, www.nationaleatingdisorders.org/anorexia-nervosa.

[3] National Association of Anorexia Nervosa and Associated Disorders, www.anad.org/get-information/about-eating-disorders/.

[4] Mayo Foundation for Medical Education and Research, www.mayoclinic.com/health/anorexia/DS00606/DSECTION=symptoms.

- 팔다리의 부기
- 건강하지 않은 신체 자아상

• 신경성 폭식증(bulimia nervosa)은 과도하게 음식과 칼로리를 섭취한 후 구토나 다이어트 약 또는 설사약 복용으로 체중을 조절하려는 중독증이다. 환자들은 거식증이나 폭식 장애의 징후를 보이면서 과도하게 운동하거나 단식할 수 있다. 폭식증은 거식증보다 식별하기 어려울 수 있다. 체중이 대개 정상에 가깝기 때문이다.
• 폭식증의 징후는 다음과 같다.[5]

- 부은 침샘
- 터진 눈 혈관
- 지나친 칼로리 섭취와 제거 행동의 순환으로 인한 평균 이하 또는 이상 되는 체중
- 평균 이상에서 평균 이하로 갑작스럽게 내려간 체중
- 수분 무게의 변화로 인한 극적인 체격 변화
- 외모에 대한 비판적이고 부정적인 지적으로 인한 낮은 자존감

• 폭식 장애(binge eating)는 많은 양의 음식과 칼로리를 소모하면서 과식하는 과정이다. 이것은 폭식증(bulimia)과 관련이 있을 수도 있고 없을 수도 있으며, 많은 경우 자아상이나 날씬해지고 싶은 욕망과는 거의 관계가 없다. 폭식은 위안과 통제의 수단으로 먹는 것에 집착하거나 음식을 즐기는 짧은 기쁨을 유지함으로써 감정적 및 정신적 고통을 다루려는 시도이다.
• 폭식의 징후는 다음과 같다.[6]

---

5   National Association of Anorexia Nervosa and Associated Disorders, www.anad.org/get-information/about-eating-disorders/bulimia-nervosa/.
6   U.S. Department of Health and Human Services O>ce on Women's Health, www.womenshealth.gov/publications/our-publications/factsheet/binge-eating-disorder.cfm.

- 대개 평균 체중을 넘어서는 과도한 체중 증가
- 먹는 것을 통제할 수 없는 기분이나 느낌
- 불안과 우울증 증상 (우울증과 섭식 장애는 대개 같이 간다)
- 화나거나 불안할 때 과도하게 음식을 섭취함
- 적절한 체중 조절 프로그램과 상관없이 행하는 다이어트
- 몰래 먹거나, 음식을 먹거나 씹을 때 주위에 사람들이 있는지 걱정함

진단 인터뷰 3

1. 외롭다고 느끼십니까?
   가족이나 친구 관계가 만족스럽지 않으십니까?
2. 다른 사람들과 친해지거나 건강한 관계를 맺는 데에 어려움을 느끼십니까?
   당신은 사람들이 당신을 통제하려고 하는 것이 두려우십니까?
3. 당신의 삶에서 권위 있는 사람들에 대해 어떻게 생각하십니까?
4. 당신은 자신이 소중하고 가치 있다고 믿으십니까?
5. 당신이나 가족이 (성적으로, 신체적으로, 언어적으로) 학대를 받은 적이 있습니까?
6. 우울증 때문에 어려움을 겪고 계십니까?
7. 사람들이 많으면 불편하십니까?
   사람들이 당신을 쳐다보는 것이 싫으십니까?
8. 솔직히 말해서, 거울을 볼 때 당신은 무엇을 보십니까?
   당신의 몸과 외모에 만족하십니까?
9. 과거에 과도하게 다이어트를 하거나 운동한 적이 있습니까?
10. 식사할 때 폭식을 하거나 식사 후에 제거 행동을 했던 적이 있습니까?
11. 당신이 자랄 때 가족 식사는 어떤 모습이었습니까?
    당신의 과거 식습관에 대해 어떻게 생각하십니까?
    최근에 무엇이 바뀌어서 현재의 식습관을 갖게 되었습니까?

당신의 삶에서 하나님은 어디에 계십니까?
12. 당신의 영적 여정에 대해 말씀해 주실 수 있으십니까?

4 지혜로운 상담을 위한 조언

한 사람의 감정적, 신체적, 정신적 상태에 관한 다양한 진단 질문을 한 후, 그(녀)의 내면에 존재할 수도 있는 근원적 문제, 예를 들어, 자아-존중감 부족, 건강하지 않은 자아상 또는 신체상, 통제하는 수단 등에 대해 논의하라. 그리스도께서 그분의 자녀인 사람들을 얼마나 귀하게 여기시는지 설명하라. 그분이 생각하는 우리에 대한 가치가 우리의 진정한 가치이다.

균형을 잃은 동기, 두려움, 건강하지 않은 자아상, 파괴적 사고(예를 들어, 고통과 불안을 통제하는 방식으로 음식을 사용하는 것)는 실제로 내담자가 원하고 필요로 하는 것과 정반대로 나아가게 한다는 사실을 명확하게 설명하라. 음식을 오용하거나 남용하는 대신에 자신의 감정을 전문 상담사나 사랑하는 사람에게 말하도록 한다거나, 그런 건강한 방법들의 예를 제시하라.

내담자의 삶의 목표의 우선순위를 정하여 잘 관리하고 현실적으로 추구하게 함으로써 건강한 균형을 찾는 과정을 연구하라. 함께 책임감을 갖고 지지해 줄 사람들이 있는지 확인하라. 계속 연락하고 확인하고 격려하고 긍정적으로 지원하라. 또한 필요한 경우 잘 훈련받은 전문가들을 소개하라.

5 내담자를 위한 행동 단계

1) 하나님을 의지하라

- 우리가 음식을 오용하는 데에는 많은 이유가 있다. 예를 들어, 멋지게 보이고 기분 좋은 느낌을 갖기 위해서, 자신을 위로하기 위해서, 우리의 삶과 상황을 통제한다고 느끼기 위해서이다. 우리가 굶든지 음식

을 많이 먹든지 간에, 우리는 종종 깊은 상처로 인한 고통을 음식이나 완벽한 사람에 대한 왜곡된 자아상으로 가리고 있다.

회복을 위한 첫 단계는 이 문제가 당신보다 크지만, 하나님께는 그것을 해결할 능력이 있다는 사실을 인정하는 것이다. 절망감과 패배감을 느끼는 대신 하나님을 바라보고 그분의 도움을 청하라.

2) 전문가의 도움을 구하라

- 의사나 영양사의 조언과 도움을 구하라. 자격증이 있는 건강 전문가는 당신이 씨름하는 신체적 측면들을 도울 수 있을 뿐만 아니라 건강한 식단을 만들어 줄 수 있다.
- 섭식 장애에 대해 훈련을 받은 정신 건강 전문가의 치료를 받고, 숨겨졌거나 해결되지 않은 모든 문제를 다루기 시작하라.

3) 행동 계획을 세우라

- 식사를 통제하기 위해 취해야 할 긍정적인 단계에 관한 행동 계획을 만들라.
- 현실적이고 건강한 목표 체중을 설정하라. 목표는 균형 잡히고 건강한 생활 방식을 추구하는 것이다. 비현실적 이상과 완벽한 사람의 이미지를 실제로 달성할 수 있는 체중 목표와 혼동하지 말라.

4) 당신의 지원 시스템을 의존하라

- 당신을 격려하고, 지원하고, 무엇보다도 동반 책임감을 가지고 당신의 전문 상담사나 의사가 제공한 행동 계획을 따르도록 도울 수 있는 친구들, 가족, 교인들, 또는 소그룹 사람들을 찾아보라.

5) 재발 요인에 대비하라

- 당신이 다시 폭식, 제거행동, 단식 행동을 하도록 만드는 경고 신호와 재발 요인에 주의하라.
- 만일 당신이 쓸모없다고 생각되거나 자살 충동을 느낀다면, 사랑하는 사람이나 신뢰하는 친구에게 즉시 말하고 당신의 상담사나 의사에게 연락하라.

6 성경적 통찰

여호와께서 사무엘에게 이르시되 그의 용모와 키를 보지 말라 내가 이미 그를 버렸노라 내가 보는 것은 사람과 같지 아니하니 사람은 외모를 보거니와 나 여호와는 중심을 보느니라 하시더라(삼상 16:7).

문제의 핵심은 음식에 대한 집착이 아니다. 음식은 상처받은 마음에 악용된 도구이다. 자아상의 문제는 섭식 장애가 있는 사람의 영혼을 찢는 것이다. 우리는 우리 자신이 거울로 보는 것처럼 하나님께서 우리를 보지 않으신다는 사실을 이해해야 한다. 그분은 우리의 중심을 똑바로 바라보시고 진정한 우리를 보신다. 우리는 우리 자신과 화해해야 하며, 하나님과 영원을 함께하도록 아름답게 창조된 우리 자신을 하나님의 눈으로 바라보기 시작해야 한다.

상심한 자들을 고치시며 그들의 상처를 싸매시는도다(시 147:3).

하나님은 우리의 치유자이시고, 우리의 영혼과 깨어진 마음을 고치시는 분이시다. 하나님께는 어려운 일이 없다. 그분이 짊어지시기에 너무 큰 짐은 없다. 그분의 어깨는 매우 넓다. 우리는 우리의 모든 짐을 그분께 맡겨야 한다.

내가 여호와께 간구하매 내게 응답하시고 내 모든 두려움에서 나를 건지셨도다(시 34:4).

우리가 고통을 완화하기 위해 음식을 사용하는 주된 이유는 두려움일 때가 많다. 때때로 우리는, 우리가 결코 만족시킬 수 없다는 것을 마음 깊은 곳에서는 이미 알고 있는, 거울 속의 시각적 기준을 추구하기 위해 자신에게 벌을 준다. 그러나 그리스도께서는 우리와 함께하시고, 섭식 장애에서 회복되는 여정을 한걸음씩 겸손히 나아갈 힘과 용기를 주신다.

누구든지 언제나 자기 육체를 미워하지 않고 오직 양육하여 보호하기를 그리스도께서 교회에게 함과 같이 하나니 우리는 그 몸의 지체임이라 (엡 5:29-30).

우리는 예수님이 우리를 소중히 여기시는 것처럼, 우리 몸의 모든 부분이 건강을 유지하도록 우리 몸을 보호하고 소중히 여겨야 한다. 교회의 일원인 우리는 그분의 몸의 지체이기도 하다. 우리는 그분 가족의 소중하고, 가치 있고, 중요한 구성원이다. 우리는 자신을 비하하거나 미워하거나, 자신의 몸을 학대해서는 절대로 안 된다. 우리는 그리스도의 보물이고 그분의 신부이다.

기도 첫걸음 7

사랑하는 예수님!
_____ 님이 싸우고 있는 것에 대해 도움을 구하게 하심에 감사드립니다. 주님 안에는 이러한 상황을 극복하는 데 필요한 소망과 힘과 용기가 항상 있음을 압니다. _____ 님이 하나님이 보시는 것처럼 자신을 보고, 하나님과 관계를 맺도록 놀랍게 창조되었다는 사실을 깨닫도록 도와주시옵소서. _____ 님의 모든 발걸음을 인도하시고, 모든 두려움과 불안한 생각을 당신께 맡기는 데 필요한 평안을 주시옵소서. 성령께 주권을 넘기도록 하신 당신

의 은혜에 감사드립니다.

8 추천 자료

추천 도서

Alcorn, Nancy. *Starved: Mercy for Eating Disorders*. WinePress, 2007.

Ayres, Desiree. *God Hunger: Breaking Addictions of Anorexia, Bulimia, and Compulsive Eating*. Creation House, 2006.

Cruise, Sheryle. *Thin Enough: My Spiritual Journey through the Living Death of an Eating Disorder*. New Hope, 2006.

Davidson, Kimberly. *I'm Beautiful? Why Can't I See It?: Daily Encouragement to Promote Healthy Eating and Positive Self-Esteem*. Tate Publishing, 2006.

Gerali, Steven. *What Do I Do When Teenagers Struggle with Eating Disorders?* Youth Specialty, 2010.

Jantz, Gregory L., and Ann McMurray. *Hope, Help, and Healing for Eating Disorders: A Whole-Person Approach to Treatment of Anorexia, Bulimia, and Disordered Eating*. WaterBrook, 2010.

McCoy, Shannon. *Help! I'm a Slave to Food*. Day One Christian Ministries, 2011.

Meacham, Gari. *Truly Fed: Finding Freedom from Disordered Eating*. Beacon Hill Press, 2009.

Morrow, Jena. *Hollow: An Unpolished Tale*. Moody, 2010.

Wierenga, Emily T. *Casing Silhouettes: How to Help a Loved One Battling an Eating Disorder*. Ampelon, 2012.

추천 웹사이트

Eating Disorder Hope: www.eatingdisorderhope.com/information/statistics-studies

National Association of Anorexia Nervosa and Associated Disorders: www.anad.org

National Eating Disorders Association: www.nationaleatingdisorders.org

National Institute of Mental Health: www.nimh.nih.gov/statistics/1EAT_CHILD.shtml

페티시와 이상 흥미 21

상황 묘사 | 1

- 릭은 수업을 마친 오후 일정에 대해 항상 거짓말을 했다. 그의 룸메이트인 필은 그가 어디로 가는지 늘 궁금했다. 기숙사 방에서 필은 릭의 책상 서랍에서 무언가를 찾다가 우연히 여성 란제리와 브래지어, 팬티를 발견했다. 필은 어떻게 그렇게 되었는지는 모르겠지만 릭의 여동생의 물건 몇 개가 릭의 짐가방에 들어가게 되었고, 릭이 그것들을 책상 서랍에 쑤셔 넣었을 것으로 생각했다.

 그러나 그 후 두 달 동안, 필이 릭의 책상 서랍을 이따금 확인할 때마다 물건들이 없어졌거나 서랍 안에서 이리저리 옮겨져 있다는 것을 알아챘다. 필은 무언가가 이상하다고 생각하기 시작했고 그것에 대해 릭에게 물어봐야 할지 판단이 서지 않았다.

- 존은 지역 교회의 집사다. 모든 사람은 그를 경건하고 책임감 있는 사람으로 본다. 그러나 존의 아내인 사라는 그가 발에 대한 페티시(fetish)가 있는 것 같다고 생각한다. 처음에 그녀는 단순히 이상한 기벽이라고만 생각했다. 그러나 존은 그녀와 친밀해지는 것보다는 그녀의 발에 더 관심을 보였다. 그것은 지난 8년간 그들의 결혼생활에 문제가 되어 왔다. 존은 심지어 수년 동안 신발 가게에서 매니저로 일을 하기도 했다. 여성들이 신발 신는 것을 돕는 걸 좋아했기 때문이다.

 존과 사라는 교회의 목사 중 누구라도 알게 되면 너무 창피할 것 같아서 상담받기를 꺼리고 있다. 그러나 사라는 남편의 건강한 사랑 없이 결혼생활을 얼마나 더 지속할 수 있을지, 그리고 존이 얼마나 더 자신의 페티시가 그를 통제하도록 내버려 둘지, 생각이 많아지기 시작했다.

- 개리는 오랫동안 어려운 문제들로 고심하고 있었다. 그는 포르노 중독과 라텍스에 대한 페티시를 갖고 있다. 개리는 친구 대부분이 서로의 중독을 부추기는 채팅방에서 많은 시간을 보낸다. 그들은 라텍스 페티시 때문에 자신들을 "미친 놈들"(loonists)이라고 부른다.

개리는 여자들과 데이트할 때 자신의 페티시를 언급하지 않지만, 그 관계가 오래가지 못한다. 그는 사이버 세계에서 자기-만족감을 더 경험한다. 현실 세계에서 여성과 관계를 맺을 때와는 달리, 그곳에선 거절이나 실패를 두려워하지 않아도 되기 때문이다.

2 정의와 주요 개념

- 페티시즘(fetishsm)은 성적 자극을 목적으로 생명이 없는 물체(예를 들어, 여성의 잠옷)나 몸의 특정한 부위(예를 들어, 머리카락)를 신체적 또는 정신적으로 사용하는 것을 말한다.[1]
- 복장도착 장애(transvestic fetishisms)는 대개 신체적 및 정신적 성적 자극을 위해 남성이 여성의 옷을 입는 것(크로스드레싱)을 의미한다.[2]
- 신발 가게에서 일하면서 발과 팬티스타킹을 만지는 등, 자신의 페티시에 노출되는 환경에서 일하는 것은 종종 그 문제를 더 심각하게 만든다.
- 페티시는 보통 성적 접촉에 대한 가장 흥미진진하고 때로는 비현실적 기대에 환상을 품는 깊은 욕구에 뿌리를 둔다. 그러나 대개 이런 환상은 그 사람의 상상을 절대로 넘어서지 않는다. 사랑하는 관계를 적절하게 시작하고 유지하는 능력이 거의 없을 때, 그 사람은 진짜 사람과의 관계를 대신하는 것으로 생명이 없는 물건을 계속해서 사용하게 될 수 있다.
- 페티시즘은 대개 청소년기에 시작되지만, 페티시의 대상이 갖는 의미

1　American Psychiatric Association, *Diagnostic and Statistical Manual of Mental Disorders*.
2　Ibid.

는 초기 아동기에서 비롯된 것일 수 있다. 페티시가 행동 양식으로 굳어지면, 더욱 **내면화되고 만성화되는** 경향을 보인다.[3]

- DSM-IV-TR에 따르면, **페티시즘의 진단 기준**은 다음과 같다.

  - 무생물의 물체(예를 들어, 여성의 속옷)를 이용하거나 특정 집착을 함으로써 반복적이고 강렬한 성적 흥분이 발현되며 적어도 6개월 이상 지속된다
  - 이런 성적 공상, 성적 충동, 성적 행동이 사회적, 직업적 또는 다른 중요한 기능 영역에서 현저한 고통이나 손상을 초래한다
  - 페티시즘의 대상이 되는 물품은 크로스드레싱에 사용되는 의복(복장도착 장애의 경우)이나 생식기 자극을 목적으로 고안된 제품(예를 들어, 바이브레이터) 등으로 제한받지 않는다.

진단 인터뷰 3

1. 다른 사람에 대해 환상을 품을 때 사용하는 물건이 있습니까?
2. 당신이 하는 것을 페티시로 여기고 있습니까?
3. 당신은 그 물건을 자주 그리고 6개월 이상 사용해 왔습니까?
4. 당신의 페티시와 관련된 가장 초기의 기억들은 무엇입니까?
   그 물건에 관한 기억이 더 많습니까, 아니면 특정한 사람이나 과거의 특정한 경험에 관한 기억이 더 많습니까?
5. 당신의 부모님은 어떠했습니까?
   당신을 사랑하고 인정했습니까?
   자신들의 사랑을 말로 어떻게 표현했습니까?
   그들은 당신을 위해 행동으로 사랑을 표현했습니까?
6. 당신의 청소년기는 어땠습니까?
   친구가 많았습니까?

---

3 Ibid.

그들에게 당신의 의견과 감정을 표현하는 데 어려움을 겪었습니까?
7. 사춘기 때 자위를 매일 했습니까?
당신은 지금도 자위를 매일 합니까, 아니면 거의 매일 합니까?
8. 환상에 나오는 사람과의 관계에 관한 생각이 당신의 배우자나 연인과의 관계보다 더 흥미롭게 다가옵니까?
9. 이러한 페티시가 당신의 삶에 어떤 문제를 일으켰습니까?
이 페티시에 부응하기 위해 어떤 변화를 주어야만 했습니까?

4 지혜로운 상담을 위한 조언

당신의 첫 반응을 조심하라. 내담자가 자신들의 페티시 행위를 설명할 때, 부정적으로 반응하거나 거부하지 않는 것은 매우 중요하다. 우리는 이러한 문제들을 다룰 때 관심과 존중, 염려, 그리스도의 사랑을 보여 줘야 한다.

세심하고 배려를 담은 지침을 제공하라. 그러나 내담자가 자신의 페티시 행동이 허용되거나 건강하다는 인상을 받지 않도록 조심하라.

문제의 근원을 파악하라. 수치심과 죄책감은 페티시를 갖는 사람들에게 흔히 나타난다. 그들은 그 행위가 정상적이거나 오늘날 세계에서는 받아들여 지는 것이라고 다소 도전적으로 주장할 수도 있다. 상담사는 그들이 페티시 행위의 부도덕성을 직면하도록 돕는 한편, 결혼 안에서 건강한 성생활이 무엇인지 하나님의 관점으로 살펴보도록 격려할 수 있다.[4]

행동 계획을 만들라. 책임감, 정기적 방문, 기도, 성경적 교훈은 내담자에게 회복의 길을 안내하는 데 도움이 될 수 있다.

---

[4] Tim Clinton and Ron Hawkins, *The Popular Encyclopedia of Christian Counseling: An Indispensable Tool for Helping People with Their Problems* (Eugene, OR: Harvest House, 2011), 313-15.

내담자를 위한 행동 단계 | 5

1) 과거를 살피라

- 유년기와 청소년기의 경험(특히, 정신적 외상과 학대)은 현재의 페티시에 영향을 끼치는 행동과 중독 형성을 촉진할 수 있다. 당신의 페시티로 이어졌을지도 모르는 경험이 있었는지 당신의 과거를 돌아보라.
- 과거의 상처가 매우 고통스러울지도 모른다. 중요하거나 충격적인 사건에 대한 당신의 기억들, 생각들, 감정들에 관해 설명함으로써, 당신이 그 문제들을 직면할 수 있도록 전문 상담사의 도움을 받으라.
- 당신의 충족되지 못한 영적 욕구가 중독적 행위를 부추기거나 초래하는 성적 및 감정적 욕구로 이어졌을 수 있다. 만일 그렇다면, 잘못된 믿음이나 하나님에 관한 왜곡된 생각이나 관점을 식별하라. 그것들을 진리와 좀 더 균형 잡힌 자기-대화로 대체하라.

2) 진리를 받아들이라

- 세상이 가르치는 사랑과 관계에 대한 정의가 항상 건강하거나 사실에 근거한 것은 아니다. 하나님은 남자와 여자가 진정한 사랑과 용인, 함께 만들고 발전시킬 가치가 있는 친밀감을 경험할 수 있는 놀라운 제도로서 결혼을 창조하셨다. 친밀감을 위해 하나님이 아름답게 고안하신 계획 속에서 얻을 수 있는 보상에 대해 배우는 시간을 가지라. '이기적 사랑'(self-love)에서 '이타적 사랑'(selfless love)으로 나아가는 데 필요한 도움을 구하라.

3) 동반 책임 파트너를 찾으라

- 가족, 친구, 또는 기독교 전문 상담사에게 당신의 동반 책임 파트너가 되어 달라고 부탁하라.
- 당신의 상담사와 함께 상담의 전체 구조와 기본 원칙을 설정하라. 이

구조와 기본 원칙은 당신의 행동과 선택을 안내하고 다른 사람들의 피드백과 동반 책임을 통합할 체계를 세워 줄 것이다.

4) 하나님의 치유를 신뢰하라

- 하나님께서 우리에게 힘 주신다는 것을 신뢰하면서 목표를 향해 전진할 때, 우리는 그분께서 우리를 치유하실 것이라는 소망을 가질 수 있다. 그리스도를 기쁘게 하는 삶을 끊임없이 추구하라. 하나님께 건강한 삶을 사는 법을 가르쳐 달라고 간청하는 기도의 시간을 보내라.

6 성경적 통찰

> 내게 주신 하나님의 은혜를 따라 내가 지혜로운 건축자와 같이 터를 닦아 두매 다른 이가 그 위에 세우나 그러나 각각 어떻게 그 위에 세울까를 조심할지니라 이 닦아 둔 것 외에 능히 다른 터를 닦아 둘 자가 없으니 이 터는 곧 예수 그리스도라 만일 누구든지 금이나 은이나 보석이나 나무나 풀이나 짚으로 이 터 위에 세우면 각 사람의 공적이 나타날 터인데 그 날이 공을 밝히리니 이는 불로 나타내고 그 불이 각 사람의 공적이 어떠한 것을 시험할 것임이라 만일 누구든지 그 위에 세운 공적이 그대로 있으면 상을 받고 누구든지 그 공적이 불타면 해를 받으리니 그러나 자신은 구원을 받되 불 가운데서 받은 것 같으리라(고전 3:10-15).

사도 바울처럼, 우리는 하나님께 거룩한 성전인 삶을 짓는 중이다. 우리는 우리의 삶을 토대로 성전을 짓는다. 만일 우리의 삶이 부도덕한 성적 행위, 이기심, 탐욕, 정욕을 나타낸다면, 바로 그것이 토대가 된다. 훗날 하나님께서는 우리의 행위와 살아온 삶의 질로 우리 각각을 심판하실 것이다. 그분은 우리 각자가 순수하고, 거룩하고, 승리하는 삶을 살기 원하신다.

또 간음하지 말라 하였다는 것을 너희가 들었으나 나는 너희에게 이르노니 음욕을 품고 여자를 보는 자마다 마음에 이미 간음하였느니라 (마 5:27-28).

예수님은 마음과 생각 사이에 있는 중요한 연관성에 대해 말씀하신다. 페티시와 이상 흥미가 항상 간음 행위의 일부이거나 결혼 생활 밖의 성관계와 관련된 것은 아닐 수도 있다. 그러나 성적 부도덕으로 이어지는 페티시나 어떤 호기심의 행위가 마음과 생각의 행위라는 사실을 이해하는 것은 중요하다.

자신의 배우자가 아닌 다른 사람에 대해 생각하고 환상을 품는 것은 마음의 정욕이고 생각의 죄이다. 하나님은 모든 정욕을 죄로 여기신다. 그래서 우리도 그것을 죄로 취급해야 한다. 죄에 대한 경건한 해결책은 하나님의 은혜와 용서를 위한 고백과 회개, 하나님을 의지함이다.

이 때문에 하나님께서 그들을 부끄러운 욕심에 내버려 두셨으니 곧 그들의 여자들도 순리대로 쓸 것을 바꾸어 역리로 쓰며 그와 같이 남자들도 순리대로 여자 쓰기를 버리고 서로 향하여 음욕이 불 일듯 하매 남자가 남자와 더불어 부끄러운 일을 행하여 그들의 그릇됨에 상당한 보응을 그들 자신이 받았느니라(롬 1:26-27).

페티시와 같은 중독은 중독 문제이기도 하지만 마음의 문제이기도 하다. 우리의 생각을 하나님이 기뻐하시는 일로 돌이키는 데 온전히 헌신하면서 우리의 마음과 생각을 온전히 하나님께 바칠 수 있을 때, 우리는 중독을 극복하는 여정 가운데 있게 된다. 우리는 건강한 행위에 헌신하면서, 하나님이 우리를 어떻게 창조하셨는지에 비추어 다른 사람들을 바라보아야 한다.

너희는 열매 없는 어둠의 일에 참여하지 말고 도리어 책망하라 그들이 은밀히 행하는 것들은 말하기도 부끄러운 것들이라 그러나 책망을 받는 모든 것은 빛으로 말미암아 드러나나니 드러나는 것마다 빛이니라 (엡 5:11-13).

우리는 결혼 생활 범위 내에서 무엇이 허용되고 무엇이 허용되지 않는지를 물어볼 수 있다. 우리의 행위가 순수하고 배우자에게 아무것도 숨기지 않을 때, 우리는 하나님 앞에서 깨끗한 양심을 가질 수 있다. 결혼 침대를 정결하게 유지하는 것은 빛 가운데서 살아가기 위해 필수적이다(히 13:4를 보라).

7 기도 첫걸음

> 주님!
> 이 중독에 대한 도움을 얻기 위해 나아 온 _____님을 인도하여 주시옵소서. 우리는 주님만이 진정한 평안과 자유, 치유를 주실 수 있음을 압니다. _____님에게 이 모든 것을 꿰뚫어 볼 수 있는 인내와 힘, 용기를 주시옵소서. 그래서 _____님의 삶의 변화로 인해 하나님께 영광을 돌릴 수 있도록 도와주시옵소서. 모든 것에서 하나님께 영광을 돌리는 삶에 감사드립니다.

8 추천 자료

추천 도서

Balswick, Judith, and Jack Balswick. *Authentic Human Sexuality: An Integrated Christian Approach*. IVP Academic, 2008.

Cloud, Henry, and John Townsend. *Boundaries*. Zondervan, 1992.

Dallas, Joe. *The Game Plan*. Thomas Nelson, 2005.

Gallagher, Steve. *At the Altar of Sexual Idolatry*. Pure Life Ministries, 2000.

Kern, Jan. Eyes Online, *Eyes on Life: A Journey Out of Online Obsession*. Standard, 2008.

Schaumburg, Harry W. *False Intimacy: Understanding the Struggle of Sexual Addiction*. NavPress, 1992.

음식 중독 22

상황 묘사 | 1

- 찰리는 7살 때부터 비만이었다. 그는 거의 매일 콜라 6캔을 마시고 여러 개의 초코바를 먹곤 했다. 그는 자신의 어머니가 찾지 못하도록 다 마신 콜라 캔을 숨기기 위해 쓰레기와 섞어 놨다. 찰리에게는 체중 문제만 있는 것이 아니다.
그는 지난 11년 동안 다이어트를 지속할 수만 있다면 자신의 문제는 해결될 것이라고 되뇌었다. 불행하게도 몸무게 161킬로그램의 찰리는 음식에 중독되어 있다. 정지 버튼도, 스위치도 없다. 그는 손에 든 음식의 냄새와 맛과 느낌을 갈구한다.

- "어떤 사람들은 음식 중독이 유전적으로 그렇게 태어난 사람들에게만 해당된다고 생각합니다. 그러나 꼭 그렇지만은 않다는 것의 증거가 바로 저입니다.
제 이름은 수(Sue)이고, 중학교 때까지의 저의 모든 사진은 짙은 갈색 머리를 가진 마른 소녀가 웃고 있는 모습이었습니다. 저는 행복한 어린 시절을 보냈다고 생각했습니다. 하지만 부모님이 이혼하고 우리 집이 팔리면서 모든 것이 변했습니다. 엄마와 저는 할머니와 살기 위해 미네소타로 이사했는데, 그것이 제 문제의 시작이었습니다. 전 새로운 생활에 적응하는 데에 어려움을 겪었습니다. 아빠가 보고 싶었고, 엄마를 원망했습니다. 친구를 사귀는 것이 어렵다는 것도 알았습니다.
먹는 것이 위안거리였고, 지금도 그렇습니다. 전 지금 45살이고 몸무게는 131킬로그램입니다. 저는 말 그대로 30가지 이상의 다이어트뿐만 아니라 알약, 완하제, 심지어는 제거 행동까지도 시도했었습니다. 뭐든지 말해 보세요. 전 그걸 다 해 봤습니다.

알코올 중독자가 다음번에 술 마실 것에 대해 생각하듯이 전 음식에 대해 생각합니다. 종종 우울해지면 전 포장 음식을 주문하는데, 때때로 단체 모임을 위해 주문하는 척하면서 10인분을 주문합니다. 전 제 문제가 단지 몸무게가 아니라는 것을 압니다. 그것은 마음의 중독입니다.
그런데 어디서 도움을 구할 수 있을까요?"

- 알렉스는 36세이고 음식 중독으로 고심하고 있다. 그는 어렸을 때 가장 친한 친구인 크리스의 집에 가서 같이 놀곤 했다. 알렉스는 크리스의 어머니에게 아무것도 먹지 않았다고 말하면서 크리스 집에서 음식을 먹었고, 집에 돌아가서 또 먹었다. 알렉스는 거의 평생 동안 음식을 남용해 왔다. 그는 하루에 드라이브스루를 네다섯 번 하고, 종종 토할 때까지 먹는다.
알렉스는 여자친구를 사귀거나 깊은 감정적 애착을 키워본 적이 없다. 그는 거절당하는 것이 두렵고, 삶에서 가족을 포함한 많은 것을 잃는 것에 지쳤다. 그의 이야기는 많은 사람에게 익숙하다. 음식 중독은 그처럼 만연한 문제이기 때문이다. 알렉스는 변화를 원하지만 도움이 필요하다.

2 정의와 주요 개념

- 다양한 종류의 섭식 장애, 강박 장애가 존재한다. 그러나 음식 중독은 다르다. 음식 중독은 음식에 대한 정신적 및 생리적 중독으로 정의된다.
- 음식 중독은 감정적 및 인지적 쾌락에 대한 강력한 충동을 만족시키기 위해 음식을 통제할 수 없을 정도로 반복적으로 사용하는 것이다.
- DSM-IV-TR은 현재 음식 중독에 관한 조항이 없지만, 통제 불가한 식습관에 관한 조항은 있다.
- 「정신성 약물 저널」(*Journal of Psychoactive Drugs*)에 실린 2012년 3월 연구

에 따르면, 당분이 많은 음식을 폭식하는 것은 **선조체**(striatum, 행동의 감정적이고 동기 부여적 측면과 깊이 관련) **내에서 세포외 도파민을 증가시켜 특정 음식에 중독되도록 만들 수 있다는 증거가 있다.**[1]

- 특정 음식에 대한 강박적 욕구에 영향을 끼치는 **지방과 당분의 역할**에 관한 연구가 증가하고 있다.[2] 이 연구는 일부 사람들에게는 단순히 음식의 남용을 넘어서는 음식 중독에 대한 신체적 또는 감정적 이유가 있을 수 있다는 것을 보여 준다.
- 다른 중독과 비슷하게, **내성 역학**(tolerance dynamics)은 음식으로부터 오는 자극의 긍정적 효과를 얻기 위해 음식을 많이 먹거나 자주 먹는 결과를 낳는다.[3]
- 음식을 먹지 않을 때 음식 중독자는 알코올이나 약물 중독이 있는 사람과 비슷한 증상, 즉 강박적 생각이나 중독(음식)에 대한 집착, 그 행위가 가져오는 즐거움이나 안도감에 대한 기억, 음식에 관한 감각들(미각, 촉각, 후각, 느낌, 시각)로부터 오는 강렬한 욕망을 보인다.
- 과식이나 대식이 음식 중독의 유일한 증상은 아니다. 폭식증, 신경성 거식증, 제거 행동, 과도한 운동, 다이어트약과 완하제 남용 같은 다른 장애도 있을 수 있다. 그 사람은 **다이어트를 할 수도 있다.** 비록 음식 중독자가 음식에 대해 생각하는 것을 멈출 수는 없을지라도 말이다.

진단 인터뷰 3

1. 당신은 음식 생각에 사로잡혀 있거나 집착하고 있는 자신을 발견하십니까?
   먹지 않을 때 음식에 대해 생각하십니까?

---

[1] J. L. Fortuna, "!e Obesity Epidemic and Food Addiction: Clinical Similarities to Drug Dependence," *Journal of Psychoactive Drugs* 44, no. 1 (2012), 56-63.
[2] Y. Zhang et al., "Food Addiction and Neuroimaging," *Current Pharmaceutical Design* 17, no. 12 (2011): 1149-57.
[3] WebMD, www.webmd.com/mental-health/mental-health-food-addiction.

2. 당신은 먹지 않을 때 짜증이 나거나, 불안해지거나, 걱정되거나, 피로해집니까?
3. 당신은 포만감을 느끼고 배가 고프지 않아도 먹고 싶은 욕구가 생깁니까?
4. 먹는 것이 당신 인생에서 갈망이나 깊은 욕구를 충족시키는 데 사용된다고 말할 수 있습니까?
5. 당신은 자신의 욕구를 충족시키기 위해 변명하거나, 가족이나 친구들과의 약속을 바꾸거나, 자신을 고립시키거나, 기회를 포기해 본 적이 있습니까?
6. 음식에 대한 어려움이 당신의 관계에서, 일터나 학교에서, 또는 사회생활에서 어떤 문제를 일으켰습니까?
7. 음식에 관한 신체적 어려움(예를 들어, 비만, 당뇨병, 알레르기 등으로 인한 식단 제한)과 함께, 영적이나 감정적, 정신적 문제도 있을 수 있다고 생각합니까?

4 지혜로운 상담을 위한 조언

음식 중독에 걸린 사람을 적절하게 치료하기 위해서는 가정의나 영양사의 도움이 필요할지도 모른다. 그들은 신체적 문제와 관련된 모든 사안을 다룰 수 있다.

많은 강박 관념과 충동 행동처럼, 음식도 정서적 욕구를 충족시키는 대안이 될 수 있다. 집착의 근원적 원인, 특히 상처나 정신적 외상의 영역에서 이런 근원적 원인을 다루는 것은 중요하다. 과거의 근원적 고통과 함께 그러한 상처로 비롯되는 두려움과 분노의 문제들이 충분히 다뤄지면, 회복의 과정이 시작될 수 있다.

분명하고 달성 가능한 목표와 동반 책임 파트너와 함께하는 체계적인 행동 계획을 갖고 내담자와 모임을 하는 것도 필요하다. 가족, 친구들, 또는 교회 관계를 격려하는 사회적 지원 시스템은 치료 과정이 원활히 진행되는 데에 도움이 될 것이다. 감정과 목표를 분명하게 소통하는 것은 치료의 성공에 매우 중요하다.

많은 사람이 그들의 분투 속에서 우울증, 낮은 자존감, 건강하지 않은 인생관의 증상을 보인다. 그들이 혼자가 아니라는 사실을 이해하도록 돕는 것은 중요하다. 2010년 질병관리센터(Centers for Disease Control)에 따르면, 미국인의 35퍼센트, 전체 청소년의 17퍼센트가 비만이다.[4] 이러한 심각한 통계로 인해, 많은 사람이 수만 명의 사람에게 영향을 미치는 문제를 다루는 부담을 느낀다.

내담자를 위한 행동 단계 5

1) 근원적 요인을 파악하라

- 음식 중독을 다루기 위해서는 음식을 갈망하도록 만드는 이유나 계기, 예를 들어, 두려움, 우울증, 분노, 낮은 자존감, 정신적 외상, 왜곡된 사고 등을 파악할 필요가 있다. 전문 상담사는 당신이 이러한 촉발 요인을 적절히 다룰 수 있도록 도울 것이다.
- 현재의 고통과 문제의 원인뿐만이 아니라 과거에 있었던 고통스러운 일들을 파악하라.
- 설탕, 지방, 탄수화물, 밀가루, 밀, 등 당신이 갈망하는 음식의 유형을 파악하라.
- 추가적 도움이 필요할 수 있는 문제를 확인하기 위해서는 섭식 장애를 다룬 20장을 참조하라.

2) 계획을 시행하라

- 당신은 전문 상담사와 함께 당신의 중독 행위를 치료하기 위한 계획

---

[4] C. L. Ogden et al., "Prevalence of Obesity in the United States, 2009-2010," www.cdc.gov/nchs/data/databriefs/db82.pdf.

을 세워야 한다.
- 당신이 안고 있는 신체적 문제에 대한 평가와 치료를 위해 의사나 영양사를 만나야 할 것이다. 당신의 전문 상담사를 통해 소개받을 수 있다.
- 개인/집단 치료, 멘토링 프로그램, 체중 관리 프로그램, 거주 치료 프로그램의 필요성도 고려한다.
- 책임감을 가지고 당신을 도와줄 수 있는 가족, 동료, 교회 친구로 구성된 사회적 지원 시스템을 구축하라. 당신에게 도움과 격려가 필요할 때마다 연락할 수 있는 동반 책임 파트너는 치료 과정 내내 꼭 필요하다.
- 그리스도께서 당신을 얼마나 사랑하고 그분의 자녀로서 얼마나 소중하게 여기시는지를 기억하라. 당신이 그리스도를 신뢰하고, 그분이 당신에게 원하시는 치유와 승리의 목표를 추구하면, 그분은 당신에게 힘과 소망, 인내를 주실 것이다.

6 성경적 통찰

그러므로 이제 그리스도 예수 안에 있는 자에게는 결코 정죄함이 없나니 (롬 8:1).

살아 계신 하나님의 구원받은 아들과 딸로서, 우리는 우리를 위한 예수의 희생을 통해서 한때 우리를 사로잡았던 죄와 수치, 두려움으로부터 해방되었다. 우리에게는 정죄함이 없는 진정한 자유를 향해 걸어갈 수 있도록 우리를 돕는 안전함과 평안, 힘이 있다.

그때에 예수께서 성령에게 이끌리어 마귀에게 시험을 받으러 광야로 가사 사십일을 밤낮으로 금식하신 후에 주리신지라 시험하는 자가 예수께 나아와서 이르되 네가 만일 하나님의 아들이어든 명하여 이 돌들로 떡덩이가 되게 하라 예수께서 대답하여 이르시되 기록되었으되 사람이 떡으로만 살 것이 아니요 하나님의 입으로부터 나오는 모든 말씀으로 살 것이라 하였느니라 하시니(마 4:1-4).

예수님은 우리가 직면하는 모든 것에서 몸부림치는 유혹과 고통, 번뇌를 이해하신다. 그분은 승리의 삶을 어떻게 살 수 있는지에 대한 본보기이시며, 그분과 그분의 말씀에 의지할 수 있는 힘 주기를 원하신다.

사람이 감당할 시험 밖에는 너희가 당한 것이 없나니 오직 하나님은 미쁘사 너희가 감당하지 못할 시험 당함을 허락하지 아니하시고 시험당할 즈음에 또한 피할 길을 내사 너희로 능히 감당하게 하시느니라(고전 10:13).

우리가 직면한 모든 어려운 상황 속에서, 또한 중독, 후회, 두려움, 고통, 외로움의 시간을 통해서, 하나님은 그 어려운 상황을 견디거나, 극복하거나, 벗어나는 데 우리에게 필요한 것들을 공급하실 수 있다. 하나님은 우리가 그런 상황 속에서 승리하기를 원하신다. 그분은 건강하고 균형 잡힌 결정들을 통해 우리가 당신을 영화롭게 하기를 원하신다.

사람이 시험을 받을 때에 내가 하나님께 시험을 받는다 하지 말지니 하나님은 악에게 시험을 받지도 아니하시고 친히 아무도 시험하지 아니하시느니라 오직 각 사람이 시험을 받는 것은 자기 욕심에 끌려 미혹됨이니 욕심이 잉태한즉 죄를 낳고 죄가 장성한즉 사망을 낳느니라 내 사랑하는 형제들아 속지 말라 온갖 좋은 은사와 온전한 선물이 다 위로부터 빛들의 아버지께로부터 내려오나니 그는 변함도 없으시고 회전하는 그림자도 없으시니라 그가 그 피조물 중에 우리로 한 첫 열매가 되게 하시려고 자기의 뜻을 따라 진리의 말씀으로 우리를 낳으셨느니라(약 1:13-18).

우리는 한때 완전했던 창조의 부서지고 조각난 잔해들로 가득찬 죄악된 세상에 살고 있다는 사실을 기억해야 한다. 죄가 세상에 들어왔을 때, 사람들은 은총을 잃었다. 그러나 하나님은 소망과 구속 없이 그 은총이 떠나간 상태로 머물게 하지 않으셨다.

예수님은 포기하지 않고 계속해서 앞으로 나아가는 이들에게 보상을 약속하신다. 하나님의 뜻에 인내하고 순종하는 것은 단계적 여정이다. 변화된 삶이 기다리고 있기에, 분투할 가치가 있다. 누구도 음식의 노예가 될 필요는 없다. 우리는 하나님이 우리의 왕이 되시도록 해야 한다.

이는 세상에 있는 모든 것이 육신의 정욕과 안목의 정욕과 이생의 자랑이니 다 아버지께로부터 온 것이 아니요 세상으로부터 온 것이라(요 2:16).

때때로 우리는 우리가 홀로 싸우고 있다고 생각한다. 아무도 우리가 느끼는 깨어짐을 이해할 수 없다고 생각한다. 이것은 사실이 아니다. 우리의 약함은 모든 사람의 약함과 비슷하다. 우리는 모두 다양한 문제들로 고심하고 있으며, 음식에 대한 갈망과 비만은 오늘날 미국인들이 직면하고 있는 가장 흔한 두 가지 문제이다. 좋은 소식은 그리스도와 함께 자유는 언제나 가능하다는 것이다.

7 기도 첫걸음

> 사랑하는 예수님!
> _____님이 음식의 문제를 가지고 주님 앞에 나아오게 하시니 감사드립니다. 우리는 주님이 _____님의 모든 두려움, 고통, 불안, 낙담을 주님께 맡기길 원하신다는 것을 압니다. 또한, 우리는 주님만이 자유를 향한 건강한 길을 따를 수 있는 힘과 용기를 주실 수 있다는 것도 압니다. _____님이 성령으로 충만하게 하시고, _____님 앞에 놓인 소망을 붙잡고 주님을 온전히 따를 수 있도록 힘을 주시옵소서.

추천 자료 | 8

추천 도서

Fitzpatrick, Elyse. *Idols of the Heart: Learning to Long for God Alone*. P&R, 2002.

―――. *Love to Eat, Hate to Eat: Overcoming the Bondage of Destructive Eating Habits*. Harvest House, 2005.

Maccaro, Janet. *Change Your Food, Change Your Mood*. Siloam, 2008.

Mercola, Joseph, and Ben Lerner. *Generation XL: Raising Healthy, Intelligent Kids in a High-Tech, Junk-Food World*. Thomas Nelson, 2007.

Morrone, Lisa. *Overcoming Overeating: It's Not What You Eat; It's What's Eating You!* Harvest House, 2009.

Sheppard, Kay. *Food Addiction: The Body Knows*. Rev. ed. Health Communications, 1993.

―――. *From the First Bite: A Complete Guide to Recovery from Food Addiction*. Health Communications, 2000.

웹사이트

All About Life Challenges: www.allaboutlifechallenges.org/food-addiction.htm

Food Addiction Institute: www.foodaddictioninstitute.org/?doing_wp_cron=1353679461.8226640224456787109375

Food Addicts in Recovery Anonymous: www.foodaddicts.org/

Web MD: www.webmd.com/mental-health/mental-health-food-addiction

23 도박

1 상황 묘사

- 테리는 단순히 여흥을 위해, 친구들과 하루를 보내기 위해, 어쩌면 약간의 돈을 따기 위해 카지노에 갔다. 테리의 친구들은 도박이 재밌었다고 말했지만, 테리는 긴 밤을 보낸 후에 잃은 돈을 되찾기 위해 애쓰고 있는 자신을 발견했고, 상당한 액수의 돈을 잃었다는 것을 깨달았다. 그 돈은 여자친구를 위한 약혼반지를 사려고 모아 놨던 것이었다.
테리는 친구들이 장담했던 재미와 흥분을 전혀 느끼지 못한 채 카지노를 떠났다. 이제 그는 여자친구에게 자신의 금전적 손실과 어쩌면 약혼을 미뤄야 할지도 모른다는 것을 설명해야 한다.

- 키스는 똑똑한 사람이고 경마장에 꽤 오래 머물고 있었다. 그는 숫자에 밝고 괜찮은 직업을 가지고 있지만, 거의 매일 퇴근길에 경마장에 들러 경마에 돈을 건다.
그의 안에는 가장 높은 배당률에 돈을 걸어 큰 이익을 얻고자 하는 엄청난 욕구가 있다. 그렇게 된다면 그의 재정 문제는 모두 해결될 것이고, 오랫동안 경제적으로 안정될 것이다. 하지만 그가 딴 돈이 충분한 적은 없다. 그는 항상 더 따기를 원하지만 절대 만족하지 않는다. 수천 달러가 바람처럼 오가고 있다.

- "이번엔 될 거야."
수잔은 혼잣말하면서 자신의 복권을 열쇠로 긁으며 당첨되었는지 살펴봤다. 50달러에 당첨되었다. 수잔은 떨 듯이 기뻤고, 새로운 희망과 기대로 벅차올랐다. 그녀는 더 당첨될 수 있을지도 모른다.

오늘이 그녀의 행운의 날이려나?
그녀는 연속으로 당첨되고 있었기 때문에 지금 그만둘 수 없었다. 수잔은 주유소로 가서 20달러짜리 복권을 5장 더 샀다. 모두 꽝이었다. 왜 그녀는 50달러로 만족하지 못했을까?
우울해지고 패배감에 사로잡힌 그녀는 차로 돌아갔다. 내일은 더 나아질 거라고 혼잣말했다.

- 스티븐은 미식축구를 좋아했다. 올해는 돈을 걸고 이기는 데 있어 최고의 해였다. 그는 모든 프로 게임과 대학 미식축구 경기에 돈을 걸었다. 그는 심지어 몇몇 고등학교 팀에도 돈을 걸었다. 그는 매니저, 베팅업자 등 모든 사람을 알고 있었다. 때때로 그는 결과를 기다리느라 너무 스트레스를 받고 긴장이 되어 경기를 즐길 수 없는 자신을 발견했다. 이제 그에게 스포츠는 하나의 일이 되었다. 그는 빠르게 통제력을 잃어가고 있었다.

정의와 주요 개념 | 2

- 도박은 결과가 확실치 않은 종목(event)이 더 많이 이길 수 있다는 가능성을 두고 물질적 가치가 있는, 대개 돈과 같은 무언가를 걸 때 일어난다. 운동 경기에 돈을 거는 것이든, 포커와 같은 카드 게임을 하는 것이든, 복권을 사는 것이든, 룰렛 게임을 하는 것이든 간에, 한 가지는 분명하다. 도박에 관한 한, 결과는 적어도 부분적으로는 운에 의해 결정된다.
- 모든 도박 게임은 일반적으로 실력에 좌우되는 게임과 운에 좌우되는 게임이라는 두 범주 중 하나에 속한다. 도박은 도박장을 상대로 게임을 하거나 돈을 거는 방식과 다른 개인 참가자들을 상대로 도박을 하는 개인 대 개인 방식으로 구성될 수 있다.
- 미국에는 암 환자보다 도박꾼이 두 배 더 많다. 도박꾼들의 25퍼센트는 적어도 한 번은 자살 소동을 벌였다. 도박꾼 한 명당 평균적으로

매년 16,000달러의 비용을 지출한다.[1]
- 미국에서는 250만 명이 넘는 사람들이 도박 중독과 싸우고 있고, 또 다른 1,500만 명의 사람들은 장애로 이어질 위험에 처해 있다. 도박 산업은 매년 5,000억 달러 이상을 벌어들인다.[2]
- 사람들이 도박하는 데는 여러 이유가 있다. 거기에는 아드레날린 급증을 일으키는 위험 감수, 도박 경험과 관련이 있는 이국적이거나 매혹적인 장소, 금전적 이득에 대한 희망, 승리의 짜릿함, 일상을 잊을 수 있도록 하는 카지노 분위기에 빠지는 것 등이 포함된다.
- 잦은 도박은 재정적 어려움으로 이어질 수 있으며, 빚을 감추기 위해 도덕적 기준과 법적 기준까지 해이해질 수 있는 위험을 증가시킨다.
- 고통을 줄이기 위해 알코올이나 다른 약에 의존하는 사람들처럼, 사람들은 종종 현재 상황과 책임감, 압박감에서 벗어나기 위한 통로로 도박을 이용한다.
- 도박으로 인한 문제가 커질 때, 가족과 친구들, 친지들 등 도박꾼 주위에 있는 사람들에게도 영향을 끼칠 수 있다. 나라마다 다르기는 하지만, 평균적으로 도박 인구의 1-2퍼센트는 심각한 문제를 가지고 있으며, 모든 도박꾼은 주위에 있는 사람들에게 (대개 부정적 방식으로) 영향을 끼친다.[3]
- 도박 중독의 징후와 증상으로는 도박에 사용하는 돈의 액수가 점점 더 커질 필요성, 앞으로의 도박 행사를 계획하는 데 몰두하거나 과거의 도박 경험에 집착하는 것, 여러 번의 도박을 줄이려는 시도의 실패, 도박을 줄이려고 시도할 때 쉽게 짜증나거나 불안해지는 것, 스트레스와 슬픔, 불안을 해소하기 위해 도박하는 것 등이 있지만, 이에 국한되지는 않는다.

---

1 No Gambling Addiction, www.nogamblingaddiction.com/addiction-statistics.htm.
2 Gambling Addiction, www.gamblingaddiction.org/index.php/poker/30-gambling-addiction-statistics.
3 Gambling Therapy, "What Is the Social Impact of Gambling?" last modified March 2012, www.responsible-play.com/en/what-isgambling/social-impact-of-gambling.aspx.

- 도박 중독이나 병적 도박 행위를 유발하는 구체적 원인은 알려지지 않았다. 그러나 스릴 추구와 위험한 행위에 대한 욕구가 큰 사람들과 도박꾼 주위에서 성장한 사람들은 도박 중독을 발전시킬 위험이 더욱 크다.
- 도박 중독률과 알코올 중독률을 밝히기 위해 8년 동안 전국적으로 실시한 연구에서는, 알코올 의존자로 여겨지는 사람들은 미국인의 1.8퍼센트인데 반해, 문제성 도박꾼이라고 여겨지는 사람들은 3.5퍼센트라는 결과를 얻었다. 심리학자인 존 웰트(John Welte)에 따르면, 만 21세가 넘으면 알코올 중독보다 문제성 도박이 더 만연해진다.[4]
- 인구의 2-5퍼센트가 도박 중독으로 진단을 받는데, 그중 대다수는 미국에 거주한다. 이 장애가 여성들 사이에서 많이 증가하고 있다는 인구학적 통계는 주목해야 할 흥미로운 사실이다. 현재 병리적 도박꾼으로 진단받은 사람 중 25퍼센트가 여성이다.[5]
- 도박은 전전두엽 피질(prefrontal cortex)과 뇌로 가는 혈류에 충격을 주는 코카인이나 모르핀과 비슷한, 마약과 같은 영향을 뇌에 끼치는 것으로 밝혀졌다.
- 뇌에 기쁨을 유발하는 신경전달물질인 도파민(dopamine)이 도박과 직접적 관련이 있는 것으로 나타났다. 도박꾼이 승리하면 도파민이 뇌로 흐르고, 계속해서 지면 수치가 떨어진다. 이것은 마약 중독자가 금단 현상을 경험하고 체내 마약 성분을 유지하기 위해 그다음 '투약'을 간절히 원하는 것과 마찬가지로, 도박꾼에게 도박하고 도박할 기회를 찾는 더 큰 욕구를 만들어 낸다.
- 슬롯머신은 도박꾼들에게 가장 중독적일 수 있다. 실력이 좌우하는 게임에서 어느 정도 기대되는 승리보다 도파민 뉴런을 더 많이 자극하는 예상치 못한 결과 때문이다.

---

4 Alta Mira Recovery Programs, "Surprising Research Shows Gambling Addiction Exceeds Alcoholism," www.altamirarecovery.com/blog/surprising-research-shows-gambling-addictions-exceed-alcoholism/.

5 Gambling Addiction, "What Is Gambling Addiction?" www.gamblingaddiction.org/index.php/poker/25-what-is-gambling-addiction.

3. 진단 인터뷰

1. 지난 주간이나 지난달에 도박에 얼마나 많은 시간을 사용했습니까?
2. 도박에서 잃은 돈이 얼마 정도 됩니까?
   도박 자금을 마련하기 위해 돈을 빌린 적이 있습니까?
3. 도박 자금을 마련하기 위해 물건을 팔거나 훔친 적이 있습니까?
4. 도박의 결과로 가족이나 다른 사람과의 관계가 끊어진 경험이 있습니까?
5. 단지 카지노나 복권 판매하는 곳이 가까이 있다는 이유로 카지노에 들어가거나 복권을 사고 싶은 충동을 크게 느끼는 자신을 발견합니까?
6. 도박을 끊으려 노력했다가 실패한 적이 있습니까?
   만일 그렇다면, 몇 번이나 그랬습니까?
7. 다음에 크게 따는 것에 대해 끊임없이 생각하거나 이전의 승패에 대해 끊임없이 추억하는 자신을 발견합니까?
8. 당신의 도박 중독에 대해 말하는 사람들에게 짜증이 나는 자신을 발견합니까?
9. 당신은 최근에 잠을 제대로 자지 못하거나, 식욕이 없어지거나, 불안감이나 우울증이 심해진 적이 있습니까?

4. 지혜로운 상담을 위한 조언

도박에 중독된 사람들은 느끼고, 행동하고, 생각하고, 판단하는 방식에 영향을 끼치는 화학 물질의 급증(chemical rush)을 뇌로 경험하고 있다는 사실을 이해하는 것이 중요하다. 도파민이 분비되지 않으면, 도박뿐 아니라 다른 고위험 행동(high-risk behavior)의 욕망은 많이 사라질 것이다.

도파민의 분비는 도박꾼에게 도취감을 줄뿐만 아니라 더 많은 돈을 따기 위해 다시 도박을 하도록 만든다. 돈을 따는 것만이 목표는 아니다. 대신에 이기는 경험과 '느낌'에 더 관련이 있다. 어떤 억제제(depressant)는 진행성 도박꾼들(시간이 지나면서 중독성이 점점 더 심해지는 사람들)의 도파민 수치를 낮추는 데 사용되지만, 이는 위험할 수 있다. 왜냐하면, 그 사람들은 도박 행위에 따른 상당한 손실로 인해 이미 우울증에 빠져 있을 수도 있기 때문이다.

도박꾼들이 이겼을 때는 엄청난 도취감을 경험하지만, 졌을 때는 이에 맞먹는 최저 상태를 경험한다. 이러한 최저 상태는 매우 위험할 수 있으며, 도박꾼들은 자신이 갇혀 있는 구멍에서 나오기 위해 필사적으로 애쓰다가 우울한 상태에 빠질 수 있다. 도박꾼은 중독과 싸우는 다른 사람들처럼, 언제 또는 어떻게 도박을 끊어야 할지 모르기 때문에 더 추락하게 된다.

도박 중독자는 단순히 자신에게만 영향을 끼치지 않는다. 가족, 친구들, 동료에게도 영향을 끼치는 경우가 많다. 도박은 금전적, 감정적, 때로는 신체적 염려를 일으키는 문제에 둘러싸인 사람들에게 더욱 큰 어려움이 될 수 있다. 도박꾼들은 자신의 습관성 중독을 유지하기 위해 사랑하는 사람들과 친구들로부터 빌린 돈에 의존하게 될 수 있으며, 이는 복합적 문제로 이어질 수도 있다. 가족이 고려해야 할 한 가지 중요한 사항은 도박 중독자가 도박을 계속하지 못하도록 적극적으로 지원하고 돕는 것이다.

도박 중독은 어려운 싸움이지만, 다른 모든 중독과 마찬가지로 사랑하는 사람들이 할 수 있는 일들이 있다. 예를 들어, 적절한 경계를 설정하는 것이다.

도박을 계속하려면 재원이 필요하고, 강박적 도박꾼은 대개 자신의 개인 자금으로는 중독을 무한적으로 지속할 수 없다. 따라서 가족과 친구가 그들의 돈을 잘 관리하고 도박꾼이 부탁하거나, 간청하거나, 빌거나, 요구해도 돈을 주지 않는 것이 중요하다.

회복 과정에 있는 도박꾼의 시간은 최대한 도박을 생각하지 않도록 건설적 활동으로 채워져야 한다. 도박꾼들은 도박할 수 있는 상황과 도박을 갈망하도록 만드는 환경으로부터 분리되어야 한다.

5. 내담자를 위한 행동 단계

1) 문제가 있다는 것을 인정하라

- 많은 경우 강박적 도박꾼과 중독자는 문제가 있다는 것을 인정하지 않을 것이다. 심지어 자신이 도박을 하고 있다는 사실조차 인정하지 않을 것이다. 당신은 실제로 돈을 잃지 않았고, 우울하지 않으며, 변한 것은 아무것도 없다고 주장할지도 모른다. 무언가가 잘못되었다는 것을 인정하는 것은 중요하다.
- 이제 당신의 도박에 대한 책임을 받아들일 때다. 이 단계는 당신과 당신의 전문 상담사가 문제의 심각성을 분명히 밝히고 그것이 당신의 삶에 초래한 문제들을 직면하기 위한 현실 직시 단계이다.

2) 누군가 당신에 대해 동반 책임을 지는 것을 허용하라

- 당신이 더 큰 자율성을 발휘할 수 있는 충분한 자제력을 갖추기 전까지 다른 누군가가 당신의 주요한 금전적 자산을 관리하도록 하는 것이 필요할 수 있다. 이것은 힘들지만, 종종 필요한 단계로, 특히 파산 직전이라면 더욱 그렇다.
- 이 결정은 당신이 더는 도박하지 못하도록 주변 사람들이 당신을 지켜보도록 하고, 그들이 당신에 대해 동반 책임을 지도록 허용해야 하는 것을 의미한다. 당신에게 도박 충동이 일어날 때 그들은 그것을 물리치도록 도울 수 있다.

3) 도박을 건강한 습관으로 치환하라

- 종종 도박은 욕구를 배출하는 수단으로 시작된다. 따라서 무언가 더 건강한 습관으로 대체하고 좀 더 균형 잡힌 삶으로 나아가는 법을 배우는 것은 중요하다. 취미 생활, 창의적인 일을 하거나, 스포츠에 참여하는 것은 도박 습관을 대체할 수 있는 활동들이다.

- 많은 도박꾼에게 지루함은 도화선이 된다. 지루함은 도박 충동을 다시 일으킬 수 있으며, 이는 점점 더 저항하기 힘들어지기 때문이다. 빈 시간을 올바른 종류의 활동으로 채우는 것은 매우 중요하다.

4) 지원 그룹에 참여하라

- 지원 그룹에 참여함으로써 당신은 도박 중독과 싸우는 사람이 당신만이 아니라는 사실을 알게 된다. 또한, 당신에게 공감하고 힘을 주고, 당신의 언어를 이해할 수 있는 사람들에게 당신의 기분을 표현하는 기회를 얻게 된다.
- 중독 치료 기관과 지원 그룹도 동반 책임을 위한 훌륭한 자원이다. 도박은 상황에 따르는 것이다. 그리고 충동은 항상 소그룹 환경에서 더 쉽게 억제된다.
- '익명의 단도박 모임'(Gamblers Anonymous)과 같은 지원 그룹은 충동을 이기고 맑은 정신과 회복으로 더 가까이 가도록 돕는 단계별 프로그램을 제공한다.

성경적 통찰 | 6

> 모든 것이 내게 가하나 다 유익한 것이 아니요 모든 것이 내게 가하나 내가 무엇에든지 얽매이지 아니하리라(고전 6:12).

성경은 슬롯머신이나 블랙잭, 다른 유형의 도박을 피하라고 구체적으로 말하고 있지는 않다. 그러나 성경은 우리가 자신에게 해로운 것이 아니라 유익한 것을 해야 한다는 사실을 분명하게 말하고 있다. 도박 중독은 우리를 정서적으로, 재정적으로, 영적으로 해칠 수 있다. 성경이 이 주제에 대해 아무 말도 하지 않은 것처럼 보일 수 있지만, 그 행동이 상처가 되고 파괴적일 때, 변화의 필요성을 깨닫는 것은 중요하다.

그들에게 자유를 준다 하여도 자신들은 멸망의 종들이니 누구든지 진 자는 이긴 자의 종이 됨이라(벧후 2:19).

여느 중독과 마찬가지로, 도박은 정신을 강하게 지배할 수 있고, 매우 실제적인 방식으로 사람을 통제할 수 있다. 성경은 우리가 두 주인을 섬길 수 없다고 말한다. 사람은 하나님과 돈을 함께 섬길 수 없다. 중독은 사람이 중독에 대해서만 생각하는 시점까지 그 사람을 삼켜 버린다. 이런 일이 일어나면, 사람들은 그 행동의 노예가 된다. 하나님은 당신의 시간을 원하신다. 그분은 질투하는 하나님이시고, 당신에 대해 질투하신다.

돈을 사랑함이 일만 악의 뿌리가 되나니 이것을 탐내는 자들은 미혹을 받아 믿음에서 떠나 많은 근심으로써 자기를 찔렀도다(딤전 6:10).

어느 시점에서, 모든 과정 도박꾼은 돈에 대해 건강하지 않고 불균형한 사랑과 욕망을 갖게 된다. 그들은 이기는 순간의 도취감 때문에 스릴을 추구하는 사고방식을 갖고 있지만, 궁극적으로는 더 많은 부와 그에 따른 명성에 대한 욕망을 품고 있다. 돈만이 문제가 아니다. 돈에 대한 사랑은 근본적으로 파괴적 힘을 갖는다.

돈을 사랑하는 사람들은 결코 만족하지 못한다. 그들은 더 많은 것을 갈구하고 절대로 만족하지 않을 것이다. 종국에는 하나님을 제외하고 해 아래 모든 것은 헛되다. 하나님은 우리가 진정한 하늘나라의 우선순위에 집중할 수 있도록 도와주실 것이다.

손을 게으르게 놀리는 자는 가난하게 되고 손이 부지런한 자는 부하게 되느니라(잠 10:4).

도박하는 사람들은 일을 거의 하지 않거나 아예 하지 않더라도 많은 돈을 벌 수 있다고 생각한다. 우리는 아무것도 하지 않으면서 원하는 모든 것을 우리가 원하는 때에 원하는 방식으로 가질 수 있다고 말하는 사고방식을 피해야 한다. 이런 경우는 매우 드물다.

성경은 우리에게 일하라고 가르친다. 그리고 게으른 사람은 선한 일보다는 해로운 일을 더 많이 한다고 말한다. 열심히 일하면 칭찬받고, 궁극적으로는 복을 가져올 것이다. 하나님은 우리에게 일할 수 있는 능력을 주셨으며, 이것은 저주가 아니라 선물이다. 우리는 돈을 빨리 또는 쉽게 버는 방법을 찾는 것에 대해 신중해야 한다. 근면은 발전시켜야 할 인격적 자질이다.

7 기도 첫걸음

주님!
주님은 생명을 회복시키시고, 사슬을 끊으시는 분입니다. 주님은 무엇이든 하실 수 있습니다. _____님의 삶에서 사슬과 같은 도박 중독을 끊어 주시길 기도합니다. _____님은 이 문제로 싸우고 있지만, 자신의 힘만으로는 그 싸움을 할 수 없습니다. 주님께서 그 짐을 져 주셔야 합니다. 주님께서는 우리가 수고하고 무거운 짐을 질 때 당신께 오라고 말씀하셨습니다. 우리를 위해 우리의 짐을 맡아 주시겠다고 말씀하셨습니다. 하나님, _____님의 주위를 당신의 사랑과 은혜로 둘러싸 주시고, _____님으로 하여금 하나님만이 모든 필요를 충분히 채워 주시는 분임을 알도록 해 주시옵소서. 우리를 돌보아 주시고 사랑해 주셔서 감사드립니다.

8 추천 자료

추천 도서

Arterburn, Stephen, and David Stoop. *The Book of Life Recovery*. Tyndale, 2012.
Cleveland, Mike. *Higher Stakes: Freedom from Gambling and Betting*. Ingram, 2008.
June, Lee, and Sabrina D. Black. *Counseling for Seemingly Impossible Problems*. Zondervan, 2007.
McCown, William G., and William A. Howatt. *Treating Gambling Problems*. John Wiley, 2007.
Raabe, Tom. *House of Cards: Hope for Gamblers and Their Families*. Tyndale, 2001.
Shaw, Mark E. *The Heart of Addiction: A Biblical Perspective*. Focus, 2008.

―――. *Hope and Help for Gambling*. Focus, 2010.

Welch, Edward T. *Addictions: A Banquet in the Grave: Finding Hope in the Power of the Gospel*. P&R, 2001.

Williams, Don. *12 Steps with Jesus*. Gospel Light, 2004.

추천 웹사이트

Gamblers Anonymous: www.gamblersanonymous.org/ga/

Gambling Addiction: www.gamblingaddiction.org

Mayo Clinic: www.mayoclinic.com/health/compulsive-gambling/DS00443

National Institutes of Health: www.nlm.nih.gov/medlineplus/compulsivegambling.html

No Gambling Addiction: www.nogamblingaddiction.com

저장 장애 24

상황 묘사 1

- 헨리는 베스에게 조용히 말했다.
"우리 중고물품들을 팔아서 이런 물건 중 일부를 처리해야 할 것 같아. 전혀 사용하지 않았던 물건들로 꽉 찬 방들도 있어."
베스의 손에 땀이 나기 시작했고, 고개를 남편 쪽으로 돌렸을 때 심장은 빨리 뛰었다.
"어떤 물건들을 말하는 건데?
이것들은 나에게 소중해. 아무것도 버릴 수는 없을 것 같아."
그녀는 쌓아 놓은 물건 중에서 몇 개를 훑어보기 시작했고, 오래된 램프와 포장용 비닐 두루마리를 집어 들었다. 그리고 물었다.
"이게 얼마나 귀한 건지 모르겠어?"

- "오스카, 이 방문을 열 수가 없네.
문 뒤에 뭐가 있는 거야?"
마리가 물었다. 그녀는 벽에 줄지어 상자와 물건들이 쌓여 있어서 겨우 지나갈 수 있는 공간으로 조심스럽게 걸었다.
"아! 그거 내 옷들이야."
오스카가 대답했다.
"쌓아 놓은 옷들이 문 쪽으로 쓰러졌나 보다. 그렇게 많이 쌓여 있을 줄은 몰랐네. 난 이제 내가 얼마나 많은 물건을 가졌는지도 모르겠어."
마리는 자신의 오빠가 수집광(hoarder: 물건을 버리지 못하고 모아 두는 일종의 강박 장애를 겪는 사람-역주)이 되어 가고 있다고 생각했지만, 이 상황에 대해 무엇을 해야 할지는 몰랐다.

- 게이브는 이모네 가는 것을 싫어했다. 항상 악취가 났기 때문이다. 공기는 탁했고, 수백 마리의 고양이가 주위를 뛰어다니는 것 같았다. 그는 고양이를 싫어했고, 어머니가 일해야 하는 주말에 이모 집에 있어야 하는 것이 두려웠다.

그는 이모 집을 향해 걸어갔다. 벌써 냄새를 맡을 수 있었다. 그러나 오늘은 그 냄새가 더 심했다. 게이브는 문을 열었다. 두 마리의 고양이가 서로 쫓아다니면서 그를 지나쳤다. 그 순간 냄새가 마치 벽돌담처럼 그를 세게 때렸다. 그가 안을 들여다보았을 때, 마룻바닥에 두 마리의 동물이 누워 있는 것을 보았다. 그들은 죽은 것 같았다. 그가 안으로 들어서자 영양실조에 걸린 고양이 세 마리가 그를 지나쳤고, 40마리의 고양이들이 그를 똑바로 응시했다.

'사라 이모는 어디 계시지?

왜 아무것도 안 하고 계신거야?'

그는 궁금해졌다.

2 정의와 주요 개념

- **강박적 저장 장애**(disposophobia: 폐기공포증)는 사용하거나 버리지도 못하면서 가치 있는 물건과 가치 없는 물건을 과도하게 모으는 행위로, 공간적 한계, 위험하거나 비위생적 환경, 물건 판매나 교환을 통한 금전적 이익은 개의치 않는다.
- **저장하기**(hoarding)는 중독과 강박 행동 모두로서 연구되어 왔고, 결국에는 **병리적 강박 장애**로 발전하는 중독적 성향을 지닌 것으로 밝혀졌다. 인구의 약 5퍼센트에 달하는 사람들이 저장강박증을 앓고 있다는 증거가 있는데, 이 비율은 강박 장애(OCD) 비율의 두 배, 조울증이나 조현병 비율의 네 배이다.[1]
- **강박 행동은** "사람이 특정 강박에 대한 반응으로 꼭 행해야 한다고 느

---

[1] Obsessive Compulsive Foundation, www.ocfoundation.org/hoarding.

겨지는 반복적 행위나 정신적 행동"을 뜻한다.[2] 강박 행동은 스트레스, 불안, 고통을 예방하거나 줄이는 것, 또는 사건이나 상황을 감추는 것을 목표로 한다. 그러나 강박 행동이 감추고자 하는 실제 사건이나 행동, 또는 고통과 반드시 관련 있는 것은 아니다.

- 중독은 물질이나 활동에 대한 강박적이고 억제할 수 없는 의존으로 여겨진다. 중독은 뇌의 도파민 수치에 영향을 끼치고, 이 화학 물질을 더 많이 생산할 수 있는 경로를 만든다.
- 종종 저장 장애로 고통받는 사람들은 저장 행동으로부터 어떠한 즐거움도 경험하지 않는다. 사실 강박 장애에 기초한 저장 장애로 고통받는 사람들은 대개 저장 행동을 원하지 않는다. 저장 행동을 유지하기 위해서는 상당량의 에너지가 필요하기 때문에 그들은 그 행위를 매우 혐오하며 스트레스를 받는다.
- 저장은 강박 장애와 연관되는 경우가 많으며, 강박 장애 환자의 18-40퍼센트 정도가 저장의 문제를 보인다. 그러나 약간의 차이가 있다. 대부분 강박 장애로 고통받는 이들에게 강박은 거슬리고 원치 않은 것으로 보고되는 반면에, 많은 저장 중독자에게 그 행위는 안전하고 편안한 즐거움의 감정을 만들어 낼 수 있다.[3]
- 강박에 기초한 저장 장애는 네 가지 전형적인 강박 관념을 통해서 발생할 수 있다. 그중 가장 일반적인 것은 다음과 같다.

  - **오염에 대한 두려움**: 물건들은 오염되어 있어서 만질 수 없다. 그래서 바닥이나 그것들이 떨어진 곳에 쌓아 둔다.
  - **미신적인 생각**: 물건을 버리는 행위가 어떤 재앙을 초래할 것이라는 비이성적인 믿음.
  - **불완전하다는 느낌**: 좌우대칭 강박 관념(물건들이 배열되고 정리되는 방법)이 이 범주에 속한다.

---

[2] Psychology Today, "Is Hoarding an Addiction or Purely a Compulsive Behavior?" last modified March 2, 2011, www.psychologytoday.com/blog/when-more-isnt-enough/201103/is-hoarding-addiction-or-purely-compulsive-behavior.

[3] Obsessive Compulsive Foundation, www.ocfoundation.org/hoarding.

- 아주 힘든 강박 관념에 대한 지속적인 회피: 폐기하기 전에 끝없이 확인하는 일을 피하려고 폐기하지 않는 것.[4]

- 저장 장애는 종종 중년층과 노년층의 사람들에게 영향을 끼치고 때로는 치매와 알츠하이머병, 노화와 관련된 다른 상태들과 연관될 수 있다. 젊은 사람들에게서 저장하기나 이와 비슷한 성향은 아직 덜 나타나고 있다.
- 일반적이고 위험한 저장 유형 중 하나는 동물 모으기(고양이, 토끼, 닭, 뱀, 등)이다. 이 장애가 있는 사람들은 이러한 동물들을 때로는 수백 마리까지 모으고 계속해서 기를 것이다.
- 신경심리학 실험과 신경 영상 연구는 저장 강박증이 안와전두 피질(orbitofrontal cortex), 복내측시상하핵 전전두엽 피질(ventromedial prefrontal cortex), 전대상피질(anterior cingulate cortex)과 같은 전두엽 부분에서의 비이상적인 활동으로 특징지어진다는 증거를 보여 준다.[5] 도파민에 민감한 신경 세포 대부분은 뇌의 이 부분에서 발견되는데, 이 부분은 실행 기능(추론, 논리, 이성적 사고, 인지적 처리, 등)도 처리한다.
- 많은 호더(hoarder, 저장광)에게 물건을 분류하고, 그 물건으로 무엇을 할지 결정하고, 잠재적으로 물건을 버리고 없애는 일의 모든 과정은 그들이 어떤 대가를 치르더라도 회피하고자 하는 경험이다. 그 일은 감정적으로 그들을 압도하기 때문이다.
- 호더들은 우울증이나 불안에서 나타나는 감정조절 장애뿐만 아니라 저장하기와 완벽주의 가족력을 갖고 있을지 모른다. 그들은 의사 결정에 어려움을 겪을 수도 있고, 다양한 물건에 정서적 애착을 갖게 될 수도 있다. 그리고 생명이 없는 물건의 의인화를 경험하고, 잠재적인 금전적 그리고/또는 감정적 가치 때문에 어떤 것도 버려서는 안 된다는 믿음을 강하게 붙들고 있을지도 모른다.
- 호더들은 그들이 물건을 버리거나 없애면 어떤 일이 일어날 것인지에

4　Ibid.
5　Ibid.

대한 **비현실적 예상**을 빨리한다. 그들은 사람들이 자신을 버릴 것으로 생각할 수도 있고, 불안한 감정이나 외로움, 길을 잃은 것 같은 기분을 느낄 수도 있다.

- **저장의 결과는 특히 노인들에게 위험하다.** 왜냐하면, 잡동사니로 인해 집안을 다니는 데 어려움을 겪기 때문이다. 한 연구에 따르면, 호더의 45퍼센트는 냉장고를 사용할 수 없고, 42퍼센트는 부엌 싱크대를 사용할 수 없고, 42퍼센트는 욕조를 사용할 수 없다. 20퍼센트는 세면대를 사용할 수 없고, 10퍼센트는 변기를 사용할 수 없었다.[6]
- 개인 상담과 그룹 상담 모두 호더를 치료하는 데 사용되지만, 강박 장애 환자에게 일반적으로 사용되는 약물에 대한 반응은 뒤섞인 결과를 보일 수 있다.
- 동기 부여 인터뷰, 인지 치료, 행동 실습의 요소들과 기술 훈련(skill training)을 결합하여 강박 장애를 위한 새로운 인지 행동 치료법이 개발되었다. 이 치료법은 과도한 습득, 소유물을 버리는 것에 대한 어려움, 기능적 문제를 초래하는 무질서에 초점을 맞춘다.
- **그룹 상담**은 지원, 동기 부여, 동반 책임감을 높여 주며, 때로는 저장하기와 연관된 수치심, 죄책감, 외로움을 감소시키기 때문에 효과적이라고 입증되었다.

진단 인터뷰 | 3

1. 당신은 물건을 수집하는 데 얼마나 얼마나 많은 시간을 사용하고 있습니까?
   이런 행동은 언제 시작되었습니까?
2. 당신은 이미 가지고 있는 물건에 집착합니까?
   아니면 계속 가지고 있도록 강요받는 느낌을 갖습니까?
3. 당신이 어떤 물건과 떨어지게 될 때 불안을 경험하십니까?

---

6   Ibid.

아니면 그런 상황은 상상하기조차 어렵습니까?
4. 당신이 저장한 물건 중 일부에 감정적 가치를 두고 있습니까?
5. 물건을 수집하는 일을 멈출 수 없는 자신을 발견하십니까?
6. 다른 사람들과의 유대감과 상호 작용이 줄어들고 있다고 느끼십니까?
7. 당신은 저장하는 자신의 행동에 대해 부끄럽거나 죄책감을 느끼십니까?
8. 당신의 물건을 버린다면 과도하게 나쁜 일이 일어나게 되리라 생각하십니까?
9. 저장 행동이 당신에게 좌절감을 줍니까?
   물건을 정리하거나 버려야 한다는 생각으로 압도당하는 자신을 발견합니까?
   당신은 종종 너무 많은 것을 갖고 있고 그 모든 것을 정리해야 한다는 생각에 스트레스를 받으십니까?
10. 당신의 저장 장애를 치료하기 위해 도움을 구해 본 적이 있습니까?

4 지혜로운 상담을 위한 조언

호더들이 실제로 수집하는 것을 원하지 않을 수도 있거나 그들이 얼마나 저장했는지를 깨닫지 못할 수도 있다는 사실을 인식하는 것은 중요하다. 어느 정도의 즐거움은 있을 수 있지만, 저장하기는 종종 부정적 감정이나 사건을 숨긴다. 그리고 사람들은 불쾌한 감정을 피하려고 이런 행동을 한다.

대개 호더들은 버림받는 느낌, 외로움, 고립감, 수치심 때문에 고심한다. 이러한 감정들은 그들의 저장 행동 때문에 강화되며, 친구들과 가족이 그들의 저장 행동에 대처하는 데 어려움을 겪고 그들과 단절되기 때문에 강화된다. 호더가 어린 시절에 버림받음을 느꼈거나 어떤 유형의 정신적 외상을 경험했다고 보는 것은 타당하다.

저장 장애는 그 사람의 애착 스타일 때문에 종종 치료하기 어려운 장애이다. 그들은 무언가를 떠나보내고 결정을 내리는 데 문제가 있다. 물건을 없애면 나쁜 일들이 일어날 것이라고 믿는 것은 호더에게 흔한 일이다. 따라서 이러한 왜곡된 생각에 도전함으로써 도움을 줄 수 있다. 많은 사람에게 정리하고, 분리하고, 버리는 생각은 압도적으로 다가올 수 있고, 치료 과정에서 이 단계를 거치는 데 인내심이 필요하다. 이 장애의 복잡성으로 인해 전문 의사나 치료사의 도움이 필요할 수 있다.

내담자를 위한 행동 단계 5

1) 저장 행동이 문제가 될 수 있다는 것을 인정하라

- 많은 경우 호더는 자신이 가치가 거의 없거나 아예 없는 물건들을 과도하게 모은다는 사실과 이미 많이 쌓여 있어서 이러한 것들을 보관하는 것은 무의미하다는 사실을 인정하는 데 어려움을 느낀다. 당신이 어떤 물건들과 분리되어도 괜찮다는 사실, 그리고 일부 물건이 다른 물건보다 덜 중요하다는 사실을 인정하는 것은 중요하다.
이것은 회복 과정에서 중요한 단계이지만, 당신에게는 어려운 단계일 수 있다. 왜냐하면, 이 시점에서 당신은 지금까지 수집한 모든 것을 중요하게 여기고 있기 때문이다. 당신이 가지고 있는 것들과 그중에서 처분할 수 있는 것들이 무엇인지에 대해 전문 상담사와 대화하라.

2) 물건들로부터 분리되라

- 사람들이 트로피, 기념품, 가보와 같은 물건에 어떤 정서적 또는 감정적 애착을 갖는 것은 정상이다. 그러나 일반 신문이나 포장지 같은 물건에 애착을 느끼는 것은 비정상이다. 당신에게 중요한 것은, 이런 것들을 버려도 처참한 일이 일어나지 않는다는 사실을 깨닫는 것이다. 당신이 물건을 버리면 일어날지도 모른다고 생각하는 끔찍한 일이 무엇인지에 대해 당신의 전문 상담사와 논하라.

- 작은 물건들을 버리는 걸음을 한 발짝 내딛어라. 후유증이 진정되었을 때 당신이 무엇을 버렸고, 그 이후에 어떤 기분이 들었는지를 당신의 상담 전문가에게 말하라. 어떤 물건이 눈에 보이지 않게 되면, 그 물건이 지닌 강박적 특성과 통제력을 잃는다는 것을 알게 될 수도 있다. 이것을 깨닫기 시작할 때, 당신은 다른 물건들도 서서히 없앨 수 있을 것이다.

3) 구입하고 수집하는 충동을 줄이라

- 단순히 물건을 없애는 것은 근본적으로 무의미하다. 만일 당신이 계속해서 다른 것들을 구입하고 수집한다면 말이다. 당신의 전문 상담사와 쇼핑하러 가서 당신이 보는 물건들을 사지 않는 방법에 관해 이야기하라. 당신은 어떤 물건이 정말 필요하다고 생각할 수도 있지만, 당신이 그 물건에서 멀어질 때 그것을 얼마나 빨리 잊게 되는지를 알게 될 것이다.

4) 지원 그룹에 참여하라

- 효과적 치료의 절차는 개인 상담이 지원 그룹 경험과 조화되도록 하는 것이다. 고립감과 수치심으로 이미 고심하고 있는 당신에게, 동일한 문제를 겪고 있는 다른 사람들과 함께하는 것은 도움이 될 것이다. 당신이 혼자가 아니라는 것을 아는 것은 강력한 역동이 될 수 있다. 그룹은 당신을 격려하고 동기를 부여하고 당신이 치료 계획을 잘 따르도록 도울 수 있다.

6 성경적 통찰

너희를 위하여 보물을 땅에 쌓아 두지 말라 거기는 좀과 동록이 해하며 도둑이 구멍을 뚫고 도둑질하느니라 오직 너희를 위하여 보물을 하늘에 쌓아 두라 거기는 좀이나 동록이 해하지 못하며 도둑이 구멍을 뚫지도 못하고 도둑질도 못하느니라 네 보물 있는 그곳에는 네 마음도 있느니라 (마 6:19-21).

호더들은 자신의 보물을 땅에 쌓아 두고, 감정과 안녕, 행복을 자신들이 습득한 물건들에 직접적으로 연결한다. 그러나 성경은 이렇게 하면 안 된다고 말한다. 그리고 우리에게 영원한 의미를 지닌 것에 투자하라고 권면한다.

그들에게 이르시되 삼가 모든 탐심을 물리치라 사람의 생명이 그 소유의 넉넉한 데 있지 아니하니라 하시고(눅 12:15).

하나님은 우리가 행하고 생각하는 모든 것이 이 세상에서 수집되거나 소유될 수 있는 것에 집중되기를 원하지 않으신다. 탐심과 소유물은 하나님 앞에서 우리의 우상이 될 수 있다.

예수께서 이르시되 네가 온전하고자 할진대 가서 네 소유를 팔아 가난한 자들에게 주라 그리하면 하늘에서 보화가 네게 있으리라 그리고 와서 나를 따르라 하시니(마 19:21).

하나님은 당신께서 인류를 위해 모든 것을 포기하셨던 것처럼 우리도 그리스도인으로서 우리를 소유하고 통제하는 모든 것을 기꺼이 포기할 것을 원하신다. 만일 우리가 소유한 것에 우리의 마음을 너무 쏟으면 우리의 보물은 이 세상에만 있게 될 것이다. 때때로 하나님은 우리에게 모든 것을 포기하고 당신을 따르라고 요청하실 수도 있다.

7 기도 첫걸음

> 주님!
> 주님은 모든 것의 창조주이시고, 그 무엇보다도 우리를 원하십니다. _____ 님의 눈을 열어 주셔서, 주님이 우리가 소유할 수 있는 가장 귀한 보물이라는 사실을 볼 수 있게 해 주시옵소서. _____ 님을 속박하고 있는 두려움이나 불안한 생각을 내려놓을 수 있게 도와주시옵소서. _____ 님은 주님만이 해결해 주실 수 있는 고통을 감추기 위해 물질을 의지하고 사용합니다. 주님의 팔로 _____ 님을 안아 주시옵소서. 주님은 진정한 위로자이시자 모든 은혜의 원천이십니다. 아무리 많은 부와 재산도 주님을 대신할 수 없습니다.

8 추천 자료

추천 도서

Collie, Robert. *Obsessive-Compulsive Disorder: A Guide for Family, Friends, and Pastors*. Haworth Press, 2005.

Emlet, Michael R. *OCD: Freedom for the Obsessive-Compulsive*. Resources for Changing Lives, 2004.

Johnson, William L., and Brad W. Johnson. *The Pastor's Guide to Psychological Disorders and Treatments*. Haworth Press, 2000.

Jones, Esther L. *Turning a Blind I: Christianity with OCD*. Crossbooks, 2011.

Peurifoy, Reneau Z. *Anxiety, Phobias, and Panic*. Rev. ed. Hachette, 2005.

추천 웹사이트

Anxiety and Depression Association of America: www.adaa.org/understanding-anxiety/obsessive-compulsive-disorder-ocd/hoarding-basics

Compulsive Hoarding Center: www.compulsivehoardingcenter.com/Compulsive_Hoarding.html

Help for Hoarding: www.helpforhoarding.net/hoarding-statistics-reveal-about-compulsive-hoarders/

Obsessive Compulsive Foundation: www.ocfoundation.org/hoarding/

인터넷 사용과 게임 중독 25

상황 묘사 1

- "샘, 존이 영화 보러 가겠냐고 방금 전화했었어. 너도 같이 갈거니?"
  이 메시지를 전한 샘의 어머니는 빠른 답을 들었다.
  "네, 금방 내려갈게요."
  그녀는 어깨를 으쓱하고 청소기를 계속 돌렸다. 몇 시간이 지난 후에, 샘이 부엌으로 내려왔다.
  "다 어디 있어요?"
  그가 물었다. 샘의 어머니는 한숨을 쉬었다.
  "너한테 말한 지 거의 3시간이 지났어. 존은 이미 떠났을 거야. 뭘 하고 있었니?"
  "대규모 다중 사용자 온라인 역할 수행 게임(Massive Multiplayer Online Role-playing Game · MMORPG)의 임무를 마치고 있었어요."
  그가 답했다.
  "이렇게 오래 걸릴 줄 몰랐어요. 친구들이 벌써 떠났으면 그 다음 단계나 계속해야 겠네요."

- 헨리는 12살이다. 그는 원하는 컴퓨터 게임이나 비디오 게임, 온라인 게임을 거의 다 할 수 있고, 컴퓨터와 텔레비전 앞에서 수많은 시간을 보낸다. 그가 선택하는 게임은 점점 더 폭력적으로 되어 가고, 살인과 범죄를 즐기는 행위를 조장한다. 결국, 헨리는 그의 부모를 더욱 닦달하고 성미가 급해졌다. 상황에 대한 그의 첫 번째 반응은 그가 끊임없이 하는 몇몇 비디오 게임을 반영하는 것 같다. 그의 부모는 그 게임들이 그의 행동에 영향을 끼치고 있다고 걱정한다.

- 수잔의 부모는 수잔이 걱정이다. 수잔은 온라인 가상현실 웹사이트에서 자신에게 맞춘 아바타(온라인 사용자를 나타내는 그래픽)와 함께 그 웹사이트를 통해서 알게 된 사람들과 대화하면서 지나치게 많은 시간을 보내기 때문이다.
그녀의 부모는 이런 유형의 온라인 환경에 대해서, 특히 어린 아이들을 찾아 유혹하고 납치하고 학대하기 위해 온라인을 사용하는 온라인 포식자와 스토커에 대해 나쁜 말을 많이 들었다.
이러한 일이 자신들의 14살 딸에게도 일어날 수 있는 것일까?

2 정의와 주요 개념

- 미국의학협회는 과도한 게임 사용을 하루에 게임을 약 두 시간 이상 하는 것으로 정의한다.
- 컴퓨터 게임을 하는 사람들의 10-15퍼센트만이 게임 중독의 기준을 충족시킨다는 연구 결과가 있다.[1]
- 결혼한 게임 중독자들의 배우자 중 50퍼센트 이상이 그 중독 때문에 관계 속에서 스트레스를 받는다고 주장했다.[2]
- 게임이나 인터넷 중독은 신체적, 정서적, 사회적 결과를 가져온다.
- 대부분의 중독처럼, 게임 사용자가 온라인에서 게임을 할 때, 그 사람의 뇌에서는 도파민이 분비되어 사용자가 그 행위를 계속하도록 만든다.
- 엔터테인먼트 소프트웨어 협회에 따르면, 미국의 평균적 게임 사용자는 현재 30세이고 37퍼센트 이상은 36세 이상이다.[3]
- 게임 사용자들의 33퍼센트는 소셜 게임을 하고 15퍼센트는 온라인 게

---

1 Video Game Addiction, "Social Consequences of Gaming Addiction," last modified 2009, www.video-game-addiction.org/socialconsequences.html.
2 Ibid.
3 Gaming Addiction, "Facts," last modified June 19, 2012, www.gamingaddiction.net/facts

임을 한다는 연구가 있다.[4]
- 인터넷이나 게임 중독이 쉽게 발생할 수 있는 이유 중 하나는 인터넷이 제공하는 **다양한 기회**와 인터넷이 사용자에게 줄 수 있는 안전감과 통제감 때문이다.
- 사회적 상호 작용 문제로 힘들어하는 어린 십 대들에게 인터넷이나 게임 세계는 **인간관계의 가장 좋은 원천**이 된다. 그러나 그들은 대면 접촉을 피하면서 원하는 자신을 만들고 투영할 수 있다.
- 비디오와 온라인 게임은 카지노 게임과 같은 방식으로 그 본질상 중독성이 있다. 그것들은 사용자가 더 오랜 시간 게임을 하도록 작은 승리를 주어 감정적인 덫을 만든다.
- 그 덫에는 높은 점수, 난이도별 단계, 발견, 관계, 역할 수행 등이 포함된다. 아마도 가장 중독성 있는 요소는 끝이 안 나는 온라인 주제별 역할 수행(role-play themes)일 것이다. 게임에서 가장 위대한 참가자가 되고 더 높은 단계로 나아가라는 생각은 사용자에게 가장 자극적인 덫이다.
- 역할 수행은 사용자가 온라인 캐릭터에 대해 감정적 애착을 갖도록 할 수 있다. 이는 사용자가 가상 현실의 캐릭터가 느끼는 감정을 실제로 느끼게 할 수 있다.
- 쉽게 지루해하거나, 관계 기술이 떨어지거나, 좀 더 충동적이거나, 공격성이 더 높거나, 학교에서 따돌림을 받거나, 자극적 느낌을 추구하는 경향이 있는 (특히 남자) 아이들은 비디오 게임과 인터넷 중독에 좀 더 쉽게 빠진다.[5]
- 게임과 인터넷 중독을 위한 **상담**은 대개 다른 중독을 치료하는 것과 동일한 치료 절차를 따른다. 증상이 비슷하기 때문이다. 게임과 관련된 활동이 늘어나고, 게임에 관한 생각이 많아지고, 관계를 소홀히 하고, 삶의 다른 우선순위, 심지어는 위생도 무시한다.

---

4   Ibid.
5   Tech Addiction, www.techaddiction.ca/gaming-addiction statistics.html#.ULAYkqP-WqJU.

- 중독된 사람의 미숙하고 불충분한 사회성 기술 때문에, 게임 중독을 치료하는 일이 어려울 수 있다. 만일 사회적 상호 작용의 대부분이 인터넷이나 게임 장치를 통해 이뤄진다면, 대면 대화는 더 어색하고 덜 실용적이다.
- 게임이나 인터넷 중독을 치료할 때 또 다른 복잡한 요인은 중독자가 사용하는 장치/시스템이 숙제와 텔레비전 시청 같은 다른 용도로도 사용된다는 데 있다. 유혹의 근원으로부터 중독자를 분리하지 못하면서 인터넷 중독자에게 개입하고자 하는 건 기본적으로 알코올 중독자에게 술을 끊으라고 말하면서 알코올 중독자를 술집에 계속 가도록 놔두는 것과 같다.
- 게임 시간을 점진적으로 제한함으로써 중독자가 비디오 게임을 끊도록 하는 데 성공하기도 하지만, 중독된 사람을 중독의 모든 근원에서 완전히 분리하는 야생 캠프나 팀 환경 같은 치료 캠프도 있다.

3 진단 인터뷰

1. 인터넷 사용에 온 정신이 집중되어 있습니까?
2. 지난 주간에 게임을 하는 데 시간을 얼마나 썼습니까?
3. 당신은 오랫동안 게임이나 온라인을 하지 못했을 때 부정적 기분(예를 들어, 침울함, 우울함, 짜증)을 강하게 느낍니까?
4. 탈출의 수단으로 게임이나 인터넷을 사용하십니까?
5. 게임을 하거나 온라인에 접속하기 위해 잠을 충분히 자지 않거나 계획했던 것보다 더 늦게까지 깨어 있습니까?
6. 당신에게 가장 가까운 관계는 온라인상에서 맺은 관계입니까?
7. 당신의 생각이나 감정이 새로운 인기 있는 비디오 게임이나 온라인 게임의 출시와 상관이 있습니까?
8. 당신이 인터넷이나 비디오 게임을 얼마나 많이 하는지를 대단하지 않게 생각하려고 애쓰지는 않습니까?
9. 비디오 게임을 그만두려고 노력했지만, 당신 뜻대로 되지 않았던 적

이 있습니까?

10. 온라인에서 보내는 시간 때문에 좋았던 우정을 잃었던 경험이 있습니까?

지혜로운 상담을 위한 조언 | 4

다른 여느 중독처럼, 그 행동을 하는 주된 요인 중 하나는 뇌에 흘러 들어가 도취감을 만드는 엔도르핀과 도파민 같은 쾌감을 유발하는 화학 물질이다. 비디오와 인터넷 게임은 도박, 번지점프, 위험을 감수하는 다른 행동들이 서로 다른 보상 시스템을 사용함으로써 일으키는 것과 동일한 다양한 반응을 일으킬 수 있다.

레벨의 숫자나 필요한 소요 시간에 상관없이 사용자가 게임을 마지막까지 달성하고 싶도록 유혹하는 새로운 비디오 게임에 대한 어떤 신비감과 기대감이 있다. 그래픽과 특수효과는 중요하다. 그러나 사용자를 가장 강하게 유혹하는 부분은 게임 속의 이야기 전개와 그 다음에 어떤 일이 일어날지에 대한 신비감과 기대감이다.

비디오 게임은 사용자가 게임에서 일어나는 일 외에는 아무것도 생각하지 못하도록 사용자를 완전히 몰입시킬 수 있다. 이것이 바로 사람들이 게임을 하지 않을 때조차도 다른 레벨과 게임 방식에 관해 이야기하는 이유이다. 알지 못하는 흥분이 사고 과정을 지배한다.

대규모 다중 사용자 온라인 역할 수행 게임(MMORPG)과 온라인 게임 사회에 대해 정확히 파악하는 것은 점점 더 중요해진다. 이런 게임들과 관련된 상호 작용적, 사회적, 관계적 역학 때문이다. 인터넷 게임 영역에는, 특히 현존하는 대규모 다중 사용자 온라인 역할 수행 게임 중에서 가장 중독적인 월드 오브 워크래프트(World of Warcraft)와 같은 게임 영역에는 수백만 명의 사람들이 동시에 접속할 수 있다.

대개 이런 사용자들의 집단이나 사회는 청소년들과 성인들이 그들만의 통제 가능한 환경을 만들 수 있게 하는 훌륭한 탈출구가 된다. 온라인 사회는 사용자들을 대면 대화로부터 자유롭게 함으로써 한편으로는 부끄러워하면서도 동시에 모험을 즐기도록 한다. 결국, 게임 사용자들이 주장하는 것과는 반대로, 그들은 긍정적이고 건강한 사회적 상호 작용 기술을 잃어 가고 있다.

5 내담자를 위한 행동 단계

1) 문제가 있다는 것을 인정하라

- 당신이 게임에 중독되었다는 것을 인정하는 것은 매우 어려울 수 있다. 게임은 상황적인 것으로 보이기 때문이다. 당신은 이렇게 생각할지도 모른다. "이 게임만 깨면 나는 이제 게임은 그만할 거야. 나는 이 게임만 많이 할 뿐이지, 다른 게임은 하지 않잖아."
당신이 이해하지 못하는 것은 새로운 게임이 출시될 때마다 당신은 이전 게임에서 그랬던 것과 마찬가지로 그 새로운 게임으로부터 그 다음 흥분을 추구하고자 한다는 것이다. 그리고 그 게임은 당신의 생각과 시간을 지배할 것이다.
- 게임에 얼마나 많은 시간과 생각을 사용하는지 현실을 직시하고 당신이 문제가 있다는 것을 인정하라. 이것은 회복을 위해 중요한 첫 번째 단계이다.

2) 게임 사용을 조절하도록 하라

- 게임 시간을 조절하는 것은 또 하나의 어려운 단계이다. 게임이나 사이버 공간에 몰두하면 얼마나 많은 시간을 사용하는지 정확히 알아차리지 못할 수도 있기 때문이다. 그러나 사용 시간을 조절하는 것은 당신이 삶을 더욱 잘 관리하고 게임을 하는 데에 너무 많은 시간을 허비하지 않도록 해 주며, 당신이 게임을 중단할 수 있게 도울 것이다.
- 한계 설정에 있어 가장 큰 도전은 당신이 게임을 그만둬야 할 때 항상 게임에서 가장 중요한 순간에 있는 것처럼 느껴진다는 것이다. 당신

은 다음 단계가 끝나면 게임을 그만두겠다고 약속하는 유혹에 빠질지도 모른다. 그러나 이 충동에 저항하고 당신이 스스로 정한 시간에 이르면 게임을 중단하라.

3) 비디오 게임이나 컴퓨터를 다 치우라

- 완전히 그만두는 것은 줄이려고 노력하는 것보다 더 강력한 조치지만, 만일 앞선 단계들이 잘 지켜졌다면, 완전히 그만두는 것도 가능한 일이다. 당신은 어떻게 이것이 가능할지 궁금해할지도 모르겠지만, 만일 온라인이나 게임 활동을 하루에 1-2시간으로 이미 제한했다면, 일주일 정도 장치를 치워 놓는 것은 꽤 성공적일 수 있다.
- 직장이나 학교에서 컴퓨터를 사용해야 할 경우에도, 하드디스크 드라이브에서 비디오 게임을 제거하고/거나 온라인 게임에 관해서 다른 사람에게 동반 책임을 부탁할 수 있다.

4) 또래 집단과 긍정적인 상호 작용을 시도하라

- 이 단계에서 당신은 관계를 다시 세우거나 새로운 관계를 맺는 데 여가 시간을 사용할 필요가 있다. 사회적 상호 작용을 장려하는 활동에 참여하라. 처음엔 어색할 수 있다. 친구와 가족과 상호 작용하는 데 필요한 새로운 기술을 습득하는 과정에서 인내심을 가지라.

성경적 통찰 6

끝으로 형제들아 무엇에든지 참되며 무엇에든지 경건하며 무엇에든지 옳으며 무엇에든지 정결하며 무엇에든지 사랑 받을 만하며 무엇에든지 칭찬 받을 만하며 무슨 덕이 있든지 무슨 기림이 있든지 이것들을 생각하라(빌 4:8).

끊임없이 비디오 게임을 하거나 온라인에 접속하는 사람들은 자기 생각과 감정, 자신의 모든 것이 그 경험으로 소모되는 것을 발견한다. 성경은 우리가 이 세상의 것들로 소모되어서는 안 된다고 말한다. 그들은 하늘의 것들에 비하면 희미하기 때문이다.

> 그가 빛 가운데 계신 것 같이 우리도 빛 가운데 행하면 우리가 서로 사귐이 있고 그 아들 예수의 피가 우리를 모든 죄에서 깨끗하게 하실 것이요(요한 1:7).

성경은 성경을 통해서뿐만 아니라, 그리스도인으로서 다른 사람들과 그리스도 안에서 친교를 맺고 그들과의 친교를 통해서 구원에 대한 우리의 이해가 성장하도록 우리를 부르신다. 우리의 모든 시간이 컴퓨터나 비디오 게임기 앞에서 소비된다면, 이 일을 하는 것이 불가능하지는 않을지라도 매우 어렵게 된다. 주께서는 우리가 다른 사람들과 교류하고 서로 얼굴을 맞대고, 회중 안에서 교제하기를 원하신다.

> 철이 철을 날카롭게 하는 것 같이 사람이 그의 친구의 얼굴을 빛나게 하느니라(잠 27:17).

다른 사람들이 우리를 제자로 삼고 우리가 함께 성장하게 돕는 일을 환영하고 허용하는 것은 중요하다. 진짜 사람들, 특히 다른 신자들과의 교류는 삶에서 날카로움을 유지하는 가장 좋은 방법이다. 비디오 게임 시스템이나 온라인 웹사이트를 통해서는 그렇게 할 수 없다.

> 자기의 마음을 제어하지 아니하는 자는 성읍이 무너지고 성벽이 없는 것과 같으니라(잠 25:28).

비디오 게임이나 인터넷에 중독된 사람들은 대개 이런 활동에 자신이 얼마나 많은 시간을 소비하고 있는지를 인식하지 못한다. 또한, 게임을 멈추고 다른 일을 하는 데 필요한 절제력을 발휘하지 못하고 있다. 하나님께서는 우리가 갈라디아서 5장에 기록된 성령의 열매 중 하나인, 절제력을 갖기 원하신다. 절제력이 없으면 우리는 타락하고 깨어진 상태로 남게 된다.

7 기도 첫걸음

주님!
우리 시간의 주인은 주님이십니다. 주님은 우리의 마음과 삶에서 가장 중요한 자리에 있기를 원하십니다. 주님과 함께 시간을 보내는 것보다 더 큰 상은 없습니다. 그래서 기도하오니, _____님이 게임이나 인터넷 중독에서 벗어나 주님을 더욱 친밀하게 알도록 도와주시옵소서. 사람이 홀로 있거나 가정 밖에서 교제가 없는 것은 좋지 않습니다. 하나님, _____님의 삶에 _____님을 격려하고 힘을 주는 사람들을 보내 주시고, 하나님의 말씀과 사랑으로 _____님의 생각을 채워 주시옵소서. 하나님은 우리를 돌보시고 사랑하십니다. 주님 안에서 우리가 경험할 수 있는 자유로 인해 감사드립니다.

8 추천 자료

추천 도서

Careaga, Andrew. *Hooked on the Net*. Kregel, 2002.
Cash, Hilarie, Kim McDaniel, and Ken Lucas. *Video Games and Your Kids: How Parents Stay In Control*. Issues Press, 2008.
Clark, Neils, and Shavaun P. Scott. Game Addiction: The Experience and the E&ects. McFarland, 2009.
Kern, Jan. Eyes Online, *Eyes on Life: A Journey Out of Online Obsession*. Standard, 2008.
Roberts, Kevin. *Cyber Junkie: Escaping the Gaming and Internet Trap*. Hazelden, 2010.
Shaw, Mark E. *Hope and Help for Video Game, TV, and Internet Addictions*. Focus, 2010.
Young, Kimberly S. *Internet Addiction: A Handbook and Guide to Evaluation and Treatment*. John Wiley, 2011.

웹사이트

Net Addiction: www.netaddiction.com/index.php?option=com_content&view=article&id=18&Itemid=79
Online Gamers Anonymous: www.olganon.org/
Tech Addiction: www.techaddiction.ca/gaming-addictionstatistics.html#.ULAYkqPWqJU
Videogame Addiction: www.video-game-addiction.org/social-consequences.html

26 병적 도벽과 절도

1 상황 묘사

- 낸시는 가족이 모두 다섯인 부유한 집안 출신이다. 그녀는 평생 원했던 것들을 다 가져왔다. 낸시는 필요한 모든 돈, 아주 큰 옷장, 너그러운 부모를 갖고 있기는 하지만, 그녀의 삶을 지배해 온 강력한 충동과 씨름하고 있다. 그녀는 상점과 캠퍼스 건물에서 자신이 값을 치르지 않은 물건들을 매일 집으로 가져오는 자신을 발견한다.

  그녀는 죄책감에 시달리고 잡힐까 두려워하지만, 어쨌든 그 행위는 계속된다. 그녀의 부모는 낸시의 습관을 알지 못한다. 그녀는 체포되어 가문에 욕을 보일까 무서워 부모에게 말하고 도움을 구하는 것을 두려워한다.

- 라울은 큰 도시의 고등학교 2학년이다. 그는 가족이 좋은 동네로 이사하게 돕고 그들에게 필요한 모든 것을 제공할 수 있는 석유 엔지니어가 되겠다는 큰 꿈을 가지고 있다. 그는 자신의 꿈을 실현하기 위해서 대학교에 입학해야 한다. 안타깝게도, 라울의 가족은 라울을 대학교에 보낼 여유가 없다. 자신의 꿈을 최대한 빨리 실현하길 간절히 원하는 라울은 돈을 빨리 벌기 위해 지역의 폭력조직에 들어간다.

  그 조직에 입회하기 위해, 라울은 전자 제품 상점에서 다양한 물건을 훔치도록 강요받는다. 그의 시도는 실패한다. 그는 붙잡히고, 체포되고, 얼마 후에 소년원으로 보내진다.

- 제이콥은 수상 경력이 있는 국내 최고 대학교의 신경생물학 교수이다. 그는 자신의 연구로 과학계에서 크게 유명해졌고, 몇 권의 자료집을 출간했다. 그는 가족들과 동료들로부터 존경받는다. 그러나 명성과

영광, 성공의 가면 뒤에는 제이콥이 20년 이상 지켜 온 어두운 비밀이 숨겨져 있다.

그는 자신에게 아무런 가치가 없는 물건을 훔쳐야 하는 끊임없는 욕구로 인해 고통을 겪고 있다. 그는 심지어 자기 아들이 아기였을 때, 그의 아기침대에서 아들의 딸랑이를 훔친 적도 있다. 아무리 열심히 노력해도, 충동은 사라지지 않고, 훔치라는 유혹에 저항할 때마다 욕구는 오히려 커진다. 제이콥의 문제는 주위 사람들이 의심하기 시작할 정도로 심각해졌다.

정의와 주요 개념 2

1) 병적 도벽

- 병적 도벽은 가치가 거의 없거나 아예 없는 물건을 훔치려는 끊임없는 욕구와 심리적 충동으로 특징지어진다.
- 여러 연구에 따르면, 일반적으로 인구의 1퍼센트 미만이 이 장애를 가지고 있는데, 강박 장애(7퍼센트)와 폭식증(65퍼센트) 진단을 받은 사람들 사이에서 더 만연하다.[1]
- 『정신 질환의 진단 및 통계 편람 제4판』(DSM-IV-TR)에 따르면, 필요나 금전적인 부족의 결과로 물건을 훔치는 것이 아니다. 대개 충분히 구매할 수 있는 것들이다.
- 병적 도벽이 그 자체로 심리적 장애인지 아니면 근원적인 심리적 문제의 발현인지는 아직 불분명하다.[2]
- 『정신 질환의 진단 및 통계 편람 제4판』은 병적 도벽으로 진단하기 위한 기준을 다음과 같이 간략하게 설명한다.[3]

1　Discovery Fit & Health, "Kleptomania Overview," 2012, www.health.howstuffworks.com/mental-health/mental-disorders/kleptomania.htm.
2　Mind Disorders, www.minddisorders.com/Kau-Nu/Kleptomania.html.
3　American Psychiatric Association, DSM-IV-TR.

- 개인적 용도로 쓸모가 없거나 금전적으로 가치가 없는 물건을 훔치려는 충동과 유혹을 저지하는 데 반복적으로 실패한다.
- 개인은 훔치기 직전에 긴장감의 고조를 경험한다.
- 그 긴장감은 훔치는 행위로 해소된다.
- 절도의 원인은 분노, 복수, 망상, 환각이나, 지적 장애, 치매, 알코올 중독, 약물 중독으로 인한 판단력 저하가 아니다.

- 병적 도벽은 일반 사람들에게 널리 퍼진 문제는 아니지만, 종종 절도 행위로 인한 수치심 때문에 발병률을 정확하게 예측하기가 어렵다. 수치심과 정부 당국에 넘겨질 수 있다는 두려움 때문에 이 문제로 고심하고 있다는 사실을 기꺼이 인정하는 사람은 거의 없다.
- 정신 질환 환자의 5-10퍼센트가 **병적 도벽**을 갖고 있다는 사실을 보여 주는 연구들이 있다. 이 장애는 남성보다 여성 사이에서 더 만연하고, 대개 10대 후반에서 20대 초반 사이에 시작한다.[4]
- 도벽 환자(kleptomaniacs)가 늘 훔치려는 의도를 가지고 어딘가에 들어가는 것은 아니다. 이 행동은 종종 **계획되지 않고 즉흥적이다**. 그들은 상점과 공공환경에서만 절도하지 않는다. 그들은 친구나 가족으로부터도 무언가를 훔친다.[5]
- 병적 도벽은 병적 도박이나 만성적 모발 뽑기와 같은 충동 조절 장애로 특징지어져 왔다. 전형적으로 그것은 강박 장애, 성격 장애, 기분 장애 같은 **다른 장애와 함께 발생한다**.
- 병적 도벽의 원인에 대한 합의나 결론은 없지만, 이 사안을 연구하는 신경과학자들은 그것이 기분과 감정을 조절하는 **뇌의 전두엽 부분과 변연계와 관련된 문제**라고 본다. 병적 도벽 행동은 다른 중독 행위들과 유사한 뇌 신경전달물질과 경로를 공유한다. 영향을 받는 것으로 의심되는 주요 신경전달물질은 **세로토닌**으로, 이런 조건에서는 낮은

---

[4] Discovery Fit & Health, "Kleptomania Characteristics," 2012, www.health.howstuffworks.com/mental-health/mental-disorders/kleptomania1.htm.

[5] Mayo Clinic, "Kleptomania: Risk Factors," www.mayoclinic.com/health/kleptomania/DS01034/DSECTION=risk-factors.

수치를 보인다.[6]
- 일부 병적 도벽의 원인을 두부 외상이나 뇌 손상으로 보는 연구들도 있다.[7]
- 병적 도벽은 대개 **약물** 치료와 **심리** 치료를 **병행**하여 치료한다. 치료에 사용되는 약물에는 프로작(Prozac) 같은 선별적 세로토닌 재흡수 억제제, 리튬 기반의 리토비드(Lithobid) 같은 기분 안정제, 토파맥스(Topamax)와 데파케네(Depakene) 같은 항경련제, 레비아(Revia)와 비비트롤(Vivitrol) 같은 중독 치료제 등의 항우울제가 포함된다.[8]
- 상담에서 인지행동치료는 병적도벽을 치료할 때 선호되는 방법이다. 이 방법을 통한 몇 가지 기법은 도벽 환자가 충동이 가라앉을 때까지 절도에 대한 부정적 결과를 직면하는 상상을 하도록 하는 **내재적 민감화**(covert sensitization)를 포함한다.[9]
- 때때로 사용되는 또 다른 기법은 **혐오** 요법으로, 도벽 중독자는 훔치고 싶은 충동이 일어날 때마다 스스로에 불편감을 주기 위해 숨을 참는 등, 약간 고통스러워지는 기법을 시행한다. 이것은 중독자에게 훔치고 싶은 충동을 고통과 불편함과 연결하게 함으로써 그 충동을 감소시킨다.[10]
- **체계적 둔감화**(systematic desensitization)는 병적 중독을 인지적으로 치료하는 데 사용된다. 이 접근법에서 중독자는 이완 요법을 행하고 자신이 훔치고 싶은 충동을 조절하고 극복하는 모습을 상상한다.[11]

2) 절도

- 절도를 한다고 해서 그 사람이 꼭 도벽 환자라는 뜻은 아니다. 병적

---

6 Discovery Fit & Health, "Kleptomania Causes and Treatment," 2012, www.health.howstuffworks.com/mental-health/mental-disorders/kleptomania2.htm
7 Mayo Clinic, "Kleptomania."
8 Discovery Fit & Health, "Kleptomania Causes and Treatment."
9 Ibid.
10 Ibid.
11 Ibid.

도벽과는 달리 절도는 분노와 반사회적 행동을 포함하는 다양한 이유로 저질러질 수 있는 광범위한 문제이다.[12]

- 사람들이 절도하는 한 가지 이유는 그들이 살 수 없는 물건에 대한 실제적 필요성 때문이다. 이것은 병적 도벽에서 발견되는 충동 역학과는 다르다. 이러한 절도는 생존의 수단이 된다.
- 사람들은 약물 중독 습관을 유지하기 위해 절도할 수 있다. 그들은 중독된 약을 구하고 그 약을 계속 사용하면서 도취 상태를 유지하기 위해 훔칠 수 있다.
- 절도는 또한 조직 범죄 일부로서 대개 이익이나 입회식을 위해 범죄를 저지르는 폭력 조직과 관련된다.

3 진단 인터뷰

1. 훔치고 싶은 강렬한 충동에 시달린 지 얼마나 되었습니까?
   몇 살 때 이런 충동을 확인했습니까?
2. 당신은 왜 물건을 훔치십니까?
   당신은 그 물건이 필요해서 훔치십니까?
   아니면 당신에게 가치가 거의 가치가 없거나 아예 없는데도 불구하고 훔치십니까?
3. 당신은 오랜 기간 재정적 어려움을 겪고 있습니까?
4. 뇌가 손상된 적이 있습니까?
5. 뇌 손상으로 약물 치료를 받은 적이 있습니까?
   무슨 약물을 얼마나 자주 복용합니까?
6. 중독으로 치료를 받았거나 다른 이유로 상담을 받은 적이 있습니까?
7. 당신의 훔치고 싶어 하는 충동이나 절도 행위로 상처를 받았거나 걱정했던 사람이 있습니까?

---

[12] Mayo Clinic, "Kleptomania: Symptoms," www.mayoclinic.com/health/kleptomania/DS01034/DSECTION=symptoms.

당신의 행동이 결혼생활에 부담이 되고 있습니까?
8. 훔치기 전에 사용하는 불법 약물이 있습니까?
9. 당신의 훔치는 행동에 대해 걱정한 적이 있습니까?
   그 이유는 무엇입니까?
10. 가족이나 가까운 친구 중에 주기적으로 물건을 훔치거나 훔치고 싶은 충동으로 끊임없이 갈등하는 사람이 있습니까?
    그것이 당신이 성장하면서 정기적으로 봐 왔던 일입니까?
11. 주변 사람들에게 당신의 훔치려는 성향을 숨기려고 한 적이 있습니까?
12. 친한 친구나 가족의 물건을 훔친 적이 있습니까?
13. 당신은 보통 훔친 물건으로 무엇을 합니까?
    당신은 그것을 갖고 있습니까, 버립니까, 아니면 선물로 나누어 줍니까?
14. 당신은 마약 습관을 유지하기 위해 절도를 합니까?
    아니면 폭력조직에 가담한 적이 있습니까?
15. 당신은 물건을 훔치다가 걸린 적이 있습니까?
    그래서 어떤 법적 결과를 직면했습니까?
16. 당신의 훔치는 행위가 당신의 직업이나 학업에 어떤 영향을 끼쳤습니까?
    당신의 행동 때문에 상사로부터 해고 경고를 받은 적이 있습니까?
17. 훔치는 행위를 멈추려고 노력한 적이 있습니까?
    그 노력이 얼마나 성공적이었습니까?
    당신이 훔치는 행위를 그만두도록 도움을 준 사람이 있습니까?
18. 당신은 좋은 지원 시스템을 갖고 있습니까?
    아니면 당신의 문제를 스스로 해결하고자 노력합니까?
19. 훔치는 습관을 그만두는 것이 당신의 가족 관계나 중요한 관계에 어떤 영향을 미칠 것 같습니까?
    관계가 어떻게 개선될 것 같습니까?
20. 당신은 자신을 강한 신앙의 소유자로 묘사하겠습니까?
    만일 그렇다면, 하나님에 대한 당신의 믿음은 훔치는 행위를 그만두려는 바람이나 과거의 시도에 어떤 역할을 했습니까?

4 지혜로운 상담을 위한 조언

병적 도벽과 절도가 같은 것은 아니다. 두 가지 모두 훔치는 행위를 수반하지만, 병적 도벽은 훔치는 행위를 넘어서는 강박 장애다. 훔치는 행위를 했다고 해서 내담자를 바로 도벽 환자로 정의해서는 안 된다는 점을 명심하라. 내담자는 사법 당국에 체포될 수 있다는 두려움 때문에 문제를 안고 있거나 도둑질을 했다는 사실을 쉽게 인정하지 않을 수도 있다. 이런 이유로 당신의 내담자와 신뢰를 쌓는 것이 중요하다.

일반적 절도와는 달리 병적 도벽은 내담자가 단순히 그렇게 하기로 했거나 멈추기로 결정할 수 있는 문제가 아니다. 이것은 관련되었을 수도 있는 심리적 요인 또는 정신적 요인 때문이다. 절도는 의도적 계획과 어떤 형태로든 이득을 얻기 위한 행위와 좀 더 관련되지만, 병적 도벽은 자율적으로 발전할 수 있는 강박 장애에 더 가깝다.

내담자의 특성에 대해 성급한 판단을 내리지 말라. 병적 도벽은 사람을 가리지 않으며, 인종과 성별, 사회경제적 지위와 상관없이 모든 사람에게 영향을 미칠 수 있다. 이 장애에는 일반적으로 가치가 거의 없거나 전혀 없는 물건을 훔치는 행위가 수반되기 때문에, 내담자가 어떤 이익을 위해 훔칠 가능성은 적다. 내담자를 병적 도벽의 길로 가게 만드는 근본적인 뇌 손상이 있을 수도 있음을 명심하라.

내담자의 배우자나 내담자의 절도와 관련된 문제를 이해할 수 있는 나이가 된 다른 가족과 인터뷰하여 그들의 편에서 내담자를 도울 수 있는 행동들을 파악하도록 하라. 이 과정은 또한 활용 가능한 지원 시스템의 강도를 결정하는 데 도움이 된다. 내담자가 훔치는 행위를 삼가거나 훔치고 싶은 충동을 크게 줄일 수 있도록 도전하고 격려하는 데 도움이 되는 다른 행동들이 있는지 논의하라.

내담자를 위한 행동 단계 | 5

1) 건강 검진을 받으라

- 건강 검진을 받는 것은 당신의 병적 도벽이 뇌 외상에 의한 것인지 아닌지를 판단하는 데 도움을 줄 것이다.
- 철저한 검사를 통해 약물이 당신의 행위에 유익한 영향을 끼칠 수 있을지 그렇지 않을지를 결정할 수 있을 것이다.

2) 계약서에 서명하라

- 훔치고 싶은 충동을 통제할 수 없을 때 전문 상담사의 도움을 구하겠다는 동의를 포함하는 동반 책임 시스템을 따르겠다고 당신의 상담사와 약속하라. 이 단계의 성공은 내담자의 병적 도벽의 심각성에 달려 있다.
- 당신 두 사람이 만든 동반 책임 시스템에 동의한다는 내용을 담은 계약서에 서명하라.

3) 전문가의 도움을 구하라

- 만일 당신이 뇌 손상을 입지 않았다면, 당신의 병적 도벽을 치료하는 데 전문 상담사가 도움이 될 것이다. 특히 당신의 도벽이 중독과 관련되어 있거나 정신 질환을 동반한 이중 장애의 결과라면 더욱 그렇다.
- 도벽 환자나 중독자 회복을 위한 기독교 프로그램을 통해 도움을 구하는 것은 매우 도움이 될 것이다.

4) 중단과 연관된 행동을 채택하라

- 훔치고 싶은 충동을 줄이는 데 도움이 되는 행동과 활동, 특히 당신이 훔치고 싶은 물건에 가까이 가지 못하도록 하는 활동에 전념하라. 당

신이 훔치고 싶은 충동을 강하게 느낄 때, 산책, 운동, 전화 통화와 같은 특정한 활동을 하도록 계획하라.
- 백화점, 쇼핑몰, 많은 상품이 진열된 상점 등 쉽게 훔칠 수 있는 환경을 피하라.

5) 도움을 구하도록 가족을 격려하라

- 내담자의 가족이 도벽 환자나 강박적으로 물건을 훔치는 사람들의 가족을 위한 기독교 중심 지원 프로그램에 참여하도록 격려하라.

6 성경적 통찰

도둑질하는 자는 다시 도둑질하지 말고 돌이켜 가난한 자에게 구제할 수 있도록 자기 손으로 수고하여 선한 일을 하라(엡 4:28).

이 말씀에 따르면, 주께서는 모든 사람이 살아가는 데 필요한 것을 제공하는 정직한 일에 종사하기를 원하신다. 주께서는 도둑질과 부정을 동일시하신다.

정직하게 이윤을 만들 때도, 하나님께서는 가난한 사람을 기억하고 그들과 몫을 나누라고 우리를 권고하신다. 이러한 방식으로 다른 사람을 축복할 수 있다는 것은 해 볼 만한 값어치가 있는 경험이다.

간음하지 말라, 살인하지 말라, 도둑질하지 말라, 탐내지 말라 한 것과 그 외에 다른 계명이 있을지라도 네 이웃을 네 자신과 같이 사랑하라 하신 그 말씀 가운데 다 들었느니라(롬 13:9).

주께서는 도둑질이 다른 사람들에 대한 사랑이나 배려가 부족함을 나타낸다고 분명하게 말씀하신다. 건강한 자기 정체성이나 하나님 중심의 자존감을 드러내는 것은 하나님의 형상을 따라 창조된 사람으로서 다른 이들을 향한 사랑을 보여 주는 능력이다.

너희는 도둑질하지 말며 속이지 말며 서로 거짓말하지 말며(레 19:11).

하나님의 기준에 따르면, 도둑질은 우리가 소유하지 않은 무언가를 가져가는 행위뿐만 아니라 다른 사람을 부당하게 다루고 거짓말을 하는 행위와도 관련된다. 따라서 도둑질은 사람이 하나님 앞에서 하나 이상의 죄를 짓게 한다.

포악을 의지하지 말며 탈취한 것으로 허망하여지지 말며 재물이 늘어도 거기에 마음을 두지 말지어다(시 62:10).

도둑질이나 탈취 행위로 얻은 재물에 우리의 마음을 두는 것은 결국 허망한 일이 된다. 궁극적으로 우리를 하나님으로부터 분리할 것이다.
우리의 마음이 재물과 물질적 이득에 집중될 때, 우리는 하나님이 거하고 일하시는 공간을 거의 남겨 두지 않게 된다. 그분은 우리가 먼저 당신께 우리의 온 마음을 바치기를 원하시며 우리의 관심을 끌기 위해 경쟁하는 그 어떤 것보다 당신을 신뢰하기를 원하신다.

돈을 사랑함이 일만 악의 뿌리가 되나니 이것을 탐내는 자들은 미혹을 받아 믿음에서 떠나 많은 근심으로써 자기를 찔렀도다(딤전 6:10).

하나님을 사랑하는 대신에 돈을 사랑하는 것은 도둑질을 포함한 다양한 문제를 일으킨다. 먼저 돈을 사랑해서 비롯되는 문제들은 우리 자신과 우리 주위에 있는 사람들에게 엄청난 고통과 괴로움을 안길 수 있다.
돈을 사랑하기 때문에 도둑질을 할 때, 그리스도에 대한 우리의 믿음도 영향을 받는다. 우리는 하나님을 더 멀리하게 되고 그분을 향한 열정과 사랑을 잃는다.

사람이 감당할 시험 밖에는 너희가 당한 것이 없나니 오직 하나님은 미쁘사 너희가 감당하지 못할 시험 당함을 허락하지 아니하시고 시험 당할 즈음에 또한 피할 길을 내사 너희로 능히 감당하게 하시느니라(고전 10:13).

하나님이 놀라실 만한 유혹은 없다. 그분은 병적 도벽의 복잡성과 다른 모든 유혹을 그 누구보다 잘 이해하신다. 그분은 유혹의 순간에 당신을 도우시며, 당신이 견딜 수 있는 것보다 유혹이 더 커질 때 피할 길을 제공하신다.

그가 찔림은 우리의 허물 때문이요 그가 상함은 우리의 죄악 때문이라 그가 징계를 받으므로 우리는 평화를 누리고 그가 채찍에 맞으므로 우리는 나음을 받았도다(사 53:5).

주께서 다루기 힘드실 정도로 어려운 사안이나 문제는 없다. 그분께서 용서하지 못하실 정도로 큰 죄는 없다. 그분은 우리의 고통을 치유하시고, 우리에게 평안을 주시고, 궁극적으로는 하나님과 우리를 화해시키기 위해 십자가에서 엄청난 고통을 겪으시고 부활하셨다. 그분은 십자가 위에서 우리가 직면하는 모든 문제와 고통, 죄를 담당하셨다.

따라서 우리가 물건을 훔치거나 병적 도벽에 시달리고 있다면, 주께서 우리에게 치유를 허락하실 것이다. 비록 한순간에 변화되지는 않을지라도, 그분은 우리가 당신 안에서 강건하도록 언제나 우리를 이끄시고 인도하실 것이다.

7 기도 첫걸음

주님!
_____님의 삶과 이 문제를 다루고 직면하려는 _____님의 의지로 인해 감사드립니다. 문제를 안고 있다는 사실을 인정하는 일은 쉽지 않습니다. 그래서 _____님이 보여 준 용기를 감사드립니다. _____님이 훔치고 싶은 충동에 저항하고 이 치유와 회복의 과정을 끝까지 인내할 수 있도록 _____

님께 힘을 주시길 간구합니다. _____님의 가족과 주변의 사람들과 함께해 주시고, 그들을 위로하시고, 그들을 도와주시옵소서. _____님이 이 어려운 여정을 가는 동안 _____님을 격려할 사람들을 주위에 채워 주시옵소서.

추천 자료 8

추천 도서

Berg, Jim. *Welcome to Freedom That Lasts*. Journeyforth, 2011.

Clinton, Tim. *Turn Your Life Around*. FaithWords, 2006.

Cupchick, Will. *Why Honest People Shoplift or Commit Other Acts of Theft: Assessment and Treatment of "Atypical Theft Offenders"*—A Comprehensive Resource for Professionals and Laypersons. Booklocker.com, 2002.

Goldman, Marcus J. *Kleptomania: The Compulsion to Steal—What Can Be Done?* New Horizon, 1997.

Grant, John, S. W. Kim, and Gregory Fricchione. *Stop Me Because I Can't Stop Myself: Taking Control of Impulse Behavior*. McGraw-Hill, 2004.

Shulman, Terrence Daryl. *Something for Nothing: Shoplifting Addiction and Recovery*. InfinityPublishing.com, 2004.

추천 웹사이트

Kleptomaniacs Anonymous: www.kleptomaniacsanonymous.com/

Mayo Clinic: www.mayoclinic.com/health/kleptomania/DS01034

National Institutes of Health: www.ncbi.nlm.nih.gov/pmc/articles/PMC535651/

Shoplifters Anonymous: www.shopliftingprevention.org/saredirect2/

27 포르노그래피와 성 중독

1 상황 묘사

- 존은 32세이다. 두 아이의 아빠이고, 멋진 아내 캐시와 결혼한 지 6년 되었다. 그는 교회의 소그룹 리더이며 번창하는 사업체의 사장이자 지역 사회의 존경받는 시민 지도자다. 겉으로 볼 때 존의 삶은 완벽해 보인다. 그러나 캐시는 그가 어제 인터넷으로 포르노를 보고 있던 것을 발견했다. 설전 끝에 거짓말의 진상이 드러났다. 존은 12살 때부터 포르노 중독으로 고심했다.

  그는 아버지가 차고 공구 상자에 넣어 둔 「플레이보이」(Playboy) 잡지를 보곤 했고, 성인 시절 내내 포르노를 봐 왔다. 그의 아내는 지금까지 이 사실을 전혀 알지 못했다. 존이 컴퓨터 앞에 있을 때, 캐시는 그가 일하고 있다고 늘 생각했다. 조는 자신에게 문제가 있다는 사실을 오래전부터 알고 있었고, 셀 수 없을 정도로 끊고자 노력했다. 그는 자신의 가족에게 상처를 주고 싶지 않지만, 그의 중독은 그가 감당할 수 없을 정도이다.

- 헨리는 경건한 그리스도인 가정에서 자랐고, 부모와 함께 사는 18년 동안 교회에 열심히 출석했다. 그리고 결혼 전까지 순결을 지키겠다고 서약했다. 헨리가 대학교에 가려고 집을 떠나기 전까지 그는 난잡한 생활 방식은 말할 것도 없고 포르노를 보고 싶어 한 적도 한 번도 없었다. 그러나 지역 주립 대학교 1학년 때 신앙이 없는 룸메이트들과 지내면서 헨리는 포르노 웹사이트를 보여 주는 컴퓨터, X 등급 잡지들, 이 여자 저 여자와 잠을 자는 룸메이트들로 가득한 기숙사 방에 몰두하고 있는 자신을 발견했다.

  이러한 성적 비도덕성에 노출되면서 헨리의 생각과 행동은 욕망으로 점점 더 소모되어 갔다. 4학년이 되었을 때, 그는 수업을 중단했고, 완전한 성 중독자가 되었다. 그는 자신의 행동을 부모에게 숨기고자 노력해 왔지만, 그들은 이미 그의 변화를 알아차렸다. 헨리는 자신이 걸어온 길에 만족하지 않지만 어디서부터 방향을 바꿔야 할지 모른다.
그는 자신의 삶을 어떻게 되돌릴 수 있을까?
그는 누구에게 도움을 청해야 하는가?

- 샐리는 몇몇 여자친구들과 함께 포르노를 볼 정도로 순진하게 시작했다. 그녀는 남자들의 관심을 끄는 가장 큰 매력이 무엇인지를 알고 싶었다. 얼마 지나지 않아, 그녀는 그동안 봐 왔던 일부 행동을 실험하기 시작했다. 샐리 자신도 자기 삶의 공허한 부분을 이런 행동으로 채우고자 노력하고 있다는 것을 알았다.
그녀는 결손 가정에서 자랐고 11살 때 의붓아버지로부터 성적 학대를 당했다. 10년이 지난 지금, 그녀는 성적으로 문란하고, 점점 커지는 수치심과 죄책감과 끊임없이 싸우지만, 자신의 성적 경계를 넓히는 감정적 및 신체적 황홀 상태에 빠져 버렸다. 그녀는 낙태를 두 번 했고 성병 치료를 여러 차례 받았다. 샐리는 고통에서 벗어날 수 있는 유일한 방법이 자살은 아닐까 궁금해지기 시작했다.

정의와 주요 개념 2

- 미국에서 약 4천만 명의 사람들은 포르노를 보기 위해 인터넷을 사용한다.[1]
- 모든 검색 엔진 요청 중에 25퍼센트는 포르노와 관련된다.[2]
- 매해 7천 2백만 명의 인터넷 사용자들이 포르노 사이트를 방문한다.[3]

---

[1] Paul Strand, Exposing Porn: Science, Religion, and the New Addiction (Virginia Beach, VA: Christian Broadcasting Network, 2004).

[2] David C. Bissette, "Internet Pornography Statistics: 2003," www.healthymind.com.

[3] Pornography Statistics 2003," Internet Filter Review, www.internet"lterreview.com.

- 2003년에 전체 온라인 구매의 50퍼센트 이상은 성행위와 관련되었고, 3천만 명의 사용자는 매일 포르노 사이트에 접속했다. 거의 2천 5백만 명에 달하는 미국인들은 포르노 사이트에 매일 1-10시간씩 접속하고, 또 다른 4백 7십만 명은 매일 11시간 이상 포르노를 본다.[4]
- 거의 5백만 개의 포르노 웹사이트가 있고 총 3억 페이지가 넘는다(이 중 20퍼센트는 아동 포르노와 관련되어 있다). 포르노 산업은 매해 150억 달러의 수입을 거두는데, DVD 대여료가 10억 달러가 넘는다(55퍼센트는 호텔 시청자로부터이다). 미국 인구의 거의 10퍼센트가 성적으로 중독되어 있는데, 그중 28퍼센트는 여성이다.[5]
- 성 중독은 미국에서만 2천만 명에서 3천만 명에게 영향을 끼친다.[6]
- 성 중독은 신체적, 인지적, 정서적, 영적, 관계적, 행동적 문제로서 강박 행동에 근거한다. 이 중독에서 포르노, 매춘, 자위, 일탈적 성행위는 친밀감과 정서적 욕구에 대한 깊은 갈망을 적절하지 않은 방식으로 채우는 데 사용된다.[7]
- 성적 중독의 일부 유형에는 포르노, 사이버 섹스, 과도한 자위, 매춘, 연이은 불륜, 스트립 클럽, 마사지 업소, 환상이 포함된다.[8]
- 성 중독의 한 가지 요소는 위험 감수이다. 혼외정사, 포르노, 매춘, 다른 성적 행위를 할 때는 종종 감정적/신체적 스릴이 수반된다.
- 성 중독과 포르노는 때때로 과거와 현재의 고통을 감추기 위해 사용된다. 경고 신호를 이해하는 것은 성적으로 중독된 행동을 식별하는 데 도움이 될 수 있다.
- 극단적인 경우, 성 중독은 노출증, 성도착, 학대, 강간으로 이어질 수

---

4   Safe Families, www.safefamilies.org/sfStats.php.
5   MyAddiction.com, www.myaddiction.com/education/articles/sex_statistics.html.
6   Carol Coleman-Kennedy and Amanda Pendley, "Assessment and Diagnosis of Sexual Addiction," *Journal of the American Psychiatric Nurses Association* 8, no. 5 (October 2002), 143-51, doi: 10.1067/mpn.2002.128827.
7   The Christian Counseling Center of First Presbyterian Church, www.christiancounseling.ws/integritygroup.asp
8   Web MD, www.webmd.com/sexual-conditions/guide/sexual-addiction.

있다. 이러한 극단적인 경우는 일반 규범에서 벗어난다.[9]
- 성 중독과 싸우는 사람들 대부분이 꼭 정상적이지 않은 것은 아니다. 그러나 역기능적 행위와 사고 과정이라는 사이클에 갇혀 있다.

3 진단 인터뷰

1. 당신의 포르노나 성 중독을 (배우자와 사랑하는 사람을 포함한) 다른 사람들에게 숨기고 있습니까?
2. 당신의 성 중독은 어떤 형태를 취합니까?
3. 아동 포르노나 아동 성 학대에 관여했던 적이 있습니까?
   참고: 만일 상담사가 주 정부 규제 기관에서 면허증을 발급받았거나 주 당국으로부터 의무 신고자로 권한을 받았다면, 지역 아동 보호국에 보고서를 제출해야 할 수도 있다.
4. 어린 시절에 성적 학대를 당한 적이 있습니까?
5. 당신은 우울하거나, 외롭거나, 사랑받지 못하는 것 같거나, 고통을 숨길 때 기분을 좋게 하려고 자위를 하거나, 포르노를 보거나 다른 성적 행동을 합니까?
6. 당신은 자위 행위를 하거나 포르노를 보기 위해 배우자와의 성관계나 다른 형태의 우정이나 의미 있는 관계를 피합니까?
   당신의 성적 행동이 다른 사람들의 필요를 돌보지 못하도록 방해합니까?
7. 당신은 포르노 시청, 자위 행위, 다른 성적 행동에 대해 계속 생각합니까?
   이런 생각들이 당신의 삶에서 나온 생각들을 지배합니까?
8. 포르노로 인해 재정이나 시간, 인간관계에 어려움이 생깁니까?
9. 종종 포르노를 끊고 다시는 보지 않겠다고 자신에게 말하고, 다시 포르노를 보게되지는 않습니까?

---

9 Tuscaloosa Christian Counseling, www.tccounseling.com/#/sexual-addiction.

10. 당신의 중독을 이기기 위해 도움이 되는 행동을 하고 책임을 받아들일 각오가 되어 있습니까?
11. 예수 그리스도와 인격적인 관계를 맺고 있습니까?
만일 그렇지 않으면, 하나님만이 주실 수 있는 평안과 능력을 경험하는 법에 대해 알기를 원하십니까?
12. 그리스도를 당신의 주이자 구주로 고백했다면, 매일 성경을 읽고 하나님께 힘과 도움을 구하는 기도에 전념하겠습니까?[10]

4 지혜로운 상담을 위한 조언

모든 형태의 성행위는 강한 중독성을 갖고 있다는 사실을 이해하라. 심지어 결혼 생활의 성 관계도 중독이 될 수 있다. 환상은 종종 성 중독의 근간이 된다. 왜냐하면, 생각은 성적 흥분을 일으키고 신경 화학적 도취 상태를 낳기 때문이다.[11] 포르노와 자위는 가장 흔한 행동 유형이다.

행동을 평가할 때, 과거의 역사와 현재의 행동에서 다음의 단서를 찾아보라.[12]

- 통제 불능과 강박성
- 성적 생각과 행위, 이미지에 관한 높거나 낮은 내성
- 부적절한 성행위가 늘어나는 패턴
- 건강하지 않은 자아상이나 불만족감
- 어린 시절의 성 경험 그리고/또는 학대

적절한 치료법은 다음을 포함할 수 있다.[13]

---

10 Answers.net, "How to Deal with Your Sexual Addiction," www.christiananswers.net/qeden/sexaddictiontips.html.
11 Clinton and Hawkins, *The Popular Encyclopedia of Christian Counseling*, 387.
12 Ibid., 386.
13 Ibid., 387.

- 전화하고, 문자를 보내고, 계속 연락하는 동반 책임 파트너
- 일정 기간(예를 들어, 90일) 동안 모든 형태의 성행위 자제
- 일대일 상담을 통한 개인 치료
- 12단계 또는 다른 집단 치료 프로그램을 통한 집단 치료
- 중독을 건강하고 균형 잡힌 무언가로 대체하며 자제력을 회복하도록 돕는 대안적인 방법의 개발
- 영적 상담과 성경에 기반한 영적 지도
- 남편과 아내가 함께 참여하는 결혼 상담

성 중독은 오랜 시간에 걸쳐 발달하기 때문에 쉬운 해결책은 없다. 회복과 용서, 진정한 치유는 점진적으로 일어난다. 내담자는 자신의 인생에 걸쳐 치유를 향한 노력에 헌신해야 한다.

5 내담자를 위한 행동 단계

1) 그 행동을 멈추라

- 포르노에 접근하는 것을 막거나 제한하는 경계를 설정함으로써 그 행동을 멈추라. 포르노를 차단하는 소프트웨어를 컴퓨터에 설치하고 동반 책임 파트너에게 암호를 주라.
- 당신의 삶에 성 중독을 위한 여지를 두지 말라. 만일 성 중독이 스트립 클럽이나 매춘부를 포함한다면, 특히 당신이 홀로 있을 때 이러한 것들이 가능한 지역을 피하라.
- 장기간 혼자 있지 말라.
- 당신의 중독의 일부인 사람이나 업체에 대한 정보를 전화기에서 제거하고 당신의 컴퓨터 하드 드라이브 디스크에서 모든 포르노 정보를 삭제하라.

2) 전문적 상담을 받으라

- 당신의 성 중독과 그 행동을 촉발했던 과거의 숨겨진 감정과 계기를 자세히 알아보기 위해서 성 중독 분야의 전문 상담사를 만나야 할 수도 있다.

3) 행동 계획을 세우라

- 당신의 상담사는 당신이 회복 과정을 시작하도록 행동 계획을 세우는 일을 도와줄 것이다.
- 한 명 이상의 동반 책임 파트너를 정하고, 당신의 일상, 습관, 유혹, 재발과 관련해 매일 연락하라.
- 교회, 가족, 친구 또는 중독 지원 그룹으로부터 지원을 받으라.
- 무엇이 당신의 욕구를 유발하는지 알고, 그 자리에 건강한 무언가를 놓도록 노력하라.
- 당신이 언제 약해지고, 언제 도움을 필요로 하는지 파악하라. 혼란하고 당혹스럽더라도 유혹의 상황에서 떠나는 것을 두려워하지 말라.

4) 새로운 정체성을 발전시키라

- 하나님의 진리에 기초한 새로운 정체성을 발전시키라. 그분이 당신을 사랑하고 그분 안에서 당신이 완성된다는 지식에 기초한 새로운 정체성을 발전시키라.
- 당신의 습관, 패턴, 생활 방식은 당신의 중독을 중심으로 만들어지고 형성되었다. 이제 당신은 그 생활 방식을 뒤로했기 때문에, 과거의 일정과 사고방식을 건강한 관계 및 영적 성장을 격려하는 새로운 일정과 안전한 활동들, 패턴, 생활 방식으로 바꿔야 한다.

5) 당신의 새로운 삶의 방식을 유지하라

- 지속적 성장을 위해 치료에서 배운 내용과 새롭게 습득한 기법을 유지할 습관을 개발하라.
- 성경 구절 암송, 건강한 새로운 관계, 유혹의 장소를 피하고 당신의 중독으로 되돌아가지 않는 매일의 선택을 하는 것은 모두 성 중독으로부터의 해방에 도움이 된다.
- 치료가 끝날 때까지 당신의 상담사나 치료 집단과 함께 일하는 것을 중단하지 마라. 당신은 중독에서 벗어났다고 생각할지 모르지만, 한 번의 실수가 당신을 다시 재난의 소용돌이로 끌어들일 수 있다. 당신은 새로운 생활양식에 평생 전념해야 한다.

6 성경적 통찰

모든 사람이 죄를 범하였으매 하나님의 영광에 이르지 못하더니 그리스도 예수 안에 있는 속량으로 말미암아 하나님의 은혜로 값 없이 의롭다 하심을 얻은 자 되었느니라(롬 3:23-24).

우리는 모두 죄인이며 죄를 범했다. 첫 번째 단계는 거룩하신 하나님 앞에서 우리의 죄를 인정하고 예수님이 그분의 은혜를 통해서 용서와 죄로부터의 완전한 자유를 주신다는 사실을 받아들이는 것이다.

또 간음하지 말라 하였다는 것을 너희가 들었으나 나는 너희에게 이르노니 음욕을 품고 여자를 보는 자마다 마음에 이미 간음하였느니라 (마 5:27-28).

예수님은 우리의 행위만큼이나 마음의 자세도 중요하다고 가르치신다. 음욕을 품는 것은 간음하는 것과 마찬가지로 죄이다. 왜냐하면, 우리는 생각으로 이미 간음하고 있기 때문이다. 예수님은 우리가 결국 우리를 파

멸시키는 죄로부터 멀어지도록, 우리 자신과 우리의 마음을 악으로부터 분리하라고 가르치신다.

> 그러므로 내가 한 법을 깨달았노니 곧 선을 행하기 원하는 나에게 악이 함께 있는 것이로다 내 속사람으로는 하나님의 법을 즐거워하되 내 지체 속에서 한 다른 법이 내 마음의 법과 싸워 내 지체 속에 있는 죄의 법으로 나를 사로잡는 것을 보는도다 오호라 나는 곤고한 사람이로다 이 사망의 몸에서 누가 나를 건져내랴 우리 주 예수 그리스도로 말미암아 하나님께 감사하리로다 그런즉 내 자신이 마음으로는 하나님의 법을 육신으로는 죄의 법을 섬기노라(롬 7:21-25).

사도 바울은 우리 안에 있는 영적 본성은 하나님 앞에서 옳은 일을 하고 싶어 하지만, 우리 안에 있는 죄의 본성은 죄를 짓기 위해 끊임없이 싸우고 있다고 말한다. 죄의 본성은 우리를 죄의 노예와 포로로 사로잡아 두기를 원한다. 하지만 그렇게 살지 않아도 된다. 예수님이 그 묶임에서 우리를 구해 주셨고, 이제 우리는 자유롭게 그분을 섬길 수 있다.

> 주께서 심지가 견고한 자를 평강하고 평강하도록 지키시리니 이는 그가 주를 신뢰함이니이다 너희는 여호와를 영원히 신뢰하라 주 여호와는 영원한 반석이심이로다(사 26:3-4).

우리의 진짜 싸움은 마음과 삶에서 나온 생각에 관한 것이다. 만일 우리가 하나님의 진리와 약속에 마음을 집중하면, 그때서야 우리는 하나님의 완전한 평안을 누릴 수 있다. 그분만이 부정적인 것이 아니라 선한 것들에만 집중할 수 있는 능력을 주신다.

> 오직 각 사람이 시험을 받는 것은 자기 욕심에 끌려 미혹됨이니(약 1:14).

모든 사람은, 겉으로는 좋게 보이지만 악한 욕망만을 키우는 유혹에 대한 선택권을 받는다. 유혹을 받을 때, 악한 욕망이 억제되지 않고 자라서 우리의 마음에서 욕망과 불만을 키우지 않도록 조심해야 한다.

> 사람이 감당할 시험 밖에는 너희가 당한 것이 없나니 오직 하나님은 미쁘사 너희가 감당하지 못할 시험 당함을 허락하지 아니하시고 시험 당할 즈음에 또한 피할 길을 내사 너희로 능히 감당하게 하시느니라(고전 10:13).

이 세상에 아무도 겪어 보지 않은, 완전히 새로운 유혹은 없다. 하나님은 우리가 유혹을 뒤로하고 죄로부터 도망하게 하시든지, 아니면 유혹에 저항할 수 있는 능력을 주신다. 옳은 일을 하거나 그릇된 일을 하는 선택은 언제나 우리의 몫이다.

7 기도 첫걸음

사랑하는 예수님!

_____ 님에게 유혹이 찾아올 때 진정한 구원을 경험하고, 회개하고 하나님께 돌아갈 수 있도록 힘과 위로와 결단력을 주시옵소서. _____ 님이 성 중독 대신, 경건하고 건강한 관계 속에 있도록 도와주시옵소서. _____ 님에게 주님을 신뢰하고, 동반 책임 파트너를 적극적으로 활용할 수 있는 능력을 주시옵소서. 죄책감과 수치심, 다른 해로운 감정으로부터 자유롭게 해 주셔서 감사드립니다.

8 추천 자료

추천 도서

Arterburn, Stephen, and Fred Stoeker. *Every Man's Battle*. WaterBrook, 2000.
———. *Every Young Man's Battle*. WaterBrook, 2009.
Carnes, Patrick. *Out of the Shadows: Understanding Sexual Addiction*. Hazelden, 2001.
Carnes, Patrick, David L. Delmonico, and Elizabeth Griffin. I*n the Shadows of the Net: Breaking Free of Compulsive Online Sexual Behavior*. Hazelden, 2001.

Clinton, Tim, and Mark Laaser. *The Quick-Reference Guide to Sexuality and Relationship Counseling*. Baker, 2010.

Crosse, Clay, Renee Crosse, and Mark Tabb. *I Surrender All: Rebuilding a Marriage Broken by Pornography*. NavPress, 2005.

Dann, Bucky. *Addiction: Pastoral Responses*. Abingdon, 2002.

Earle, Ralph H., and Mark Laaser. *The Pornography Trap: Setting Pastors and Lay Persons Free from Sexual Addiction*. Beacon Hill Press, 2002.

Ethridge, Shannon, and Stephen Arterburn. *Every Woman's Battle*. WaterBrook Press, 2003.

Frederick, Dennis. *Conquering Pornography: Overcoming the Addiction*. Pleasant Word, 2007.

Harley, Willard F., and Jennifer H. Chalmers. *Surviving an Affair*. Baker, 1998.

Hart, Archibald D. *The Sexual Man: Masculinity without Guilt*. Word, 1994.

Laaser, Debra. *Shattered Vows*. Zondervan, 2012.

Laaser, Mark. *Becoming a Man of Valor*. Beacon Hill Press, 2011.

―――. *Healing Wounds of Sexual Addiction*. Zondervan, 2004.

―――. *7 Principles of Highly Accountable Men*. Beacon Hill Press, 2011.

―――. *Taking Every Thought Captive*. Beacon Hill Press, 1997.

Laaser, Mark, and Debra Laaser. *The Seven Desires of Every Heart*. Zondervan, 2008.

Laaser, Mark, and R. Earle. *Pornography: A Resource for Ministry Leaders*. Beacon Hill Press, 2012.

Means, Marsha. *Living with Your Husband's Secret Wars*. Baker, 1999.

Schaumburg, Harry W. *False Intimacy: Understanding the Struggle of Sexual Addiction*. NavPress, 1992.

Stoeker, Fred, and Brenda Stoeker. *Every Heart Restored: A Wife's Guide to Healing in the Wake of a Husband's Sexual Sin*. WaterBrook, 2011.

Weaver, Andrew J., Charlene Hosenfeld, and Harold G. Koenig. *Counseling Persons with Addictions and Compulsions: A Handbook for Clergy and Other Helping Professionals*. Pilgrim, 2007.

Wilson, Meg. *Hope after Betrayal: Healing When Sexual Addiction Invades Your Marriage*. Monarch, 2007.

추천 웹사이트

Faithful and True Ministries: www.faithfulandtrue.com/

New Life: Every Man's Battle: www.newlife.com/emb/

Sex Addicts Anonymous: www.saa-recovery.org/

The Society for the Advancement of Sexual Health: www.sash.net/sexual-addiction

Web MD: www.webmd.com/sexual-conditions/guide/sexual-addiction

쇼핑과 과잉 수집 28

상황 묘사 | 1

- 베스는 상점 이곳저곳을 다니며 할인 중인 상품을 구경하는 윈도 쇼핑을 했을 뿐이라고 말했다. 그녀는 돈 관리를 잘했고, 몇 가지 작은 물건만 구매했다. 거의 모든 물건을 정리 판매하는 상점에 들어가기 전까지는 말이다. 베스는 상점 안으로 들어갔고, 그녀의 머릿속에는 온통 놓치면 안 될 것 같은 좋은 조건과 얼마나 할인을 받을 수 있을지에 대한 생각뿐이었다.
결국, 그녀는 수백 달러를 썼고, 옷이 담긴 세 개의 가방을 들고 부끄러운 듯이 상점을 나섰다. 이것은 순식간에 베스와 남편 사이의 말다툼의 일상적 주제가 되어 갔고, 그들의 논쟁은 매주 예산을 관리하면서 더욱 심각해졌다.

- 네이트는 문을 조심스럽게 열고 천천히 방으로 들어갔다. 그는 방을 가득 채운 모형 자동차를 쓰러뜨리고 싶지 않았다. 그는 수년간 상상할 수 있는 모든 종류의 수집용 자동차를 무리하여 구매했다. 네이트는 한 가지를 더 장식해야 했지만, 서서 방을 둘러보니 그럴 공간이 없는 것 같았다. 그는 어깨를 으쓱하며 아래층에 있는 아내에게 소리쳤다.
"여보, 자동차들을 위한 방이 하나 더 필요할 것 같아!"

- 루스는 쇼핑하고 돌아오면 항상 우울해졌다. 그녀는 이해할 수 없었지만, 그녀에게 '꼭 필요했던' 옷, 보석 또는 다른 물건으로 가득 찬 가방 한두 개를 들고 집으로 돌아오면 방금 썼던 돈으로 인해서 항상 당혹감을 느꼈다. 다른 사람과 함께 쇼핑하러 가지 않는 것이 어쩌면 다

행일 수도 있지만, 부끄러움과 죄책감은 점점 커졌고, 그나마 마음이 덜 불편한 온라인 쇼핑을 점점 많이 하게 되었다. 불행히도, 그녀는 전보다 더 많은 돈을 쓰기 시작했다.

때때로 루스는 밤늦게까지 깨어 있으면서 광고 방송을 시청했고, 광고하는 물건들을 다 사들였다. 그녀는 자신에게 문제가 있다는 것을 알았지만 그녀의 구매 습관을 조절하는 것은 불가능해 보였다. 그녀는 그저 불안감이 사라지길 원했을 뿐이고, 무언가를 구매하는 일이 늘 도움이 되는 것 같았다. 그러나 결국엔 더 부정적인 기분만 들게 되었다.

2 정의와 주요 개념

- 강박 구매 장애(CBD[Compulsive Buying Disorder] 또는 쇼핑 중독으로 더 잘 알려져 있음)는 고통이나 장애로 이어지는 과도한 쇼핑 인식 및 구매 행위로 특징지어진다. 일부 증상이 양극성 장애와 연관될 수도 있지만, 그 증상이 조증 혹은 경조증 에피소드에 국한되지는 않는다.
- 과잉 수집은 그 고유가치를 목적으로, 또는 단순히 가장 많은 수집을 목적으로 특정한 유형의 물건을 계속해서 수집해야 하는 욕구로 정의된다.
- 강박 구매 장애는 불안 장애, 물질 사용 장애, 섭식 장애와 같은 여러 다양한 문제들과 연관되어 있다. 강박 구매 장애는 또한 충동 조절 장애와도 관련된다.[1]
- 연구에 따르면, 강박 구매 장애는 미국 인구의 5-8퍼센트에 영향을 끼친다. 강박 구매 장애가 있는 사람 중 80-95퍼센트는 여성이다.[2]
- 강박 구매 장애는 동반이환(comorbidity)과 결합되어 있어서 분류하기

---

1 About.com, www.addictions.about.com/od/lesserknownaddictions/a/shoppingadd.htm
2 PubMed, "Estimated Prevalence of Compulsive Buying Behavior in the United States," last modified October 2006, www.ncbi.nlm.nih.gov/pubmed/17012693.

가 어렵다. 강박 구매 장애는 강박 장애와 기분 장애뿐 아니라 충동 조절 장애와 연관되어 있다.
- 과잉 수집은 저장 장애(hoarding)와 관련되는 경우도 종종 있지만, 둘 사이에는 몇 가지 차이가 있다. 과잉 수집은 단일 품목이나 한 유형의 품목을 수집하는 것인데 반해, 저장 장애는 물건에 관해서 특정한 범위를 갖는 경우가 거의 없다.
- 결국 저장 장애는 일상의 기능을 손상하고 평범한 삶을 사는 개인의 능력을 제한하기 시작하지만, 과잉 수집은 단순히 방 하나를 차지할 수 있다.
- 과잉 수집과 강박 쇼핑은 강박 장애에 유사한 범주에 속한다.
- 과잉 수집은 대개 매우 깔끔하고 수집품을 잘 관리한다는 점에서 저장하기와는 다르다. 저장광은 주문하거나 관리하지 않고 무작정 더 많은 물건을 계속해서 모은다.
- 호더(hoarder, 저장광)들은 자신들의 저장 행위에 대한 문제에 직면할 때 수치심이나 당황감을 느낀다는 점에서 수집가들과 다르다. 수집가들은 종종 자신들의 수집품을 자랑스럽게 여기고 동료 수집가들과 그 수집품들을 공유하는 기회를 즐긴다.
- 강박 구매 장애와 과잉 수집은 모두 문제의 물품을 구매하지 않을 수 없고, 구매할 때마다 정서적 그리고/또는 심리적 해방감을 받는다는 점에서 충동 조절 문제와 관련이 있다.
- 강박 구매 장애는 십 대 후반에서 이십 대 초반에 시작되는 것으로 보인다.[3]
- 강박 구매 장애가 물질 남용 장애, 불안 장애, 심각한 우울증의 가족력이 있는 가정에서 유전된다는 증거도 있다.[4] 크리스마스 쇼핑처럼 특정 시즌에만 일어나는 일이 아니라 지속되는 행동이다.
- 연구에 따르면, 강박 구매 장애에는 기대, 준비, 쇼핑, 지출이라는 네

---

[3] PubMed, "Compulsive Buying: Descriptive Characteristics and Psychiatric Comorbidity," last modified January 1994, www.ncbi.nlm.nih.gov/pubmed/8294395.

[4] PubMed, "A Review of Compulsive Buying Disorder," last modified February 2007, www.ncbi.nlm.nih.gov/pmc/articles/PMC1805733/.

가지 구별되는 단계가 있다.[5]
- 강박 구매 장애를 앓고 있는 사람들은 대개 혼자 쇼핑을 하며, 자신의 행동으로 인해 당혹감을 느낀다.
- 강박 구매 장애의 원인은 문화적 영향에서부터 세르토닌성 시스템, 도파민 시스템, 오피오이드 시스템의 신경 전달의 혼란을 중심으로 한 신경생물학 이론에 이르기까지 그 범위가 매우 넓다.
- 강박 구매 장애와 과잉 수집을 위한 치료법에는, 이 행동이 지닌 충동 장애 요소 때문에, 선택적 세로토닌 재흡수 억제제(SSRIs: selective serotonin reuptake inhibitors)를 사용하여 신경 전달의 균형을 맞추는 것이 포함된다.
- 인지행동치료는 과잉 수집과 강박 구매 장애를 치료하기 위해 약물 치료 요법과 함께 사용되었다. 그룹 치료법을 사용한 상담 치료가 가장 성공적이었고, 자기계발서(self-help book)와 정신 약리학 치료법은 혼합된 결과를 나타냈다.[6]

3 진단 인터뷰

1. 당신은 자신이 쇼핑이나 수집, 소비 습관에 지나치게 몰두한다고 느끼십니까?
2. 당신이 쇼핑하거나 수집을 할 때 스스로 통제가 되지 않는다고 느끼십니까?
3. 당신이 염두에 두고 있는 물건을 실제로 구매하기 전까지 불안하거나 우울합니까?
   당신은 스트레스나 분노와 실망감을 해소하기 위해 쇼핑을 합니까?
4. 당신의 쇼핑이나 수집과 관련하여 수치심이나 죄책감을 느끼십니까?

---

[5] PubMed, "Estimated Prevalence of Compulsive Buying Behavior"; PubMed, "A Review of Compulsive Buying Disorder."
[6] PubMed, "Cognitive Behavioral Therapy for Compulsive Buying Disorder," last modified December 2006, www.ncbi.nlm.nih.gov/pubmed/16460670.

5. 당신이 평소에 구매하지 않는 물건을 얼마나 자주 신용 카드로 구매합니까?
6. 쇼핑이나 수집 행위와 관련하여 힘겹게 예산을 메꿨던 적이 있습니까?
   아니면 채무 위기를 경험한 적이 있습니까?
7. 쇼핑과 지출, 또는 수집을 조절하기 위해 노력했지만 실패했던 적이 있습니까?
8. 당신은 지금까지 수집에 얼마나 많은 돈을 썼다고 생각합니까?
9. 당신의 수집과 쇼핑, 지출로 인한 부정적 기분이나 결과를 생각할 수 있습니까?
10. 당신의 과잉 쇼핑이나 수집이 당신의 여러 관계에 부정적 영향을 끼쳤습니까?

지혜로운 상담을 위한 조언 4

쇼핑과 과도한 수집은 그 행동 지향성 때문에 강박 장애로 분류될 때가 많고, 따라서 항상 중독으로 여겨지지는 않는다. 행동은 수정될 수 있기에 치료 결과가 좋을 수 있다는 희망을 준다. 과잉 수집은 저장광에 대한 전조 증상이 될 수 있고 종종 저장 장애와 연관된다. 그러나 수집 그 자체가 문제는 아니다. 수집가들은 많은 경우 삶의 다른 우선순위에 집중하는 대신에 자신의 정체성과 행복을 수집에서 찾는다.

그들은 강박-충동 역학에 제대로 대처하지 못하며, 자신의 불안이나 스트레스를 달래기 위해 수집한다. 소유물은 절대로 궁극적 성취감을 주지 못하며, 자아 정체감은 그리스도와의 생명력 있는 관계를 통해 확인되어야 함을 설명하는 것이 중요하다.

쇼핑은 많은 사람에게 일반적 취미 활동이다. 그러나 쇼핑은 많은 사람의 재정 상태를 망가뜨릴 수 있다. 강박 구매 장애는 자신이 경험하고 있는 불안으로 인해 무언가를 사고 싶은 충동에 저항할 수 없을 때 나타난다. 이러한 사람들에게 지원과 동반 책임이 필요하다.

종종 그들은 자신들의 행위에 대해 수치심과 죄책감을 느끼고 할 수 있으면 그 행위를 멈추고 싶어 한다. 그런데도, 쇼핑 중독은 자아상 문제, 낮은 자존감, 가족 문제, 또는 해결되지 않은 불안과 같은 다른 문제들과 좀 더 깊이 뿌리박힌 사안들을 가리킬 수도 있다.

5 내담자를 위한 행동 단계

1) 문제가 있다는 것을 인정하라

- 당신에게 문제가 있다는 것과 구매 충동을 참을 수 없다는 것을 인정하는 것은 중요하다. 쇼핑하러 갈 때마다 무언가를 구매하고 싶은 충동이든, 수집하고 있는 물건을 구매하고 싶은 충동이든, 당신의 행위는 삶에서 문제를 일으키고 있으며, 따라서 해결되어야 한다. 문제를 인식하고 인정하는 것은 근원적인 문제를 적절히 다루기 전에 취해야 할 첫 번째 단계이다.

2) 신용 카드를 없애라

- 당신이 구매해야 하는 것보다 더 많은 것을 신용 카드로 사고 있다면, 신용 카드를 없애라. 그리고 당신의 은행 계좌를 감독하는 동반 책임 시스템을 구축하라. 이러한 행동들은 큰 도움이 될 수 있다. 왜냐하면, 사람들은 화폐성 자산과 신용 카드의 오용이 초래하는 최종적인 결과를 충분히 인식하지 못하고 빠르고 쉽게 접근할 수 있는 자금을 사용하는 경우가 많기 때문이다. 돈이 결국에는 어디서 나올지에 대해 생각하지 않은 채 신용 카드로 무언가를 구매하지 않도록 하라.

3) 친구나 가족과 함께 쇼핑하라

- 충동적인 구매에 대해 당신에게 이야기할 수 있는 누군가가 있을 때,

돈을 쓰고 싶은 충동이나 유혹을 참고 저항하는 일이 더 쉬울 때가 많다. 강박 구매 장애가 있는 사람은 다른 사람이 함께 있고, 그 사람들이 구매하는 것을 지켜볼 때, 물건을 덜 사는 경향이 있다. 타인에 대한 동반 책임은 좀 더 균형 잡힌 시각을 가져온다.

4) 즐길 수 있는 다른 취미를 찾으라

- 수집과 쇼핑은 말 그대로 온종일 할 수 있는 두 가지 활동이다. 예를 들어, 앉아서 온라인으로 서핑하든지, 아니면 쇼핑몰에 가서 몇 시간 동안 돌아다니든지, 이것들은 시간이 걸리는 활동들이다. 좀 더 건설적 경험으로 시간을 채우는 것은 유익하고 생산적일 수 있다.

당신이 파괴적이거나 역기능적인 습관을 포기하겠다고 결정했다면 당신은 그 습관을 더 건강한 것들로 대체해야 한다. 그럴 때 당신은 포기했던 활동들로 돌아가고 싶은 유혹에 빠지지 않게 된다.

성경적 통찰 | 6

너희를 위하여 보물을 땅에 쌓아 두지 말라 거기는 좀과 동록이 해하며 도둑이 구멍을 뚫고 도둑질하느니라 오직 너희를 위하여 보물을 하늘에 쌓아 두라 거기는 좀이나 동록이 해하지 못하며 도둑이 구멍을 뚫지도 못하고 도둑질도 못하느니라 네 보물 있는 그곳에는 네 마음도 있느니라 (마 6:19-21).

충동적으로 구매하거나 과잉 수집하는 사람은 하늘에서 보물을 찾는 대신 소유물에 자신의 가치를 두는 것일 수 있다. 그들은 자신이 가진 모든 것, 그들의 마음, 영혼, 생각뿐 아니라 시간을 그들과 영원히 함께하지 못하는 것에 둔다. 하나님은 그분이 창조물과의 관계를 원하시는 만큼 이러한 것들을 원치 않으신다.

밭을 살펴보고 사며 자기의 손으로 번 것을 가지고 포도원을 일구며 힘 있게 허리를 묶으며 자기의 팔을 강하게 하며 자기의 장사가 잘 되는 줄을 깨닫고 밤에 등불을 끄지 아니하며(잠 31:16-18).

성경은 균형 잡힌 청지기의 현명한 행동을 인정한다. 쇼핑 중독이 있는 사람은 충동 구매에 "아니요"라고 말하는 것을 힘들어한다. 물건의 가격이나 구매로 인해 일어날 수 있는 재정적 문제는 상관하지 않는다. 성경은 비용을 따져 보고 경솔하게 행동하지 않는 과정에 대해 말한다.

사람이 감당할 시험 밖에는 너희가 당한 것이 없나니 오직 하나님은 미쁘사 너희가 감당하지 못할 시험 당함을 허락하지 아니하시고 시험 당할 즈음에 또한 피할 길을 내사 너희로 능히 감당하게 하시느니라(고전 10:13).

하나님은 우리에게 유혹을 벗어날 수 있는 수단이 준비되지 않은 채로, 우리를 떠나지 않으실 것이다. 만일 구매하거나 수집하고 싶은 충동이 너무도 강력하고, 도무지 저항할 수 없다면, 하나님께서는 출구를 마련해 주실 것이다. 그분은 우리가 중독에서 자유롭게 되기를 원하신다.

모든 것이 내게 가하나 다 유익한 것이 아니요 모든 것이 내게 가하나 내가 무엇에든지 얽매이지 아니하리라(고전 6:12).

충동적 구매자와 수집자는 자신의 행동에 노예가 된다. 쇼핑과 수집이 원래 악한 것은 아니지만, 하나님께서는 우리가 이 세상의 어떤 것에도 노예가 되기를 원치 않으신다. 절제는 성령의 열매이고 그리스도 안에서 참된 자유를 가져온다.

7 기도 첫걸음

주님!
주님은 우리가 하늘의 것을 소중히 여기고, 우리의 재정에 대한 선한 청지기가 되기를 원하십니다. _____님의 삶에서 강박 쇼핑(과잉 수집)의 사슬을 끊어 주시길 간청합니다. _____님이 자신의 힘으로는 멈출 수 없지만, 주님께서는 은혜와 인도하심으로 우리의 모든 생각과 간구를 뛰어넘는 놀라운 일을 하실 것입니다. _____님에게서 모든 불안한 생각을 제거해 주시옵소서. _____님이 그 무엇보다도 주님을 귀하게 여기고 모든 것에서 주님을 완전히 신뢰하는 데서 오는 자유를 경험하도록 도와주시옵소서.

8 추천 자료

추천 도서

Grayson, Jonathan. *Freedom from Obsessive Compulsion*. Berkley, 2004.
Hawkins, David. *Breaking Everyday Addictions: Finding Freedom from the Things That Trip Us Up*. Harvest House, 2008.
Osbron, Ian. *Can Christianity Cure Obsessive Compulsive Disorder?* Brazos, 2007.
Weaver, Andrew J. *Counseling Persons with Addictions and Compulsions*. Pilgrim, 2007.

추천 웹사이트

About.com: www.addictions.about.com/od/lesserknownaddictions/a/shoppingadd.htm
National Institutes of Health: www.ncbi.nlm.nih.gov/pmc/articles/PMC1805733/
Web MD: www.webmd.com/mental-health/features/shopping-spree-addiction

29 기술과 소셜 네트워킹

1 상황 묘사

- 수잔과 그녀의 부모는 일주일 동안 로키산맥에 있는 스키 리조트에 머물기 위해 차를 타고 갔다. 여행이 시작된 지 약 4시간이 되었다. 그 휴가는 가족들이 하나가 되는 편안한 경험이어야 했다. 그러나 수잔 전화기의 배터리가 벌써 다 닳았다. 수잔은 휴대전화기면 충분할 것으로 생각해서 노트북도 가져오지 않았다.
이제 그녀는 친구들과 연락하고 페이스북, 트위터에 접속하거나 문자를 보낼 수 없었다. 그녀는 안절부절못하고, 불안하고, 초조해졌다. 목적지에 도착할 때까지 어떻게 '생존'해야 할지 불평하기 시작했다. 자신이 무엇을 하고 있는지 친구들에게 알려야 하는데, 소통할 방법이 없었다.

- 데이비드는 친구들과 오후 6시 30분에 영화를 보러 갈 예정이었다. 그러나 그들을 만나러 집을 나서기 전에 페이스북에 있는 친구 중 하나가 새로운 체감형 게임 요청을 보냈다. 데이비드가 기억하는 그 다음 상황은 부모가 잘 자라고 인사하러 방에 들어왔던 일이다. 그는 저녁 식사를 걸렀고, 왜 영화를 보러 오지 않았는지 궁금해하는 친구들이 보낸 여섯 통의 문자 메시지를 확인하지 못했다. 그는 이 새로운 가상 세계에 완전히 몰입되어 있었고, 여전히 취해 있었다.

- 메리는 외부 세계와 연결된 소셜 미디어 없이 사는 것을 결코 상상할 수 없었다. 페이스북을 확인하는 일은 아침에 일어나자마자 가장 먼저 하는 일이자 잠자리에 들기 전에 마지막으로 하는 일이었다. 자신의 트위터와 페이스북 계정에 새로운 이름을 추가할 때 그녀는 가장

큰 희열을 느꼈다. 계정에 친구를 많이 등록하기 위해 또래들은 치열하게 경쟁했다.

최근에 메리는 페이스북 친구 목록을 스크롤 했고, 목록에 나타나는 많은 이름을 보면서 기분이 좋아졌다. 그녀는 새로운 얼굴 몇 개를 응시했다. 그리고 1,500명 이상의 페이스북 친구를 갖고 있지만, 대부분은 개인적으로 알지 못하는 사람들이라는 사실을 깨달았다.

정의와 주요 개념 | 2

- 인터넷 중독 장애(IAD: Internet Addiction Disorder)란 인터넷을 사용함에 있어 중독성이 강한 다른 행위에서 오는 감정적 도취감과 유사한 기분을 경험할 만큼 강박적으로 인터넷을 사용하는 사람의 상태를 일컫는다.
- 페이스북 중독 장애(FAD: Facebook Addiction Disorder)는 페이스북에 투자하는 과도한 시간을 묘사할 때 사용하는 최근 용어로, 개인의 삶이 크게 영향을 받고 그 사람의 삶에서 건강한 균형감을 거의 느끼지 못할 정도로 많은 시간이 사용되는 것을 나타낸다.
- 이 용어들은 상대적으로 새로운 것들이지만(지난 10년 이내에 만들어짐), 중독 어휘 목록에 추가되었다. 페이스북, 마이스페이스, 트위터 등, 많은 시간을 소모하는 소셜 미디어가 폭발적으로 늘어났기 때문이다.
- 최근 연구는 페이스북과 트위터가 담배와 알코올보다 중독성이 더 강하다는 것을 보여 주었다. 이러한 물질을 누군가가 끊으려고 할 때처럼, 소셜 미디어 사용을 그만둘 때 그 사람들은 감정적 및 정신적 금단 증상을 경험할 수 있다.
- 페이스북 사용자는 페이스북을 잘 사용하지 않거나 아예 사용하지 않는 사람에 비해 더 외향적이고 나르시시즘적인 경향이 있고, 보통의 사람들보다 자존감이 낮다.[1]

---

1   Tech Addiction, www.techaddiction.ca/facebook-addiction-statistics.html#.ULJUg6P-

- 2011년 현재 페이스북 활성 사용자의 수는 5억 명이 넘었다(세계적으로 13명 중 1명). 28퍼센트는 아침에 침대에서 일어나기 전에 휴대전화로 계정을 확인하고, 61퍼센트는 하루에 적어도 한 번은 확인해야 한다. 가장 빨리 성장하는 동력은 X 세대의 뒤를 이은 밀레니엄 세대이다(1년 성장률이 74퍼센트이다).

  미국 시민의 70퍼센트는 페이스북을 사용하고 각 사람은 평균적으로 130명의 친구를 갖고 있다. 사람들의 57퍼센트는 대면 커뮤니케이션보다 온라인에서 더 자주 대화한다. 페이스북 사용자들의 19퍼센트는 자신들이 중독되었다고 인식한다. 페이스북에서 게임을 하는 사람들의 69퍼센트는 여성이다. 그리고 여성의 53퍼센트는 매주 소셜 미디어를 일상적으로 사용한다.[2]

- 페이스북 중독에는 다섯 가지 주요 증상이 있다.

  - 그만두려고 할 때의 금단 증상
  - 가상 약속(누군가를 어떤 장소에서 직접 만나는 대신에 특정 시간에 온라인에 접속하라고 그 사람에게 말하는 것)
  - 가짜 친구
  - 정상적 사회/여가 활동의 감소
  - 내성, 즉 페이스북의 자극 없이 더는 정상적으로 기능하지 못하는 것

- 페이스북, 트위터, 마이페이스는 관계적 욕구를 채우고자 하는 많은 사람의 흥미를 끌지만, 이러한 소셜 미디어 사이트들은 친밀성의 개념뿐 아니라 가깝고 인격적 관계의 역학을 평가절하하고 변질시켰다.
- 메릴랜드대학교(University of Maryland)의 '국제 미디어 및 공공 의제 센터'(International Center for Media and the Public Agenda)가 완료한 연구에 따르면, 기술 기기를 온종일 사용하지 못하도록 할 때, 5명 중 4명이 극

WqJU.
2 Ibid.

심한 정신적 신체적 고통, 공황, 혼란, 극심한 고립감을 겪었다.[3]
- 영국과 미국, 중국을 포함한 10개국의 12개 캠퍼스에서 인터뷰한 약 1,000명의 대학생 중 "절대다수"는 온종일 자발적으로 그들의 기계장치를 사용을 중단할 수 없었다.[4]
- 8세에서 18세 사이의 청소년은 매주 평균적으로 14.5시간을 엔터테인먼트 미디어를 사용하는 데 보내고, 그중 대부분은 소셜네트워킹 사이트를 통해 이루어진다.[5]
- 소셜네트워킹 사이트를 가장 많이 사용하는 연령대는 35-45세이고, 밀레니엄 세대(18-28세)가 그 뒤를 잇는다. 65세 이상은 3퍼센트에 불과하다.[6]
- 소셜네트워킹과 사람들이 인터넷을 사용하는 비율은 뇌가 정보를 처리하는 방식의 역학을 변화시키고 있다. 너무 많은 정보와 데이터가 끊임없이 쏟아지기 때문에 책과 기사를 사용하고 선형 정보를 처리하는 것과 관련된 문제들이 증가하고 있다.
- 사람들은 관계를 형성하고 정보를 얻기 위해 전통적 방식을 사용하는 대신에 소셜 네트워킹 사이트에 의존하기 시작하고 있다.
- 소셜 네트워킹 사이트 이용자의 26퍼센트는 24세 미만이다.
- 트위터 사용자 중 64퍼센트는 35세 이상이고, 페이스북 사용자의 61퍼센트는 35세 이상이다.[7]
- 소셜네트워킹은 장점을 갖고 있지만, 사람들이 정보와 연결을 위해 이 매체를 의존하기 시작하면 쉽게 중독될 수도 있다. 다른 이들과의 연결이 인위적이고 피상적으로 보일지라도 말이다.

---

3   The Telegraph, "Facebook Generation Suffer Information Withdrawal Syndrome," last modified January 2011, www.telegraph.co.uk/technology/news/8235302/Facebook-generation-suffer-information-withdrawal-syndrome.html
4   Ibid.
5   Social Networking, "What Is Social Networking?" last modified June 18, 2012, www.whatissocialnetworking.com/Addicted_to_Social_Sites.html.
6   Royal Pingdom, "Study: Ages of Social Network Users," last modified February 16, 2010, www.royal.pingdom.com/2010/02/16/study-ages-of-social-network-users/.
7   Ibid.

- 소셜네트워킹에 중독된 사람들을 위한 치료법에는 완전 절제 등이 포함되는데, 이는 종종 긍정적 강화(positive reinforcement), 인지행동치료, 항우울제 등으로 보완된다. 어떤 접근법들은 다이어트와 비슷하다. 즉, 사용자는 점진적으로 소셜네트워킹 사이트 사용을 중단하게 된다.

3 진단 인터뷰

1. 하루에 소셜네트워킹 사이트에서 얼마나 많은 시간을 보내십니까?
2. 당신의 소셜네트워킹 계정에 무슨 일이 일어날 때마다 자동 알람을 받도록 휴대전화를 설정했습니까?
3. 소셜네트워킹 사이트에서 당신의 '영향력 정도'를 얼마나 자주 확인합니까?
4. 당신은 문자 메시지를 읽거나 보내기 위해 당신이 하는 활동이나 전화 통화, 직접 대화를 자주 중단합니까?
5. 사람들과 온라인 채팅방과 사이트에서 소통하기가 더 쉽습니까, 아니면 직접 만나 소통하기가 더 쉽습니까?
6. 당신은 소셜 네트워킹 사이트를 통해서 사람들의 삶에 무슨 일이 일어나고 있는지를 알아내야 한다는 절실할 필요성을 느끼십니까?
7. 당신은 현실로부터 도피하기 위해 소셜 네트워킹 사이트를 이용합니까?
8. 당신은 온라인 페르소나, 가상 인물, 그리고/또는 아바타를 온라인에서 만들었던 적이 있습니까?
   가상 공동체에서 얼마나 많은 시간을 보냈습니까?
9. 당신의 소셜 사이트에 얼마나 많은 친구를 가졌는지, 또는 얼마나 많은 팔로워를 가졌는지에 대해 자부심을 느끼십니까?
10. 당신이 소셜 네트워킹 사이트에 있을 때 시간 가는 줄을 모르고 중요한 행사나 약속을 놓친 경우가 종종 있습니까?
11. 과도한 소셜 네트워킹으로 인해 직장, 학교, 그리고/또는 동료와 가족과의 교류를 소홀히했던 적이 있습니까?

이러한 행위로 인해 업무나 학업이 나빠졌습니까?
12. 우울증, 불안, 초조함, 침울함, 수면 장애의 정도가 심해지는 것을 경험한 적이 있습니까?
13. 과도한 소셜 네트워킹 사이트 사용을 중단하려고 노력했지만, 혼자만의 힘으로 시도했기 때문에 힘들었던 적이 있습니까?

4 지혜로운 상담을 위한 조언

아이폰, 아이패드, 아이터치, 노트북, 그 외의 다양한 기기가 사람들을 연결하고 정보를 제공하는 오늘날 세상에서, 기술을 사용하지 않고 살아간다는 것은 상상하기 어렵다. 그러나 이처럼 빠르게 변화하고, 신속하며, 버튼 하나로 해결되는, 모든 것이 즉각적인 문화는 사회를 가상 현실 세대로 바꾸고 있고, 심지어 구세대에게도 영향을 끼치고 있다.

전체적으로 우리는 실제 대화나 손으로 쓴 편지를 통한 소통의 가치를 평가절하하고 있다. 소셜 네트워킹 사이트는 사람들을 개인적 차원에서 실제로 아는 것보다 그저 그들에 대해서 알도록 만든다. 진정한 관계와 진정한 교제는 전적으로 온라인을 이용하는 대신 얼굴과 얼굴을 맞대는 요소를 요구한다.

이것의 이면에 있는 추론은 사람들이 컴퓨터 화면 앞에 앉아 있을 때, 진실하고, 투명하고, 취약해지는 것을 피할 수 있다. 컴퓨터 앞에서, 사람들은 좀처럼 뚫리지 않는 감정의 장벽과 인위적 페르소나를 만들 수 있다. 네트워킹은 본질에서 파괴적이지 않으며, 연결 상태를 늘 유지할 수 있다는 점에서 유익하다. 그러나 페이스북 담벼락에 인사만 하고 친구에게 트윗하는 것 이상의 일을 하는 것은 정신적, 정서적, 영적 안녕에 매우 중요하다.

개인적 통화, 편지, 또는 다른 사람과 보내는 의미 있는 시간은 그 무엇과도 비교가 되지 않는다. 소셜 네트워킹에 중독된 사람들에게는 애정 어린 보살핌과 도움이 필요하다.

그들은 해결되지 않은 문제를 대처하기 위해 인터넷을 사용하고 있는가?
그들은 많은 친구를 갖는 것에 중독되어 있는가?
아니면 소셜 네트워킹 웹사이트를 통해 흘러들어오는 정보에 중독되어 있는가?

소셜 네트워킹 중독은 우울증과 불안 증가, 행동 지연, 불충분한 충동 조절, 낮은 생산성, 가족 기피, 도피, 그리고 극단적인 경우, 분열로 이어질 수 있다.

5 내담자를 위한 행동 단계

1) 문제가 있다는 것을 인정하라

- 회복의 첫 번째 단계는 당신이 인터넷, 페이스북 확인, 문자를 보내고 트윗하는 데 너무 많은 시간을 보내고 있다는 사실을 인정하는 것이다. 당신이 온라인상에서 보내는 시간과 다양한 온라인 활동에 참여하느라 놓쳤던 일들에 관해 상담사와 이야기를 나누라.

2) 사용량을 조절하라

- 인터넷 소셜 네트워킹을 사용하는 시간을 제한하라. 하루에 인터넷을 사용하는 시간을 구체적으로 제한하고, 하루 중 온라인에 접속하지 않을 시간대를 정할 수 있다. 직장이나 학교에서 하루를 마친 후 온라인에 접속하기 전, 자신에게 어느 정도의 감정적인 공간을 제공하는 것이 유익할 수 있다. 이것은 당신이 소셜 네트워킹 사이트로 바로 뛰어들어가는 대신 하루의 긴장을 푸는 데 도움이 될 것이다.

3) 다른 커뮤니케이션 도구를 사용하라

- 소셜 네트워킹에 사용되는 많은 웹사이트는 일정을 관리하고 작성하는 다양한 도구를 제공함으로써 앞으로 다가올 일들의 날짜와 시간을 쉽게 기록할 수 있게 돕는다. 이러한 사이트를 사용하는 시간을 제한하려면 실제 플래너를 사용하라. 유선과 무선 전화로 사람들과 통화함으로써 문자 메시지를 보내는 것을 제한하라. 받는 사람에게 매우 의미가 있을 개인 메모와 편지를 손으로 쓰라. 이러한 대안적 방식의 커뮤니케이션은 관계를 형성하는 데 효과적일 수 있다.

4) 전문 상담사를 만나라

- 만일 당신이 인터넷 그리고/또는 소셜 네트워킹 중독의 근원적인 원인, 특히 우울증, 불안, 또는 다른 동반 질환을 경험하고 있다면, 당신의 상담사에게 이 분야에 자격을 갖춘 전문 치료사를 소개해 달라고 요청하라.

성경적 통찰 6

> 사랑하는 아들 디모데에게 편지하노니 하나님 아버지와 그리스도 예수 우리 주께로부터 은혜와 긍휼과 평강이 네게 있을지어다 … 네 눈물을 생각하여 너 보기를 원함은 내 기쁨이 가득하게 하려 함이니(딤후 1:2, 4).

이 본문에서 사도 바울은 편지로 디모데에게 말하고 있다. 그는 자신의 믿음의 아들에게 열정적으로 말하고, 디모데가 와서 자신을 만나길 원한다는 강한 열망을 표현한다. 디모데의 방문으로 기운을 차리길 바랐기 때문이다. 바울에게 디모데를 직접 만나는 것은 가장 중요한 일이었다. 그것은 1세기에 존재하지 않았던 페이스북이나 트위터를 통해 메시지를 전달하는 것이 아니라 얼굴을 대면하여 만나는 유익한 시간에 관한 것이었다.

그들이 사도의 가르침을 받아 서로 교제하고 떡을 떼며 오로지 기도하기를 힘쓰니라(행 2:42).

제자들은 함께 시간을 보내고 서로 교제하는 데 전념했다. 그들은 서로 편지를 주고받지 않았지만, 한 장소에 모여 함께 교제했다. 다시 말하지만, 이것은 컴퓨터나 문자 메시지만을 사용하는 것 대신에 얼굴과 얼굴을 맞대고 있는 것이 얼마나 중요한지를 보여 준다.

우리가 지금은 거울로 보는 것 같이 희미하나 그 때에는 얼굴과 얼굴을 대하여 볼 것이요 지금은 내가 부분적으로 아나 그 때에는 주께서 나를 아신 것 같이 내가 온전히 알리라(고전 13:12).

언젠가 우리는 주님과 완전하고 영원한 교제를 경험하게 될 것이다. 그 때에는 장애물이나 방해물이 없을 것이다. 우리의 모든 생각, 마음의 모든 욕망, 모든 기도 제목과 우리가 짊어지고 있는 짐을 알고 계시는 그분은 친밀하고 인격적인 관계의 언어로 우리와 대화하고 소통하실 것이다.

육신을 따르는 자는 육신의 일을, 영을 따르는 자는 영의 일을 생각하나니 육신의 생각은 사망이요 영의 생각은 생명과 평안이니라(롬 8:5-6).

소셜 네트워킹에 중독된 사람들은 자신의 흥분, 욕망, 에너지를 잘못된 것과 잘못된 장소에 쏟아붓는다. 하나님께서는 우리가 하나님뿐 아니라 우리의 영적 형제자매와 진정한 관계를 형성하기를 원하신다. 우리는 잠깐 동안의 덧없는 일이 아닌, 성령의 일에 우리의 마음을 두어야 한다.

7 기도 첫걸음

주님!
주님은 우리가 서로 교제를 나누길 원하십니다. 주님이 깊고 의미 있는 관계를 위해 우리를 지으셨기 때문입니다. 진정한 관계는 주님이 주신 가장 위대한 선물 중 하나입니다. 그러니 바로 이 시간, _____님을 도우시고 _____님의 소셜 네트워킹 중독을 없애 주시기를 간구합니다. _____님이 주님의 존재와 우주의 왕과 인격적인 관계 속에 있는 것이 무엇을 의미하는지에 대한 새로운 계시를 깨닫도록 해 주시옵소서. _____님에게 당신이 원하시는 관계를 세우는 힘을 허락해 주시옵소서. 당신의 섭리와 은혜로 인해 감사를 드립니다.

8 추천 자료

추천 도서

Careaga, Andrew. *Hooked on the Net*. Kregel, 2002.

Friesen, Dwight J. *Thy Kingdom Connected: What the Church Can Learn from Facebook, the Internet, and Other Networks*. Baker, 2009.

Jantz, Gregory L. *Hooked: The Pitfalls of Media, Technology, and Social Networking*. Siloam, 2012.

Kern, Jan. *Eyes Online, Eyes on Life: A Journey Out of Online Obsession*. Standard, 2008.

Nesdahl, Melissa, and Pam Stenzel. *Who's in Your Social Network?* Regal, 2009.

Rosen, Larry D. *iDisorder: Understanding Our Obsession with Technology and Overcoming Its Hold on Us*. Palgrave Macmillan, 2012.

Young, Kimberly S. *Internet Addiction: A Handbook and Guide to Evaluation and Treatment*. John Wiley, 2011.

추천 웹사이트

Help Guide: www.helpguide.org/mental/internet_cybersex_addiction.htm

Internet Addiction Cure: www.internetaddictioncure.com/index.html

Net Addiction: www.netaddiction.com/

Safety Web: www.safetyweb.com/internet-addiction

Tech Addiction: www.techaddiction.ca/facebook-addiction-statistics.html#.ULJUg-6PWqJU

30 관음증과 노출증

1 상황 묘사

- 존은 고등학교 때부터 사진에 관심이 많았다. 그는 자신이 찍은 사진으로 상을 받았고, 결혼식과 특별한 행사에서 사진을 찍어 주는 프리랜서로 일한다. 그는 상당히 수줍음을 타고 그가 다니는 지역 대학교에서 여학생과 데이트하거나 교제하지 않는다. 사람들이 존에 대해 모르는 한 가지는 그가 관음증에 깊이 빠져 있다는 것이다.

  그는 밤이면 아파트 단지 밖에 세워 둔 차 안에 앉아 고성능 망원렌즈를 사용하여 옷을 벗거나 갈아입는 소녀들의 사진을 찍는다. 그는 이 사진들을 지역 채팅방 웹사이트에 올릴 생각에 흥분되고 가슴이 설렌다. 그 사이트는 그가 다른 남자들과 나체의 여성을 카메라에 담는 자신의 중독에 대해 자주 이야기를 나누는 곳이다. 존은 자신의 행동에 대해 아는 사람이 아무도 없을 것이라 꽤 확신하고 있지만 들킬 수 있다고 생각하면 불안해진다.

- 캐럴과 데니스는 번창하는 대도시의 도심지 인근에 있는 새로운 창고형 아파트로 막 이사했다. 그들은 온종일 물건을 옮겼고, 옷을 갈아입을 때 다른 사람들이 창문을 통해서 그들의 모습을 볼 수 있다고 생각하지 않았다. 그러나 그날 저녁, 캐럴이 밖을 내다보니, 어떤 남자가 길 건너에 있는 아파트 옥상에 앉아 있는 것이 보였다.

  그는 쌍안경을 갖고 있었고 자신들의 아파트 방향으로 보고 있는 것 같았다. 그녀는 비명을 질렀고 블라인드를 쳤다. 그리고 데니스에게 누군가가 지붕에서 자신들을 보고 있다고 소리쳤다. 데니스는 경찰에 신고했다. 경찰들이 아파트로 왔지만, 그 행위를 직접 보지 못했기 때문에 할 수 있는 것이 없다고 말했다. 캐럴과 데니스는 겁을 먹었고 화도 났다.
어떻게 사람이 그렇게 역겹고 그런 식으로 자신들의 사생활을 침해할 수 있는가?

- 로드는 새로운 직업을 가지고 있다. 사실 이것은 지난 몇 년간의 다섯 번째 직업이다. 그는 6개월에서 7개월 이상 한 직장에서 일할 수가 없다. 그는 여러 개인적 문제를 안고 있고, 연애 관계도 꾸준하지 못하다. 그의 성격은 굉장히 표현적이고 파티에서는 분위기 메이커로 알려 있지만, 많은 사람은 로드가 노출증 환자라는 사실을 모른다. 그는 잠깐의 스릴을 위해 사람들에게 자신의 벗은 몸을 휙 내보일 수 있는, 사람들이 붐비는 장소를 좋아한다.

그는 딱 한 번 잡힌 적이 있는데 소액의 벌금을 내야 했다. 남몰래 그는 우울증과 불안감으로 고심하고, 삶을 온통 지배하는 외로움 때문에 집에서 끊임없이 운다. 그는 관심을 끄는 것에 중독되어 있지만, 공공장소에서 행동하는 법이나 사람들, 특히 여성과 적절하게 대화하는 법에 대해 모른다. 진짜 문제는 로드가 도움을 구하기 전까지 얼마나 계속 이 롤러코스터 같은 삶을 살아야 하는가이다.

2 정의와 주요 개념

- 관음증은 정신성적(psychosexual) 장애 또는 성도착증(paraphilia)으로, 옷을 벗거나, 나체이거나, 성행위를 하는 사람들을 몰래 관찰하는 행위를 수반한다. 이러한 상황에서 누군가를 몰래 엿보는 것은 관음증 성적 환상이나 행위를 자극한다.[1]
- 관음증 환자가 관찰하는 사람은 대개 낯선 사람이다. 관음증 환자는 관찰되는 사람과 성행위를 갖는 것에 대한 환상을 품을 수 있지만, 환

---

1 Tim Clinton and Mark Laaser, *The Quick-Reference Guide to Sexuality and Relationship-Counseling* (Grand Rapids: Baker, 2010), 313-15.

상에서 그치는 경우가 대부분이다.[2]
- 이 분야의 연구들은, 다소 부족하기는 하지만, 관음증 환자 중에는 남성이 더 많고, 그 행위는 15세 무렵에 시작된다고 나타낸다.[3]
- 『정신 질환의 진단 및 통계 편람 제4판』에 따르면, 관음 장애로 진단받기 위해서는 다음의 조건 중 하나를 충족시켜야 한다.

  - 옷을 벗는 과정에 있거나, 나체이거나, 성행위에 몰입해 있는 사람을 몰래 관찰하는 것을 포함한 강렬하고 반복적인 성적 충동, 성적 환상, 성적 활동이 적어도 6개월 이상 지속된다.[4]
  - 사회적, 직업적, 또는 다른 중요한 기능 영역에서 임상적으로 현저한 고통이나 손상을 초래하는 성적 충동, 성적 환상, 성적 활동을 갖는다.[5]

- 포르노 사이트의 온라인 카메라와 채팅방은 관음증 환자들이 다른 사람들을 몰래 관찰하도록 하거나, 능동적 참가자들의 활동이 상영되는 관음 사이트를 관찰할 수 있도록 한다. 이런 사이트는 많은 관음증 환자가 자신의 행동에 대한 비밀을 유지하면서, 관음 중독을 공유하는 다른 사람들을 만나고, 형사 고발을 피할 수 있도록 돕는다.
- 오늘날의 미디어 문화는 성적 문란과 품위의 경계를 허무는 많은 리얼리티 텔레비전 프로그램과 영화를 상영함으로써 관음증과 노출증을 더 지향하고 편안하게 만드는 결과를 낳았다.
- 관음증의 또 다른 형태는 (전화 섹스라고 알려진) 성적 대화나 성행위를 하는 다른 사람들의 소리를 듣는 것이다.
- 노출증은 전혀 모르는 사람에게 은밀한 신체 부위(성기)를 노출하여 (때로는 공공연한 성적 연상 행위를 보여 주면서) 성적 흥분을 경험하는 것

---

2 Encyclopedia of Mental Disorders, www.minddisorders.com/Py-Z/Voyeurism.html.
3 Ibid.
4 American Psychiatric Association, *Diagnostic and Statistical Manual of Mental Disorders*, chap. 11.
5 Ibid., chap. 11.

이다.[6]

- **고다이버 부인 신드롬**(Lady Godiva Syndrome: 고다이버 부인은 11세기의 백작 부인이었는데, 나체로 말을 타고 거리를 다니면 주민의 과도한 세금을 면해 주겠다는 남편의 제의를 받아들여 그대로 행했다-역주), **플래싱**(flashing: 성기를 살짝 보이는 것-역주), 또는 **아포디소필리아**(apodysophilia: 사람들 앞에서 나체인 상태로 있으면서 성적 쾌감을 얻는 것-역주)로도 알려진 노출증은 다른 사람들의 관찰로부터 성적 만족감을 추구하는데, 종종 다른 사람들과 성관계를 맺고 싶어 하는 부차적 욕구를 가진다.
- 현재 많은 노출증 환자의 행위는 온라인 채팅방, 웹사이트에서, 그리고 문자 메시지와 이메일을 사용한 사진 전송을 통해 일어난다. 이것은 노출증 환자가 공공환경보다는 온라인 사교계에 더 머물러 있도록 만들었다.
- 노출증은 청소년들 사이에서 흔히 볼 수 있게 되었는데, **섹스팅**(sexting)이라고 불린다. 10대들은 카메라 기능이 있는 휴대전화를 사용하여 자신들의 나체나 신체 특정 부위의 사진을 친구들, 급우들, 남자친구나 여자친구, 심지어는 전혀 모르는 사람에게 보낸다.[7] 섹스팅은 미성년자가 포함된 포르노 이미지를 공유하거나 배포할 때 아동 학대 범죄로 간주될 수 있다.
- 10대의 15퍼센트는 자신이 아는 사람으로부터 거의 나체이거나 성적으로 노골적인 나체 사진을 받은 적이 있다고 말한다.[8]
- **관음증은 노출증과는 정반대다.** 노출증 환자는 자신을 성적으로 노출함으로써 흥분하는 데 반해, 관음증 환자는 다른 사람들을 몰래 관찰함으로써 성적인 만족을 얻는다. 그들은 강박 행동 장애로 보이지만, 일반적으로 폭력을 수반하지는 않는다. 그러나 두 행위 모두 대개 합의되지 않은 것이고, 따라서 피해자에게 그 일은 '강제적' 행위이다.

6　Clinton and Laaser, *The Quick-Reference Guide to Sexuality and Relationship Counseling*, 171-76.
7　Kids Live Safe, "Sexting," www.kidslivesafe.com/learning-center/sexting.
8　Pew Research Center, "Teens, Cell Phones, and Texting," Pew Internet and American Life Project, www.pewresearch.org/pubs/1572/teens-cell-phones-text-messages.

- 많은 관음증 환자와 노출증 환자는 다른 사람들을 보거나 자신들을 노출하면서 자위 행위를 한다. 관음과 노출 행동 모두 벌금형, 구금형, 또는 법원 명령 상담 처분을 받을 수 있다.
- 관음증이나 노출증에 관한 연구는 여전히 제한되어 있지만, 어린 시절의 정신적 외상 그리고/또는 빈번한 성행위 노출 또는 관찰, 평균 이상의 테스토스테론 수치, 외상성 뇌손상, 충동 조절 부족 그리고/또는 강박 장애의 성향이 관음증과 노출증의 원인이 될 수 있음을 보여 준다.[9]
- 인터넷상에서 만연한 **포르노 산업**의 바로 그 본질은 관음증 환자들과 노출증 환자들의 필요를 잘 맞춰 주고 있다.
- 국제법, 주법, 지방법은 국가, 지역이나 주, 지방 자치단체마다 다르지만, 법의 범위는 경범죄에서 중범죄까지 포함한다. 벌금형이나 구금형을 받을 뿐만 아니라 유죄 판결을 받았던 성범죄자로 등록된다.
- 관음증 환자와 노출증 환자가 스스로 도움을 요청하는 경우는 거의 없다. 법적 조치와 법원이 명령한 상담을 통해서 치료 과정에 들어가는 경우가 많다.

3 진단 인터뷰

1) 노출증 환자 인터뷰

1. 현재 당신이 하는 노출증적 행위는 무엇입니까?
   얼마나 자주 노출 행위를 합니까?
   당신의 노출 행위는 대개 어떤 식으로 시작되어서 어떻게 진행됩니까?
   특별히 좋아하는 장소가 있습니까?
2. 당신 자신을 처음으로 노출했던 때나 자신을 노출하고 싶은 욕구가

---

[9] Encyclopedia of Mental Disorders, www.minddisorders.com/Del-Fi/Exhibitionism.html.

처음으로 생겼었던 때를 설명해 보십시오.
3. 당신은 자신을 노출할 때 자위 행위를 합니까?
   어릴 때부터 자위 행위를 했습니까?
   나체나 성적 이미지를 처음으로 봤을 때가 언제입니까?
4. 당신은 자신을 노출할 때 당신을 보는 사람과 성적인 접촉을 원합니까?
   아니면 다른 형태의 만족을 원합니까?
   당신이 노출하는 것을 본 사람들과 접촉하거나 대화를 시도한 적이 있습니까?
5. 잡힌 적이 있습니까?
   당신에 대한 형사 고발이나 민사 고발이 있었습니까?
   성범죄자로 등록되어 있습니까?
6. 과거에 그만두려고 시도했던 적이 있습니까?
   얼마나 오랫동안 노출 행위를 참았습니까?
   당신은 포르노 영화나 웹사이트를 보거나, 노출증 환자들의 채팅방이나 웹사이트에 방문하거나, 성적인 웹캠 활동에 참여하거나, 다른 형태의 상호적 성행위에 참여했습니까?
7. 당신은 현재 연애를 하고 있거나 결혼한 상태입니까?
   이혼한 적이 있습니까?
   노출 행위가 이혼에 어떤 역할을 했습니까?
   당신의 노출증이 다른 사람들과의 관계에 영향을 끼치고 있습니까?
   당신의 성생활은 어떻습니까?
   당신의 배우자와 성관계를 맺는 대신 자위 행위를 하거나 자신을 노출하거나, 포르노나 온라인 웹캠 활동에 관여합니까?
8. 당신의 노출증적 성향 외에 당신이 갖고 있거나 현재 고심하고 있는 습관이나 중독이 있습니까?
   노출 행위를 그만두면 당신의 삶이 나아질 것 같습니까?
   어떻게, 왜, 어떤 방식으로 나아질 것 같습니까?
   이 중독으로부터 당신을 자유롭게 하는데 필요한 상담과 다른 수단에 전념할 준비가 충분히 되어 있습니까?

9. 과거에 당신이 안고 있는 이 문제를 도와줬던 사람이 있습니까?
그들은 어떤 방법을 사용했습니까?

2) 관음증 환자 인터뷰

1. 현재 당신이 어떤 관음증적 행위를 하고 있습니까?
다른 사람들을 얼마나 오랫동안 몰래 훔쳐보거나 지켜봐 왔습니까?
다른 누군가를 어떤 식으로 몰래 봅니까?
관음증을 위한 방법, 기술, 혹은 좋아하는 장소가 있습니까?
2. 나체이거나 성행위를 하는 누군가를 몰래 보고 싶은 충동을 제일 처음으로 느꼈던 때는 언제였습니까?
그때의 기분이 어땠습니까?
자위 행위를 했습니까?
포르노를 보고 있었습니까?
3. 지금도 자위 행위를 하거나, 포르노를 보거나, 성적 웹캠 활동과 채팅 사이트에 참여하거나, 다른 성적 행위를 합니까?
4. 관음증적 행위를 하기에 더 좋은 어떤 장소나 환경이 있습니까?
당신은 당신이 몰래 훔쳐보는 사람들을 알거나 그들 근처에 살고 있습니까?
당신이 몰래 훔쳐보는 사람들과 접촉하려고 시도했던 적이 있습니까?
5. 잡힌 적이 있습니까?
당신에 대한 형사 고발이나 민사 고발이 있었습니까?
성범죄자로 등록되었습니까?
6. 당신은 결혼하거나, 이혼했습니까?
아니면 현재 연애 중입니까?
당신의 관음증적 성향이 관계적, 재정적, 정서적 문제를 초래했습니까?
7. 관음증적 행위를 멈추려고 시도했던 적이 있습니까?
얼마나 오래 지속하였습니까?

그 기간에 기분이 더 좋아졌습니까, 아니면 더 나빠졌습니까?
그 이유는 무엇입니까?
관음증과/이나 다른 중독을 끊을 수 있다면 당신의 삶이 더 나아질 것 같습니까?

8. 과거에 당신이 안고 있는 이 문제를 도와줬던 사람이 있습니까?
그들은 어떤 방법을 사용했습니까?
만일 상담을 계속 받는다면, 그 과정에 전념하는 데 100퍼센트 노력 하겠습니까?
치료 계획을 따르겠습니까?

지혜로운 상담을 위한 조언   4

관음증과 노출증은 장애가 있는 사람뿐만 아니라 그 행동의 대상에도 영향을 끼친다. 성적 욕망이나 충동은 그 욕망과 충동에 따라 행동으로 실현되고 지속할 때 중독이 될 수 있다. 실행은 형사적 및 민사적 결과를 가져올 수 있다.

관음증과 노출증의 원인에 관한 연구가 있었고 몇 가지 이론이 제안되었다(예를 들어, 흥미를 불러일으키는, 그러나 눈치를 전혀 채지 못하는 사람을 무작위로 또는 우연히 관찰하는 것, 행동의 연속적 반복, 침투적 사고와 강한 성적 내용을 담은 이미지를 거르는 능력의 부족, 어린 시절에 강력한 성적 내용에 노출된 것 등).

관음증적 행동을 유발하는 상황은 다음을 포함한다.[10]

- 과도하고 체계가 없는 자유 시간
- 외로움과 사람들로부터의 고립
- 우울증
- 스트레스, 혼란, 정신적 외상을 초래한 사건

---

10   Clinton and Laaser, *The Quick-Reference Guide to Sexuality and Relationship Counseling*, 171-76.

- 부족한 의사소통 기술
- 당신이 몰래 봤던 나체의 사람들 그리고/또는 성행위를 하고 있던 사람들과 우연히 마주치는 것
- 포르노 또는 성적 웹사이트, 스트립 클럽, 영화, 강력한 성적 주제를 담은 자료
- 테스토스테론 수치의 증가로 인한 상당한 성적 흥분의 시기

노출증적 행동을 유발하는 상황은 다음을 포함한다.[11]

- 정신적 외상을 초래한 과거의 성적 경험(어린 시절의 학대)
- 성행위와 관련한 관계적 경계의 부족
- 테스토스테론 수치의 증가로 인한 상당한 성적 흥분의 시기
- 스트레스, 혼란, 정신적 외상을 초래한 사건
- 이전의 뇌 손상

* 참고: 관음증이나 노출증 성향을 지닌 모든 사람이 완전한 중독자는 아니며, 많은 사람은 전과가 없다. 여느 중독과 마찬가지로, 욕망에서 성취, 지속적 습관 행동으로 진행되는 단계가 있다.

5 내담자를 위한 행동 단계

1) 당신의 문제를 인정하라

- 회복을 위한 첫 번째 단계는 당신 힘으로 해결할 수 없는 문제를 당신이 안고 있다는 사실을 인정하는 것이다.

---

11 Recovery Nation, "Assessing Voyeurism," Exhibitionism and Stalking, www.recoverynation.com/recovery/w_voyeuring.php.

2) 전문가의 도움을 구하라

- 그 장애의 복잡성과 잠재적인 기저 원인 때문에, 당신의 상담사는 당신과 함께 효과적으로 일할 수 있는, 그 분야에 훈련된 정신 건강 전문가를 찾도록 도와줄 것이다.

3) 치료 계획에 동의하라

- 당신의 상담사는 목표와 목적을 달성하기 위한 치료 계획을 세우고 상담 시간과 날짜를 정하는 데 도움을 줄 것이다.

4) 동반 책임 파트너를 찾으라

- 당신의 활동을 추적 관찰하고, 당신의 동기 부여 정도를 측정하기 위해 매일 당신을 살피고, 행동의 약점이나 가능한 재발에 주의하면서, 당신과 이 여정을 함께해 줄 사람과 정기적으로 만나라.

5) 상담 과정에 전념하라

- 당신의 상담사가 제시한 목적과 치료 계획을 달성하는 데 당신의 힘을 100퍼센트 쏟고 집중하도록 노력하라. 이것을 끝까지 해내라. 당신이 할 수 있는 최악의 일은 당신이 중독에서 벗어났다고 스스로 생각하면서, 단지 몇 달 후에 유혹에 굴복하고 그 행동을 다시 시작하게 되는 것이다. 평생 중독에서 벗어나는 것이 목표이다. 당신이 참여할 수 있는 지원 그룹을 찾으라.

6 성경적 통찰

> 사람이 불을 품에 품고서야 어찌 그의 옷이 타지 아니하겠으며 사람이 숯불을 밟고서야 어찌 그의 발이 데지 아니하겠느냐(잠 6:27-28).

우리의 행동은 우리 자신뿐 아니라 친구나 가족을 포함한 우리 주변의 다른 사람들에게도 영향을 미친다. 죄의 선택은 종종 우리와 우리의 관계를 해치고, 우리의 생각과 마음을 구속하고, 우리를 욕망의 노예로 만든다. 그러한 중독에서 벗어나기는 힘들다. 하나님의 도우심, 힘, 다른 사람들의 동반 책임, 좋은 상담사와 목사가 함께할 때 우리는 중독에서 자유로워질 수 있다.

> 또 간음하지 말라 하였다는 것을 너희가 들었으나 나는 너희에게 이르노니 음욕을 품고 여자를 보는 자마다 마음에 이미 간음하였느니라(마 5:27-28).

예수님은 우리가 실제로 그 행위를 저지르든지 그렇지 않든지에 상관없이, 마음의 죄가 잘못이라고 우리에게 가르치신다. 관음증 환자나 노출증 환자는 다른 사람과 성적 행위를 행하지 않았기 때문에 자신은 죄를 범하지 않았다고 생각할 수도 있다.

그러나 이 구절에서 우리는 우리의 생각이 간음의 육욕적 행위만큼이나 죄가 될 수 있다는 것을 본다. 우리는 우리가 죄를 짓고 있다는 것과 우리의 행동이 우리 자신을 포함한 다른 사람들을 해친다는 사실을 인정해야 한다.

> 사랑에는 거짓이 없나니 악을 미워하고 선에 속하라 형제를 사랑하여 서로 우애하고 존경하기를 서로 먼저 하며 부지런하여 게으르지 말고 열심을 품고 주를 섬기라 소망 중에 즐거워하며 환난 중에 참으며 기도에 항상 힘쓰며 성도들의 쓸 것을 공급하며 손 대접하기를 힘쓰라(롬 12:9-13).

진정하고 경건한 사랑을 보여 주기 위해서 우리는 아가페의 개념을 받아들이고 변화된 삶을 살아야 한다. 우리의 필요와 욕망보다 다른 사람들과 그들의 필요를 더 염려하고 중시할 때 우리는 경건한 사랑을 나타낼 수 있다. 우리는 이기적이고 육욕적인 욕망을 없애야 한다. 우리가 악한 것을 미워하면서 다른 이들의 안전과 행복을 더 염려할 때, 우리는 하나님이 기뻐하시는 방식으로 살아갈 수 있다.

> 네 눈은 바로 보며 네 눈꺼풀은 네 앞을 곧게 살펴 네 발이 행할 길을 평탄하게 하며 네 모든 길을 든든히 하라 좌로나 우로나 치우치지 말고 네 발을 악에서 떠나게 하라(잠 4:25-27).

제대로 된 책임과 올바른 선택의 삶을 위한 한 가지 비결은 하나님의 것에 집중하는 법, 즉, 앞에 있는 옳은 길에 우리의 눈과 생각과 마음과 목표를 고정하고, 우리의 마음을 바꾸거나 동기를 잃지 않는 법을 배우는 것이다. 이것은 어느 중독이든 그것으로부터 회복하는 데 있어서 가장 중요한 가치이며, 이 구절에서 가르치는 성경적 원리이다.

우리가 목표에 계속 집중하고 마음으로 하나님의 은혜를 온전히 신뢰한다면 우리는 악에서 멀어지고 우리의 행동으로 그분께 영광을 돌릴 것이다.

기도 첫걸음 7

사랑하는 주님!
_____님을 상담을 위해 이곳으로 보내 주시니 감사합니다. 이와 같은 중독을 위해 도움을 구하는 데에는 큰 용기와 겸손이 필요합니다. 주님, _____님에게 유혹에 저항하는 힘, 동반 책임 파트너를 찾고 치료 계획을 따를 수 있는 용기, 주님이 시작하신 이 선한 일을 반드시 마치실 것이라는 믿음을 허락해 주시옵소서. 우리가 자유를 향해 함께 여행하는 동안 _____님에게 은혜를 베푸시고 보호하실 당신의 손길에 감사드립니다.

8 추천 자료

추천 도서

Arterburn, Stephen, Fred Stoeker, and Mike Yorkey. *Every Man's Battle: Workbook— Winning the War on Sexual Temptation One Victory at a Time.* Random House, 2009.

Dann, Bucky. *Addiction: Pastoral Responses.* Abingdon, 2002.

Gallagher, Steve. *At the Altar of Sexual Idolatry.* Book and workbook. Pure Life Ministries, 2000.

Hart, Archibald D. *The Sexual Man: Masculinity without Guilt.* Word, 1994.

Laaser, Mark R. *Healing the Wounds of Sexual Addiction.* Zondervan, 2004.

Schaumburg, Harry W. *False Intimacy: Understanding the Struggle of Sexual Addiction.* NavPress, 1992.

Stoeker, Fred, Brenda Stoeker, and Mike Yorkey. *Every Heart Restored: A Wife's Guide to Healing in the Wake of a Husband's Sexual Sin.* WaterBrook, 2010.

Weaver, Andrew J., Charlene Hosenfeld, and Harold G. Koenig. *Counseling Persons with Addictions and Compulsions: A Handbook for Clergy and Other Helping Professionals.* Pilgrim, 2007.

Welton, Jonathan. *Eyes of Honor: Training Men for Purity and Righteousness.* Destiny Image, 2012.

추천 웹사이트

Behave Net: www.behavenet.com

Encyclopedia of Mental Disorders: www.minddisorders.com/Del-Fi/Exhibitionism.html

Sexual Recovery Institute: www.sexualrecovery.com/voyeurism-exhibitionism.php

제4부

과정 중독

제4부에서는 과정 중독과 회복의 중요한 측면을 포괄적으로 살펴본다. 과정 중독은 행동 중독과 유사하다. 그래서 때때로 두 용어가 같은 의미로 사용되기도 한다. 과정 중독과 행동 중독 역시 강박적, 의존적 행동으로 특징지어짐에도 불구하고, 약물 중독에 가려지는 경우가 많다. 이 마지막 범주에 포함되는 일부 특징은 성격 지향성과 내적 믿음, 충족되지 않은 감정적/관계적 욕구이다. 사람들이 역기능적 행동 패턴에서 벗어나 자유를 찾고 회복될 수 있도록 돕기 위해서는 건강하고 생명력 있는 하나님과의 관계가 필수적이다.

회복의 길과 관련하여 서론에서 소개되었던 네 가지 단계를 기억하라.

1단계: **인정하고 수용하라**(고백의 역할과 비밀의 힘 깨뜨리기)

2단계: **감염을 제거하라**(애통의 역할과 부정의 힘 깨뜨리기)

3단계: **마음을 새롭게 하라**(진리의 역할과 불신앙의 힘 깨뜨리기)

4단계: **의지를 실천하라**(책임의 역할과 두려움의 힘 깨뜨리기)

31 아드레날린과 스릴 추구

1 상황 묘사

- 존은 퇴근하면서 말했다.
"스카이다이빙 하러 가고 싶어."
그의 동료들은 그가 비행기에서 기꺼이 뛰어내릴 정도로 용감하다는 사실에 놀랐다. 그는 '모든 위험을 감수하는' 스릴이 자신에게 끊임없이 동기를 부여한다고 했다. 스카이다이빙이 너무 위험하다는 말은 그를 설득시킬 수 없다. 위험한 활동일수록 더 흥미롭게 느껴지기 때문이다. 존은 인생에서 일어나는 대부분의 일에 지루함을 느낀다. 혼자 집에 있을 때, 그는 삶이 지루하다는 생각만 한다.
그러나 그러한 생각의 근원은 외로움이다. 그는 여러 가지 이유로 진지한 관계를 이어 오지 못했다. 그는 단지 살아 있다는 것을 느끼기 위해 스릴을 추구한다. 그러나 그 순간은 너무 빨리 지나가서 지속적 행복감을 느낄 수 없다. 존은 아드레날린 중독에 빠져 있다.

- 애나는 32세의 주식투자가로 맨해튼의 중심부에 살고 있다. 그녀는 영향력을 끼치는 높은 자리에 오르기 위해 쉬지 않고 일했고, 마침내 월스트리트에서 유명한 존재가 되었다. 그녀는 주식을 분석하고 또 다른 큰 성공을 위해 아주 많은 시간을 일한다. 그녀는 친구가 몇 없다. 그녀는 놀고 있을 때조차도 일에 대해 생각하고 있는 자신을 발견한다.
얼마 전 가족과 시간을 보내기 위해 올버니로 여행을 갔을 때도, 일에서 떠나 있음에도 불구하고 신경이 곤두서 있어서 제대로 쉴 수가 없었다. 그녀는 짜증이 났고 지루함을 참을 수 없었다. 그녀의 어머니는 최근 그녀가 다른 사람처럼 보이고 일에 너무 치여 있는 것 같다고 말했다. 그러나 애나는 어머니의 관찰을 무시했다. 주말이 끝나면 빨리 돌아가 일하고 싶을 뿐이었다.

- 조슈아는 미국 해군 특수 부대에서 복무했었다. 그는 최근에 세 번째이자 마지막 작전을 수행하고 그의 고향인 조그만 마을로 돌아왔다. 그는 스트레스를 거의 받지 않는 영업 회사에 취직했고, 군대에서보다 훨씬 더 안정적인 삶을 살아갈 준비를 마쳤다. 고향에 돌아오고 겨우 몇 달이 지났을 뿐인데, 조슈아는 더딘 속도의 민간인 생활이 지루해졌다.
그는 군대에서 경험했던 동료애와 흥분을 갈망했다. 이것을 다시 경험하기 위해, 조슈아는 민간 군사 업체에 들어갔고, 경호 경비 임무를 위해 이라크로 갔다. 지역이 지역인 만큼, 조슈아는 자신에게 엄청난 성취감을 안겨 주는 급박한 상황에서의 전투를 경험할 수 있으리라 확신한다.

2 정의와 주요 개념

- 아드레날린은 에피네프린 호르몬의 익숙한 용어로, 스트레스에 대한 반응으로 아드레날린 분비선을 통해 몸 안에 분비된다. 아드레날린은 각성제로서, 심장마비, 과민증(알레르기 반응), 천식, 크루프와 같은 상황을 다룰 때 사용된다. 아드레날린은 심장박동수, 혈압, 외부적 스트레스 요인에 대한 몸의 반응을 상승시킨다.
- 아드레날린은 또한 신경전달물질로, 교감 신경계의 투쟁-도피 반응의 중요한 요소이다.[1]
- 아드레날린 중독의 은어적 표현으로는 스릴 추구자(thrill seeker)와 아드레날린 정키(adrenaline junkie), 압박 즐기기(thriving on pressure) 등이 있다.

---

1 Archibald D. Hart, *Thrilled to Death: How the Endless Pursuit of Pleasure Is Leaving Us Numb* (Nashville: Nelson, 2007), 23.

- 등반, 스카이다이빙, 과속운전, 도박 같은 위험한 활동에 참여하는 것은 아드레날린을 급증시킬 수 있다. 흥분 추구(excitement seeking)라고도 불리는 감각 추구(sensation seeking)는 특정한 활동이나 환경에 상관없이 자극 자체를 욕망하는 자들이 추구하는 감각적 쾌락을 뜻한다.[2]
- 일상생활 스트레스 요인에서 발생하는 아드레날린 중독의 원인은 좀 더 미묘하다. 많은 사람은 바쁘게 보이면서 아드레날린 중독을 감춘다. 어떤 사람들은 생동감을 느끼기 위해 이곳저곳으로 옮겨 다니고 쉬지 않고 활동해야 하는 압박이 필요하다. 일을 너무 많이 하거나 점심시간과 휴가를 거르는 사업가들은 아드레날린 중독에 걸려 있을지도 모른다. 휴식은 그들의 선택 사항이 아니다.[3]
- 아드레날린 중독은 서성거리고, 발로 차고, 껌을 빨리 씹고, 가만히 있지 못하고, 손가락으로 두드리는 것과 같은 특정한 습관들을 보여 줄 때가 많다.[4]
- 이러한 중독자들은 끝나지 않은 일이나 무언가를 하고 싶다는 생각에 강박 관념을 갖고 있다.[5]
- 그들은 만일 목표가 달성되지 않으면 죄책감에 사로잡혀 더 과민해지고 과격해진다.[6]
- 금단 기간은 우울감이나 불안감으로 정의될 수 있다. 이것은 화학 물질 감소의 결과로, 신체가 스트레스를 받는 상황을 거친 후에 일어나는 자연스러운 과정이다.[7]
- 일부 아드레날린 중독자들은 심장 질환, 심근 경색, 공황발작, 심지어는 상당량의 아드레날린 분비 후 나타나는 아드레날린 부족과 같은 더 심각한 신체 증상을 경험한다.[8]

---

[2] Psychology Today, www.psychologytoday.com/basics/sensation-seeking.
[3] P. Lencioni, "The Painful Reality of Adrenaline Addiction," *Leadership Review* 5 (Winter, 2005): 3-6, www.leadershipreview.org/2005winter/LencioniArticle.pdf.
[4] Archibald D. Hart, *Healing Life's Hidden Addictions* (Vine Books, 1990), 176.
[5] Ibid.
[6] Ibid.
[7] Ibid., 176-78.
[8] Ibid., 181.

- 아드레날린 중독은 두 가지 근본적 이유로 인해 **극복하기가 특히 힘들다**.

  - 아드레날린은 신체에서 자연적으로 발생하는 호르몬으로, 진정한 스트레스를 상황에서 활성화되어야 한다. 만일 어떤 이가 중독에서 회복 중이라면, 급작스러운 사고나 생활 스트레스 요인은 특정한 행동을 지속하려는 욕망을 다시 자극할 수 있다.
  - 특정한 환경들, 특히 비즈니스 세계에서 아드레날린 중독은 긍정적 특징으로도 보여질 수도 있다. 다른 형태의 중독들이 갖는 오명이 아드레날린 중독에 늘 적용되지는 않는다.[9]

- 일부 중독자들은 해결되지 않은 박탈감, 버림받은 느낌, 단절감을 억누르기 위해 아드레날린을 사용한다.[10]
- 어떤 사람들은 자연적 기복이 있는 삶을 살기보다는 아드레날린이 주는 강렬함에 더 관심이 있다. 이러한 사람들에게 아드레날린 중독은 감정을 억누르기 위해서가 아니라 감정의 부족함을 피하기 위함이다.[11]
- 중독자는 종종 자신의 중독을 문제라고 여기지 않을 것이고, 심지어는 아드레날린을 추구하는 생활 방식을 즐기거나 자랑할 수도 있다.
- 가족들과 직장 동료들, 친구들은 중독자가 실제로 중독에 빠졌다는 사실을 인지하지 못하는 경우가 많다. 중독자에게 과감히 직면하는 이들은 큰 저항에 부딪히기도 한다.[12]

---

9   Ibid., 3.
10 L. I. Meadows, "Adrenaline Addicts Anonymous: Adrenaline Notes," last modified 1995, www.adrenalineeaddicts.org/docs/1.pdf.
11 Ibid.
12 Ibid.

3 진단 인터뷰

1. 당신의 평범한 일상을 설명해 주십시오.
   그 일상에서 당신에게 의욕을 주는 것은 무엇입니까? (아드레날린이 채워지도록 요구되는 행동에 특별히 주목하라.)
2. 하루를 마친 후 어떤 기분을 느낍니까?
3. 하루를 생활하면서 종종 피로하거나, 산만해지거나, 부담감을 느낍니까?
   그런 순간에는 무엇을 합니까?
4. 평소에 무엇 때문에 스트레스를 받습니까?
5. 다른 사람들은 기꺼이 하지 않을 위험을 감수하곤 합니까?
6. 당신이 선호하는 휴가나 휴식 활동은 무엇입니까? (아드레날린 중독자는 흥분되고 모험을 즐기는 활동을 선택할 가능성이 크다는 점에 유의하라)
7. (전화, 컴퓨터, 아이패드 등) 기기를 사용하지 않고 하루를 보내면 어떤 기분이 들 것 같습니까?
   만약 출근하지 않으면 어떤 기분이 들 것 같습니까?
8. 언제부터 비정상적으로 많은 양의 스트레스를 받기 시작했습니까?
9. 삶의 속도가 느려질 때, 짜증이 나거나 염려가 됩니까?

4 지혜로운 상담을 위한 조언

아드레날린 생성은 신체의 정상적인 기능이다. 하나님은 위험에서 우리를 보호하시는 방법으로 우리가 스트레스를 받을 때 우리의 몸이 적절하게 반응하도록 만드셨다. 이 호르몬은 몸에서 자연스럽게 발생하며, 다른 자극제들과 비슷한 화학 성질을 갖고 있으므로 이런 중독에서 회복되는 과정은 다소 복잡하다.

그 시스템에서 에피네프린을 차단하는 것은 불가능하다. 그러나 도취 상태를 경험하기 위해 아드레날린을 지속해서 오용하면서 적절한 치료를 받지 않는다면 신체에 손상이 올 수 있다.

상담에 있어 한 가지 중요한 측면은 중독의 근원적 이유를 파악하는 일이다.

그 사람의 삶에서 아드레날린 수치를 높이는 무언가가 있는가?

아드레날린은 어떤 생각이나 감정을 극복하기 위해 사용되는가?

앞에서 서술되었듯이, 이러한 경향은 박탈감, 버림받은 느낌, 단절감 때문일 수도 있다. 불안은 종종 대부분의 아드레날린 중독의 근원이다. 어떤 사람들은 실직에 대해 불안해한다. 그래서 자신의 가치를 증명하기 위해 열심히 일한다. 어떤 사람들은 사람들과의 관계에서 느끼는 단절감으로 인해, 그리고 심지어는 자기 자신과의 관계에서 느끼는 단절감으로 인해 불안해 한다.

그들은 인생에서 의미를 찾으려고 스릴을 추구한다. 아드레날린 중독은 복잡한 현상이라 쉽게 인식되지 않는다. 상담사들은 초기에는 그 개인조차도 문제를 인식하지 못하고 있다는 생각으로 접근할 필요가 있다.

상담하는 동안 내담자의 태도에 유의하라. 만일 내담자가 절박해 보이거나, 안절부절못하면서 불안해 보이거나, 계속해서 전화기를 확인한다면, 그 사람은 아드레날린에 중독되어 있을지도 모른다. 아드레날린 중독자가 보이는 주요한 특징을 기억하라.

내담자에게 문제가 있다고 이해시키는 일은 쉽지 않겠지만, 이런 대화는 긴장 이완에 대한 논의로 이어질 수 있다. 만일 그 사람이 일이 중단되었을 때 죄책감이나 불안, 실망감을 표한다면, 근원적 문제가 실제로 표면화될 수도 있다. 이것은 앞으로의 자기-탐구와 행동 변화를 위한 이상적 기회가 될 수 있다.

내담자를 위한 행동 단계 5

1) 문제를 인식하라

- 치료의 본질적 목표 중 하나는 스스로 문제가 있다는 것을 인식하는 것이다. 당신은 아드레날린 중독이 진행 중인 스트레스를 실제로 악

화할 수 있다는 사실을 인식하지 못할 수 있다. 그리고 결국 당신의 몸에 해를 끼칠 수 있다는 사실을 인식하지 못할 수도 있다.
- 문제가 인식되면, 당신은 중독이 당신의 삶에 어떤 영향을 끼치는지 더 잘 이해할 수 있게 된다. 문제가 존재한다는 사실을 인정하는 것은 회복 과정의 기초가 된다.

2) 다른 이들에게 그 문제에 대해 알리라

- 가까운 친구나 가족에게 중독에 대해 알리기 시작하라. 중독의 영향에 대해 분명히 설명하고, 당신이 이에 관련된 중요한 문제를 해결하고자 노력하고 있다는 사실을 알리라. 이 사람들은 지원동반 책임 시스템에서 중요한 부분을 담당할 수 있다.
- 만약 아드레날린에 기반한 문제들이 당신의 직업과 관련된다면, 당신은 직장 동료와 상사에게 이 문제에 대해 상의해 볼 수 있다. 그러나 아드레날린 중독자의 핵심 문제가 직장에서 인정을 받는 것이라면 이 단계는 어려울 수도 있다. 이런 방향으로 단계를 밟는 것이 약간의 반발을 불러올 수 있겠지만, 적당한 휴식과 완급 조절이 주는 건강상의 유익과 적절한 경계 설정이 주는 가치를 설명함으로써 직장 환경을 향상할 수 있다.
- 전통적 직업(전업주부, 자영업자, 학생)에 종사하지 않으면서 직장 동료나 상사가 없는 사람들을 위한 특별 주의사항은 다음과 같다. 배우자이든, 룸메이트든, 가까운 친구이든, 당신의 동반 책임 파트너가 되어줄 수 있는 사람을 확인하라. 그들이 당신을 살펴보면서 당신에게 적절한 휴식을 격려할 수 있도록 하라.

3) 핵심 문제를 이해하라

- 대부분의 아드레날린 중독자들은 자연적 아드레날린을 사용하여 대처하고자 하는 핵심 문제를 가지고 있다. 당신의 문제가 무엇인지를 파악하라.

- 만약 아드레날린 중독의 원인이 불안이나 우울증처럼 그 뿌리가 깊은 것이라면, 반드시 적절한 도움을 구해야 한다. 상담 전문가를 정기적으로 만나거나, 자기-도움 자료를 읽거나, 지원 그룹에 참여하라.
- 새로운 자극적 활동으로 아드레날린 사용을 대체하고자 하는 것이 아니다. 그동안 자연스러웠던 습관을 고치기 위해서는 인내가 필요하다는 사실을 명심해야 한다. 당신은 계속해서 아드레날린을 느낄 수 있을 것이다. 다만, 건강한 균형을 유지함으로써 아드레날린을 과도하게 자주 사용하는 것을 막을 수 있다.
- 당신에게 필요한 충분한 휴식을 취함으로써 당신의 핵심 문제를 깨닫게 될 수도 있다. 이런 문제를 직면하고 극복하는 것이 당신에게 휴식을 안겨 줄 것이며, 극도로 스트레스가 쌓이는 상황에서도 지나치게 긴장하지 않도록 도움을 준다는 사실을 이해하는 것이 중요하다. 당신의 몸과 마음은 회복의 시간이 필요하다.[13]

4) 생활 방식에 변화를 주라

- 아드레날린 과용으로 몸에 스트레스를 주지 않으면서도 당신을 행복하게 만드는 활동을 찾으라. 스릴 추구와 모험이 아니더라도 당신은 기쁨과 행복, 색다른 느낌을 경험할 수 있다.
- 인생에서 남겨진 선택이 오직 지루함만은 아니다. 스트레스를 받거나 지나치게 생명을 위협하지 않으면서도 당신에게 만족감을 줄 수 있는 활동과 경험의 폭은 매우 넓다. 당신을 편하고 즐겁게 만드는 새로운 일들을 시작해 보라.
- 스트레스와 아드레날린을 줄이는 방법에는 운동과 휴식 방법, 충분한 수면이 포함된다.[14]

---

[13] Lencioni, "The Painful Reality of Adrenaline Addiction."
[14] Hart, *Healing Life's Hidden Addictions*, 184.

6 성경적 통찰

> 사람이 해 아래에서 행하는 모든 수고와 마음에 애쓰는 것이 무슨 소득이 있으랴 일평생에 근심하며 수고하는 것이 슬픔뿐이라 그의 마음이 밤에도 쉬지 못하나니 이것도 헛되도다 사람이 먹고 마시며 수고하는 것보다 그의 마음을 더 기쁘게 하는 것은 없나니 내가 이것도 본즉 하나님의 손에서 나오는 것이로다 아 먹고 즐기는 일을 누가 나보다 더 해 보았으랴 (전 2:22-25).

전도서는 영원에 비하면 순간에 지나지 않는 우리 인생의 본질에 관해 말한다. 우리가 이 땅에서 잠시 살다 가는 존재라는 사실을 깨닫는 것은 중요하다. 너무 공격적으로 일하면서 우리의 나날을 보내는 것은 인생의 더 큰 불만족을 가져온다. 일과 삶의 즐거움 사이의 건강한 균형은 중요하다. 하나님은 우리가 그런 균형 잡힌 삶을 살도록 만드셨다.

> 너희는 무엇을 먹을까 무엇을 마실까 하여 구하지 말며 근심하지도 말라 이 모든 것은 세상 백성들이 구하는 것이라 너희 아버지께서는 이런 것이 너희에게 있어야 할 것을 아시느니라 다만 너희는 그의 나라를 구하라 그리하면 이런 것들을 너희에게 더하시리라 (눅 12:29-31).

예수님은 무엇을 먹고 마셔야 하는지를 포함한, 삶의 다양한 일을 놓고 걱정하는 자들에게 말씀하고 계신다. 이런 일상의 걱정들은 종종 우리의 삶에 더 큰 스트레스를 주고, 더 열심히 일해야 하는 이유로 여겨질 수도 있다. 예수님은 세상의 것들을 추구하는 세상의 왕국에 대해 말씀하신다.

그리스도인은 하나님 나라를 구하는 일에 초점을 맞춰야 한다. 그분의 계획과 목적에 초점을 맞추는 것은 우리를 덜 불안하게 만들 것이다. 우리의 매일의 필요를 채워 주시는 분이 하나님이라는 사실을 아는 것은 스트레스와 아드레날린 중독을 극복하는 중요한 측면이다.

> 아무것도 염려하지 말고 다만 모든 일에 기도와 간구로, 너희 구할 것을 감사함으로 하나님께 아뢰라 그리하면 모든 지각에 뛰어난 하나님의 평강이 그리스도 예수 안에서 너희 마음과 생각을 지키시리라(빌 4:6-7).

사도 바울은 불안으로 인해 분출되는 아드레날린이 그의 삶을 압도하려고 위협했을지도 모르던 시기에, 빌립보 교인들에게 편지를 쓴다. 그는 로마인들에 의해 가택 연금 상태에 놓여 있었다. 아마도 간수의 감시를 받고 있었던 것 같다. 그에게는 스트레스 수치가 높아질 만한 충분한 이유가 있었다. 그러나 그는 빌립보 교인들에게 염려하지 말라고 말한다. 그는 심지어 인생의 불안감을 해소하기 위한 지침까지 제시한다.

그는 기도하고, 하나님께서 우리의 어려움에 관여하시도록 하며, 우리의 삶 속에서 하나님께서 행하신 일을 인정하며 감사하라고 말한다. 그러면 하나님은 도저히 이해할 수 없는 평안을 우리에게 주실 것이다. 스트레스를 많이 받고 어찌할 바를 모르는 시간에도, 아드레날린이 우리 삶을 움직이도록 내버려 두고 싶은 유혹으로부터 우리를 지키시는 하나님의 깊이를 알 수 없는 평안이 우리에게 주어질 것이다.

기도 첫걸음 7

오, 하나님!
오늘 우리는 하나님의 평화와 기쁨, 안식을 구하러 이곳에 나왔습니다. 하나님을 온전히 신뢰할 수 있도록 우리를 도와주시옵소서. 제가 간구하오니 _____님의 삶의 모든 스트레스 요인이 _____님의 생각과 계획을 좌우하지 못하도록 지켜 주시옵소서. _____님이 성령의 전인 자신의 몸을 손상하는 것들을 자각할 수 있도록 도와주시옵소서. _____님을 속이는 아드레날린의 건강하지 않은 손아귀에서 _____님을 해방시켜 주시옵소서. _____님이 하나님의 임재 안에서 평안을 누리도록 도와주시고, 아드레날린이 그의 삶을 좌우하도록 내버려 두는 유혹에 빠지지 않도록 지켜 주시옵소서. 이것을 홀로 직면하는 일은 쉽지 않습니다. _____님과 함께할 수 있

> 는 사람들을 허락해 주시고, _____님이 하나님을 기쁘게 하는 삶을 살도록 힘을 주시옵소서. _____님이 하나님께 집중하고 매일의 삶 속에서 하나님의 섭리를 늘 기억하도록 도와주시옵소서.

8 추천 자료

추천 도서

Church, Matt. *Adrenaline Junkies and Serotonin Seekers: Balance Your Brain Chemistry to Maximize Energy, Stamina, Mental Sharpness, and Emotional Well-Being.* Ulysses Press, 2004.

Hart, Archibald D. *Adrenaline and Stress: The Exciting New Breakthrough That Helps You Overcome Stress Damage.* Thomas Nelson, 1995.

―――. *The Anxiety Cure.* Thomas Nelson, 2001.

―――. *The Hidden Link between Adrenaline and Stress.* Thomas Nelson, 1995.

―――. *Thrilled to Death: How the Endless Pursuit of Pleasure Is Leaving Us Numb.* Thomas Nelson, 2007.

추천 웹사이트

About.com: stress.about.com/od/situationalstress/a/adrenaline0528.htm

Adrenaline Addicts Anonymous: www.adrenalineaddicts.org/

American Heart Association: www.heart.org/HEARTORG/

American Institute of Stress: www.stress.org/

National Institute of Mental Health: www.nimh.nih.gov/health/topics/anxietydisorders/index.shtml

National Institutes of Health: www.ncbi.nlm.nih.gov/pmc/articles/PMC2396566/

분노와 격노 32

상황 묘사 1

- 롭은 16세의 고등학생이다. 최근에 그의 부모는 롭이 학교에서 문제 아이들과 어울리고, 성적도 떨어지고 있다는 사실을 알아차렸다. 그러나 부모를 가장 걱정스럽게 만드는 것은 롭이 집에서 쏟아내기 시작하는 점점 더 커지는 분노였다. 그는 자기 뜻대로 되지 않을 때면 집에 있는 물건을 던지고, 소리를 지르고, 저주를 퍼붓고, 자신의 부모와 다른 이들을 위협하면서 난리를 치곤 한다.
롭의 부모는 교회 담임목사와 고등부 목사, 여러 교사와 상담했지만 별 효과가 없었다. 그들은 격노하는 십 대 자녀를 이해하고 돕기 위해 절박한 심정으로 상담을 받으러 왔다.

- 두 자녀의 어머니인 메리는 출석하는 작은 침례교회의 집사와 결혼했는데, 남편인 브래드가 무서워서 상담을 받고자 한다. 그녀는 브래드가 욱하는 성질이 있다는 것을 늘 알고 있었다. 그러나 최근에 직장에서 일이 줄면서 브래드는 그녀와 아이들 모두에게 화를 내기 시작했다. 그는 자신은 어떤 짓이라도 할 수 있다고 말하면서 메리를 위협했다. 심지어는 교회에서 맡은 직분과 지역 사회에서 인정받는 자신의 지위 덕분에 자신이 가족을 해칠 것이라고 믿는 사람은 아무도 없을 것이라고 말하면서 그녀에게 싸움을 걸었다.
지난밤에 브래드는 화를 내면서 처음으로 메리를 때렸다. 그 후에 계속해서 사과하면서 비밀로 해 달라고 빌었지만, 메리는 짐을 챙겨서 아이들과 함께 어머니의 집으로 갔다. 그녀는 현재 자신의 암울한 처지에서 벗어나기 위해 은밀히 도움을 구하고 있다.

- 크리스는 포춘 500대 기업에 선정된 회사의 회장이자 CEO이다. 그는 자신의 회사를 창립하고 성장시킨 매우 성공한 기업인이지만, 화를 잘 내기로 매우 악명높다. 직원 대부분은 그의 성질에 대해 불평을 늘어놓으면서, 자신들이 회사에 계속 남아 있는 유일한 이유는 월급 때문이라고 말한다.

그는 매력적인 비전을 품은 사람으로 세간의 주목을 받지만, 가까이서 그와 함께 일하는 사람들에게는 걸핏하면 화를 내는 폭군이다. 그는 네 번 결혼하여 네 번 이혼했는데, 적어도 두 번의 결혼 생활에서 감정적, 육체적 학대가 있었다고 의심받고 있다.

2 정의와 주요 개념

- "분노는 당신이 느끼기에 당신에게 고의로 잘못한 사람에 대해 품는 적대감으로 특징지어지는 감정이다."[1]
- 격노는 표현되지 않았던 분노와 무례한 반응의 집합이 수면 위로 표출되는 것이다.[2]
- 영적 의미에서 분노는 "잘못을 바로잡는 것을 목표로 하는 신적 및 인간적 감정으로, 현명하게 표현되고 주의 깊게 살펴져야만 한다."[3]
- 분노가 반드시 좋거나 나쁘거나, 건강하거나 건강하지 않거나 한 것은 아니다. 그러나 어느 쪽으로든 움직일 수 있는 잠재력을 가지고 있다. 분노는 단순히 발생되었을 때 좋거나 나쁜 결과를 가져올 수 있는 감정이다.

예를 들어, 동네 공원에서 한 여성이 폭행당했다는 이야기를 듣고 사람들이 분노를 느꼈다고 가정하자. 만약 그 분노가 밤에 공원 보안을

---

[1] American Psychological Association, "Anger," www.apa.org/topics/anger/index.aspx.
[2] Jim Platt, "Crossing the Line: Anger vs. Rage," Dartmouth College, last modified Spring 2005, www.dartmouth.edu/~hrs/pdfs/anger.pdf.
[3] Bruce Johnson, *Overcoming Emotions That Destroy: Practical Help for Those Angry Feelings That Ruin Relationships* (Grand Rapids: Baker, 2009), 28.

강화하는 것으로 이어졌다면 그 분노는 좋은 것이 될 수 있다. 그러나 동일한 이야기를 들은 어떤 사람이 범인을 찾아내어 자경단원 형태로 보복했다면, 그 분노는 부정적 반응을 불러일으켰다. 분노의 감정이 어떻게 표현되느냐에 따라 그 분노는 좋거나 나쁜 것이 된다.[4]

- 분노를 장기간 사라지지 않게 두었거나, 분노가 삶에서 일어나는 일에 대한 **빈번한** 반응이거나, 분노가 **부적절한** 행동의 결과가 될 때, 분노는 독이 된다. 그 감정은 누군가가 잘못된 행동을 한 후, 자신의 행동에 직면하게 될 때 나타난다.[5]
- 분노는 보편적이고 정상적인 감정이지만, 분노의 **표현**은 고유하고 개인적이다. 사람은 자기만의 방법으로 분노를 표현한다. 좀 더 외향적 성격을 가진 사람들은 일반적으로 누군가나 무언가에 대한 불쾌감을 전할 때 더 개방적이고 덜 제한적으로 된다. 반면에 내향적인 사람들은 화를 억누르는 경향이 크다. 그러나 분노가 표현되는 방법에서는 상황이 중요한 역할을 한다.[6]
- 사람마다 분노를 표현하는 '스타일'이 다르다. 분노 표출은 다양하게 분류될 수 있다. 다음은 대부분의 분류법을 포괄하는 세 가지 스타일이다.

  - **발성**(Vocalization): 분노의 대상에게 언어적으로 그 감정을 표현하는 것이다. 발성은 분노가 말하는 것을 마음대로 지배하도록 허용할 때 **통제 없이** 나타날 수 있다. 분노가 **통제되어** 말로 표현될 때, 그것은 분노의 대상을 조정하고자 하는 목적으로 시간이나 장소를 고려하면서 표현된다.[7]
  - **내면화**(Internalization): 감정이 의식의 표면으로 드러나지 않도록 노력하는 것이다. 분노는 억압될 수 있다(쾌락적 본능을 향한 갈망과 충동을 억

---

4   Tim LaHaye and Bob Phillips, Anger Is a Choice (Grand Rapids: Zondervan, 1982), 14.
5   D. Richmond, quoted in Chip Ingram and Bruce Johnson, *Overcoming Emotions That Destroy*, 33.
6   Ibid., 44-45.
7   Ibid., 50-51.

누르는 심리적 과정). 이 사람들은 자신의 분노를 인정하지 않으며 자신의 감정과의 접점을 잃는다. 분노는 억제될 수 있다(특정한 생각이나 감정, 행동에 몰입되지 않으려는 의식적 선택). 이 사람들은 분노의 감정이 있다는 것을 부정한다.[8]
- 느린 표현 (Slow expression): 비언어적이거나 행위적인 표현이다. 이러한 분노 표현의 궁극적 목적은 분노 대상에게 복수하는 것으로, 종종 비방이나 험담, 수동적-공격 행위의 형태로 나타난다.[9]

- 많은 사람이 유전과 가족 배경을 이유로 자신의 분노와 분노의 표현에 대해 변명한다. 더 나아가, 많은 사람은 자신의 행위를 정당화하기 위해 다른 장애들을 탓한다(ADD, ADHD, 성격 장애 등). 그러나 분노는 종종 과거의 트라우마, 통제력 상실, 상처받은 감정, 불의에 대한 감정 등에 뿌리를 두고 있다. 원인이 무엇이든 간에, 분노와 그 표현은 계속해서 다듬어져야 한다.[10]
- 분노는 다양한 상황과 여러 가지 이유로 인해 격노가 된다. 격노는 표현이 거칠어지고, 합리적이고 차분한 생각을 압도할 정도까지 나아가도록 만드는 경향이 있는 몇 가지 요소의 결과일 때가 많다. 많은 사람이 격노한 후에 자신들이 왜 그런 식으로 행동했는지 설명하기 힘들다는 것을 발견한다. 비록 삶 속에서 때때로 상처받고 부당하다고 느꼈을지라도 말이다.[11]
- 충동 조절 장애의 하나인 간헐적 폭발 장애(IED: Intermittent Explosive Disorder)는 정상적 분노를 넘어 그 순간에 일어나는 일에 대한 공격적이고 충동적이고 불균형적인 폭력적 분출을 포함한다.[12] 자주 일어나는 보복 운전, 가정 폭력, 분노 발작을 모두 그 예로 들 수 있다. 1,600

---

8   Ibid., 58-59.
9   Ibid., 68.
10 Annie Chapman, Putting Anger in Its Place: A Woman's Guide to Getting Emotions under Control (Eugene, OR: Harvest House, 2000), 51-53.
11 David Stoop and Stephen Arterburn, The Angry Man: Why Does He Act That Way? (Word, 1991), 67-68.
12 Mayo Clinic, www.mayoclinic.com/health/intermittent-explosive-disorder/DS00730.

만 명에 달하는 미국 성인들이 IED를 갖고 있을지도 모른다.[13]
- 분노는 종종 깊은 욕구로부터 발산되는 이차적 감정으로 여겨진다. 분노는 죄책감, 자포자기, 염려, 당혹감, 불안감과 같은 것들을 피하고 억제하기 위해 사용되는 표현일 수 있다. 분노는 해결되어야 하는 근원적인 감정이나 생각을 전하는 역할을 한다. 분노를 해결하려면, 그 원인이 되는 근원적 감정을 반드시 다뤄야 한다.[14]
- 좀 더 미묘한 형태의 분노는 **수동적-공격** 행위, 즉 근본적 분노를 간접적으로 표현하고 다루는 과정으로 알려져 있다. 그 예로는 분개, 반항 행동, 끊임없는 불평, 꾸물거림, 특이한 고집, 시무룩함, 성마름, 냉소적이거나 적대적인 태도 등이 있다.[15]

진단 인터뷰 3

다음의 평가 질문들은 잉그램과 존슨이 저술한 『분노 컨트롤』(*Overcoming Emotions that Destroy*)에서 발췌한 것들이다.[16]

1. 당신은 강한 분노와 격노의 감정을 느꼈던 적이 있습니까?(필요하다면 그 차이를 설명해 주십시오.)
2. 무언가에 화가 나서 과민 반응을 보인 후에 자신의 행동에 후회했던 때를 설명해 주십시오.
   나중에 당신의 행동에 관해 설명하는 데 어려움을 느끼거나, 심지어는 이해하는 것이 어렵다고 느꼈습니까?
3. 당신이 화가 났을 때 했던 말을 되돌리고 싶었던 적이 있습니까?
4. 당신이 화가 났을 때 잘못된 결정을 내렸다는 것을 깨닫게 된 적이

---

[13] Web MD, www.webmd.com/mental-health/news/20060605/study-millions-may-have-rage-disorder.
[14] Ingram and Johnson, *Overcoming Emotions That Destroy*, 80-82.
[15] Mayo Clinic, www.mayoclinic.com/health/passive-aggressive-behavior/AN01563.
[16] Ingram and Johnson, *Overcoming Emotions That Destroy*, 17.

있습니까?

* 예를 들어 주십시오.

5. 당신은 분노 때문에 우정, 결혼, 가족 관계, 사역, 또는 사업 관계를 망쳤던 적이 있습니까?
당신의 분노는 다른 사람에게 어떤 영향을 미쳤습니까?
당신 자신에게는 어떤 영향을 미쳤습니까?
6. 당신은 누군가의 분노로 인해 신체적, 감정적, 심리적으로 상처받은 사람을 본 적이 있습니까?
7. 당신은 보복 운전을 경험했거나 누군가에게 폭력을 저지른 적이 있습니까?
8. 무엇이 당신의 분노를 유발합니까?
9. 당신의 인생에서 분노를 일으키는 해결되지 않은 사건이 있습니까?
10. 당신에게는 용서해야 할 사람이 있습니까?
만일 그렇다면, 용서하지 못한 것과 관련된 사건들을 자세히 설명해 주시겠습니까?

4 지혜로운 상담을 위한 조언

분노는 다루기 힘든 감정이다. 하나님은 의롭게 사용하라고 인간에게 분노를 주셨다. 분노가 적절하게 사용될 때, 우리는 다른 이들을 대신하여 공의를 구할 수 있을 뿐 아니라 비극과 트라우마로 상처 입은 피해자들에게 사랑과 연민을 보일 수 있다. 그러나 동시에 분노는 강력한 감정이며, 적절치 않고 균형 잃은 표현으로 쉽게 나아갈 수 있다.

창세기 4장은 인류 최초의 살인 사건을 묘사한다. 두 형제인 가인과 아벨은 모두 하나님을 사랑했고, 그분을 기쁘시게 해 드리길 원했다. 아벨은 목자였고 가인은 농사짓는 자였다. 하나님께 제사할 때가 되었을 때, 아벨은 양을 바쳤고 가인은 그의 첫 열매를 드렸다. 그 제물은 죄를 위한 것이어야 했다. 따라서 피의 제사를 요구했다. 그래서 가인의 제물은 하나님으로부터 받아들여지지 않았다.

가인은 하나님과 아벨에게 화가 났다. 아벨의 제물만 받아들여졌기 때문이다. 그리고 그의 분노는 그가 상상할 수 없는 행동을 하게 했다. 격노한 가인은 아벨을 죽였다. 이 일이 일어나기 전에는 살인이라는 것을 알지도 못했다. 가인은 해결되지 않은 분노의 문제를 안고 있는 사람의 심각한 모습을 보여 준다.

가인은 하나님이 그의 제물을 받아 주지 않으셔서 실망했다. 그리고 반드시 정당하다고는 할 수 없지만, 그로 인해 기분이 상했다. 그 후 그의 실망감은 분노로 바뀌었다. 자신이 부당한 대우를 받았다고 생각했기 때문이다. 가인의 가슴에 맺힌 분노는 격노로 폭발하여 그의 동생을 살해할 정도로 감염되었다. 이제 가인은 죄악 된 행동의 결과에 직면하게 되었다.

당신이 상담하는 사람의 분노는 가인의 분노처럼 누군가를 죽일 만큼의 힘을 가지고 있지 않을 수도 있다. 그러나 깊은 쓰라림과 미움을 해결하기 위해 고된 씨름을 해야 할 만큼 분노하고 있을 수도 있다.

요한일서 3:15은 다음과 같이 기록한다.

> 그 형제를 미워하는 자마다 살인하는 자니 살인하는 자마다 영생이 그 속에 거하지 아니하는 것을 너희가 아는 바라(요일 3:15).

하나님은 사람의 마음과 영에 가장 큰 관심을 두신다. 우리의 마음에 묻혀있는 미움과 깊은 분노는 반드시 다뤄져야 한다.

분노는 대개 이유나 정당한 원인, 충동적 사건 없이 표면화되지 않는다. 대부분 분노의 핵심은 개인이 불의한 대우나 취급을 받고 있다는 생각이다. 그 분노가 항상 상처의 진정한 원인이 되는 사람에게 직접적으로 표현되는 것은 아니다. 분노가 그 사람의 생각과 감정에 얼마나 깊이 뿌리내리고 내면화되었는가에 따라 분노의 배후에 있는 원인을 찾는 데 상당한 시간과 자극이 필요할지도 모른다. 그 분노가 당신에게 그런 것만큼 그 사람에게도 이해하기 힘든 것일 수 있다는 사실을 인식하라. 원인이 무엇인지를 찾아내기 위해서 분별이 필요할 때가 많다.

분노 문제가 있는 사람들에게는 가족과 지원 그룹 동료들이 필요하고 도움이 된다. 오래도록 표현하지 않았거나 제대로 표현하지 못한 분노가 그들의 마음에 남아 있을 수 있고, 그 분노를 더욱 악화시키는 새로운 사건들이 일어날 수도 있다. 만일 가정이 안전한 환경이라면, 분노에 대한 가족 접근법이 더 좋은 선택이 될 때도 있다.

침착함을 유지하는 것, 기본 원칙을 규정하는 것, 그리고 그것들을 지키는 것은 매우 중요하다. 분노는 제대로 다뤄지지 않으면 빠르게 악화될 수 있기 때문이다. 근본적인 원인을 계속 찾으라. 분노는 그 원인으로부터 풀려야만 해결될 수 있기 때문이다.

5 내담자를 위한 행동 단계

1) 분노의 소유권을 가지라

- 모든 중독의 회복에 있어서 중요한 단계는 당신에게 문제가 있다는 것을 깨닫는 것이다. 마음에 품고 있는 분노에 주목하고 이를 받아들이라. 그리고 그것을 바꾸는 작업을 시작하라. 단순히 강한 감정을 터뜨리기보다는 해결에 집중하라.

2) 속도를 줄이고 잠시 멈추라

- 무언가를 말하거나 행하기 전에 당신의 말과 행동을 신중하게 생각하는 시간을 가지라. 일어날 수 있는 결과에 대해 생각하라. 대화 중에 화가 난다면, 필요한 경우 잠시라도 혼자 있는 시간을 가지라.
- 분노는 우리가 어떤 상황에 침착하게 반응하기보다는 충동적으로 반응하게 만들 수 있다. 때때로 이것은 당신이 주의 깊게 듣지 않았거나 상황을 잘못 이해했을 때 일어나는 오해의 결과일 수 있다. 성급한 판단은 대개 문제 해결을 위한 효과적 접근법이 아니다. 휴식을 취하고 스트레스를 푸는 것이 건강에 더 좋다. 당신이 경험하고 있는 분노를 줄일 수 있기 때문이다. 천천히 심호흡을 몇 번 하면 도움이 될지도 모른다.

3) 운동하라

- 때때로 신체 운동이 스트레스를 풀어 준다. 특히, 운동은 부정적이고 울적한 감정에서 비롯된 에너지를 없애는 데 도움이 된다.

4) 일기를 쓰라

- 당신이 언제 화를 내는지에 주의를 기울이고 무엇이 당신을 화나게 만들고 당신은 어떻게 반응하는지를 기록하라. 당신의 분노와 관련된 공통의 패턴을 찾으라. 그리고 그러한 것들이 나타나려고 할 때 더욱 주의하여 필요한 조치를 밟기 시작하라.
- 일기를 쓰는 일은 당신이 다른 이들에게 상처를 주지 않으면서 감정을 표현하는 데 효과적인 도구가 될 수 있다.

5) 도움을 구하라

- 분노를 스스로 조절할 수 있다고 생각하지 말아라. 당신이 겪고 있는 분노를 더 잘 이해할 수 있도록 상담자나 목사를 계속해서 만나라.
- 친구에게 당신의 동반 책임 파트너가 되어 달라고 부탁하라. 그 친구는 정기적으로 당신을 만나 이야기를 나눌 수 있다. 당신은 그 사람에게 분노가 당신의 기분을 어떻게 만드는지에 대해 말할 수 있다.

6) 용서를 구하라

- 당신이 망가뜨린 모든 관계의 치유와 회복을 (적절한 곳에서) 구하라. 당신의 상담자는 이 부분을 어떻게 접근해야 할지 당신에게 도움을 줄 수 있다.
- 당신의 분노에 책임을 지는 것은 다른 사람들도 같은 방식으로 반응하도록 도울 수 있다. 다른 사람들에게 당신의 잘못과 실수를 인정하는 일은 쉽지 않다. 그러나 그들은 당신이 바뀌기 위해 노력하고 있다는 것을 알아야 한다.

6 성경적 통찰

> 너희는 떨며 범죄하지 말지어다 자리에 누워 심중에 말하고 잠잠할지어다(시 4:4).

이 구절은 분노의 본질을 설명하는 아주 좋은 예이다. 분노는 좋거나 나쁜 것이 아니지만, 죄가 되지 않도록 다듬어져서 표현되어야 한다. 만약 분노가 당신이나 다른 사람의 삶에서 죄를 일으킨다면, 당신의 분노가 어떻게 더 잘 다뤄질 수 있을지 고심해야 한다. 이 구절은 또한 묵상에 대해 말한다. 묵상은 말 그대로 지난 하루에 대해 생각해 보는 시간을 갖는 것이다.

당신의 분노에 대해 곰곰이 생각하고, 편안한 마음을 가지라. 주께서 당신이 건강한 방식으로 분노를 다루게 도우시도록 하라. 마지막으로 이 구절은 분노와 화해하고, 해결하는 데 필요한 모든 일을 하겠다는 의지를 갖고 잠잠히 있으라고 말한다. 잠잠히 있는 것은 하나님에 대한 깊은 신뢰를 요구하는 평안의 태도이다.

> 하나님의 성령을 근심하게 하지 말라 그 안에서 너희가 구원의 날까지 인치심을 받았느니라 너희는 모든 악독과 노함과 분냄과 떠드는 것과 비방하는 것을 모든 악의와 함께 버리고 서로 친절하게 하며 불쌍히 여기며 서로 용서하기를 하나님이 그리스도 안에서 너희를 용서하심과 같이 하라(엡 4:30-32).

분노의 또 다른 면은 그것이 죄가 될 때 당신을 성령으로부터 멀어지게 만든다는 것이다. 사도 바울은 성령을 거스르지 말라고 권면하면서, 우리가 성령을 거스를 수 있는 여러 가지를 열거한다. 당신에게 상처를 준 이들에게 복수하고자 할 때 나오는 노여움과 다른 사람을 향한 분노를 없애야 성령이 당신 안에서 일하실 수 있다. 비방과 악의는 마음에 분노가 있음을 보여 준다. 이러한 것들을 하나님 앞에 내려놓으면 하나님과 당신의 관계가 회복되고 깊어질 것이다.

그리스도인에게 강한 증오와 분노의 여지는 없다. 증오와 분노는 타인에 대한 친절, 개방적이고 다정한 태도, 그들이 말하는 내용을 듣는 자세로 대체되어야 한다. 그리스도께서 우리를 어떻게 용서하셨는지 이해할 때, 그리고 그리스도께서 우리를 위해 탕감해 주신 빚이 그 어느 누가 우리에게 진 빚보다 크다는 것을 이해할 때, 우리는 타인을 더 쉽게 용서할 수 있다. 성령과 동행하는 사람이 되는 법을 배우라. 그러면 분노를 붙들고 있기가 힘들어진다.

> 내 사랑하는 형제들아 너희가 알지니 사람마다 듣기는 속히 하고 말하기는 더디 하며 성내기도 더디 하라 사람이 성내는 것이 하나님의 의를 이루지 못함이라(약 1:19-20).

야고보는 실제적인 사람이었다. 그의 서신은 그리스도인의 삶에 대한 실제적인 제안으로 가득 차 있다. 여기서 그는 분노를 피하는 방법을 알려 준다.

첫째, 그는 "속히 들어라"고 말한다. 즉, 경청하는 자가 되라 한다. 즉각적으로 격양된 의견을 내놓거나 분노로 반응하기에 앞서 먼저 듣는 사람이 되라.

둘째, "더디게 말할 것"을 격려한다. 즉, 적절치 않으면 말하지 말라고 말한다. 건강한 관계를 위해서는 자신을 잘 표현해야 한다. 그러나 분노를 유발할지도 모르는 문제나 어려움을 다룰 때는 속도를 줄이고, 말을 적게 하고, 더 많이 들어야 한다.

셋째, 우리는 바로 분내지 말고 "더디게 성내야 한다." 어떤 문제에 대해 시간을 내서 듣고 이야기를 나누면서 넘치는 분노로 관계를 해치지 않는 올바른 해결책을 찾으라. 적절한 분노는 하나님을 기쁘시게 하는 논의 후에만 올 수 있다. 이 모든 일에는 목적이 있다. 성냄은 불의만을 초래하기 때문이다.

기도 첫걸음 7

오, 하나님!
오늘 _____님을 위하여 하나님 앞에 나옵니다. _____님이 자신에게 가장 필요한 것은 주님의 통치를 받는 것임을 깨닫도록 도와주시옵소서.

> _____님이 주님께 분노의 문제를 맡기기를 간구합니다. 주님께서 오직 당신의 영으로부터 나오는 자기절제의 열매를 허락하시길 기도합니다. 분노의 위험으로부터 _____님의 삶을 지켜 주시옵소서. 분노와 격노로 반응하지 않도록 _____님에게 방법을 가르쳐 주시옵소서. 주님은 의의 백성이 되도록 우리를 부르셨지만, 분노와 미움은 주님께 온전한 영광을 돌리지 못하도록 합니다. 분노의 근원을 찾을 수 있도록 도와주시고, 이 모든 과정을 통해 홀로 영광 받아 주시옵소서.

8 추천 자료

추천 도서

Arterburn, Stephen, and David Stoop. *Boiling Point: Understanding Men and Anger.* W Publishing, 1991.

Carter, Les, and Frank Minirth. *The Anger Trap: Free Yourself from the Frustrations That Sabotage Your Life.* Jossey-Bass, 2003.

Chapman, Annie. *Putting Anger in Its Place: A Woman's Guide to Getting Emotions under Control.* Harvest House, 2000.

Chapman, Gary. *Angry: Handling a Powerful Emotion in a Healthy Way.* North"eld, 2007.

Dobson, James. *Emotions: Can You Trust Them?* Regal, 1980.

Ingram, Chip, and Becca Johnson. *Overcoming Emotions That Destroy: Practical Help for Those Angry Feelings That Ruin Relationships.* Baker, 2009.

Jones, Robert D. *Uprooting Anger.* Northfield, 2005.

LaHaye, Tim, and Bob Phillips. *Anger Is a Choice.* Zondervan, 1982.

Potter-Efron, Ronald. *Rage: A Step-by-Step Guide to Overcoming Explosive Anger.* New Harbinger, 2007.

Stanley, Charles F. *Surviving in an Angry World: Finding Your Way to Personal Peace.* Howard, 2010.

추천 웹사이트

American Psychological Association: www.apa.org/topics/anger/index.aspx

Anger Alternatives: www.anger.org/

Psychology Today: www.psychologytoday.com/basics/anger

불안과 걱정 33

상황 묘사 | 1

- 애디는 전업주부이자 네 아이의 엄마다. 그녀와 남편 샘은 자녀들이 고등학교에 입학하기 전인 8학년까지 홈스쿨링을 하기로 결정했다. 그녀의 자녀 둘은 현재 공립학교에 다니며 잘 생활하고 있다. 성적은 평균 이상을 유지하고 선생님들에게서 칭찬도 받는다. 그러나 애디는 자녀들이 문제를 일으키거나 나쁜 행동을 하고, 사고로 다칠까 봐 끊임없이 걱정한다.

  그녀는 십 대 자녀들이 나쁜 패거리와 어울리기 시작할까 걱정되어 방과 후 행사에 참여하지 못하도록 한다. 대부분 사고는 밤에 일어난다고 믿기 때문에 자녀들은 오후 5시 이후에는 운전하지 못한다. 교회 활동 외에는 학교 밖에서 친구들과 어울릴 수도 없다. 애디는 자녀들이 거짓말을 하고 있는지 계속해서 질문한다.

- 콘스탄스는 최근 사촌과 함께 끔찍한 교통사고를 당했다. 당시 사촌은 사고 현장에서 헬리콥터로 병원에 이송되었지만 사망했다. 콘스탄스는 그날 밤의 사건을 회상하는 것을 멈출 수가 없었기 때문에 상담을 받으러 왔다. 그러나 그녀의 심신을 가장 악화시키는 것은 사랑하는 사람이 또 죽게 될지도 모른다는 불안감이었다. 그녀는 가까운 친구들이나 가족에게 끊임없이 전화하고 문자를 보내면서 연락한다.

  그녀는 사랑하는 사람을 잃는 경험을 또 하게 될지도 모른다는 걱정에 휩싸여서 직장에서 제대로 일도 하지 못했다. 상사는 그녀의 이런 모습에 불만을 토로했고, 친구들과 가족은 자신들의 안전에 대한 그녀의 불필요한 걱정으로 인해 짜증이 나기 시작했다.

- 데빈은 오늘 집을 떠날 수 없었다. 그는 또다시 전화로 직장에 병결을 알렸고, 그의 상사는 이제 당혹감을 느꼈다. 일 년 전 데빈은 장염으로 인해 탈수 상태에 빠졌었다. 그를 응급실로 가게 했던 두근거림, 착란, 현기증 등의 증상은 매우 무서웠다. 응급실 방문 후, 데빈은 병에 걸리는 것을 점점 더 두려워하게 되었고, 바이러스에 감염될지도 모르는 환경을 피하기 시작했다.

그는 여자친구와 헤어졌고, 직장에서도 어려움을 겪고 있다. 가족과 친구들은 자신들과 관계를 유지하는 데 별 관심이 없어 보이는 그에게 불만을 토로했다. 데빈은 평범하게 살고자 노력하지만, 병에 걸리는 것에 대한 그의 두려움과 끊이지 않는 걱정은 이런 그의 노력을 무력하게 만들었다.

2 정의와 주요 개념

- 걱정과 불안은 기본적으로 동전의 양면과 같다. 걱정은 불안한 마음의 사고 영역이다.[1] "불안은 어떤 임박한 사건에 관련된 고통스럽거나 근심하는 마음의 불편함이다."[2]
- 걱정과 두려움을 포함한 많은 용어가 불안을 묘사하기 위해 사용된다. 이러한 각각의 상태는 동일한 연속선상에서 보여질 수 있는 다른 단계의 모습을 나타낸다.
- 불안 장애에는 다양한 유형이 있다. 범불안 장애(GAD: Generalized Anxiety Disorder), 공황 장애(Panic Disorder), 외상후 스트레스 장애(PTSD: Post-traumatic Stress Disorder), 사회 불안 장애(Social Anxiety Disorder), 강박 장애(OCD: Obsessive-Compulsive Disorder), 특정 공포증(Specific Phobia).[3]
- 범불안 장애는 침투적이고 지속적인 것처럼 보이는 만성적이고 과도

---

1 H. Norman Wright, *Winning over Your Emotions* (Eugene, OR: Harvest House, 1998), 20.
2 Ibid., 20.
3 Anxiety and Depression Association, www.adaa.org/about-adaa/press-room/facts-statistics.

한 걱정으로 특징지어지며, 종종 신체적 증상을 동반하는 많은 문제나 우려에 집중한다. 범불안 장애는 사춘기나 초기 성년기에 나타나는 경향이 있고 일상생활 기능에 손상을 초래할 수 있다.

거의 매일 반복되는 심신을 약화시키는 걱정이 최소한 6개월 이상 지속되어야 범불안 장애라는 진단이 내려진다. 범불안 장애는 미국 성인 중 약 680만 명(인구의 3.1퍼센트)이 앓고 있으며, 여성이 남성보다 두 배 정도 더 많다.

- **외상후 스트레스 장애**는 대개 심각한 외상이나 생명을 위협하는 사건의 결과로 발병하는 극도의 불안 장애이다. 이 장애는 플래시백, 과각성(hypervigilence), 동요-놀람 반응(agitated startle response), 악몽, 사건에 관련된 인물을 상기시키는 자극 회피 등의 증상이 나타나는 지속적인 공황 발작의 모습과 느낌을 가질 수 있다.

외상후 스트레스 장애는 대략 770만 명(전체 인구의 3.5퍼센트)에게 발생하고 있는데, 남성보다 여성의 발병률이 높다. 성폭행에 의한 외상(어린 시절의 성적 학대나 강간)과 전투-관련 외상이 외상후 스트레스 장애의 주된 원인이다.

- **사회 불안 장애**는 사회공포증이라고도 알려졌는데 사람들이 있는 곳에서의 극단적 부끄러움과 거절, 수치, 실패에 대한 두려움으로 특징지어진다. 수행 불안이나 '무대 공포'가 대표적 예일 것이다. 이 장애는 약 1,500만 명의 사람들(전체 인구의 6.8퍼센트)에게 발생하는데, 남성과 여성 모두가 비슷한 비율로 앓고 있다.

- **강박 장애**의 주된 증상들은 통제하거나 멈출 수 없다고 느껴지는 침해적이고 원치 않는 생각(강박 관념)과 행동(충동 행동)이다. 과도한 손 씻기, 물건을 정리 정돈해야 한다는 욕구, 무언가를 잊어버리는 것에 대한 반복적인 걱정 등이 강박 장애에 포함될 수 있다. 대략 220만 명의 사람들(전체 인구의 1.0퍼센트)이 강박 장애 진단을 받고 있다. 이 장애는 남녀 모두에게 균등하게 발생한다.

- **공포증**은 실제로는 위험이 거의 또는 전혀 없는 특정한 대상이나 활동, 상황에 대한 비현실적이고 과장된 두려움이다. 흔한 공포증으로는 특정한 동물(예를 들어, 뱀이나 거미)에 대한 공포증, 비행공포증, 대

중 연설공포증, 고소공포증 등이 있다. 공포증은 약 1,900만 명(전체 인구의 8.7퍼센트)에게 발생한다. 남성보다 여성이 두 배 정도 더 많이 공포증을 진단받는다.
- 불안과 우울은 긴밀히 연관되어 있으며, 같은 생물학적 및 유전적 뿌리에서 비롯되었다고 여겨진다. 불안은 우울증을 악화시킬 수 있고, 반대로 우울증은 불안을 악화시킬 수 있다. 따라서 치료 목적을 위해 두 상태를 함께 살펴봐야 할 필요가 있다.
- 낮은 단계의 불안은 경각심, 집중도 향상, 위험 감지라는 측면에서 유익할 수 있다. 그러나 지속적이고, 과도하고, 통제할 수 없는 불안은 사람을 압도하고 무력하게 만들 수 있다. 미국에서 18세 이상 인구 중 약 4,000만 명(성인 인구의 18퍼센트)이 불안 관련 장애로 고통받는다. 불안 장애는 오늘날 가장 흔한 정신 질환으로, 연간 42억 달러가 불안 장애를 위한 의료비로 지출된다.[4]
- 불안 장애로 진단받은 사람들은 일반적인 사람들보다 의사의 진찰을 받을 가능성이 3배에서 5배 정도 높고, 정신과 치료를 위해 **병원에 입원할 가능성이 6배** 높다.[5]
- 걱정이나 불안에 대한 신체적 반응도 있다. 호르몬 분비는 근육 긴장, 심박수와 호흡수 증가, 입 마름, 시력과 청력의 향상과 같은 반응을 일으키는데, 이로 인해 각성이 증대된다.[6]
- 만성적 불안과 걱정의 다른 증상으로는 공황과 공포, 통제되지 않는 강박 관념, 수면 장애, 근육 긴장, 신체 약화, 기억력 감퇴, 땀나는 손, 두려움이나 혼란, 긴장을 풀지 못하는 상태, 계속되는 걱정, 숨 가쁨, 현기증, 손발의 마비 또는 저림, 두근거림, 배탈이나 메스꺼움, 집중력 저하 등이다.[7] 더 심각한 경우에는 야경증, 플래시백, 감정 마비, 공황 발작이 포함될 수 있다.

4　Ibid.
5　Ibid.
6　Elyse Fitzpatrick, *Overcoming Fear, Worry, and Anxiety* (Eugene, OR: Harvest House, 2001), 13-24.
7　PsychCentral, www.psychcentral.com/disorders/anxiety/.

- 불안과 관련된 신체적 반응으로 인해 **고조된 공포 반응의 순환**이 발생하기 시작한다. 공포 반응이 일어날 때, 몸은 휴식이나 기분전환을 통해 회복될 필요가 있다. 그러나 많은 사람은 아드레날린과 다른 호르몬 분비 때문에 불안해하는 반응에 끌리기 시작하고, '도취 상태'를 유지하기 위해 카페인이나 다른 자극제를 복용할지도 모른다. 이것은 몸이 적당한 휴식을 취하고 본래의 공포 반응으로부터 회복하는 데 도움을 주지 못한다.[8]
- **성격적 특성** 역시 불안과 걱정이 생기는 데 중요한 역할을 한다. 끊임없이 완벽을 추구하는 많은 A 유형 성격은 불만족과 불충분, 실패에 대한 일반적 감정을 생성하면서 이러한 욕망이 삶의 모든 영역에 영향을 미치도록 한다. 결국 항상 완벽해야 하고 동시에 어떻게 하면 완벽해질 수 있을 것인가를 걱정하는 불안 기반의 반응을 불러일으킨다.[9]
- 두려움과 공포증은 인생의 **발달 단계 전반**에 걸쳐 발생할 수 있다. 우리는 인생 전반에서, 특히 유아기와 형성기에 다양한 요인으로 인해 비합리적이고 비논리적인 두려움이 발달하기 시작한다. 예를 들어, 아기들은 버려짐이나 낯선 사람에 대한 자연적 두려움을 갖고 있다. 그러나 만일 이 두려움이 다정하고 세심한 부모에 의해 다뤄지지 않으면, 후에 애착 문제로 발전할 수도 있다.[10]
- **불안해하는 사람들은** 충혈된 눈, 우울한 기분, 의욕 결여, 부정적 자기-대화, 건강하지 않은 자아상, 그 외에도 만성 피로나 수면 부족과 같은 증상을 보일 수 있다.
- **영적 전쟁**에는 종종 두려움이 존재한다. 영적 문제들은 두려움과 염려의 존재로 인해 심각해진다. 이러한 문제들은 대개 죄책감이나 수치심에 기반하며, **실패에 대한 두려움, 거절에 대한 두려움, 정죄에 대한 두려움**을 나타낼 수 있다. 근본적으로 두려움은 그리스도인을 쓰러뜨리고 하나님을 섬기지 못하도록 막는다.[11]

---

8   Ibid.
9   Wright, *Winning over Your Emotions*, 22-23.
10 Richard Dobbins, *Your Feelings: Friend or Foe?* (Sisters, OR: VMI, 2003).
11 Ken Nichols, *Harnessing the Power of Fear* (Forest, VA: Alive Ministries, 1996).

3 진단 인터뷰

1. 당신을 걱정스럽고 두려워하게 만드는 것은 무엇입니까?
2. 당신이 불안해질 때 경험하는 증상에는 어떤 것이 있습니까?
3. 당신은 지속해서 긴장하고, 걱정하고, 곤두서 있습니까?
4. 당신은 근심과 두려움을 해결하려고 애쓰고 있습니까?
5. 갑작스럽고 예기치 못한, 심장이 세차게 뛰는 공황을 경험한 적이 있습니까?
6. 당신은 불안이나 걱정을 어떻게 다룹니까?
7. 당신에게는 어떤 두려움이 있습니까?
   당신은 왜 그러한 것들을 두려워합니까?
   당신의 두려움 중에 비합리적인 것들이 있습니까?
8. 당신은 다른 사람들이 당신을 보거나 관찰할 때 두려움을 느낍니까?
9. 당신은 실패나 거절에 대한 두려움을 해결하기 위해 어느 정도 애쓰고 있습니까?
10. 당신은 몇 시간이나 잠을 잡니까?
    잠을 잘 자는 편입니까?
11. 당신이 자주 생각나거나 집착하는 과거의 일이 있습니까?
12. 불안이나 걱정이 직장이나 학교, 가정생활에 부정적 영향을 끼치고 있습니까?

4 지혜로운 상담을 위한 조언

불안과 걱정은 사람들이 직면하는 가장 일반적인 문제이다. 불안과 걱정은 삶의 여러 가지 경험이나 유전적 요인에서 발생할 수 있다. 과도한 불안과 스트레스를 해결하려는 사람은 때때로 압박을 이겨 내지만, 이것이 자신이나 다른 이들에게 끼치는 피해를 종종 인식하지 못한다.

불안해하는 사람들의 사고방식이 갖는 강박적 특성은 감정적이고 신체적인 반응을 크게 일으킨다. 많은 사람이 그들이 생각하는 것과는 달리 실제로는 크게 영향을 끼치지 않거나 위험하지 않은 작은 것들을 불안해한다.

이러한 불안은 비현실에 근거하기 때문에 비합리적 두려움으로 커진다. 두려움과 관련된 일들이 어느 정도의 가능성과 진실을 내포할 수도 있지만, 두려워하는 일이 일어날 가능성은 여전히 매우 낮다. 두려움의 비합리적 본질은 해결될 필요가 있다.

어떤 사람들의 불안은 거의 전적으로 사고방식에서 비롯된다. 그들은 자신을 불안하게 만드는 것들에 대해 끊임없이 생각하고 있다. 이러한 인식을 바꾸기 위해서는 좀 더 균형 있고, 건강하고, 이성적인 사고 방식을 격려해야 한다. 많은 사람이 그들이 해 왔거나 하기를 원하지 않는 특정한 생각이나 행동에 집착한다. 사고방식을 바꾸는 것은 근본적 불안을 해결하는 데 도움이 될 수 있다.

마지막으로, 많은 사람이 지나치게 남의 시선을 의식한다. 남들에게 어떻게 보이는가에 마음을 빼앗기기보다는 먼저 긍정적이고 경건한 자아정체성을 얻는 것을 목표로 삼아야 한다. 남들에게 유능하고 행복하게 보이기를 원하는 욕구는 그로 인해 발생하는 결과에 집착하거나 걱정하도록 만들면서, 일부 영역에서 결핍감을 유발할 수 있다.

그들은 자신들의 강점보다는 약점에 집중하는 경향이 있다. 이러한 사람들이 부정적으로 살지 않고 하나님을 믿고 신뢰할 수 있도록 격려하라. 해로운 많은 불안은 잘못된 생각이나 부정적인 자기-대화의 틀 안에 놓여 있다.

내담자를 위한 행동 단계 | 5

1) 당신의 생각을 살펴보라

- 당신이 걱정하기 시작할 때, 잠시 뒤로 물러서서 생각을 통제하라. 당신의 삶 속에서 하나님의 임재와 사랑을 나타내는 것들을 생각하라.
- 만약 논리적으로 생각했을 때도 불안을 초래하는 상황이라면, 그에 따라 균형 있는 방식으로 대응하라. 불안 때문에 해야 할 일을 못 하는 것이 아니라, 불안이 동기 부여가 되도록 하라.

- 만약 생각이 비합리적이거나 단순히 두려움에 근거한다면, 그런 생각을 잊도록 애쓰라. 그것에 집착하지 않도록 노력하라. 실천하기보다 말하는 것이 더 쉬울 수 있겠지만, 논리적으로 작용하지 않는 생각을 멀리하는 습관을 들이고자 노력하라. 시간이 갈수록 점점 더 쉬워지고 그런 생각이 날 가능성이 줄어들 것이다. 당신의 상담자에게 그 방법을 배우라.
- 인생은 때때로 불확실성으로 가득 차 있다는 사실을 인정하라. 지나친 걱정이 상황이나 결과를 바꾸지는 않는다.

2) 당신 자신을 돌보라

- 규칙적으로 운동하라. 운동은 스트레스를 자연스럽게 완화한다.
- 충분히 자고 건강한 식습관을 갖도록 하라.
- 니코틴과 알코올은 증상을 악화시킬 수 있으니 섭취를 줄이도록 하라.
- 불안한 생각을 줄이는 한 가지 좋은 방법은 호흡과 근육 긴장 완화에 도움이 되는 이완 기법을 배우는 것이다. 이런 기법은 당신의 마음과 몸에 안정을 주면서, 불안한 생각이 당신을 지배하고 몸에 잘못된 신호를 보내지 않도록 도울 것이다.
- 신속히 긴장을 완화하도록 돕는 다양한 기법이 있다. 당신의 상담사는 그런 기법들을 가르쳐 줄 수 있는 전문가를 소개해 줄 것이다. 당신이 불안에 휩싸여 즉각적으로 그 불안을 해결해야 하는 순간에 그 기법들을 활용하라. 장기적 형태의 기법들은 당신이 근심으로부터 평안을 찾을 수 있도록 주기적으로 사용될 수 있다.

3) 기도하고 하나님의 말씀을 묵상하라

- 걱정스러운 생각과 불안에 직면할 때, 바로 멈춰서 그런 것들에서 벗어나도록 하나님께 기도하라. 그 순간에 하나님께서 당신의 발걸음을 인도하실 기회를 드려라. 하나님은 당신 내면의 생각을 아시며, 당신의 마음에 안정과 평안을 주실 수 있다.
- 걱정과 두려움, 불안의 문제에 대해 말하는 성경 구절들을 읽으라. 하

나님의 말씀 진리가 당신에게 평안과 자유를 가져다주도록 하라.

4) 당신의 일정을 조정하라

- 우선, 일정표를 갖고 있지 않다면, 당신의 일정과 활동을 기록할 일정표를 마련하라.
- 만일 일정이 꽉 차 있다면, 우선순위를 정하여 반드시 해야 할 일과 선택적 일을 결정하라. 선택적 활동의 일부를 삭제하여 꼭 필요한 일에 시간을 더 제공하라. 당신의 일정에 여유를 주는 것은 집중할 수 있는 시간을 줄 뿐 아니라 마음을 풀어 주고 스트레스를 줄일 수 있다.
- 당신이 관여하는 사건과 활동이 많으면 많을수록, 잠재적 스트레스와 압도되는 느낌은 더욱 커진다. 이것은 걱정과 불안 사태를 일으킬 수 있다. 따라서 당신 자신을 위한 합리적 경계를 정하고 활동을 제한하라.

5) 전문가의 도움을 구하라

- 당신은 불안 장애를 앓고 있을 수도 있으며, 의사나 훈련된 전문가의 치료가 필요할 수도 있다. 그들은 당신을 위해 약물 처방이나 다른 치료가 필요한지 전문적 진단을 내릴 수 있다. 어떤 외상이나 생물학적 불안은 순수한 의지로만 해결될 수 있는 상태가 아니다.

성경적 통찰 | 6

아무것도 염려하지 말고 다만 모든 일에 기도와 간구로, 너희 구할 것을 감사함으로 하나님께 아뢰라 그리하면 모든 지각에 뛰어난 하나님의 평강이 그리스도 예수 안에서 너희 마음과 생각을 지키시리라(빌 4:6-7).

하나님은 모든 상황과 환경 속에서 당신을 신뢰하라고 우리를 격려하신다. 우리가 직면할 수 있는 어떤 어려움도 결코 우리 하나님보다 크지 않다. 정당한 불안의 시기에도, 하나님은 우리에게 기대와 감사의 태도로 기도하며 간구하라고 말씀하신다. 이에 대한 응답으로, 하나님은 우리의 마음과 생각을 지키는 초자연적 평안을 허락하실 것이다. 불안의 순간에, 주께서는 항상 우리에게 도움의 손길을 내미신다.

> 또 제자들에게 이르시되 그러므로 내가 너희에게 이르노니 너희 목숨을 위하여 무엇을 먹을까 몸을 위하여 무엇을 입을까 염려하지 말라 목숨이 음식보다 중하고 몸이 의복보다 중하니라 까마귀를 생각하라 심지도 아니하고 거두지도 아니하며 골방도 없고 창고도 없으되 하나님이 기르시나니 너희는 새보다 얼마나 더 귀하냐 또 너희 중에 누가 염려함으로 그 키를 한 자라도 더할 수 있느냐 그런즉 가장 작은 일도 하지 못하면서 어찌 다른 일들을 염려하느냐 백합화를 생각하여 보라 실도 만들지 않고 짜지도 아니하느니라 그러나 내가 너희에게 말하노니 솔로몬의 모든 영광으로도 입은 것이 이 꽃 하나만큼 훌륭하지 못하였느니라 오늘 있다가 내일 아궁이에 던져지는 들풀도 하나님이 이렇게 입히시거든 하물며 너희일까보냐 믿음이 작은 자들아 너희는 무엇을 먹을까 무엇을 마실까 하여 구하지 말며 근심하지도 말라 이 모든 것은 세상 백성들이 구하는 것이라 너희 아버지께서는 이런 것이 너희에게 있어야 할 것을 아시느니라 (눅 12:22-30).

예수님은 매일의 필요에 대해 걱정하거나 스트레스를 받아서는 안 된다고 제자들에게 분명히 말씀하신다. 하나님은 먹을 음식과 건강, 입을 옷을 제공하실 것이다. 삶이 걱정에 사로잡혀서는 안 된다. 대신 우리는 어떻게 하나님께 영광을 돌리고 그분을 섬겨야 하는지에 집중해야 한다. 하나님은 우리의 모든 필요를 채우실 수 있고, 어려운 상황 속에서 우리가 도움을 구할 때 영광을 받으실 것이다.

우리는 하나님의 창조물에 대한 사랑의 살아 있는 증거이다. 우리가 이러한 관점을 갖게 되면, 비록 우리 삶의 모든 두려움과 불안이 근절되지는 않더라도, 변치 않는 평안이 우리를 지탱할 것이다.

> 근심이 사람의 마음에 있으면 그것으로 번뇌하게 되나 선한 말은 그것을 즐겁게 하느니라(잠 12:25).

마음에 쌓이는 불안은 우리를 두려움과 걱정, 우울로 빠뜨리는 무거운 짐이 된다. 불안은 절망의 원인이 될 수 있지만, 선하고 친절한 말은 우리를 기쁘게 한다. 불안을 극복하는 한 가지 방법은 격려의 말로 가득 채우는 것이다. 이것은 우리의 자기-대화를 바로잡고, 하나님의 신실하심을 묵상하도록 요구할 것이다. 우리가 이 일을 할 때, 우리 안에 있는 영은 즐거워하고 기뻐하게 된다.

> 너희 염려를 다 주께 맡기라 이는 그가 너희를 돌보심이라(벧전 5:7).

우리의 마음을 근심케 하는 모든 생각이나 상황은 하나님께 맡겨져야 한다. 우리는 이런 것들을 버리거나 제거해야 하며, 우리는 그렇게 할 수 있는 자유를 부여받았다. 하나님은 우리를 사랑하고 돌보시며, 우리가 걱정하지 않기를 원하신다. 우리가 하나님의 은혜를 신뢰하면 신뢰할수록, 우리는 매일의 삶에서 더 큰 평안을 경험하게 될 것이다.

> 너희가 전에는 어둠이더니 이제는 주 안에서 빛이라 빛의 자녀들처럼 행하라 빛의 열매는 모든 착함과 의로움과 진실함에 있느니라 … 그러나 책망을 받는 모든 것은 빛으로 말미암아 드러나나니 드러나는 것마다 빛이니라(엡 5:8-9, 13).

두려움은 우리 내면의 모든 부정적 사진을 현상하는 암실과 같다! 두려움과 걱정을 기반으로 하는 것들은 우리의 마음과 삶에 어둡고 부정적인 장소를 만든다. 현상 중인 사진을 막을 수 있는 한 가지는 빛이다. 빛은 어둠을 관통하고 어둠을 이기기 때문이다. 하나님의 말씀의 빛이 우리의 생각과 마음과 영에 비추어 진리를 조명하도록 해야 한다. 그러면 불안과 두려움 대신 하나님의 평안이 우리를 다스릴 것이다.

7 기도 첫걸음

> 오, 주님!
> 주님은 우리에게 아무것도 염려하지 말고, 오직 기도로 우리의 모든 필요를 아뢰라고 말씀하셨습니다. 주님께서 _____님의 삶에서 모든 걱정과 두려움, 불안을 없애 주시길 기도합니다. _____님이 자신의 삶 속에서, 그리고 자신의 삶을 통해서 일하시는 주님께 시선을 고정할 수 있기를 기도합니다. 지금까지 주님은 _____님의 모든 필요를 당신 안에서 충만히 채워 주셨습니다. _____님의 마음이 온전한 평안, 세상이 줄 수 없는 평안, 오직 당신의 성령이 주실 수 있는 평안 속에 거하게 해 주시옵소서.

8 추천 자료

추천 도서

Dobbins, Richard D. *Your Feelings: Friend or Foe?* VMI, 2003.
Evans, Tony. *Let It Go: Breaking Free from Fear and Anxiety*. Moody, 2005.
Fitzpatrick, Elyse. *Overcoming Fear, Worry, and Anxiety*. Harvest House, 2001.
Hart, Archibald D. *The Anxiety Cure*. Thomas Nelson, 2001.
Jantz, Gregory L., and Ann McMurray. *Overcoming Anxiety, Worry, and Fear: Practical Ways to Find Peace*. Revell, 2011.
Meyer, Joyce. *21 Ways to Finding Peace and Happiness: Overcoming Anxiety, Fear, and Discontentment Every Day*. FaithWords, 2007.
Miller, Randolph C. *Be Not Anxious*. Seabury, 1952.
Mintle, Linda. *Letting Go of Worry: God's Plan for Finding Peace and Contentment*. Harvest House, 2011.
Nichols, Ken. *Harnessing the Power of Fear*. Alive Ministries, 1996.
Phillips, Bob. *Overcoming Anxiety and Depression*. Harvest House, 2007.
Welch, Edward T. *When I Am Afraid: A Step-by-Step Guide away from Fear and Anxiety*. New Growth, 2009.
Wright, H. Norman. *Winning over Your Emotions*. Harvest House, 1998.

추천 웹사이트

Anxiety and Depression Association of America: www.adaa.org/
Help Guide: www.helpguide.org/mental/anxiety_types_symptoms_treatment.htm
National Institute of Mental Health: www.nimh.nih.gov/health/topics/anxietydisorders/index.shtml
Web MD: www.webmd.com/anxiety-panic/guide/mental-health-anxiety-disorders

만성 스트레스와 자기 압박 34

상황 묘사 1

- 조이는 성취욕이 강한 대학 졸업반으로 의과대학에 진학하고자 노력하고 있다. 그녀는 탁월한 학생이며 의사가 되는 것을 늘 꿈꿔 왔다. 그러나 최근에 그녀는 이 모든 것에 대한 스트레스로 길을 잃고 압박감에 함몰된 것 같은 기분이다. 그녀의 부모는 아무런 말도 하지 않지만, 그녀는 만약 자신이 지금처럼 성공을 향한 길을 계속 가지 못한다면 그들에게 실망감을 안길 것이라고 믿는다.

  그녀의 부모는 조이의 교육비로 많은 돈을 썼다. 그래서 조이는 부모가 실망하지 않도록 필사적으로 노력한다. 스트레스 때문에, 그녀는 불면증에 시달리고 있고 현재 상황이 너무나도 불행하다고 느끼고 있다.

- 트로이는 지역 공장의 주임이다. 최근 그의 상사는 회사가 규모를 축소하면서 일감을 다른 주로 옮기기 시작할 것이라고 통지했다. 트로이에게는 아내와 세 명의 자녀가 있다. 그는 중간관리자 직책을 유지하기 위해 필사적이다. 그는 일을 더 맡기 시작했고 야근을 많이 했다. 트로이의 아내는 그가 집을 많이 비우고 점점 더 화난 사람같이 행동하는 것에 불만을 표했다.

  그러나 트로이는 가정을 돌보기 위해 자신이 짊어지는 짐을 아내가 이해하지 못한다고 생각한다. 어떤 일이 일어날지를 기다리는 스트레스로 압도당한 트로이는 통제력과 가족을 모두 잃어 가고 있는 듯한 기분이다.

- 크리스티의 아버지는 2년 전에 사망했고 얼마 후 어머니는 알츠하이머병 진단을 받았다. 그녀의 어머니가 안고 있는 스트레스와 불확실

성으로 인해, 크리스티는 어머니를 돌보기 위해 집에 들어오기로 했다. 서서히 나빠지고 있는 어머니를 2년간 보살펴 온 크리스티는 이제 너무나 큰 압박감을 느낀다.

그녀는 어머니를 돌보는 일에 행복을 느끼고 어머니를 요양원으로 보내고 싶지 않지만, 혼자라고 느끼며 완전히 압도당한 기분을 느낀다. 그녀의 형제와 자매 중 누구도 도움을 주지 못하고 있다.

2 정의와 주요 개념

- 스트레스는 "정신 및 신체적 긴장 상태나 긴장을 초래하는 상태"로 이해될 수 있다.[1]
- 스트레스의 본질은 그 사람에게 결과가 긍정적인지 부정적인지에 따라 결정된다. 만약 스트레스가 일상에 문제를 일으킨다면, 그것은 부정적인 것으로 간주된다. 만약 스트레스가 유익하거나 환경의 변화를 가져오는 동기를 부여한다면, 그것은 긍정적인 것으로 간주된다.[2]
- 좋은 스트레스(Eustress): 긍정적이거나 유익한 것으로 여겨지는 일상적 스트레스
- 나쁜 스트레스(Distress): 압박감, 지나친 노력, 탈진, 고생, 또는 여러 유형의 고통으로 야기되는 스트레스
- 소진(burnout) vs. 스트레스[3]

  - 소진은 이탈(disengagement)로 특징지어지는 방어 기제이다.
  - 스트레스는 지나친 관여(over-engagement)로 특징지어진다.
  - 소진의 경우 감정은 둔화된다.

---

[1] David Hagar and Linda Hagar, *Stress and the Woman's Body* (Grand Rapids: Revell, 1996), 20.
[2] Ibid.
[3] Archibald Hart, *Coping with Depression in the Ministry and Other Professions* (Dallas: Word, 1984), 37.

- 스트레스의 경우 감정은 예민해진다.
- 소진의 경우 감정적 손상이 가장 심각하다.
- 스트레스의 경우 신체적 손상이 가장 심각하다.
- 소진에 의한 고갈은 동기 부여와 몰입에 영향을 끼친다.
- 스트레스로 인한 고갈은 신체적 에너지에 영향을 끼친다.
- 소진은 사기를 떨어뜨린다.
- 스트레스는 해체를 초래한다.
- 소진은 이상과 희망의 상실로 가장 잘 이해될 수 있다.
- 스트레스는 연료와 에너지 고갈로 가장 잘 이해될 수 있다.
- 소진은 무력감과 절망감을 낳는다.
- 스트레스는 긴박감과 과다활동을 초래한다.
- 소진은 편집증, 비인격화, 무관심을 낳는다.
- 스트레스는 공황, 공포증, 불안 장애를 초래한다.
- 소진이 당신을 죽이지는 않을 것이다. 그러나 당신의 기나긴 인생이 살 가치가 없는 것으로 여겨질 수 있다.
- 스트레스는 당신을 일찍 죽게 할 수 있다. 따라서 당신은 시작한 일을 마칠 수 있는 충분한 시간을 갖지 못할 것이다.

- 캐나다 내분비학자인 한스 셀리에(Hans Selye) 박사는 스트레스 연구의 아버지로 불린다. 그는 "일반 적응 증후군"(general adaptation syndrome)이라는 용어를 사용했고, 스트레스를 "어떤 요구에 대한 신체의 불특정한 반응"으로 정의했다.[4]
- "스트레스가 정상적 생활을 영위하는 당신의 능력을 방해할 때, 그 스트레스는 위험해진다. 그 원인이 비교적 미미할지라도 당신은 '통제 불능'을 느끼고 무엇을 해야 할지에 대해 전혀 모를 수도 있다. 이것은 결과적으로 당신이 계속해서 피로감을 느끼거나, 집중할 수 없거나, 편안한 상황에서도 짜증이 나게 만들 수도 있다. 또한, 장기화된

---

[4] Hans Selye, "The General Adaptation Syndrome and the Diseases of Adaptation," *Journal of Clinical Endocrinology and Metabolism* 6 (1946): 117-230.

스트레스는 과거의 충격적 경험과 같은 갑작스러운 사건들로 인한 감정적 문제들을 악화시키고 자살 충동을 증가시킨다."[5]
- "스트레스는 또한 인간의 몸에 내재 된 반응 기제(response mechanisms)로 인해 당신의 육체적 건강에 영향을 끼칠 수 있다. 중요한 약속을 생각할 때 땀을 흘리는 자신을 발견하거나 무서운 영화를 볼 때 심장 박동이 빨라지는 것을 느낄 수 있다. 이러한 반응들은 호르몬 때문에 일어난다."[6]
- "그러나 당신이 스트레스를 오래 느끼면 느낄수록, 당신의 신체 반응 시스템은 더 오랫동안 활성화된 채로 남겨진다. 이것은 더욱 심각한 건강 문제를 초래할 수 있다. … 스트레스에 대한 확장된 반응은 허약, 기능 감퇴, 심혈관 질환, 골다공증, 만성염증성 관절염, 2형 당뇨병, 특정한 암과 같은 다른 '노화' 조건과 비슷한 방식으로 몸의 면역 체계를 바꿀 수 있다. 연구는 또한 스트레스가 특정 독소들을 막아 주고 잠재적으로 해로운 분자들을 방어하는 뇌의 능력을 손상한다고 말한다."[7]
- 전체 병원 진료의 80-90퍼센트는 스트레스와 관련된다. 스트레스는 아드레날린과 코티솔을 혈류에 방출하는데, 이것은 시간이 흐르면서 해로운 영향을 끼칠 수 있다.[8]

  - 모세혈관과 심장 안팎으로 연결되는 혈관들을 좁게 만든다.
  - 혈관과 혈관의 내피세포의 유연성과 확장성을 감소시킨다.
  - 과도한 LDL 콜레스테롤을 체내에서 밀어내는 신체 능력을 감소시킨다.
  - 특정한 인지 과정을 50퍼센트까지 감소시킨다.
  - 혈중 콜레스테롤(특히 LDL)의 생산량을 높인다.

---

[5] American Psychological Association, "Mind/Body Health: Stress," www.apa.org/helpcenter/stress.aspx.
[6] Ibid.
[7] Ibid.
[8] American Institute of Stress, www.stress.org/.

34 만성 스트레스와 자기 압박

- 혈액이 응고되는 경향을 높인다.
- 동맥 내벽에 플라크를 형성시킨다.
- 심박수와 호흡수, 글리코겐 전환율을 높인다.
- 심혈관 질환, 고혈압, 뇌졸중의 위험을 높이고, 신체의 면역 체계를 약화시킨다.

- 5,000만 명이 넘는 미국인들은 고혈압으로 고통받고, 약 6,000만 명은 심혈관 질환을 앓고 있다. 그 결과 매해 100만 명 이상이 사망한다 (다섯 명의 사망자 중 둘, 또는 매 30초당 한 명). 1900년 이래로(1918년을 제외하고) 심장 질환은 모든 인종, 성별, 사회경제적, 연령층에서 주된 사망 요인이었다.[9]
- "스트레스를 동반하는 절망감은 만성 우울증으로 쉽게 악화될 수 있다."[10]
- 업무 스트레스, 환경 스트레스, 스트레스를 불러일으키는 사람, 삶에서 일어나는 주요 사건, 관계적 스트레스, 개인적 스트레스와 같은 다양한 요인이 스트레스를 발생시키는 데 기여한다.[11]
- 심각하게 스트레스를 받은 사람들은 다음의 징후를 보일 것이다.

  - 감정적 징후에는 무관심, 짜증, 과잉 보상이나 부정, 거대자신감(자신의 업적을 지나치게 강조하거나 과장하는 것), 불안, 정신적 피로(집착, 집중력 문제)를 포함한다.
  - 행동적 징후에는 스트레스 유발 행위에 대한 회피, 도박이나 알코올 사용과 같은 극단적 행동, 낮은 출석률 같은 행정적 문제, 위생 불량, 사고, 법적 문제 등을 포함한다.
  - 신체적 징후에는 잦은 병에 대한 공포심과 탈진, 자기-치료, 그리고 두통, 불면증, 메스꺼움, 설사, 불감증, 몸살, 고통과 같은 다른 질환이

---

9 American Institute of Stress, www.stress.org/.
10 Thomas Whiteman and Randy Petersen, *Stress Test: A Quick Guide to Finding and Improving Your Stress Quotient* (Colorado Springs: Pinon Press, 2000), 24.
11 Hagar and Hagar, Stress and the Woman's Body, 24-25.

포함된다.[12]

- 스트레스는 삶의 다양한 이유로 인해 생긴다. 많은 사람은 스스로 만든 기준과 부담감 때문에 스트레스를 받는다. 많은 것이 이런 증상의 원인이 될 수 있겠지만, 그 중심은 완벽주의일 때가 많다. 완벽주의는 "지나치게 높은 기준을 설정하는 경향"을 의미한다.[13]
- 완벽주의가 위치하는 범위가 있다.[14] 모든 사람이 삶의 모든 영역에서 철저하게 완벽주의를 추구하는 것은 아니다. 사실 사람들은 한두 개의 주요 영역에 집중하고, 나머지 영역에서는 고통을 겪는 것 같다.
- 사람들은 기본적으로 세 가지 수준의 완벽주의에 속한다. 그 세 가지는 다음과 같다.

  - **평범한 또는 건강한 완벽주의**: 이들은 균형 잡힌 사람들이며 삶에 대해 대개 긍정적으로 접근한다. 그들은 성공에 관심을 두고 보통 성공한다. 그들은 일에 대해 강박 관념을 갖지 않고, 요구되는 것에 집중하며, 일이 가족과 친구, 취미활동을 위한 시간을 침해하지 않도록 한다.
  - **신경증적 또는 건강하지 못한 완벽주의**: 이 사람들은 서두르는 태도를 갖고 있다. 이들은 끊임없이 스트레스를 받는 것처럼 보이는데, 이런 태도는 완벽해지려는 그들의 욕망 또는 그들이 인식하는 완벽성에 뿌리를 두고 있다. 그들은 비현실적 목표를 설정하고 성취하는 데서 자아존중감을 느끼며, 주어진 업무나 프로젝트에 대한 자신의 성과에 대해 종종 실망하고 불만족스러워한다.
  - **비완벽주의**: 이들은 게으르고 의욕이 없는 것처럼 보일 것이다. 그들에게는 목표를 이루거나, 심지어는 목표를 설정하려는 욕구가 자체가 부족하다. 그들은 아무것도 하기를 원하지 않는다는 사실에 대해 신경증적이다. 심지어는 열의나 투지의 부족을 자랑스럽게 여긴다. 그

12　Richard Winter, Perfecting Ourselves to Death: The Pursuit of Excellence and the Perils of Perfectionism (Downers Grove, IL: InterVarsity, 2005), 25.
13　Ibid., 25-26.
14　Ibid., 26-28.

들은 비생산적인 것에 만족하고, 자신들을 포함한 누군가로부터 아무 것도 기대하지 않는다.[15]

- 스스로 부과하는 압박감은 완벽주의의 또 다른 형태인데, 특히 관계 지향적 스트레스 속에서 잘못된 완벽주의로부터 올 수 있다. 이 역학 속에서 씨름하는 사람들은 다른 사람들이 자신에게 실망하거나 화가 났다고 생각하며, 따라서 다른 사람들을 기쁘게 하려고 특정 성격을 극적으로 바꾸거나 맞추려는 압박감을 생성한다. 내부로부터의 압박 감은 대개 부적절하거나 심지어는 비합리적이다.

진단 인터뷰 3

1. 직장에서 경험하는 스트레스의 양을 설명해 주십시오.
   당신의 스트레스가 작업 환경 때문이라고 생각하십니까, 아니면 업무 수행 때문이라고 생각하십니까?
2. 당신은 업무를 설정하는 데에 있어 어느 정도의 통제권을 갖고 있습니까?
   학교나 집에서 어느 정도의 통제권을 갖고 있습니까?
   너무 적거나 너무 많다고 생각됩니까?
3. 당신이 지금 달성하기 위해 노력하는 목표들은 무엇입니까?
   이런 목표들을 향해 나갈 때 나타나는 문제에 어떻게 반응할지 자세히 설명해 주십시오.
4. 당신에게 스트레스를 주는 관계가 있습니까?
   설명해 주십시오.
5. 관계 속에서 당신의 소통 기법은 어떻습니까?
6. 중요한 관계 속에서 당신이 이해되거나 받아들여진다고 느낍니까?
7. 당신의 주간 일정에 관해 설명해 주십시오.

15　Ibid.

8. 당신을 짜증스럽게 만드는 것들은 무엇입니까?
   왜 그렇습니까?
9. 긴장을 풀기 위해 사용하는 방법들을 설명해 주십시오.
   긴장을 푸는 것이 어렵게 느껴집니까?
10. 속도를 줄이고 인생을 더 즐기기 위해 노력했던 적이 있습니까?
11. 스트레스를 받을 때, 나중에 후회할 무언가를 말하거나 행동합니까?
12. 위장 통증, 변비, 예외적 피로나 탈진, 긴장성 두통, 근육 긴장(특히 등이나 목, 턱), 성욕 감퇴, 고혈압, 약해진 면역력과 같은, 스트레스와 관련된 신체적 증상을 경험하고 있습니까?
13. 수면 장애, 체중 증가나 감소, 과도한 불안과 공황, 또는 섭식 장애를 경험하고 있습니까?

4 지혜로운 상담을 위한 조언

스트레스는 삶의 자연스러운 부분이다. 바로 이런 이유로 이 특별한 과정 중독은 인식하기조차 쉽지 않으며, 이 중독에서 해방되기는 매우 어렵다. 사람들이 그들의 스트레스를 부정적으로 느낄 때, 스트레스가 없어지기만 하면 인생이 더 나아지리라 생각할지도 모른다.

그러나 스트레스가 마침내 줄어들면, 그들은 지루해하거나 불행을 느끼는 자신을 발견한다. 사람들은 아드레날린이 가득한 생활을 즐기고, 바쁘고, 일정이 가득하고, 다른 이들에게 받아들여지고, 더욱 높은 수준의 성공을 이루고 경험하는 것에서 삶의 목적을 찾을 수 있다고 믿는다.

스트레스에 관한 한 가지 요인은 사람들이 자주 여러 활동에 참여한다는 것이다. 많은 사람이 스트레스에서 벗어나고, 탈진과 소진, 후회에서 멀어지기 위한 수단으로 알코올과 다른 물질을 사용할 것이다. 스트레스에 파묻힌 사람들에게 공통적 주제는, 미래를 위해 너무 바빠서 현재를 즐기지 못하며 과거를 기억하지 못하게 되어 버린 현실이다.

이러한 상황에서, 그들은 결국 인생을 돌아보면서 자신이 왜 그렇게 많은 시간을 일에 쏟아붓고 승진하기 위해 아등바등했는지 의아해하게 된다. 나중에 그들은 가족과 가까운 친구와 보낼 기회를 잃은 것과 단순히 삶을 즐기지 못한 것에 대해 후회하고 슬퍼하게 될지 모른다.

스트레스와 관련된 문제들을 직면한 이들은 삶의 무게에 눌려 있으며, 감정적이고 신체적인 면에서 힘을 잃었기 때문에 도움을 청할 가능성이 크다. 그들은 현재의 생활 방식이 필요하다고 여기기 때문에 그것을 지속하려고 할지도 모른다. 효과적 돌봄이란 역기능을 직면시키고, 고려할 가치가 있는 대안을 제시하는 것이다. 과도한 스트레스를 받는 사람은 두려움뿐 아니라 잘못된 사고방식과 싸우고 있을지도 모른다.

당신이 자신에게 불필요한 압력을 가하는 사람들을 대상으로 일하고 있다면, 부인(denial)과 극소화(minimization)를 다루어야 할 것이다. 압박감의 원인은, 자신의 정체성에 만족하려면 특정한 기준을 반드시 만족시켜야 한다는 잘못된 믿음에 있다. 이런 믿음은 아마도 학습되었거나, 특정한 삶의 경험에서 비롯된, 뿌리 깊은 생각일 것이다. 삶, 일, 학교, 관계 등에 관련된 완벽주의적 이상이 상담 과정에서 표면화될 때가 많으므로 인내심이 필요하다.

내담자를 위한 행동 단계 5

1) 스트레스 요인을 확인하라

- 당신의 삶에서 스트레스를 주는 요인이 무엇인지 기록하라. 예를 들어, 일이 당신에게 스트레스를 안긴다면, 무엇이 그렇게 스트레스를 주는지 시간을 내서 세심히 살펴라. 당신을 방해하는 것이 무엇인지를 아는 것은 유익하다.
- 당신의 불만거리는 무엇이고 당신을 짜증스럽게 만드는 것은 무엇인가?
  다른 사람들의 행동을 통제하거나 사람들을 바꿀 수 없다는 사실을 배우라. 그러나 가능하다면, 당신을 성가시게 하는 이러한 상황들과 사람들을 피하라. 필요하다면 적절한 경계를 설정하라.
- 당신이 스트레스를 받는 이유를 살피라.
일과 관련된 문제들, 재정적 문제, 아니면 관계적 문제인가?
자신감이나 애착 문제, 인정에 대한 문제일 수도 있는가?
스트레스를 초래하는 근본 원인을 찾으라.

2) 당신의 기분을 살피라

- 때때로 당신의 감정적 맥을 가지고 상황 속에서 반응하는 법을 학습하라. 때때로 사건이나 사람에 대한 과도한 반응은 불필요한 이차적 스트레스를 발생시킨다.
- 스트레스를 받을 때, 그 순간 내적으로 어떤 일이 일어나고 어떤 기분이 드는지 깊이 생각해 보라. 스트레스를 주는 요인이 동반되는 기분과 합쳐질 때, 스트레스를 더 악화시키는 동력을 만들 수 있다.
- 부정적인 것을 긍정적인 것으로 재구성하고 당신의 삶에 스트레스를 유발하는 모든 것에 믿음을 적용하라. 예를 들어, "나는 사람들 앞에서 말할 때 항상 얼어붙고 하던 말을 잊어버려"라고 말하는 대신에, "이런 일에 불안해하는 사람은 나뿐만이 아니라는 것을 알아. 하나님은 나의 약점을 강점으로 바꾸실 수 있고, 이 모든 과정에서 영광을 받으실 수 있어"라고 말할 수 있다.

3) 긴장을 푸는 시간을 가지라

- 만약 스트레스를 받는다면, 당신이 즐길 수 있는 활동을 찾으라. 운동과 다른 신체 활동은 스트레스를 푸는 데 매우 좋다.
- 마사지, 사우나, 손톱 손질, 야구 시합, 아이들과 놀기, 러닝, 독서, 음악 감상, 창의적인 일 하기, 취미생활 즐기기는 스트레스를 낮추는 활동의 몇 가지 예이다.
- 당신 자신을 더 잘 돌보기 위한 한두 가지 건강에 관련된 일에 전념하라(예를 들어, 수면 습관이나 식사 습관 개선하기, 더 자주 운동하기, 카페인 섭

취량 줄이기). 만성적으로 스트레스를 받는 사람들은 충분치 않은 수면으로 고통받고, 어떤 경우에는 스트레스로 인한 불면증을 앓는다.

4) 당신의 일정을 분석하라

- 당신의 일정을 점검하는 시간을 가지라. 반드시 우선적일 필요가 없는 활동으로 가득한 시간을 찾으라. 만일 그것이 업무나 다른 영역을 줄이는 것을 의미한다면, 변화를 위해 노력하라. 당신의 시간을 관리하라. 그렇지 않으면 당신의 시간이 당신을 통제할 것이다. 일정에 사로잡힌 부정적 상태가 당신의 건강과 중요한 관계를 위태롭게 할 정도로 가치가 있는지 자문하라.
- 당신의 다양한 프로젝트와 책무, 특히 당신이 가장 압도된다고 느끼는 것들에 한계를 설정하라. 우선되지 않는 영역에 추가적 책임감을 지지 않도록 하라.
- 당신의 일상과 생활 사건을 분류하는(평가하고 우선순위를 정하는) 법을 배우라.
- 당신의 일정에 대해 다른 사람들의 도움을 구하고, 열린 마음으로 그들의 피드백을 받으라.

5) 전문가의 도움을 구하라

- 치료받지 못한 만성적 스트레스는 신체적, 감정적, 정신적, 영적, 관계적으로 심각한 합병증을 초래할 수 있다. 종합 건강 검진을 받아 당신의 신체가 최적으로 기능하는지를 확인해 보라. 치료 전문가나 생활 코치는 당신에게 맞는 개별화된 스트레스 예방 계획을 만드는 데 도움을 줄 수 있다. 이러한 단계들을 통해 더 큰 지원과 동반 책임을 받을 수 있다.

6 성경적 통찰

> 그러므로 이제 그리스도 예수 안에 있는 자에게는 결코 정죄함이 없나니 이는 그리스도 예수 안에 있는 생명의 성령의 법이 죄와 사망의 법에서 너를 해방하였음이라 율법이 육신으로 말미암아 연약하여 할 수 없는 그것을 하나님은 하시나니 곧 죄로 말미암아 자기 아들을 죄 있는 육신의 모양으로 보내어 육신에 죄를 정하사 육신을 따르지 않고 그 영을 따라 행하는 우리에게 율법의 요구가 이루어지게 하심이니라 육신을 따르는 자는 육신의 일을, 영을 따르는 자는 영의 일을 생각하나니 육신의 생각은 사망이요 영의 생각은 생명과 평안이니라 육신의 생각은 하나님과 원수가 되나니 이는 하나님의 법에 굴복하지 아니할 뿐 아니라 할 수도 없음이라 육신에 있는 자들은 하나님을 기쁘시게 할 수 없느니라 (롬 8:1-8).

사도 바울은, 우리 안에 거하시고 우리를 통해 일하시는 성령 없이는 율법을 따르는 것이 불가능하다는 사실을 로마 그리스도인들에게 깨우쳐 준다. 그리스도는 죄를 덮고 율법의 모든 요구를 영원히 충족시키는 궁극적인 제물이 되셨다. 그는 십자가에 달리심으로 우리를 율법과 죄의 형벌에서 해방하셨다.

우리가 끊임없이 스트레스를 받을 때, 어쩌면 우리는 성령보다 율법이 더 중요하다고 믿으면서 우리의 전적 노력을 통해 육신으로 말미암아 살고자 노력하고 있을 수도 있다. 우리가 우리 자신의 힘으로 거룩하고 의롭게 되고자 할 때 영적 스트레스를 받게 된다. 우리는 완벽하고 흠 없는 삶을 살고자 노력하지만, 그것은 불가능하기 때문이다.

이런 삶에 대한 접근법 너머로 나아가는 것은 자유를 가져온다. 그리고 우리는 더는 정죄받지 않는다. 하나님을 신뢰하고 의지하는 것은 스트레스를 주는 생활 방식을 버리기로 선택한 사람들에게 큰 평안과 기쁨을 가져다줄 것이다.

> 평안을 너희에게 끼치노니 곧 나의 평안을 너희에게 주노라 내가 너희에

게 주는 것은 세상이 주는 것과 같지 아니하니라 너희는 마음에 근심하지도 말고 두려워하지도 말라(요 14:27).

하나님의 평안은 놀라운 것이다. 하나님의 평안은 세상이 줄 수 있는 이해의 영역을 넘어서는 것이며, 세상의 평안과는 극명하게 대조된다. 스트레스를 삶의 일부로 만드는 많은 이유 중 하나는, 세상이 결코 지속적 평화나 기쁨을 가져다주지 않을 물질적 추구를 제시함으로써 공허한 충만을 약속하기 때문이다. 그러나 하나님은 우리의 이해와 기대를 뛰어넘는 안식과 평화를 허락하신다. 하나님의 평안은 인생의 혼돈을 잠재우는 신선한 대안이다.

네 짐을 여호와께 맡기라 그가 너를 붙드시고 의인의 요동함을 영원히 허락하지 아니하시리로다(시 55:22).

많은 경우, 우리가 받는 스트레스는 부서지고 타락한 세상에서 사는 삶의 자연스러운 결과이다. 우리는 완료되어야 할 것들에 대해 걱정하고, 우리의 목표를 성취하기 위해 열심히 일하고, 우리 자신과 가족을 부양하기 위해 노력한다. 스트레스는 자연적 동인이 될 수 있다. 그러나 결국엔 우리를 완전히 압도하고, 우리는 삶의 많은 영역에서 활동을 정지하게 될 것이다.

그러나 하나님은 약속하신다. 만일 우리가 우리의 짐과 스트레스를 그분께 맡기면, 그분은 우리를 지탱하시고 우리의 삶과 환경에 안정을 가져다주실 것이다.

우리가 지치고 무거운 짐을 지고 있다고 느낄 때 예수님은 당신께 우리의 짐을 맡기라고 초청하신다(마 11:25-30을 보라). 우리의 짐을 맡아주시면서, 그분은 화를 내거나, 요구하거나, 벌을 주시지 않는다. "온유하고 겸손한 마음"으로 하신다. 우리가 그리스도와 함께 멍에를 멜 때, 그분은 짐을 지시고 우리는 그분과 동행하는 복을 받는다.

너희는 가만히 있어 내가 하나님 됨을 알지어다(시 46:10).

침묵하는 것을 배우고 가만히 있는 것을 배우라. 성경은 예수님이 종종 홀로 하나님과 함께하기 위해 한적한 곳으로 가셨다고 말한다(눅 5:16).

삶에서 예수님이 하신 것보다 더 많은 일을 하라고 우리를 부추기는 것은 무엇인가?

우리는 의도적으로 속도를 늦추고, 우리의 마음과 정신과 영을 안정시키고, 하나님의 고요하고 조용한 목소리를 듣는 태도와 습관을 길러야 한다.

7 기도 첫걸음

> 오, 주님!
> 우리에게 모든 것을 공급하시는 주님을 찬양합니다. 우리는 너무나도 자주 우리의 삶 속에서 주님이 행하셨던 일과 행하시고 있는 일을 잊습니다. 주님께서 _____ 님을 도우시고 그가 겪고 있는 스트레스를 풀어 주시길 간구합니다. 주님께서는 우리가 짐을 주님께 맡기면, 그 짐을 책임지고 맡아주시겠다고 말씀하셨습니다. _____ 님이 주님으로부터 멀어지게 만드는 스트레스와 압박감을 내려놓을 수 있도록 확신을 주시옵소서. 주님의 눈을 통해 세상을 보도록 도와주시옵소서. 스트레스가 _____ 님의 삶을 주관하고 있습니다. 스트레스를 유발하는 모든 영역에서 주님이 통치하시길 기도합니다. 주님의 은혜를 믿지 못했던 순간들을 용서해 주시옵소서.

8 추천 자료

추천 도서

Colbert, Don. *The Biblical Cure for Stress*. Siloam, 2002.
Coty, Debora. *Too Blessed to Be Stressed: Inspiration for Climbing Out of Life's Stress-Pool*. Barbour, 2011.
Hagar, W. David, and Linda C. Hagar. *Stress and the Woman's Body*. Revell, 1996.
Hart, Archibald D. *Adrenaline and Stress: The Exciting New Breakthrough That Helps You*

Overcome Stress Damage. Thomas Nelson, 1995.

Jantz, Gregory. *How to De-stress Your Life*. Revell, 2008.

McGee, Robert. *The Search for Significance*. Thomas Nelson, 2003.

Meyer, Joyce. *Straight Talk on Stress*. Hachette, 2003.

Pierce, Pam, and Chuck D. Pierce. *The Rewards of Simplicity: A Practical and Spiritual Approach*. Baker, 2009

Powlison, David. *Stress: Peace amid Pressure*. Resources for Changing Lives, 2004.

Ronsisvalle, Mike. *Stress Relief for Life: Practical Solutions to Help You Relax and Live Better*. Siloam, 2011.

Whiteman, Thomas, and Randy Petersen. *Stress Test: A Quick Guide to Finding and Improving Your Stress Quotient*. Pinon, 2000.

Winter, Richard. *Perfecting Ourselves to Death: The Pursuit of Excellence and the Perils of Perfectionism*. InterVarsity, 2005.

추천 웹사이트

About.com: www.stress.about.com/od/stressmanagementglossary/g/Chronicstress.htm

American Psychological Association: www.apa.org/helpcenter/understandingchronic-stress.aspx

Mayo Clinic: www.mayoclinic.com/health/stress/AN01286

35 공동의존과 독이 되는 관계

1 상황 묘사

- 줄리는 이제 할 만큼 했다. 그녀는 또다시 알코올 중독에 빠진 남자친구 데릭이 집에 무사히 도착하기를 기다리며 밤을 새웠다.
"이제 끝이야."
그녀는 마침내 데릭이 새벽 5시에 문으로 걸어 들어오자 이렇게 외쳤다.
"이제 더는 걱정도 하기 싫고 돌봐 주기도 싫어. 우리 관계는 여기서 끝이야."
그녀는 되는 대로 짐을 싼 후, 데릭에게 다시는 돌아오지 않을 거라고 자신에게 약속하며 친구 집으로 떠났다. 3일 후, 음주 운전으로 세 번째 체포된 데릭은 줄리에게 전화했다. 그는 그녀가 보석금을 내주면 앞으로 달라지고 중독 치료도 다시 받겠다고 약속했다.
그녀는 그에 대해 책임감을 느끼고, 친구의 반대에도 불구하고 구치소로 그를 데리러 간다. 실망스럽고 의심스럽기는 하지만, 줄리는 그가 약속한 회복에 일부분 영향을 끼치고 있는 것 같다는 생각에 들떠 있는 자신을 발견한다.

- 에이미는 남자친구 없이 4주 이상을 지내본 적이 없다. 그녀는 가장 최근에 매력적인 사업가인 조와 사귀었다. 그들은 석 달을 뜨겁게 보낸 후 아주 안 좋게 헤어졌다. 그녀는 자신이 이번에는 틀림없이 이전과는 다른 진정한 사랑에 빠진 것이라고 확신했었다. 그러나 독신 생활의 현실이 지속되면서, 에이미가 억누르고자 했던 깊은 외로움은 조를 향한 그녀의 그리움을 빠르게 덮어버렸다. 또다시 에이미는 친밀한 관계에 대한 깊은 욕구를 채워 줄 수 있는 누군가를 찾으러 밖으로 나간다.

- 빌은 두 아이를 돌보기 위해 열심히 일하는 아버지다. 10년 전에 그와 전처는 요란스럽게 이혼했다. 이혼하고 3년이 지난 후에 빌은 고등학교 시절 잠시 사귀었던 다이애나를 동문회에서 다시 만나 그녀에게 푹 빠지게 되었다. 그들의 결혼 생활은 아주 잘 시작되었다. 빌은 다시는 이혼하지 않겠다고 맹세했다.

그러나 지난 몇 달 동안 빌은 다이애나가 처방 약과 알코올을 과다 복용해서 자신을 통제하지 못하는 상황을 지켜봤다. 빌은 다이애나가 그런 문제를 가지고 있다는 것을 알지 못했었다. 그 문제가 결혼 생활에 혼란을 일으키기 전까지는 말이다.

다이애나는 중독으로 인해 직장과 많은 관계를 잃었음에도 상담이나 재활 치료를 거부한다. 아이들의 안전을 걱정하면서도, 빌은 자신이 어떻게 이런 실패할 수밖에 없는 관계에 다시 빠지게 되었는지 이해할 수가 없다. 그러나 도움을 구하는 대신에 빌은 그녀가 나아지겠다고 약속할 때마다 계속해서 그녀의 보석금을 내주고, 돈을 주고, 믿어 준다.

2 정의와 주요 개념

- "공동의존(Co-dependency)이라는 용어는 약물 남용 치료 영역에서, 특히 알코올을 남용하는 남편을 둔 아내들을 지칭하면서 처음으로 만들어졌지만, 최근에는 다른 사람들과 역기능적으로 관계 맺고 있는 방식을 일반적으로 묘사할 때 사용된다."[1]
- "공동의존적인 사람들의 기본적 특징은 실패 후의 무력감과 같은 부정적 결과에 직면할 때조차도, 자신들뿐 아니라 다른 사람들의 행동과 감정을 통제하고 영향을 끼치는 것 같은 능력에 계속해서 자부심

---

1 L. L. Stafford, "Is Co-dependency a Meaningful Concept?" *Issues in Mental Health Nursing* 22, no. 3 (2001), 279.

을 느낀다는 것이다."[2]
- 공동의존은 한 사람은 관계를 형성하고자 노력하지만, 상대는 그렇지 않은 때이다.
- 공동의존적 관계는 사람들의 필요가 역기능적 방식으로 충족되는 관계이다.[3]
- 4,000만 명의 미국인이 공동의존으로 분류되는데, 대다수는 여성이다.[4]
- 공동의존의 중심에는 구원하고 해결하고자 하는 불안정한 필요가 존재한다. 공동의존자는, 만약 자신이 이 상황에서 누군가를 구원하거나 그 사람의 문제를 해결한다면, 자신은 필요한 존재라는 논리를 갖는다. 공동의존에는 종종 자신이 받아들여지고 필요한 존재가 되어야 한다는 강력한 욕구가 동반되기 때문에, 공동의존자의 역기능적 순환은 반복된다.
- 공동의존의 원인은 가족 관계일 때가 많다. 이런 가족 구조는 감정과 욕망, 욕구를 억제한다는 특징을 갖는다. 이런 것들이 감춰질 때, 그 가족은 계속되는 문제를 견뎌낸다. 이런 유형의 가족 구조에서 **남용과 중독은 심화되고**, 가족 구성원들은 다뤄지지 않은 분노와 수치심, 두려움을 갖기 시작한다.
- 사람들의 관계 속에서 밀착(enmeshment)이 발생할 수 있다. 이 용어는 "우리의 정체성, 가치관, 자존감, 행복감, 안전감, 목적의식, 안정감을 위해 다른 사람을 [이용하는 것]으로 정의된다. 두 명의 [건강한 개인] 대신에 우리는 하나의 정체성이 된다. … 우리의 온전성은 다른 사람으로부터 비롯된다."[5] 개인의 경계는 쉽게 허물어지고 모호하게 정의된다.

2　C. A. Springer, T. W. Britt, and B. J. Schlenker, "Co-dependency: Clarifying the Concept," *Journal of Mental Health Counseling* 20, no. 2 (1998), 141. www.search.ebscohost.com.ezproxy.liberty.edu:2048/login.aspx?direct=true&db=a9h&AN=564232&site=ehost-live&scope=site.

3　P. E. O'Brien, and M. Gaborit, "Codepedency: A Disorder Separate from Chemical Dependency," *Journal of Clinical Psychology* 48, no. 1 (1992), 131.

4　C. Hughes-Hammer, D. S. Martsolf, and R. A. Zeller, "Depression and Co-dependency in Women," *Archives of Psychiatric Nursing* 12, no. 6 (1998), 327. www.ncbi.nih.gov/pubmed/9868824.

5　A. J. Mahari, Enmeshment, Co-dependency, and Collusion, www.soulselfhelp.on.ca/

- 공동의존이 질병은 아니지만, 의존성을 만들어 내는 약물처럼 관계에 의존하게 만드는 중독적 행동 패턴이다.
- 공동의존자에게 개인의 경계는 기본적으로 존재하지 않는다. 혼자라는 생각에 불안감을 느끼는 것이 중요한 요소이다. 그들은 이 불안감을 피하기 위해 무엇이든 할 것이다. 성적, 개인적, 재정적, 감정적 요청이나 요구를 거의 항상 기꺼이 들어준다.
- 공동의존적인 사람은 타인(일반적으로 자신의 삶에서 핵심적인 사람)으로부터 자아존중감을 얻고자 하며, 그 사람의 행위를 통제하고자 집착한다.[6]
- 공동의존은 **학습된 행동 양식**으로 발전하는 경향이 있다. 따라서 공동의존자의 자녀들이 부모의 공동의존적 성향을 인식한다 해도, 나중에 공동의존적 습관을 갖게 될 위험이 크다.[7]
- 공동의존적인 사람은 불안, 위장병, 심장 관련 문제, 피로와 같은, 스트레스와 관련된 신체적 및 정신신체적(psychosomatic) 문제를 갖는 것으로 특징지어질 수 있다.[8]
- 종종 공동의존적인 사람들은 세 가지 규칙을 따르며 산다. 말하지 마라. 느끼지 마라. 믿지 마라.[9]
- 공동의존적인 사람들의 **특징** 중 일부는 다음과 같다.[10]

  - 다른 사람들의 행동에 대한 과도한 책임감
  - 낮은 자존감과 미발달한 자아정체성
  - 그들이 구조할 수 있는 이들을 사랑하기 때문에, 사랑과 동정을 혼동하는 경향

---

coenmesh.html, 2007.
6 P. Stevens and R. L. Smith, *Substance Abuse Counseling: Theory and Practice* (Pearson, 2005), 221.
7 Ibid.
8 Jerry L. Johnson, Fundamentals of Substance Abuse Practice (Thomson, 2004), 142.
9 Ibid.
10 Mental Healthy America, "Factsheet: Co-dependency," Mental Health America, www.nmha.org/go/codependency; www.psychcentral.com/lib/2012/symptoms-of-codependency/.

- 항상 자신의 몫보다 더 많은 일을 하려는 압박감
- 다른 사람들을 늘 기쁘게 해 주려는 노력
- 의존증과 불안, 두려움으로 인한 강박 사고
- 자신의 노력이 인식되지 않았을 때 상처를 받고 예민해지는 것
- 버림을 받지 않기 위해 어떤 대가를 치르더라도 관계를 유지하고자 하는 경향
- 자기 생각을 주장할 때 죄책감을 느끼는 것
- 안전감과 안정감을 느끼기 위해 다른 이들을 통제하려는 강력한 욕구
- 자신과 다른 이들에 대한 신뢰 부족
- 개인적 감정을 식별하는 어려움
- 변화에 대해 경직되고 힘들어하는 반응
- 경계가 부족하고 친밀감으로 갈등하는 것
- 만성적 분노와 거짓말, 부정직
- 빈약하고 역기능적인 의사소통 기술
- 우유부단
- 자신의 행동과 문제를 부인하는 것

• 독이 되는 관계는 남을 교묘하게 조정하고, 자기도취적이고, 지나치게 부정적이고, 판단적이거나 비판적이고, 꿈을 짓밟고, 진실하지 못하고, 무례하고, 절대로 만족하지 않은 사람들과의 관계를 포함한다.[11]

3 진단 인터뷰

1. 당신의 관계 속에서 경험한 일들에 대해 말해 보십시오. 마약이나 알코올, 다른 중독 문제를 갖고 있던 사람과 살았거나 관계를 맺은 적이 있습니까?
2. 자랄 때 당신의 가족 환경은 어땠습니까?

---

11 Sheer Balance, www.sheerbalance.com/brettsblog/8-toxic-personalities-to-avoid/.

3. 당신은 무슨 수를 쓰더라도 다른 사람들의 문제를 바로잡거나 그들이 처한 상황에서 그들을 구조하기 위해 애쓰고 있는 자신을 발견한 적이 있습니까?

   어떤 대가를 치르더라도 다른 사람을 도와야 한다는 책임감을 느끼십니까?
4. 당신은 당신의 삶과 관계 속에서 '아니'라고 말하거나, 적절한 경계를 설정하는 일에 어려움을 느끼십니까?
5. 당신은 감정이나 의견을 표현하는 데 어려움을 겪습니까?

   당신은 논쟁을 피하려고 침묵을 지킵니까?
6. 당신의 개인적 정체성을 묘사해 주십시오. (만일 내담자가 다른 사람을 사용하여 자신을 정의한다면 주목하라.)
7. 다른 사람들이 당신에 대해 어떻게 생각하는지에 집착하게 됩니까?
8. 당신은 실수할 때마다 남의 시선을 의식하거나, 무능하거나, 나쁜 사람이 된 것처럼 느끼십니까?
9. 자신을 주장하는 데 어려움을 겪었던 적이 있습니까?

   그렇게 한 것에 대해 이기적이거나 잘못했다고 느꼈습니까?
10. 당신은 도움을 청하는 것을 어려워합니까?
11. 당신은 실수할 때 어떤 기분이 듭니까?

    당신이 실수할 때 사람들이 당신을 부정적이거나 긍정적으로 본다고 생각합니까?
12. 삶에서 어떤 관계 속에 갇혀 있다고 느낍니까?

    만일 그렇다면, 그 사람과의 상호관계 속에서 가장 두드러지는 감정은 무엇입니까?

    그 사람이 당신의 삶에 더는 존재하지 않는다면 당신의 인생은 어떨 것 같습니까?
13. 당신에게 해를 끼칠 수 있는 관계임에도 불구하고 당신은 관계 속에서 지나치게 순종적이지 않습니까?
14. 상처받기 싫어서 당신의 생각과 감정을 억누르고 있지 않습니까?
15. 당신은 자신을 보호하고 다른 이들과의 거리를 유지하는 방법으로 (감정적, 육체적, 정신적, 성적으로) 친밀해지는 것을 피합니까?

16. 결정을 내리는 데에 어려움을 느끼십니까?
17. 5년 후에 당신 모습은 어떨 것 같습니까?
 그때 당신의 삶이 어떻게 되기를 기대하십니까? (개인적 정체성에 대해 혼란스러워하거나 불안해하는 징후가 있는지를 살펴보라)

4 지혜로운 상담을 위한 조언

공동의존은 질병이라기보다는 중독적이고 역기능적인 행동 패턴으로 간주한다. 공동의존은 약물이나 재활 치료로 고쳐질 수는 없지만 적절한 개입으로 다뤄질 필요가 있다. 그러나 공동의존은 침투성이 있고 잠재적으로 관계에 영향을 끼치기 때문에 주의가 필요하다. 이 문제의 증상들은 독특한 과제를 안길 수 있다. 사람들은 다양한 방식으로 공동의존을 나타내지만, 기본적으로 두 가지 방식(도와주는 것 [helping]과 가능하게 하는 것 [enabling])이 있다.

만일 공동의존적인 사람이 주로 조력자의 역할을 한다면, 그 사람은 다른 사람의 필요를 채워 주는 것에 끊임없이 관심을 둘 것이다. 만일 공동의존적인 사람이 주로 가능자의 역할을 한다면, 그 사람은 중독자를 보호하는 것을 목표로 하면서, 계속해서 해로운 행위를 하도록 허용할 것이다.

공동의존적인 사람들은 아마도 하룻밤 사이에 변하지 않을 것이다. 그들은 대개 이런 행동을 어린 시절부터 오랜 시간에 걸쳐 학습했기 때문이다. 그들의 삶의 패턴은 공동의존성을 촉진하는 가족 환경에 의해 영향을 받아 왔다. 따라서 그 회복의 과정에서 인내심을 갖는 것이 필요하다.

공동의존적인 사람들은 다른 이들과의 관계 속에서 목적을 찾고, 그들을 구원하고 바로잡는 일을 통해 존재의 의미를 느끼기에, 이러한 역학관계에서 비롯되는 보상 체계를 제거하는 것이 매우 어렵다. 변화를 위해서는 공동의존의 건강하지 못한 측면이 신중하게 다루어져야 한다.

공동의존적인 사람들은 그들의 정체성과 목적의식을 하나님 안에서 찾는 법을 배워야 한다. 그들을 향한 하나님의 사랑의 견고한 토대를 쌓는 것이 중요하다: 하나님은 그들이 관계 속에서 건강하기를 원하신다. 공동의존은 어떤 점에서 우상 숭배처럼 될 수 있다. 관계가 하나님을 대신하기 때문이다.

내담자를 위한 행동 단계 | 5

1) 당신의 정체성을 그리스도 안에 세우라

- 이것은 가장 중요한 단계이다. 공동의존의 문제는 그것이 당신의 정체성과 가치를 위해 다른 사람을 의존하도록 만든다는 것이다. 그러나 당신의 정체성은 그리스도 안에서 보장된다. 그리스도 안에서는 당신이 어디에 서 있는지 걱정할 필요가 없다. 그분은 당신을 완전히 받아 주신다. 당신을 향한 그분의 사랑은 변함없고 신실하다.
- 당신 자신을 다른 사람들이나 당신의 업적으로 정의하지 말고, 하나님의 말씀을 공부하고 하나님이 당신을 누구라고 말씀하시는지 찾아보라. 그분이 삶의 실패와 수치, 거절의 문제를 치유하는 원천임을 이해하라.
- 당신의 정체성을 내부로부터 찾는 일을 피하라. 우리는 모두 하나님 앞에서 죄인이고, 그분의 용서와 자비, 은혜가 필요하기 때문이다. 하나님은 그분의 완벽한 형상에 따라 당신을 창조하셨고, 그분 안에서 당신은 충만한 삶을 영위할 수 있다. 하나님은 모태에서 당신을 지으셨고 당신을 안팎으로 아주 잘 아신다.

2) 가능자가 되기를 거부하라

- 당신은 자신이 어떤 영역에서 다른 사람과 독이 되는 관계를 맺는지 파악해야 한다. 당신의 삶에 해를 끼치는 그런 행동들로부터 멀어져라.
- 만일 독이 되는 관계 속에 있다면, 그러한 역기능으로부터 어떻게 빠져나올 수 있는지 도움을 청하라. 관계의 역학이 건강하고 균형 잡힌

방향으로 나아가기 전까지 당신은 계속해서 부정적인 결과를 경험할 것이다.
- 더는 피해자로 살지 말고, 생존자로서 과거를 딛고 나아가라. 사랑은 지속적인 역기능적 관계에 대해 '아니'라고 말한다. '예'라는 말이 당신을 학대하는 행위와 더 큰 공동의존으로 이어질 때, '아니'라는 말은 결코 잘못된 것이 아니다.

3) 건강한 경계를 설정하라

- 공동의존적 관계에서 벗어나려면 확고한 경계를 세우는 것이 필요하며, 특히 관계가 시작될 때부터 이런 경계를 설정하는 것이 중요하다. 당신이 책임져야 할 것들과 그렇지 않은 것들을 명확하고 확실하게 표현하는 것은 관계가 공동의존적으로 발전하는 경향을 중재하는 데 도움이 될 것이다.
- 당신이 아무리 깊은 관계 속에 있다 해도, 당신 마음의 깊은 갈망을 충족시킬 사람은 아무도 없다는 사실을 받아들이라. 당신이 사람들을 우상으로 삼아 왔다는 것을 깨달아야 하며, 이러한 경향을 떠나보내기는 쉽지 않을 수 있다.
- 경계를 세우는 일이 처음에는 어렵게 느껴질 것이고, 정체성 없이 길을 잃은 듯한 기분이 들 수도 있다. 힘들어질 때, 하나님의 관점에서 당신의 정체성과 자신감을 확인함으로써 건강한 경계를 세우는 데에 다시 집중하라.

4) 동반 책임 파트너를 찾으라

- 당신의 상담자와 당신의 공동의존적 행동에 영향을 끼쳤을지도 모르는 가족 문제나 원인을 분석하라.
- 지원 그룹을 찾고 당신과 여정을 함께할 동반 책임 파트너를 구하라.

성경적 통찰 | 6

이는 그들이 하나님의 진리를 거짓 것으로 바꾸어 피조물을 조물주보다 더 경배하고 섬김이라 주는 곧 영원히 찬송할 이시로다 아멘(롬 1:25).

출애굽기 말씀은 하나님이 모세에게 주신 첫 번째 계명이다. 그것이 처음에는 주제에 적용되지 않는 것처럼 보일 수 있지만, 아마도 공동의존적인 사람이 알아야 하는 가장 중요한 내용일 것이다.

우상 숭배의 행위는 거의 무의식적으로 일어난다. 공동의존적인 사람의 신은 그 관계나 그(녀)가 공동의존하는 사람으로 대체되었다. 타락한 인간의 본성은 하나님 이외에 예배하고 관심을 둘 대상을 찾는다. 건강한 관계에 있는 사람들조차도 하나님보다 다른 사람들과의 관계를 우선시하는 것을 발견할 수 있다.

진리를 알지니 진리가 너희를 자유롭게 하리라(요 8:32).

공동의존적인 사람들의 진실은 종종 감춰진다. 그들은 자신들이 받는 학대와 홀대를 무시하려고 눈가리개를 사용하지만, 대신 하나님으로부터 오는 자신의 가치와 자아존중감도 보지 못하게 된다. 그들은 많은 것에 대해 수치와 죄책감을 느끼며, 정체성은 다른 사람들 속에서 발견된다는 거짓에 묶인 채로 살아간다.

하나님은 실제로 당신의 개인적 정체성에 관심을 두고 계신다. 하나님은 당신에게 그분의 사랑과 자비의 진실을 보여 주시고, 당신의 죄를 덮으시고, 불안감이라는 짐에서 자유롭게 해 주길 원하신다. 그분은 관계 속에서 자신을 충분히 경험할 기회를 우리에게 주시기 위해 십자가에서 돌아가셨다.

당신의 갈망은 그분이 당신을 보시는 것처럼 당신도 자신을 보는 것이 될 것이다. 하나님은 당신을 절대로 학대하지도, 무시하지도, 버리지도 않으실 것이며, 당신에게 거짓을 말씀하지도 않으실 것이다. 그 무엇도 당신을 그분의 사랑에서 갈라놓지 않을 것이다(롬 8:31-39를 보라).

이제 내가 사람들에게 좋게 하랴 하나님께 좋게 하랴 사람들에게 기쁨을 구하랴 내가 지금까지 사람들의 기쁨을 구하였다면 그리스도의 종이 아니니라(갈 1:10).

공동의존적인 사람이 되는 한 가지 중요한 측면은, 당신이 공동의존하는 사람만이 당신을 수용하고 승인할 수 있다고 믿는 것이다. 끊임없이 상대의 승인을 갈구함으로써 당신은 그 사람을 당신 삶의 신과 같은 존재로 만들 수 있다.

사도 바울은 이 말씀에서 복음을 선포하고자 하는 자신의 열정적 헌신에 대해 말한다. 그는 자신이 개척한 갈라디아 교회에서 조롱을 당하고 있다. 거짓 선생들이 들어와 갈라디아인들이 바울에게서 등을 돌리게 했다. 바울은 자신이 사람들의 기쁨을 구하지 않으며, 그들의 방법이나 메시지에 동의하지 않는다고 분명하게 말한다.

공동의존은 하나님이 의도하신 사명과 메시지를 다른 사람이 원하는 것과 바꾼다. 바울처럼 당신은 사람을 기쁘게 하는 것이 아니라 하나님을 기쁘시게 해야 한다. 우리를 위한 하나님의 계획은 우리의 궁극적 삶의 목적을 언제나 충족시킬 것이다.

7 기도 첫걸음

오, 주님!
오늘 _____님을 위해 기도합니다. 주님께서 _____님의 삶 속에서 주인이 되시고 _____님의 길을 인도해 주시길 간구합니다. 하나님, 주님께서 우리에게 허락하신 관계로 인해 감사를 드리며, 주님께서 관계를 위해, 관계 속에서, 관계를 통해서 우리를 창조하셨다는 사실을 고백합니다. _____님의 모든 관계에 균형을 허락해 주시옵소서. _____님이 필요한 경계를 잘 설정하고, 주님이 자신을 사랑하고 용납하고 계심을 깊이 깨닫도록 도와주시옵소서. _____님에게 관계 속에서 필요한 부분을 바꿀 수 있는 확신을 주시옵소서. 우리가 삶에서 구해야 할 것은 주님의 인정임을 압니다.

추천 자료

추천도서

Arterburn, Stephen, and David Stoop. *The Book of Life Recovery*. Tyndale, 2012.

Cloud, Henry, and John Townsend. Boundaries. Zondervan, 1992.

———. *Boundaries in Marriage*. Zondervan, 2000.

Engelmann, Kim V. *Running in Circles: How False Spirituality Traps Us in Unhealthy Relationships*. InterVarsity, 2007.

Groom, Nancy. *From Bondage to Bonding: Escaping Codependency, Embracing Biblical Love*. NavPress, 1991.

Hawkins, David. *When Pleasing Others Is Hurting You*. Harvest House, 2010.

Hemfelt, Robert, Frank Minirth, and Paul Meier. *Love Is a Choice: Recovery for Codependent Relationships*. Thomas Nelson, 1991.

Ramey, Mary. *Adult Children, Adult Choices: Outgrowing Co-dependency*. Sheed and Ward, 1992.

Vernick, Leslie. T*he Emotionally Destructive Relationship: Seeing It, Stopping It, Surviving It*. Harvest House, 2007.

Welch, Edward T. *When People Are Big and God Is Small: Overcoming Peer Pressure, Co-dependency, and the Fear of Man*. P&R, 1997.

추천 웹사이트

Adult Children of Alcoholics: www.adultchildren.org/

Celebrate Recovery: www.celebraterecovery.com/

Codependents Anonymous: www.coda.org/

Mental Health America: www.mentalhealthamerica.net/go/codependency

Recovery Connection: www.recoveryconnection.org/addiction-codependency-treatment/

36 사이비 종교와 주술 신앙

1 상황 묘사

- 마셜은 17세로, 사이언톨로지 신자로 자랐다. 그는 최근에 주립대학교에서 대학 생활을 시작했고, 그의 친구들과 룸메이트가 그에게 기독교를 소개했다. 그는 부모의 사이언톨로지에 대한 신앙과 실천에 의문을 가져본 적이 한 번도 없었지만, 그들의 교리에서 모순점이 보이기 시작하던 중이었다. 마셜은 그리스도인 친구에게 신앙에 대해 많은 질문을 한다.
그리고 자라면서 믿게 되었던 내용과 그리스도인 친구가 살아 내는 삶에서 목격되는 것으로 인해 고심하고 있다. 그가 배우고 있는 성경의 원리들은 그에게 자유와 확신을 느끼게 해 준다. 그러나 만일 사이언톨로지 교회를 떠나기로 선택하면 부모가 자신과의 인연을 끊을까 봐 두려워한다.

- 수는 33세 여성으로 두 자녀를 힘겹게 키우고 있다. 수는 자신과 가족의 사상에 잘못된 신앙과 왜곡된 교리를 심어 준 텍사스주 웨이코에 있는 데이비드 코레쉬(David Koresh)의 본거지에서 자랐다. 비록 연방정부의 포위하에 그녀의 부모와 형제를 죽게 만든 총격전이 발생하기 전 그녀는 감금되었던 데이비드 본거지에서 탈출했지만, 그녀는 관계 속에서 어머니로서 정상적으로 기능하는 데 여전히 어려움을 겪고 있다. 그녀는 자신의 어려움을 진정으로 이해해 주는 사람이 주위에 아무도 없다고 느낀다.

- 맥스는 엄격한 종교적 가정에서 자랐다. 그는 종종 부모의 신앙에 대해 의문을 품긴 했지만, 그들에게 도전한 적은 없었다. 맥스는 19세

때 매우 똑똑하지만 홀로 지내는 제러드를 알게 되었다. 그는 오컬트에 관여하고 있었는데, 이것은 맥스의 호기심을 유발했다.

제러드와 그 집회에 참여하는 다른 이들로부터 배운 내용이 맥스에게 잘 맞는 것 같았고 품고 있던 많은 질문에도 답을 줬다. 부모의 엄격한 종교 예식들은 그에게 소외감을 느끼게 했는데, 그 집회에 참여할 때는 소속감과 만족감을 느꼈다. 얼마 후 맥스는 제러드와 다른 회원들과 함께 사탄 의례에 참여했고, 그 모임 활동에 참여하는 것 외에는 어떤 관심도 두지 않았다.

2 정의와 주요 개념

1) 사이비 종교(Cult)

- "사이비 종교는 종종 문화의 주류에서 벗어나는 이상한 신앙을 가진 종교 집단으로 이해된다."[1]
- 오늘날 가장 흔한 사이비 종교는 모르몬교, 여호와의 증인, 사이언톨로지, 유니테리언 교회 등이다.
- 일반적으로 사이비 종교에 소속된 사람들은 자신의 종교가 사이비 종교라고 생각하지 않는다. 그들은 그 집단이 적법하고 건강하다고 느낀다. 사람들은 삶에서 의미를 찾고, 사회 변화의 일부가 되고, 만족감과 행복감을 경험하기 위해 그런 집단에 입회한다.[2]
- 사이비 종교는 세상은 나쁘거나 악하고, 자신들은 선하고 순수하다는 메시지를 전달한다. 그들은 자신들이 선하고 순수한 것을 제공할 수 있다고 말하면서 다른 사람들에게 자신들의 집단에 참여하라고 부추긴다. 많은 주류 종교 단체도 이러한 견해를 갖고 있지만, 사이비 종

---

[1] E. Stetzer, "Mormonism, Cults, and Christianity," Lifeway Research, last modified October 8, 2011, www.edstetzer.com/2011/10/mormonism-cults-and-christiani.html.

[2] J. D. Salande and D. R. Perkins, "An Object Relations Approach to Cult Membership," *American Journal of Psychotherapy* 65, no. 4 (2011), 381-91.

교는 종종 구성원들에게 두려움을 조장하고 엄격한 규율을 고수하기 위해 극단적 방법을 사용한다.³
- 많은 사이비 종교는 그들의 구성원을 통제하려고 사용하는 독특한 방법들을 갖고 있다. 그중에는 "강제, 협박, 위협, 신체적 및 언어적 학대, 속임, (리더십의) 거짓, 성적 폭력, 격리, 친구와 가족으로부터의 분리, 개인 재산 몰수"가 있다.⁴
- 사이비 종교에서 심리 조작 기술이 종종 발견된다.⁵

  - 격리: 사회와 모든 관계로부터 물리적으로 분리하여 현실성을 잃도록 유도한다.
  - 정신 조종: 얄팍하게 꾸민 명상을 통해 피암시성이 높은 상태를 만든다.
  - 동료로부터 받는 압력: 소속되고자 하는 자연스러운 욕구를 부당하게 이용하면서 의심과 저항을 억제한다.
  - 애정 공세: 포옹, 입맞춤, 터치, 아첨을 통해 거짓된 가족 의식과 소속감을 만들어 낸다.
  - 사생활 부족: 사적인 생각을 막음으로써 평가하는 능력을 없앤다.
  - 수면박탈과 피로: 정신적 및 신체적 활동을 오랫동안 지속하고 충분한 휴식과 수면을 허락하지 않음으로써 정신적 혼란과 취약성을 만든다.
  - 게임: 지시를 받을 수밖에 없는 모호한 규칙으로 진행되는 게임에 참여하게 함으로써 집단에 대한 의존도를 높인다.
  - 메타 커뮤니케이션: 길고 혼란스러운 강의에서 특정한 단어나 구를 강조하면서 잠재의식 메시지를 주입한다.
  - 질문 통제: 권위에 대한 모든 질문이나 도전을 방해함으로써 신앙을 기계적으로 받아들이도록 만든다.

---

3 Ibid.
4 Ibid., 382-83.
5 Christian Apologetics and Research Ministry, www.carm.org/cults-outline-analysis.

- **혼란스러운 교리**: 맹목적으로 수용하고 논리를 거부하도록 만들기 위해 이해할 수 없는 교리에 대해 복잡하게 강의한다.
- **이전 가치에 대한 거부**: 이전 가치와 신앙을 계속해서 포기하게 만들면서 새로운 삶의 방식을 받아들이게 한다.
- **고백**: 가장 사적인 비밀과 두려움을 공유하게 함으로써 인격적 자아를 무너뜨리고, 새로운 가르침에 대한 취약성을 높이고, 새로운 회원들의 약점을 드러낸다.
- **죄책감**: 이전 생활 방식의 죄를 과장하면서 영원한 구원에 대한 가르침을 강화한다.
- **두려움**: 아주 작은 "부정적" 생각이나 말, 행위에 대해서도 영혼이나 생명, 신체를 위협함으로써 집단에 대해 계속해서 충성하고 복종하게 만든다.
- **구호와 노래**: 비-사이비 종교적 사상을 직면할 때 사고를 좁게 만드는 구호나 구절을 반복하게 요구함으로써 비-사이비 종교적인 것이 들어오지 못하게 차단한다.
- **억제 부족**: 아이 같은 행동을 조장함으로써 성인의 책임을 다하지 못하도록 부추긴다.
- **식습관의 변화**: 저단백식을 통해 중추신경계에 필요한 영양분을 허용하지 않음으로써 쉽게 감정적으로 흥분하게 만든다.
- **통제된 승인**: 비슷한 행동에 대해 상을 줬다 벌을 줬다 함으로써 계속 취약하고 혼란스럽게 만든다.
- **옷**: 집단의 복장 규정에 맞추도록 요구하면서 개성을 없앤다.
- **과시적 위계**: 승진, 권력, 호의, 구원을 약속함으로써 사이비 종교의 권위에 순응하도록 만든다.
- **힐난**: 다른 집단들과 외부 세상의 결점을 지적하면서 잘못된 정당성(sense of righteousness)을 심어 준다.
- **관계 대체**: 사이비 종교 결혼과 가정을 지정해 주고 외부 세상과의 접촉과 소통을 막음으로써 사이비 종교에 들어오기 전의 가족 관계를 파괴한다.

- **재정적 헌신**: 집단에 모든 재산을 기부하여 과거와의 모든 인연을 끊게 함으로써 집단에 대한 의존도를 높인다.

• 사이비 종교의 유형들[6]

- **종교적 사이비 종교**: 이들 집단은 고유한 의례들과 의식들을 사용할 수 있지만, 모든 것은 다양한 형태의 정신 조종을 포함한다. 특정한 사람이나 사상에 헌신하거나 그 대상을 지나칠 정도로 예배하는 공통적인 신앙 체계를 활용한다.
- **상업적 사이비 종교**: 종종 "탐욕의 사이비 종교"라고 불리는 이들 집단은 당신이 그들의 사상이나 프로그램을 따르면 어떤 유익(성공, 권력, 영향력, 재정적 보상 등)을 얻을 것이라고 약속한다. 정신 조정 기법이 사용된다.
- **자기 도움 사이비 종교**: 이들 집단은 종종 사업가들과 기관들을 목표로 삼아, 강의와 세미나를 제공하며, 강렬한 감정과 카타르시스를 경험하게 만드는 것을 전문으로 한다. 개념들은 종교적 색채로 공유되고 끝이 없어 보이는 연속적 행사와 책, 비디오를 통해 전달된다.
- **정치적 사이비 종교**: 이들 집단은 많은 사람을 모집하고 문화에 영향력을 끼치기 위해 정신을 조정하는 정치적 수사와 불안, 창의적 개념을 사용한다. 그들은 종종 목표를 달성하기 위해 다양한 매체를 통해 일한다. 독일의 나치와 러시아의 스탈린주의는 권력을 획득한 사이비 종교의 예가 될 수 있다.
- **이교 종교**: 이들 집단은 다신론적이고 특정 문화와 사람들에게 고유하다. 그리고 '이교도'와 비그리스도인, 또는 아브라함을 기원으로 하는 신앙 전통(유대교, 기독교, 이슬람) 밖에서 광범위하게 정의된다. 예를 들어, WICCA(Witches International Coven Council Association, 마녀국제협의회연합)는 이러한 유형 중에서 가장 잘 알려진 단체 중 하나이다. 그들은 다양한 이교 종교를 대표하고, 그들의 추종자들은 마법, 주술, 의식

---

[6] How Cults Work, www.howcultswork.com/.

및 의례적 '마법'을 행한다.

- 결과가 **다르다**는 것도 사이비 종교와 주류 종교 집단의 차이점이다. 사람들은 그들이 찾고자 하는 모든 것을 주류 집단에서 반드시 찾는 것은 아니기에 그 집단을 떠나 다른 곳을 찾아갈 수도 있다. 그러나 사이비 종교는 더 큰 손상을 입힌다. 사이비 종교를 떠난 사람들의 공통 특징은 그들이 그 집단에 들어가기 전보다 훨씬 더 악화되었다는 것이다.[7]
- 한 개인이 결국 사이비 종교를 떠나게 되는 데에는 몇 가지 이유가 있다. 다음은 관찰된 네 가지 요인이다.[8]

    - 그 사람이 그 집단에서 강제한 격리로부터 어떤 형태로든 벗어나게 된다.
    - 그 사람이 다른 집단이나 다른 사람과 교육적이거나 교리적 관계를 맺게 된다. 이것은 특정 집단이나 사람이 그들의 충성심을 받을 자격이 있는지에 대한 혼란을 초래한다.
    - 그 사람은 그 집단이 사회적 변화를 가져오지 않았거나 앞으로 그렇지 않을 것이라는 사실을 깨닫게 된다.
    - 그 사람이 지도자의 사상이나 행동에서 일관성이 없음을 보게 된다.

- "[버지니아주 리치먼드에 소재한 버지니아 코먼웰스대학교의 사회학 교수인] 브롬리(Bromley)는 **탈퇴 과정**을 세 단계, 즉 **불만**(disaffection), **촉발 사건**(precipitating event), **분리**(separation)로 나눈다.

    불만은 의심으로 특징지어진다. 이런 의심은 억압이나 회피로 관리되지만, 쉽게 사라지지 않는다. 이 단계의 사람들은 그 집단의 활동에 참여하지 않거나 거리를 두기 시작할 수 있다.

    촉발 사건은 분명한 행동을 유발하는 사건이다. 촉발 사건은 그룹의

---

7   Salande and Perkins, "An Object Relations Approach to Cult Membership, 381-91.
8   B. Robinson and E. M. Frye, "Cult Affiliation and Disaffiliation: Implications for Counseling," *Counseling and Values* 41, no. 2 (1997), 166-74.

- 다른 사람들에게는 사소한 일로 보일 수 있지만, 이 사람들에게는 해결되지 않은 불만을 구체화하고 그 집단에서 공식적으로 탈퇴할 이유를 제공하는 사건이 된다."[9]
- 사이비 종교를 떠난 구성원들은 해리성 성격 장애를 나타낼 수 있다. 그들은 사이비 종교에 들어가기 전의 자신의 모습과의 단절을 경험한다.[10]
- 그 사람들에게는 가족 **상담과 관계 형성**이 필요할 것이다. 그 사람은 사이비 종교에 들어가기 직전, 가족과 모든 의사소통을 중단했을 것이다. 사이비 종교에 들어가기 전에 있었던 가족 문제를 다루는 것은 중요하다. 그리고 사이비 종교에 들어갔기 때문에 일어난 문제들도 다뤄질 필요가 있다.[11]
- 종종 사이비 종교와 그 지도자를 향한 깊은 분노의 감정이 있다.[12]

2) 주술 신앙(Occult)

- 주술 신앙이라는 용어는 '감춰진'이라는 의미의 라틴어 단어인 오쿨투스(occultus)에서 유래한다.[13]
- "주술 신앙은 인간의 힘을 강화하거나, 악한 힘으로부터 보호하거나, 미래를 예측하는 것을 목적으로 하는 마법, 점성술, 연금술, 신지학, 심령술과 같은 초자연적 지식과 힘에 대한 신앙이다."[14]
- 오늘날의 주술 신앙은 고대 사회에서 사용했던 비밀 지식이나 의식을 배우는 것과 관련이 있다.[15]
- 주술 신앙은 대개 사탄과 관련된 것으로 이해되기 때문에, 적의 본질 또한 반드시 고려되어야 한다. 사탄은 타락하기 전에 루시퍼로 불

---

9 Ibid., 168.
10 Ibid.
11 Ibid., 171.
12 Ibid., 172.
13 Watchman Fellowship, www.watchman.org/index-of-cults-and-religions/.
14 Columbia Electronic Encyclopedia, "Occultism."
15 Ibid.

렸다. 루시퍼는 빛과 아름다움을 의미한다. 그가 교만으로 인해 하나님보다 위대해지고자 원하기 전에는, "아침의 아들 계명성"이었다(사 14:12). 하나님은 그를 창조하셨고 모든 보석으로 꾸미셨다. 그는 지혜로 가득했고 완전하다고 여겨졌다. 그는 "기름 부음을 받고 지키는 그룹"이었다(겔 28:14). 다음은 그의 이름 중 일부이다.

- 사탄(마 12:26): 히브리어로 '저항자' 또는 '적'을 의미
- 마귀(요 8:44; 히 2:14; 약 3:15-16; 벧전 5:8): 그리스어로 '고소자'와 '중상자'를 의미
- 시험하는 자(마 4:3; 살전 3:5)
- 거짓의 아비(요 8:44)
- 죽음의 세력을 잡은 자(히 2:14): 죄인을 고소하기 때문에 죽음의 권세를 가짐
- 바알세불(막 3:22-23): '똥 더미의 왕' 또는 '파리의 왕'을 의미
- 벨리알(고후 6:15): 문자적으로 '무가치함'을 뜻함
- 악한 자(엡 6:16; 요일 2:13)
- 이 세상의 임금(요 14:30): "이 세상의 신"(고후 4:4)이라고도 불림
- 공중의 권세 잡은 자(엡 2:1-2): 사탄의 영역이 이 땅에 국한되지 않는다는 사실을 뜻함
- 대적과 우는 사자(벧전 5:8)
- 광명의 천사(고후 11:14): 속이는 능력이 있음
- 뱀(창 3:1-14): 교활, 속임, 거짓을 뜻함

- 사탄의 위계: "우리의 씨름은 혈과 육을 상대하는 것이 아니요 통치자들과 권세들과 이 어둠의 세상 주관자들과 하늘에 있는 악의 영들을 상대함이라"(엡 6:12).

  - 통치자들/군주들은 그리스어 단어인 아르카이(*archai*)에서 유래하며 (단 10:13, 20에서 "바사 왕국의 군주"와 "헬라의 군주"를 언급하듯이) 이 땅의 나라들과 여러 지역을 지배하는 높은 지위의 사탄을 가리킨다.

- **권세들**은 그리스어 단어 **엑소우시아**(*exousia*)에서 유래하며, 초자연적 통치와 자연적인 통치 모두를 함축한다.
- **주관자들/세상 권력들**은 그리스어 단어 **두나미스**(*dunamis*)에서 유래하는데, 많은 성경학자가 이 단어는 문화와 삶의 특정 영역에 영향력을 끼치기 위해, 한 나라나 지역의 위에서가 아니라 그 내부에서 작용하는 악한 힘을 가리킨다고 이해한다.
- **영들**은 그리스어 단어 **코스모크라토라스**(*kosmokratoras*)에서 유래하고, 대개 정욕, 시기, 교만, 탐욕, 거역 등을 통해 사람들을 억압하는 많은 유형의 악한 영들을 가리킨다.

• 전쟁의 수준

- **우주적 대립**(cosmic conflict): 한 편에는 창조주와 그의 신실한 천사들, 그리고 다른 한 편에는 사탄 휘하의 악한 영들의 반항적 체계라는 두 그룹 사이에서 계속되는 대립이다.
- **구속 받은 자들에 대한 대립**: 하나님은 동산에서 뱀에게 "여자와 원수가 되게 하고 네 후손도 여자의 후손과 원수가 되게"(창 3:15) 하시겠다고 말씀하셨다. 이 전쟁은 우리가 개인적으로 공격을 받기 때문에 직접적인 것이 될 수 있고(예를 들어, 엡 6:16의 불화살), 또는 (마귀가 삶의 문제에 광범위하게 영향을 미칠 수 있다는 것을 우리가 인식하듯이) 간접적인 것이 될 수 있다.
- **잃은 자들에 대한 대립**: 사도 바울은 고린도후서에서 "그중에 이 세상의 신이 믿지 아니하는 자들의 마음을 혼미하게 하여 그리스도의 영광의 복음의 광채가 비치지 못하게 함이니 그리스도는 하나님의 형상이니라"(고후 4:4)라고 말한다. 사탄은 이미 패배했기 때문에 이 전투는 모든 영적 전쟁의 최첨단에 있다.

• 중요한 주술 신앙 수치

- 숫자 1은 태초의 혼돈과 같다.

- 숫자 3은 3번 반복을 의미하며 주문과 의례에 효과적이다.
- 숫자 5는 정의를 상징한다.
- 숫자 7은 주술 신앙 의식에서 신비한 의미를 지닌다.
- 숫자 13은 마녀 집회의 구성원 수로, 구성원들은 13개의 달과 연관된다.
- 탈무드의 계산에서 4 x 4는 마귀 자신의 숫자이다.
- 7 + 9: 이 숫자들의 배수는 마력을 가지고 있다고 믿어진다. 홀수는 행운으로 여겨지고, 3번 반복은 의례에서 특징적으로 사용된다.
- 666은 짐승 또는 적그리스도의 표시이다. 흥미롭게도 숫자에 사용되는 로마 문자를 합산하면 이 수가 나온다.

$$\begin{aligned} D &= 500 \\ C &= 100 \\ L &= 50 \\ X &= 10 \\ V &= 5 \\ I &= 1 \\ \hline &666 \end{aligned}$$

- 중요한 주술 신앙 절기

  - 9월 22일: 추분
  - 6월 21일: 하지
  - 3월 20일: 춘분
  - 12월 21일: 동지
  - 2월 2일: 성축절
  - 4월 30일: 발푸르기스의 밤(Walpurgisnacht)
  - 10월 31일: 삼하인(Samhain, 만성일 [Hallows Eve])
  - 11월 1일: 마녀 축제(Festival of Hecate)

- 중요한 주술 신앙의 색

  - 초: 검은색은 해방 또는 죽음, 빨간색은 성적 의례, 자주색이나 연자

주색은 마술이나 소환을 의미한다.
- 예복: 흰색은 입회 의례나 제물 대상, 빨간색은 성적 의례 때 사용된다. 검은색은 다른 모든 활동에 사용된다.

- 사탄주의는 주술 신앙의 가장 어두운 측면이고 기독교와는 완전히 반대된다. 악마 숭배 의식(black mass), 흑마술, 마약 문화의 측면들, 성적 문란함, 피의 제사는 모두 이 종교에 포함되는 것들이다. 루시퍼는 인격적이고 강력한 악으로 숭배된다. 사탄의 마법이 존재하기는 하지만, 마녀 대부분은 사탄을 개인적으로 숭배하지 않는다고 주장한다. 중심 사상은 쾌락의 추구이다.
- 자칭 사탄주의자들은 많은 경우 섹스, 폭력, 약물 사용, 사탄주의를 시장성 있는 상품으로 취급하는 책을 읽거나, 영화를 보거나, 음악을 듣는 십 대들이다. 이 집단은 그들이 좋아하는 작가나 배우, 록스타를 모방하려고 할 것이고, 그들 자신만의 사탄주의를 만든다. 많은 이가 실제로 사탄을 믿거나 예배하지는 않을 수 있다.
- 종교적 사탄주의자들은 1966년 4월 30일, 샌프란시스코에서 안톤 라베이(Anton LaVey)가 세운 사탄교회의 회원들이다. 그는 백만 부 이상이 팔린 『사탄 성경』(Satanic Bible)과 『완전한 마녀』(The Complete Witch), 『사탄 의례』(The Satanic Rituals)를 저술했다. 사탄교회는 적극적으로 회원들을 찾지 않고, 가입을 원하는 이들을 신중하게 심사한다.
라비에게 사탄은 하나의 상징일 뿐이다. 그는 자신이 "하나님도 믿지 않고 사탄도 믿지 않는다"고 말한다. 그는 초자연적 존재, 사후, 천국, 지옥을 거부한다. 그의 종교의 기본 주제는 자기 주장, 방종, 반체제, 개인의 육체적 및 정신적 본성의 충족이다. 그는 각 사람이 자신이 만든 규칙에 따라 살아야 한다고 믿었다.
- 사탄 사이비 종교: 이들 집단의 존재와 활동 범위에 대한 논쟁이 있기는 하지만, 사탄주의자들이 마약 밀매, 납치, 포르노, 다양한 형태의 희생 제사와 같은 범죄 활동에 관여하고 있다는 주장이 제기되고 있다. 그들은 활동과 다른 사이비 종교 회원들과의 관계에 있어 잘 눈에 띄지 않는 경향이 있다.

- 사탄 사이비 종교에 속한 이들의 전형적 특성은 다음과 같다.
  평균 이상의 지능, 대개 창의적이며 호기심이 많음, 약물 복용자이거나 낙제생일 가능성이 큼, 대개 남성, 보통 십 대나 청년에서 시작, 중상층 가정 출신, 낮은 자존감, 인간관계의 어려움, 외톨이거나 고립
- 적극적으로 사탄 사이비 종교에 참여하고 있다는 징후는 다음과 같다.
  판타지와 역할극 게임에 몰입, 헤비메탈, 블랙메탈, 또는 트래쉬메탈에 몰입, 마술 관련 도서, 마법, 이교주의, 사탄주의, 마법서, 주문이나 의례에 사용되는 물건들, (점점 가늘어지는 형태를 지니거나 인간의 형상을 한) 초, 촛대, 향, 칼, 5각 별 모양, 뒤집힌 5각 별 모양, 뒤집힌 십자가와 숫자 666, 상징적 보석, 약물 사용(일반적으로 향은 일부 약물의 냄새를 감추기 위해 사용된다),
  이유가 밝혀지지 않은 편집증이나 세상에 대한 두려움, 검은색과 죽음이라는 주제에 대한 집착, 지나친 비밀(무언가에 대해 말하기를 거부하고, 물건들을 숨기고, 반응이 없는 것처럼 보이는 것), 그 집단에 속한 다른 이들이 초자연적으로나 다른 방식으로 알게 될 것이라는 믿음 때문에 사이비 종교에 관여하고 있다는 것을 말하기 두려워하는 것.

- **의례적 학대**는 아이들과 청소년들, 성인들에 대한 잔인한 학대의 일종으로, 의례 사용을 포함한 신체적, 성적, 감정적, 정신적 학대를 포함한다. 여기서 사용되는 "의례"가 반드시 사탄 숭배를 의미하는 것은 아니다. 그러나 구조된 많은 사람은 그들이 **사탄 숭배의 일부로서**, 그리고 사탄 신앙과 실천을 가르치기 위한 목적으로 의례적으로 학대를 당했다고 진술한다.
  의례적 학대가 하나의 사건을 의미하지는 않는다. 의례적 학대는 대개 장기간에 걸친 반복적 학대이다. 신체적 학대는 가혹하며, 때로 고문과 살인까지 포함한다. 성적 학대는 대개 고통스럽고 가학적이고 굴욕적이다. 이는 피해자에 대한 지배력을 얻기 위한 수단으로 쓰인다. 정신적 학대는 파괴적 의례와 세뇌를 사용한다. 정신 조종 기법, 환각제, 또한 사이비 종교 일원들의 테러 협박과 악령을 옮긴다는 협박을 포함한다.

- 피해자들의 공통된 믿음: 빠져나갈 수 없다, 사이비 종교가 나를 완전히 통제한다, 나는 나 자신을 지킬 수 없다, 사이비 종교가 나의 유일한 "진짜" 가족이다, 기억은 위험하다, 폭로는 위험하다, 사탄은 하나님보다 강하다, 하나님은 나를 사랑하지 않는다, 하나님은 내가 벌 받기를 원한다, 나의 인생은 사탄이 통제한다, 나의 삶은 사탄에게 바쳐졌다.

3 진단 인터뷰

1. 그 집단에 의해 사용되었던 일부 규정을 설명해 주십시오.
2. 그 집단에 들어가기 전에 당신이 즐겼고 지금도 했으면 하는 일들은 무엇입니까?
3. 그 집단을 떠나기 전에 어떤 감정을 느끼셨습니까?
   분노, 두려움, 불안, 슬픔과 같은 어떤 강한 감정을 느꼈습니까?
4. 처음 그 집단에 들어갔을 때, 당신은 어떤 부분 때문에 그 집단에 소속되기를 원했습니까?
5. 당신이 그 집단에 소속되면서 잃게 된 관계 중 되돌리고 싶은 관계가 있습니까?
6. 당신이 당했던 정신적 및 감정적 속임수의 유형은 무엇이었습니까?
7. 하나님, 기독교, 그리스도의 죽음과 부활, 영원, 천사와 악마, 성경과 관련한 당신의 신앙에 대해 말씀해 주십시오.
8. 당신은 주술 신앙 집단이나 활동에 참여한 적이 있습니까?
   만일 그렇다면, 당신의 경험을 자세히 이야기해 주십시오.
9. 학대를 당한 적이 있습니까?
   다른 사람을 학대하거나 유린한 적이 있습니까?
10. 당신이 사이비 종교나 주술 신앙 집단에 속해 있을 때 행했던 과거의 행위를 완전히 포기했습니까?
    그 집단의 일원으로서 행했던 죄를 회개하고, 하나님의 용서를 구하고, 당신의 죄를 덮어 달라고 간구했습니까?

11. 참석하기를 원하는 좋은 교회를 찾았습니까?
　　그들은 성경의 진리를 가르칩니까?
　　다른 신앙인들과 교제하고 있습니까?

지혜로운 상담을 위한 조언　4

만일 당신이 사이비 종교나 주술 신앙의 문제가 있는 사람과 상담을 하고 있다면, 내담자는 그 집단을 떠나려고 하거나 이미 떠났을 가능성이 크다는 사실을 기억하라. 현재 사이비 종교에 빠진 사람은 도움을 청하기 위해 당신을 만나려고 하지 않을 것이다. 그들은 그 집단이 자신들에게 도움을 준다고 믿기 때문이다. 더 나아가, 그들이 당신을 만나길 원한다고 하더라도 허락을 받을 수 없을 것이다.

사이비 종교나 사탄주의 같은 용어를 사용하거나, 그들의 경험을 최소화하거나 무효화하거나, 특정한 행동으로 그들을 비난하는 것에 조심하라. 내담자들은 권위를 가진 사람을 경계하고 과민할 수 있으므로, 이러한 일들은 그들이 당신을 신뢰하지 못하게 만들 수 있다. 그들은 자신만의 시간표에 따라, 그리고 그들의 경험을 거짓된 사이비 종교 일부로서 인정할 준비가 되어 있을 때 현실로 돌아온다.

사람들은 각기 다른 이유로 사이비 종교에 들어간다. 그러나 한 가지 공통점은, 그들이 자신이 속한 사회적 지원 시스템에서 소속감이 충족되지 못하고 환영받지 못하거나 인정받지 못한다고 느꼈기 때문이다. 그들은 친구가 거의 없거나, 자신이 가족이나 정상적 또래 집단과 맞지 않는다고 느꼈을 수 있다. 물론 예외도 있지만, 그들의 행동과 선택 이면에는 어떤 유형의 상처와 불안이 있다는 것을 인식하는 것이 중요하다.

따라서 그들의 가족 문제를 다루는 것은 상담 과정에서 중요한 역할을 하게 될 것이다. 하지만 이러한 문제들에 대한 논의가 지나치게 과열되지 않도록 주의하라. 한 사람을 사이비 종교로 이끄는 감정들은 원하거나 기대했던 것보다 훨씬 더 불안정한 방식으로 나타날 수 있다. 심리 조작의 결과로 인한 불안은 '집단 사고' 행위로 되돌아갈 가능성을 높일 수 있다.

사이비 종교와 관련된 중요한 문제는 그 집단에 참여함으로써 개인의 정체성과 자유가 박탈된다는 것이다. 사이비 종교 지도자들은 추종자들의 삶을 지배하는 완전한 권위주의적 리더십을 갖기 위해 노력한다.

그들은 협박, 지키기에는 너무 어려운 규칙들, 그런 규칙들을 어겼을 때의 가혹한 결과를 통해 개인의 자유를 박탈한다. 상담 과정에서 내담자들은 적절한 자유와 자기결정권을 회복함으로써 자신의 삶에 대한 통제권을 재확립할 수 있어야 한다. 당신이 이런 부분을 염두에 두면서 상담 과정을 진행해 갈 때 상담자는 독립성을 되찾게 될 것이며, 이 새로운 자유는 더 균형 잡히고 명확한 세계관을 발전시키는 데 도움이 될 것이다.

상담이 진행되면서, 내담자의 집단 사고의 정도가 현저히 감소해야 한다. 그들의 삶을 제한했던 억압이 사라지고 그들의 개성이 다시 나타날 것이기 때문이다. 사이비 종교에 소속된 이들은 모든 사람이 똑같은 기준, 외모, 신앙을 따라야 한다고 세뇌되었다. 그러나 하나님은 우리 모두를 각기 다르고 독특하게 창조하셨다.

5 내담자를 위한 행동 단계

1) 책임을 받아들이고 은혜를 선택하라

- 사이비 종교와 주술 신앙 집단에서 빠져나온 많은 사람은 거짓된 교리와 가르침을 믿고 속은 것에 대한 책임이 전적으로 자신에게 있다고 느낀다. 이것이 사실일 수 있지만, 당신이 과거를 바꿀 수 없다는 사실을 받아들이는 것은 앞으로 나아가기 위해 필수적이다. 빠져나온 많은 사람은 그들이 하나님에게 지나치게 큰 죄를 지었고, 그래서 결코 용서를 받을 수 없거나 되돌릴 수 없다고 생각하게 되었다. 이것은 또 다른 거짓말이다.

하나님의 은혜가 미치지 못할 정도로 깊은 죄는 없다. 그러나 고백, 회개, 용서, 회복은 모두 당신이 추구해야 할 중요한 과정이다. 많은 사이비 종교 집단은 일-지향적인 사고방식을 갖고 있어서, 당신은 은혜에 대한 균형 잡힌 이해를 배울 필요가 있다.

2) 건강한 자제력을 향해 움직이라

- 사이비 종교의 일원으로서 당신은 자신의 결정에 대해 큰 영향력을 발휘하지 못했을 것이고, 만일 그랬다면 당신의 독자적 선택에 대한 상당한 처벌, 죄책감, 수치, 괴로움을 직면했을 것이다. 당신의 삶을 다시 통제할 수 있고, 지금도 스스로 많은 결정을 내릴 수 있다는 사실을 충분히 인식하라. 당신이 무엇을 좋아하고 무엇을 좋아하지 않는지 자신에게 물어보라.
- 죽음보다 생명, 속박보다 자유, 두려움보다 평안, 정죄보다 용서, 거짓된 행위보다 은혜를 선택하라.
- 집단 사고에 대한 통제를 자기 절제라는 성령의 열매로 바꾸는 것은 회복에 필수적이다(갈 5장).

3) 사랑하는 사람들, 친구들과 다시 연결되라

- 당신은 그 집단에 참여했던 결과로 가족과 옛 친구들과의 관계 속에서 어려움을 겪고 있을 것이다. 그들과 다시 연결되기 위해서는 당신의 문제에 대한 개방성과 투명성이 요구되기 때문에, 어려운 단계일 수 있다. 그러나 그렇게 함으로써 많은 유익을 얻을 수 있다. 과거의 집단과는 상관없이, 당신이 누구인지를 다시 정의할 수 있는 중요한 관계를 되찾게 될 것이다.

많은 경우, 가족과 친구들은 당신의 안전과 안녕을 걱정해 왔다. 그들은 당신을 영원히 잃었다고 생각했을지도 모른다. 그리고 이제 그들은 다시 희망을 품고 그동안 손상되었던 관계를 바로잡는 데 열려 있을 것이다.

4) 기도하라

- 당신은 모든 것에 대해서, 특히 당신의 필요에 대해 구체적으로 기도해야 한다.
- 하나님께 용서와 분별력, 평안, 은혜와 인도하심을 구하라. 당신의 개인적인 정체성에 대해 균형 잡힌 이해를 얻도록 하나님께 구하라. 당신의 정신과 마음을 치유하고 당신의 필요를 채워 달라고 하나님께 간구하고, 당신의 문제를 말씀드려라. 하나님은 이 모든 것을 들으시고 당신에게 새로운 방식으로 사랑을 드러내시길 원하신다.

5) 성경을 읽으라

- 당신이 사이비 종교에 소속되었던 경험을 고려했을 때, 하나님이 누구이시고 그분의 말씀이 정말로 가르치는 것이 무엇인지에 대한 균형 잡히고 건강하고 성경적인 지식을 갖는 것은 전반적 회복의 과정에 있어서 매우 중요하다. 신앙의 사람들, 특별히 존경받고 신뢰받는 성경 교사들과 이야기를 나누고 그들로부터 배우는 시간을 가지라.
- 성경책, 주석, 기독교의 주요 교리에 관한 책들을 읽으라. 당신의 학습과 성장에 도움이 되는 탁월한 주석과 자료가 많다. 당신의 상담 전문가는 당신이 읽을 만한 책들을 추천해 줄 것이다. 무엇보다도, 질문하는 것을 두려워하지 말라.

6) 다른 신앙인들과 교제하라

- 당신이 병들고 사악한 집단의 사람들과 관계를 맺어 왔기 때문에, 예배, 성경 공부, 교제, 사회 활동 속에서 그리스도인들과 시간을 보내는 것은 중요하다.
- 당신이 안전하다고 느끼며, 정기적으로 성경 공부를 진행하고, 그리스도께 영광을 돌리는 교회를 찾으라.

7) 전문가의 도움을 구하라

- 기만, 학대, 정신 조정 기술, 다른 경험의 깊이 때문에, 당신이 사이비 종교의 신념을 버리도록 돕는 일에 전문 상담사나 사이비 종교 전문가의 도움이 함께 필요할 수도 있다. 성경을 믿는 상담사와 회복 과정에 하나님 말씀의 진리를 적용할 수 있는 전문가와 연결되는 것은 매우 중요하다. 만일 교회에 참석하고 있다면, 당신의 목사에게도 도움을 요청하라.

8) 동반 책임 파트너를 찾으라

- 사이비 종교와 주술 신앙 집단을 떠난 그리스도인들의 네트워크가 있다. 당신의 상담 전문가는 사이비 종교에 관여했던 사람들을 책임지고 지원하는 기관이나 자료를 찾도록 도와줄 것이다. 그들은 당신에게 가장 좋은 선택 사항과 다음 단계가 무엇인지를 분별하고 이해하도록 도울 것이다.

성경적 통찰 6

사랑하는 자들아 영을 다 믿지 말고 오직 영들이 하나님께 속하였나 분별하라 많은 거짓 선지자가 세상에 나왔음이라(요일 4:1).

요한일서의 주요 목적 중 하나는 거짓 교사들을 폭로하고 비난하는 것이다. 그것은 당시에 매우 중요한 문제였고 지금도 그렇다. 세상에는 수많은 사상과 가르침, 그리고 너무나 많은 거짓 선지자와 교사가 있다.

사도 요한은 신자들에게 교리를 설교하고 가르치는 이의 말을 들을 때 영들을 시험하고 생각하고 분별력을 가지라고 촉구한다. 하나님은 성령을 통해 그들의 메시지가 참인지 아닌지를 드러내신다. 만일 당신이 영들을 분별하려고 한다면, 하나님의 말씀을 배우는 학생이 되어야 한다.

> 육에 속한 사람은 하나님의 성령의 일들을 받지 아니하나니 이는 그것들이 그에게는 어리석게 보임이요, 또 그는 그것들을 알 수도 없나니 그러한 일은 영적으로 분별되기 때문이라(고전 2:14).

사도 바울은 분별의 특성을 상세히 설명한다. 이 구절은 구원받지 못한 사람이 그리스도가 우리의 죄를 위해 죽으셨고, 죽음에서 부활하셨고, 어떻게 우리가 그분과 인격적 관계를 가질 수 있는지를 이해하는 것이 얼마나 어려운지에 대해 논한다. 복음에 관한 어떤 것들은 사람이 거듭나고 그들에게 이해력을 주시는 성령을 받기 전까지는 이해될 수 없다.

하나님의 말씀에 관해 이해하기 어려운 부분이 있을 때, 거짓 사이비 종교의 기만적 가르침은 자신이 그리스도인이라고 고백하는 사람에게도 매력적으로 다가올 수 있다. 모든 종교적 오류는 그 안에 진리의 요소를 담고 있기 때문이다. 그러나 이들 집단은 종종 기독교의 가면을 쓰고 자신들이 추가적 계시의 말씀을 받았거나 더 깊은 깨달음을 얻었다고 주장한다. 그들은 자신이 성경이 말하는 것보다 더 많은 것을 알고 있다고 생각하게끔 다른 사람들을 속인다.

하나님과 세상에서의 그분의 일하심에 대해 알아야 하는 모든 것은 그분이 우리에게 주신 말씀, 즉 성경에 있다. 당신에게 진리를 보여 주시는 성령의 능력을 신뢰하라.

> 그러므로 이제 그리스도 예수 안에 있는 자에게는 결코 정죄함이 없나니 이는 그리스도 예수 안에 있는 생명의 성령의 법이 죄와 사망의 법에서 너를 해방하였음이라(롬 8:1-2).

많은 경우 사람들은 사이비 종교에 소속되었을 때, 자신의 죄가 그리스도의 죽음이 덮을 수 있는 죄의 한계를 넘었다고 생각한다. 좋은 소식은 그분의 사랑을 통한 구원은 허다한 죄를 덮고, 하나님께서는 회개한 자를 더는 정죄하지 않으신다는 사실이다. 만일 어떤 사람이 성령에 따라 살아가고 있다면, 그 사람은 자신이 행한 죄에서 자유를 얻고 그 죄를 이기는 능력을 받은 것이다.

성령을 따르는 것은 자유와 기쁨을 가져다주며, 결코 속박과 억압으로 이어지지 않는다. 그리스도께서는 우리를 정죄하지 않으신다. 우리의 자유는 그분 안에서 찾게 된다.

> 또 우리에게는 더 확실한 예언이 있어 어두운 데를 비추는 등불과 같으니 날이 새어 샛별이 너희 마음에 떠오르기까지 너희가 이것을 주의하는 것이 옳으니라 먼저 알 것은 성경의 모든 예언은 사사로이 풀 것이 아니니 예언은 언제든지 사람의 뜻으로 낸 것이 아니요 오직 성령의 감동하심을 받은 사람들이 하나님께 받아 말한 것임이라(벧후 1:19-21).

사이비 종교들의 주요 특징 중 하나는 성경적 개념을 받아들여 그릇되게 해석한다는 것이다. 심지어 어떤 사이비 종교들은 하나님으로부터 영감을 받았다고 여기는 자신들만의 경전을 갖고 있다.

성경은 사람이나 하나님의 말씀에 덧붙여진 사적 해석으로부터 직접 온 예언이나 진리의 요소는 없다고 말한다. 오직 성령께서 영감을 주신 것만이 말하거나 기록되었다. 이것은 명심해야 할 매우 중요한 원칙이다. 많은 사이비 종교의 체계는 영적 교리에 관한 추종자들의 지식 수준에 기초하고 있기 때문이다.

하나님은 세상으로부터 자신을 숨기지 않으신다. 하나님은 모든 사람에게 알려지길 원하신다. 사이비 종교는 구성원들이 뚫을 수 없는 장벽을 쌓고, 구성원들에게는 모든 진리를 알 만한 가치가 없다고 확신하게 만드는 기술을 사용한다. 이러한 사고방식은 사이비 종교 회원들에 대한 리더의 권력과 통제력을 유지한다. 그러나 하나님은 그렇지 않으시다. 그분은 우리가 그분을 깊고 친밀하게 알 필요가 있는 모든 것을 드러내셨다.

> 그런즉 이 일에 대하여 우리가 무슨 말 하리요 만일 하나님이 우리를 위하시면 누가 우리를 대적하리요 자기 아들을 아끼지 아니하시고 우리 모든 사람을 위하여 내주신 이가 어찌 그 아들과 함께 모든 것을 우리에게 주시지 아니하겠느냐 누가 능히 하나님께서 택하신 자들을 고발하리요 의롭다 하신 이는 하나님이시니 누가 정죄하리요 죽으실 뿐 아니라 다시

> 살아나신 이는 그리스도 예수시니 그는 하나님 우편에 계신 자요 우리를 위하여 간구하시는 자시니라 누가 우리를 그리스도의 사랑에서 끊으리요 환난이나 곤고나 박해나 기근이나 적신이나 위험이나 칼이랴 기록된 바 우리가 종일 주를 위하여 죽임을 당하게 되며 도살 당할 양 같이 여김을 받았나이다 함과 같으니라 그러나 이 모든 일에 우리를 사랑하시는 이로 말미암아 우리가 넉넉히 이기느니라 내가 확신하노니 사망이나 생명이나 천사들이나 권세자들이나 현재 일이나 장래 일이나 능력이나 높음이나 깊음이나 다른 어떤 피조물이라도 우리를 우리 주 그리스도 수 안에 있는 하나님의 사랑에서 끊을 수 없으리라 (롬 8:31-39).

우리가 그리스도께서 주시는 구원의 선물을 받기 위해 겸손한 고백과 깨어짐으로 그분 앞에 나아갈 때, 그분의 사랑과 은혜에서 우리를 끊을 수 있는 것은 아무것도 없다. 사이비 종교와 주술 신앙 집단은, 그 집단과 집단의 지도자, 사탄과 그의 마귀가 하나님보다 더 강력하고 영향력이 있다는 거짓을 그 추종자들에게 믿게 한다. 진리보다 더 나아갈 수 있는 것은 아무것도 없다.

그리스도 안에서 우리는 우리의 두려움, 우리의 죄, 기만, 적의 거짓말 등, 모든 것을 정복할 수 있다. 영적 영역에서의 싸움은, 선하고 전능하신 하나님과 악하지만 동등하게 전능한 사탄 사이에서 일어나는 것이 아니다. 그 싸움은 우주의 창조주이자 왕 중의 왕이신 분이 갈보리의 십자가에서 죄와 창조된 존재(사탄)와 그의 추종자들을 이미 물리치셨고, 이제는 지옥과 죽음의 열쇠를 소유하고 계신 싸움이다. 언젠가 그분은 그분의 온전한 백성과 함께 다스리고 통치하기 위해 이 땅에 다시 오실 것이다.

7 기도 첫걸음

오, 주님!
주님의 은혜의 보좌 앞에 _____ 님을 올려드립니다. 저는 주님이 _____ 님을 깊이 돌보신다는 것을 압니다. 주님께서 _____ 님을 치유하고 회복시켜 주셔서 영적인 것에 대한 _____님의 생각과 이해에 균형과 진리를 주시길 기도합니다. 주님은 우리가 주님을 깊이 알기를 원하신다고 말씀하셨습니다. 주님이 모든 진리와 진정한 깨달음의 원천이심을 _____님이 알도록 도와주시옵소서. 잘못된 장소에서 깨달음과 의미를 찾고자 했던 _____님에게 주님을 계시하고 보여 주심에 감사드립니다. 주님께서 _____님에게 구원과 자유를 주시길 기도합니다. _____님을 보호해 주시고, 이 과정에서 앞으로 나아갈 때 _____님의 마음과 영을 지켜 주시옵소서.

추천 자료 8

추천 도서

Carden, Paul, ed. *Christianity, Cults, and Religions*. Rose, 2008.

Geisler, Norman L., and Ron Rhodes. *Correcting the Cults: Expert Responses to Their Scripture Twisting*. Baker, 2005.

Jackson, Andrew. *Mormonism Explained: What Latter-Day Saints Teach and Practice*. Crossway, 2008.

Martin, Walter, Jill Martin Rische, and Kurt Van Gorden. *The Kingdom of the Occult*. Thomas Nelson, 2008.

Martin, Walter, and Ravi Zacharias. *The Kingdom of the Cults*. Bethany, 2003.

Mather, George A., Larry A. Nichols, and Alvin J. Schmidt, eds. *Encyclopedia Dictionary of Cults, Sects, and World Religions*. Zondervan, 2006.

Murphy, Ed. *The Handbook for Spiritual Warfare*. Thomas Nelson, 2003.

Schnoebelen, William. *Romancing Death: A True Story of Vampirism, Death, the Occult, and Deliverance*. Destiny Image, 2012.

Sire, James W. *Twisting Scripture: 20 Ways the Cults Misread the Bible*. InterVarsity, 1980.

Woods, Bonnie. *Deceived: One Woman's Stand against the Church of Scientology*. Roperpenberthy, 2009.

추천 웹사이트

All About the Occult: www.allabouttheoccult.org/
Cult FAQ: www.cultfaq.org/
How Cults Work: www.howcultswork.com/
Spiritual Abuse Awareness: www.spiritualabuseawareness.com/
Spiritual Research Network: www.spiritual-research-network.com/home.html
Watchman Fellowship: www.watchman.org/index-of-cults-and-religions/

37 나르시시즘과 관심 추구

1 상황 묘사

- 칼은 46세이고 대기업에서 25명의 직원을 관리한다. 그는 매우 생산적이고 회사가 여러 중요한 프로젝트를 성공적으로 마치는 데 도움이 되었다. 그러나 그는 거만해서 동료들과 상사들은 그를 매우 싫어한다.
그는 자신의 많은 업적을 끊임없이 자랑하고, 자기중심적이고, 특권의식에 사로 잡혀 있고, 다른 사람들의 공을 차지할 때가 많다. 그는 친구가 거의 없다. 그의 행동을 참아 주는 사람들도 종종 그의 거슬리는 행동과 다른 사람들에 대한 비현실적 기대에 대해 뒷담화를 한다.

- 셀라는 똑똑하고 매력적인 18세의 소녀다. 그녀는 평생 완벽해지기 위해 노력했고 꽤 성공적이었다. 셀라는 학교 동아리, 축구팀, 교회, 미인대회 등에 참여했기 때문에 그녀가 사는 작은 지역 사회에서 꽤 유명하다. 그러나 사람들은 그녀가 알코올에 중독된 어머니와 학대하는 아버지 때문에 겪는 좌절감과 상처는 알지 못한다.
그러나 셀라는 그 고통에 굴복하기보다는 뛰어나고 참여적인 사람이 되려고 계속 노력한다. 그녀는 이러한 활동으로 인해 받는 관심에 만족스러워하고 자신이 중요하다고 느낀다. 그래서 그녀는 자신을 돋보이게 할 수 있는 기회와 환경을 점점 더 모색하게 되었다.

- 태너는 자신이 다니는 대학교 미식축구팀의 유명 쿼터백이다. 어릴 때부터 그는 스포츠에서 뛰어났다. 그의 가족과 고등학교 코치들은 그가 대학교에서도 성공할 것이라고 확신했다. 태너는 남들로부터 찬사만 받고 살아 왔다. 그는 역경에도 아랑곳하지 않고 뛰어난 기량으

로 동료들에게 매주 승리를 안길 때 힘이 난다고 느낀다. 그는 자신이 친구들이나 동료들과는 다른, 특별한 존재라고 생각한다.

태너는 운동팀과 사교계에서 자기가 가진 힘에 자신감을 느끼고 있다. 관계 속에서 태너는 사람들을 조종하고 억누르고 종종 빈정대고, 오만하고, 판단적인 말을 하면서 다른 사람들을 무시한다. 그러나 주위의 많은 사람은 태너의 위치와 인기 때문에 그의 이러한 행동을 참아 준다.

정의와 주요 개념 | 2

- 나르시시즘(Narcissism)의 특징은 과도한 자부심, 인정과 존경에 대한 욕구, 다른 사람보다 우월하다는 신념, 다른 이들의 삶에 대한 무관심 등이다.[1]
- 나르시시즘이라는 단어는 나르시스라는 잘생긴 청년이 연못의 물에 비친 자신의 모습을 보고 사랑에 빠졌다는 그리스 신화에서 유래한다. 이것은 나르시시스트가 과대한 자부심에 빠져 있다는 것을 인식하게 만든다.
- 우월감을 느끼는 사람의 이미지와 그 투영된 자부심의 기저를 살펴보면, 그 사람은 대개 낮은 자존감 때문에 사소한 비판에도 취약하다는 것을 알게 된다.[2]
- 나르시시즘은 긍정적 자존감과 자신감으로 이해될 수도 있지만, 사실 그것을 넘어선다. 나르시시즘은 다른 사람들에 대한 관심과 배려의 부족으로 보인다.[3]
- 자기애적 성격 장애 증상은 다음을 포함할 수 있다.[4]

---

1 Mayo Clinic, "Narcissistic Personality Disorder," last modified November 4, 2011, www.mayoclinic.com/health/narcissistic-personality-disorder/DS00652.
2 Ibid.
3 Ibid.
4 Ibid.

- 자신이 다른 사람들보다 더 낫다고 믿는다.
- 자신의 능력, 성공, 매력에 대한 환상을 갖는다.
- 자신의 업적이나 재능을 과장한다.
- 끊임없는 칭찬과 존중을 기대한다.
- 자신은 특별하며, 특별하게 행동한다고 믿는다.
- 다른 사람의 감정과 기분을 알아차리지 못한다.
- 다른 사람들이 자기 생각과 계획을 따르기를 기대한다.
- 다른 사람들의 약점을 이용한다.
- 자신보다 열등하다고 여겨지는 사람들에 경멸감을 표현한다.
- 다른 사람들을 시기하고 질투한다.
- 다른 사람들이 자신을 질투하고 있다고 믿는다.
- 건강한 관계를 유지하는 데 어려움을 겪는다.
- 비현실적 목표를 설정한다.
- 쉽게 상처받고 거부당한다.
- 깨지기 쉬운 자존감을 느끼고 있다.
- 의지가 강하거나 냉정한 것처럼 보인다.

- 자기애적인 사람은 중요한 여러 영역에서 성격 장애를 갖게 될 것이다. 그 영역들은 다음과 같다.[5]

  - 자기 기능 (Self-functioning): 그들은 정체성에 어려움을 겪고 있으며 자신의 이미지를 개선하기 위해 종종 다른 사람들을 깎아내린다. 그들은 인정받기 위해 자신을 부풀리고 과장한다. 그들의 감정은 그들의 자존감의 동요를 반영할 때가 많다.

    그들은 자신을 통제할 수 없다. 그들은 다른 사람들에게 인정과 칭찬을 받기 위해 일을 하고 목표를 세운다. 그들은 특권의식 때문에 스스로 동기를 부여하는 것은 약하지만 현실성을 훨씬 뛰어넘는 기준을

---

[5] American Psychological Association, "Narcissistic Personality Disorder," last modified June 21, 2011, www.apa.org/monitor/2011/02/narcissism-dsm.aspx.

가질 수 있다.
- **대인관계 기능**(Interpersonal functioning): 그들은 공감이나 연민을 나타내는 데 어려움을 겪는다. 다른 사람들의 문제를 동일시하는 능력이 부족하기 때문이다. 그들은 사람들의 반응과 자신의 감정에 대해서 매우 민감할 수 있지만, 자신과 직접 관련될 때만 그렇다. 그들은 주목을 받고자 하는 과도한 욕구를 지니며, 사람들 관심의 중심에 있고 싶어 한다.

- 자기애적 성향이 있는 사람들은 자신의 과대 자신감과 관심 추구적 행동 때문에 다른 사람에 대한 인내심이 부족하며 매우 적대적이 될 수 있다.[6]
- 성격 장애의 병인이 늘 식별되지는 않는다. 각각의 상황이 서로 다르기 때문이다. 공통 원인으로는 역기능적 아동기로, 여기엔 응석받이, 높은 기대, 학대 등이 포함된다.[7]
- 나르시시즘적인 사람들의 몇 가지 유형은 다음과 같다.[8]

  - **정상적**(normal): 이 사람은 천성적으로 경쟁적이고 자기확신적이며, 자기 자신을 믿는다. 매력적이고, 영리하고, 자신감 있고, 야심이 있으며, 이런 사람은 종종 유능하고 성공적인 지도자가 된다.
  - **방종한**(unprincipled): 이 사람은 정직하지 않고, 착취하고, 기만하고, 부도덕하다. 이러한 유형의 나르시시즘을 보이는 사람들이 대개 사회에서 성공적이고 허용된 규범 안에서 자신들의 활동을 유지하기는 하지만, 그들은 약물 재활 프로그램, 구치소, 감옥에서 발견될 수도 있다.
  - **호색적**(amorous): 이 사람은 성적이고, 과시적이며, 유혹적이고, 냉담하고, 매력적이고, 착취적이다. 깊고 상호적이고 친밀한 관계를 맺는

---

6   Ibid.
7   Mayo Clinic, "Narcissistic Personality Disorder."
8   T. Millon, cited in E. Ronningstam, *Identifying and Understanding the Narcissistic Personality* (Oxford University Press, 2005), eBook Collection (EBSCOhost).

것을 꺼린다.
- **보상적**(compensatory): 이 사람은 자신이 우월하다는 환상과 높은 자부심의 이미지를 가지고 있지만, 기저에는 공허감과 불안감, 나약함이 있다. 이 유형은 다른 사람들의 반응에 민감하고, 수치심과 불안감, 굴욕감을 쉽게 느낀다.
- **엘리트주의적**(elitist): 지나치게 부풀려진 자아상을 가진 사람은 출세주의적이고, 남으로부터 존경을 받고자 하며, 자기를 선전하고, 잘난 척하고, 사회적 성공으로 힘을 얻는다.
- **광적**(fanatic): 심각한 자기애적 성향의 사람은 대개 편집증적인 성향을 함께 지니며, 자신이 전능하다는 환상을 붙들고 있다. 이런 사람들은 자신이 무의미하고 가치 없는 현실에 맞서 싸우고 있다고 여기며, 거대 환상과 자기-강화를 통해 자존감을 회복하고자 노력한다.

• 자기애성 성향을 발달할 위험이 있는 사람들은 유아동기에 전형적으로 다음 중 하나 이상을 경험한다.[9]

- 그들의 필요와 두려움은 중요하지 않게 여겨졌거나, 심지어 그들은 부모로부터 미움을 받기도 했다.
- 그들은 충분한 칭찬과 관심을 받지 못했다.
- 그들은 무시를 받았거나 감정적으로 또는 언어적으로 학대를 당했다.
- 부모가 지나치게 칭찬했거나 응석을 받아 줬다.
- 그들은 버릇이 없었다.
- 그들은 부모로부터 남들을 조정하는 행동을 배웠다.

치료받지 않은 자기애적 성향의 사람들은 약물 및 알코올 남용, 우울증, 자살 생각이나 행동, 관계상의 어려움, 직장이나 학교에서의 문제들에 직

---

[9] Mayo Clinic, "Narcissistic Personality Disorder," mayoclinic.com/health/narcissistic-personality-disorder/DS00652/DSECTION=risk-factors.

면할 수 있다.[10]

치료는 일반적으로 인지행동 치료, 가족 치료, 집단 치료를 중심으로 진행된다.[11]

진단 인터뷰 | 3

1. 당신의 삶에서 가장 중요한 사람들은 누구입니까?
   그들에 대해 잘 묘사해 보십시오. 만일 내담자들이 자신을 넘어서는 관계를 맺지 못하는 것 같다면, 그들은 나르시시즘으로 고심하고 있을지도 모른다.
2. 당신의 어린 시절을 설명해 보십시오.
   당신은 또래 친구들이 하지 않는 어떤 행동을 해도 괜찮다고 허락받았습니까?
   당신의 부모님은 엄격했습니까, 아니면 너그러웠습니까?
3. 누군가가 당신을 비난할 때, 당신은 일반적으로 어떻게 반응합니까?
4. 사교 모임이나 가족 모임이 있을 때 당신은 사람들의 관심이 당신에게 집중되기를 원하십니까?
   주의를 끌기 위해 당신이 하는 행동에는 무엇이 있습니까?
5. 마땅히 받아야 할 것을 거절당한 적이 있습니까?
   당신은 왜 그것을 받을 자격이 있었다고 생각했습니까?
6. 당신은 자신이 다른 사람보다 더 낫다고 생각하십니까?
7. 다른 사람의 감정과 필요, 그들의 관점에 공감하는 데 어려움을 느끼십니까?
8. 당신은 당신 주위에 있는 사람들에 대해 비현실적 목표를 설정합니까?

---

[10] Mayo Clinic, "Narcissistic Personality Disorder," mayoclinic.com/health/narcissistic-personality-disorder/DS00652/DSECTION=treatments-and-drugs.

[11] Ibid.

9. 당신의 재능이나 업적을 과장해서 말합니까?
10. 당신의 앞으로의 계획은 무엇입니까?
11. 다른 사람이 당신에 대해 어떻게 생각하고 있다고 여기십니까?
 당신은 비난에 매우 민감합니까?

4 지혜로운 상담을 위한 조언

자기애적 성향을 지닌 사람들과 상담하기는 매우 어려울 수 있다. 사실 그들은 자신의 나르시시즘 때문에, 대부분 경우 다른 이들에게 도움을 구하지 않는다. 그러나 직장이나 가정에서 일어나는 실패나 심각한 갈등으로 인해 상담을 받으러 오기도 한다. 이런 갈등의 결과로, 그들은 평소 그들의 모습보다 더 수용적이고, 감정적으로 취약해질 수도 있다. 그들이 여전히 충분하게 보이지 않는 한 가지 문제(공감하고 연민을 느끼는 능력)는 앞으로 더 많이 다뤄져야 할 것이다.

당신은 상담사로서 이들에게 공감의 모습(예를 들어, 관심을 보이고, 집중하고, 잘 경청하고, 감정을 이해하는 것)을 보여 주는 롤모델이 될 수 있으며, 이를 통해 내담자는 변화된 행동 양식을 세워 가는 데에 도움을 얻을 수 있다. 때로는 내담자가 균형 잡히고 적절한 직면을 할 수 있도록 돕는 것도 필요하다.

당신이 (위에서 언급된 유형 중에서) 어떤 유형의 자기애적 성향을 지닌 사람을 상담하고 있는지 이해하는 것은 중요하다. 각 유형은 각기 다른 행동 특성을 가질 것이고, 당신은 그들의 일상에서 나르시시즘이 어떻게 나타나는지 자세히 살펴야 한다. 이런 과정은 다른 장애물들을 극복하여 장애의 근본적 원인을 찾는 데 도움이 될 것이다. 그러나 그들은 자신의 성장 과정이나 대인관계에 관한 좀 더 고통스러운 측면을 다루는 일에 저항할 수도 있다.

자기애적 성향을 지닌 사람들 중 많은 수가 자신의 행동을 정상적으로 본다. 왜냐하면, 일반적으로 성격 장애는 본인의 양심에 위배되는 행동을 하거나 자기 자신을 기분 나쁘게 만들지는 않는다고 여겨지기 때문이다.

이 사람들은 자신이 세상을 바라보고 다른 사람들과 관계를 맺는 방식이 정상적이라고 생각하기 때문에 자신을 바라보는 다른 사람들의 시선이 얼마나 부정적인지 모를 수 있다.

다른 사람들에 대한 인식이나 관심의 부족은 연속적으로 일어난다. 우리 모두에게는 어느 정도의 나르시시즘이 있다. 그러나 이러한 지향성이 생활 방식이 되고 건강한 관계를 발전시키는 일에 방해가 된다면, 매우 심각한 문제가 될 수 있다.

5 내담자를 위한 행동 단계

1) 책임을 지라

- 당신의 문제에 주인 의식을 가져야 할 때이다. 당신은 해결되어야 할 부풀어진 자아감을 갖고 있다는 사실을 깨달아야 한다. 당신의 문제의 근원은 칭찬받기만을 원하는 죄 많은 마음에 있다. 성령의 임재에 의지하여 당신의 삶의 모든 영역에서 하나님의 주권을 인정하고 다른 이들을 섬겨야 하는 책임을 매일 상기하라.

2) 문제에 대해 배우라

- 무언가를 회복하고자 할 때 교육은 중요한 단계이다. 나르시시즘과 자기애성 성격 장애에 관해 연구하라. 여러 자료, 여러 책, 인터넷으로부터 배우라.
- 당신의 상담사에게 당신의 장애를 이해하고 당신의 생각과 태도, 행동을 바꾸도록 도울 수 있는 전문가를 소개해 달라고 요청하라.

3) 동반 책임 파트너를 찾으라

- 당신이 신뢰할 수 있는 사람, 당신을 진정으로 걱정하고 당신에게 깊

은 관심을 두고 있고, 당신의 동반 책임 파트너가 될 수 있는 사람을 찾으라. 당신이 자기애적 행동을 할 때마다 그들이 당신의 문제에 친절히 맞설 수 있도록 허락하라. 그들의 건설적 피드백에 마음을 터놓고, 그들이 당신의 단점을 지적할 때 받아들이라. 목표는 좋은 기분을 느끼는 것이 아니라 변화되는 것이다.

4) 변화를 위해 계속 노력하라

- 변화는 아무리 그것을 갈망하고 추구한다 해도, 자동으로 쉽게 일어나는 것은 아니다. 성실함과 집중이 요구될 것이다. 타락한 인간의 본성과 우리가 사는 세상의 보편적 이기주의 때문에 우리는 쉽게 좌절감과 시기심을 느낀다.
당신이 무언가에 실패하거나, 나르시시즘의 충동으로 무언가를 하고자 했을 때, 당신은 좌절감을 느낄 수 있다. 당신이 바라는 것을 얻지 못하거나 당신이 받아야 한다고 여겨지는 것을 다른 사람이 받거나 경험할 때, 당신은 질투심을 느낄 수도 있다.
- 실수했다고 낙담하지 말아라. 흔들릴 때마다 굳건히 서고 당신의 목표에 다시금 전념하라.

5) 하나님과 함께하는 시간을 가지라

- 매일 시간을 내어 기도하고, 하나님의 인도하심을 구하고, 죄를 고백하고, 하나님에 대한 신뢰를 재확인하라.
- 하나님의 말씀에 따른 당신의 정체성에 집중하면서 하루를 시작하라. 그분이 모든 선한 것의 중심이고 우리가 삶에서 소유하고 필요로 하는 모든 재능과 능력을 주셨음을 기억하라.
- 적절한 성경 구절을 묵상하고(당신의 상담 전문가가 알려 줄 수 있다), 하나님께서 당신의 마음을 바꾸시고, 당신의 성격을 변화시키시고, 당신을 더욱더 그리스도처럼 만들어 주시길 기도하라.

성경적 통찰 6

예수께서 이르시되 네 마음을 다하고 목숨을 다하고 뜻을 다하여 주 너의 하나님을 사랑하라 하셨으니 이것이 크고 첫째 되는 계명이요 둘째도 그와 같으니 네 이웃을 네 자신 같이 사랑하라 하셨으니 이 두 계명이 온 율법과 선지자의 강령이니라 (마 22:37-40).

예수님은 하나님을 예배하기를 사랑하고 이웃을 섬기기를 사랑하라는 모든 율법의 기초를 분명하게 말씀하신다. 우리가 자신을 너무 높이 생각하고 다른 이들을 덜 중요하게 여길 때, 우리는 그분의 계명을 타협한다. 우리는 다양한 모습으로 이웃 사랑을 표현할 수 있으며, 성경에 기록된 많은 명령과 권면은 이런 이웃 사랑을 어떻게 나타낼까에 관련된 것이다.

하나님과 함께하는 시간을 가지면 그분이 모든 사람을 향한 하나님의 마음을 당신에게도 주실 것이고 다른 사람들을 사랑하는 법을 알려 주실 것이다.

그가 모든 사람을 대신하여 죽으심은 살아 있는 자들로 하여금 다시는 그들 자신을 위하여 살지 않고 오직 그들을 대신하여 죽었다가 다시 살아나신 이를 위하여 살게 하려 함이라 (고후 5:15).

예수님은 누군가를 사심 없이 희생적으로 사랑하는 것이 무엇인지를 보여 주는 가장 위대한 예시가 된다. 그분은 당신의 창조물을 너무나도 사랑하시어 우리를 위해 기꺼이 십자가에 달리셨다. 우리는 그와 같은 사랑을 생생히 증언하기 위해 노력해야 한다. 그분이 우리를 위해 죽으셨기 때문에, 우리는 더는 이기적으로 살 수 없다. 그분을 위해 살고 그분의 바람을 추구해야 한다.

아무 일에든지 다툼이나 허영으로 하지 말고 오직 겸손한 마음으로 각각 자기보다 남을 낫게 여기고 각각 자기 일을 돌볼뿐더러 또한 각각 다른 사람들의 일을 돌보아 나의 기쁨을 충만하게 하라 너희 안에 이 마음을 품으라 곧 그리스도 예수의 마음이니 그는 근본 하나님의 본체시나 하나님과 동등됨을 취할 것으로 여기지 아니하시고 오히려 자기를 비워 종의 형체를 가지사 사람들과 같이 되셨고 사람의 모양으로 나타나사 자기를 낮추시고 죽기까지 복종하셨으 곧 십자가에 죽으심이라(빌 2:3-8).

예수님은 겸손, 은혜, 섬기는 마음을 갖는다는 것이 무슨 뜻인지를 전형적으로 보여 주신다. 그는 모든 것을 내려놓으셨고, 가장 낮은 곳으로 임하셨다. 그래서 아버지께서는 그분의 때에 예수를 그분의 오른편으로 높이실 수 있었다. 그리스도의 성품과 겸손은 자기애적인 행동과는 정반대가 된다. 그는 우리의 모범이시고 우리가 따라 살아야 할 모델이시다.

사랑은 오래 참고 사랑은 온유하며 시기하지 아니하며 사랑은 자랑하지 아니하며 교만하지 아니하며 무례히 행하지 아니하며 자기의 유익을 구하지 아니하며 성내지 아니하며 악한 것을 생각하지 아니하며 불의를 기뻐하지 아니하며 진리와 함께 기뻐하고 모든 것을 참으며 모든 것을 믿으며 모든 것을 바라며 모든 것을 견디느니라(고전 13:4-7).

사랑에 관한 위대한 장인 고린도전서 13장을 통해서 우리는 사랑이 결코 이기적이지 않으며, 자기를 추구하지 않는다는 것을 본다. 이 장은 사랑이 무엇이고, 무엇이 사랑이 아닌지를 우리에게 알려 준다. 하나님은 사랑이시고, 그분은 상상할 수 있는 모든 방법으로 사랑을 구현하신다. 사랑이 감정을 포함하기는 하지만, 단순히 무언가를 느끼게 하는 것은 아니다. 사랑은 또한 내적 변화의 결과를 외적 행동을 통해 보여 주려는 의지의 행동이자 결단이다.

7 기도 첫걸음

오, 주님!
_____님이 주님이 기뻐하시는 삶을 살도록 _____님에게 오시어 힘을 주시기를 이 시간 간구합니다. _____님이 사랑의 옷을 입고, 종의 마음으

로 다른 이들을 먼저 생각하고, 다른 이들을 자신보다 낮게 여길 수 있도록 도와주시옵소서. _____님이 이기심과 나르시시즘을 다루는 데 전념할 수 있기를 기도합니다. _____님에게 힘을 주시고 격려하여 주옵소서. 이것은 우리가 모두 직면하는 싸움입니다. 주님은 우리의 생각과 태도와 행동을 주님의 뜻에 맞게 바꾸실 수 있습니다. 주님의 눈으로 다른 이들을 보고, 주님의 말씀으로 그들에게 말하고, 주님의 방법으로 그들을 사랑할 수 있도록 도와주시옵소서.

8 추천 자료

추천 도서

Behary, Wendy T. *Disarming the Narcissist: Surviving and Thriving with the Self-Absorbed*. New Harbinger, 2008.

Chan, Francis. *A Selfless Pursuit of God*: Parts 1 and 2. Focus on the Family Radio Broadcast, 2011.

Hotchkiss, Sandy, and James F. Masterson. *Why Is It Always about You?: The Seven Deadly Sins of Narcissism*. Free Press, 2002.

King, Patricia. *Overcoming the Spirit of Narcissism: Breaking the Destructive Patterns of Self-Idolatry and Self-Exaltation*. XP, 2010.

Lerner, Rokelle. *The Object of My Affection Is in My Reflection: Coping with Narcissists*. Health Communications, 2009.

Meier, Paul, Cynthia Munz, and Lisa Charlebois. *You Might Be a Narcissist If . . . :How to Identify Narcissism in Ourselves and Others and What We Can Do about It*. Langdon Street Press, 2009.

Nouwen, Henri. *The Selfless Way of Christ: Downward Mobility and the Spiritual Life*. Orbis, 2012.

Priolo, Lou. *Selfishness: From Loving Yourself to Loving Others*. P&R, 2010.

Twenge, Jean M., and W. Keith Campbell. *The Narcissism Epidemic: Living in the Age of Enlightenment*. Simon & Schuster, 2010.

추천 웹사이트

Psych Central: www.psychcentral.com/blog/archives/2008/08/04/how-to-spot-a-narcissist/

Psychology Today: www.psychologytoday.com/basics/narcissism

38 강박 관념과 강박 행동

1 상황 묘사

- 일레인은 홀수인 오전 6시 25분에 침대에서 일어나지 않기 위해 6시 24분 정각에 벌떡 일어났다. 그녀는 욕실로 걸어가 문을 네 번 여닫은 다음, 샤워하기 위해 욕실로 들어갔다. 아침 식사를 할 시간이었다. 지난 7년간 그랬듯이 일레인은 오렌지 주스를 유리컵에 표시된 붉은 선까지 붓고, 토스트에 정확히 네 번 버터를 바른다. 그리고 네 장의 냅킨을 집은 후 그중 2장을 다시 원래 자리에 놓았다. 그녀는 출근할 때 문이 제대로 잠겼는지 확인하기 위해 문고리를 네 번 만졌다.

- 진은 또 다른 사람이 그녀의 트고 갈라지고 피가 나는 손을 오랫동안 바라보자 무안해졌다. 그녀는 지나친 행동이라는 것을 알았지만, 사무실의 전화기를 집었을 때 오염이 되었을지도 모른다는 생각에 뜨거운 물로 27초 동안 손을 씻는 것을 멈출 수 없었다. 그녀는 '병균 공포'에서 벗어나기 위해 자신을 설득하고자 했지만, 오염의 위협을 직면할 때마다 그녀의 씻기 의례를 마치기 전까지는 자신을 진정시킬 수 없었다.

- 제레미는 직장에서 책상 주변을 깨끗하게 치우는 일을 막 끝냈다. 오늘에만 벌써 네 번째다. 그는 공간을 정리 정돈을 하는 것에 이토록 신경 쓰는 자신의 모습이 비이성적이라는 것을 알고 있다. 동료들도 종종 이것을 지적했다. 그러나 정리되지 않은 다량의 용지, 완전히 닫히지 않고 조금 열려 있는 서랍, 헐겁게 붙어 있는 종이 클립, 알파벳 순서대로 정리되지 않은 책을 볼 때마다, 모든 것이 완벽하게 정리되기 전까지는 이러한 것들을 정리해야 한다는 강박 관념 때문에 불안해졌다.

정의와 주요 개념 | 2

- 강박 장애(OCD: Obsessive-compulsive disorder)는 **강박 사고** 그리고/또는 **강박 행동**으로 특징지어진다. 강박 관념(끊임없이 지속하는 생각, 이미지, 욕망 때문에 우리의 생각이나 감정이 원치 않는 강압적 지배를 받는 것)은 불안이나 근심을 촉발하는 생각이며, 강박 행동(어떤 행동을 해야 한다는 저항할 수 없고 끊임없는 충동)은 이런 부정적 감정을 상쇄하기 위해 존재하는 행위이다.[1]
- 강박 장애와 관련된 **통계** 중 일부는 다음과 같다.[2]

  - 매해 약 220만 명의 미국 성인이 강박 장애의 영향을 받는다.
  - 강박 장애가 있는 사람들은 장애에 대한 진단이나 치료를 받지 않은 채 몇 년을 보낼 수 있다.
  - 강박 장애와 관련된 연간 총지출은 약 84억 달러로 추산된다.
  - 미국에서 18-45세에 해당하는 사람 중 **강박 장애가 발생할 확률**은 2.0-2.3 퍼센트이다(대략 성인 40명 중 1명).

- 사람들이 보통 강박 관념에 사로잡히거나 충동에 따라서 행동할 때, 그들은 자신의 행위나 생각이 비이성적이라는 사실을 깨닫지 못한다. 그러나 강박 관념이나 강박 행동으로 생각이 흐려지지 않는 순간에, 그들은 대개 강박적 관념과 행동의 역기능을 인식한다.
- 강박 장애로 고통받는 사람들은 강박 행동이 **생존을 위해 필요**하다고 생각한다. 이런 강박 행동 과정에서, 체내의 화학 물질은 투쟁/도피 반응을 준비한다.
- 강박 장애의 기본적 구성요소에는 강박 관념, 강박 행동, 침투적 사고,

---

[1] National Institute of Mental Health, www.nimh.nih.gov/health/publications/obsessive-compulsive-disorder-when-unwanted-thoughtstake-over/what-are-the-signs-and-symptomsof-ocd.shtml.
[2] OCD Center, www.ocdcenter.org/about-ocd/ocd-statistics.php; National Institute of Mental Health, www.nimh.nih.gov/statistics/1ocd_adult.shtml.

불안, 사고-행동 융합, 과잉 성찰이 있다.

1) 강박 관념

- 강박 관념을 나타내는 특정한 일련의 생각은 없다. 그러나 모든 강박 관념은 원치 않는 사고이며, 불안과 고통을 초래하는 반복적 생각이다. 사람들은 이러한 생각들이 마음으로부터 나온다는 것을 알지만, 그 생각들이 반드시 자기 내면에서 나온 것만은 아니라고 생각한다. 그리고 이런 침투적 사고를 통제할 힘이 없다고 느낀다.[3]
- 일반적 강박 관념은 다음을 포함한다.

  - 오염: 체액, 세균/병균, 환경 오염, 가정용 화학 물질/용액제, 먼지
  - 원치 않는 성적 사고: 금지되었거나 변태적인 행동과 이미지, 동성애, 아동이나 근친상간과 관련된 이미지, 공격적 성행위를 포함한 것들
  - 통제 상실: 자해에 대한 두려움, 다른 사람을 해칠 수 있다는 두려움, 폭력적이거나 끔찍스러운 이미지에 대한 두려움, 불쑥 음란한 말을 할 것 같은 두려움, 도벽에 대한 두려움
  - 과잉 성찰: 하나님을 언짢게 하는 것에 관한 염려, 신성모독, 도덕성이나 옳고 그름에 대한 지나친 걱정
  - 피해: 사고나 비극의 책임에 대한 두려움, 부주의나 조심성 결여 때문에 다른 이들에게 피해를 주는 것에 대한 두려움
  - 완벽주의: 공평성이나 정확성에 대한 우려, 무언가를 알고 기억해야 한다는 것에 대한 우려, 중요한 정보를 잃어버리거나 잊어버릴 것에 대한 염려, 물건을 버리지 못함

2) 강박 행동

- 강박 행동이란 강박 관념 때문에 야기되는 불안감을 완화하기 위한

---

[3] International OCD Foundation, www.ocfoundation.org/O_C.aspx.

배출구를 만드는 반복 행동이나 정신 작용이다.

예를 들어, 강박 장애가 있는 사람들은 문을 제대로 잠갔는지에 대해 생각할 때(강박 관념), 그들은 정말로 문을 잠갔는지 확인하기 위해 문으로 갈 것이다(강박 행동). 그래서 이러한 생각으로 인한 불안감을 해소할 것이다. 강박 행동은 또한 의례를 통해서 나타날 수도 있다(예를 들어, 오염으로부터 깨끗하게 되기 위해 정확히 똑같은 순서나 시간으로 샤워하는 것).[4]

- 일반적 강박 행동은 다음을 포함한다.

  - **씻기와 청소**: 지나치게 손을 씻거나 특정한 방식으로만 씻는 것, 과도한 샤워나 목욕이나 양치나 몸단장이나 틀에 박힌 휴지 사용법, 과도한 청소용품이나 관련 물품들, 오염 물질과의 접촉을 방지하거나 오염 물질을 제거하기 위해 다른 일을 하는 것

  - **정신적 강박 행동**: 피해를 막기 위해 행사를 과도하게 검토하는 것, 자신이나 다른 사람에 대한 피해를 주지 않게 기도하는 것, 직무를 수행할 때 숫자를 세는 것과 특정한 단어나 숫자로 끝내는 것, "취소하기" 또는 "원상태로 돌리기"(예를 들어, 나쁜 말을 좋은 말로 대체하기)

  - **점검**: 당신이 다른 사람에게 해를 끼치지 않았는지/끼치지 않을지를 점검하는 것, 당신이 자신에게 해를 끼치지 않았는지/끼치지 않을지를 점검하는 것, 끔찍한 일이 일어나지 않았는지 점검하는 것, 당신이 실수하지 않았는지 점검하는 것, 당신의 신체 상태나 몸의 일부를 점검하는 것

  - **반복**: 무언가를 다시 읽거나 쓰는 것, 일정한 순서로 행동을 반복하는 것(문 잠그기, 난로 끄기, 다리미 플러그가 뽑혔는지 확인하기), 몸의 움직임을 반복하는 것(두드리기, 만지기, 깜빡이기), 특정한 배수로 활동을 반복적으로 하는 것

  - **그 외 강박 행동**: 상당한 양의 잡동사니를 모으거나 사재기하는 것, 순서대로 물건을 정리하거나 마음에 들 때까지 정리 정돈하는 것, 어

---

4   Ibid.

떤 문제에 대해 마음이 편해질 때까지 누군가에게 말하거나, 부탁하거나, 고백하는 것

- 불안은 추상적 예감이다. 우리는 모두 불안을 경험하지만, 강박 장애를 겪는 사람들은 비극적 예감을 동반하는 극도의 불안이나 걱정을 경험한다.
- 불안감은 사람의 뇌와 몸에 속도를 올리라고 말한다. 그리고 몸은 그 사람이 진짜 위급한 상황을 마주한 것처럼 반응할 준비를 한다. 지각된 상황의 심각성으로 인해, 모든 선택 사항과 가능성을 고려하는 그 사람은 그 순간에 어떤 일이 일어나고 있는지를 과도하게 분석한다.
- 침투적 사고는 위산 역류나 무릎 반사와 매우 흡사하다.
  침투적 사고는 원치 않고 예기치 않은 생각이나 이미지다. 먼저 침투적 사고는 원치 않는 것이다. 왜냐하면, 이것은 대부분 신성모독, 위험, 바람직하지 않은 결과, 폭력, 또는 오염의 주제들에 초점이 맞춰져 있기 때문이다.
  또한, 침투적 사고는 예기치 않은 것이다. 왜냐하면, 의식적 사고에서 비롯된 것이 아니라 감정에서 비롯된 것이기 때문이다. 그 생각이 의식의 수준으로 나타나기 전에, 사람은 경각심과 공포를 먼저 느낄 것이다. 그 후에 그 사람은 동반된 불안감을 해석하고자 시도한다. 이런 생각은 감정에서 비롯되었기 때문에 논리적으로 설명될 수가 없다. 이에 미신적이고 비이성적인 믿음("난 병에 걸렸다", "내 생각이 현실이 되었다", "그 병균이 나를 죽일 것이다" 등)은 그 생각에 타당한 이유를 제시하기 위해 생겨난다.
- 사고-행동 융합(TAF: Thought-action fusion)은 강박 장애를 치료할 때 사용되는 용어로, 사람의 생각 속에 있는 생각과 사건 사이에서 혼란스럽게 일어나는 상호 작용을 설명한다.
  첫 번째로 사고-행동 융합은 충격적이거나 부적절한 무언가를 생각하면 실제로 그런 생각에 따라 행동하기 쉽다는 개인의 믿음에서 나타난다("내가 사랑하는 누군가를 해하는 생각을 하면 할수록, 내가 그 일을 할 가능성이 커진다").

두 번째로 사고-행동 융합은, 용납할 수 없는 침투적 생각을 하는 것은 실제로 그 행동을 하는 것만큼 나쁜 것이라는 두려움 속에서 나타난다("내가 사랑하는 누군가를 해하는 생각은 실제로 그 사람을 해하는 것만큼 잘못된 것이다"). 많은 사람이 사고-행동 융합이 강박 장애로 진단받은 사람들이 느끼는 공통된 감정, 즉 과도한 책임감과 연관이 있다고 말한다.[5]

- 과잉 성찰은 죄가 없는 곳에서 죄를 보는 것으로 정의된다. 과잉 성찰은 극단적 형태의 종교성으로, 이런 성향을 지닌 사람은 온전함과 인격에서 더욱더 완전해지기 위해 광적일 정도로 노력한다.

과잉 성찰은 정작 양심의 가책이 필요한 더 큰 원칙은 무시하면서, 작은 일에 대한 비정상적 양심의 가책이나 지나친 집중(도덕성이나 행동의 적절성에 관한 의심이나 망설임)을 보이는 것으로 묘사된다. 과잉 성찰은 아주 중요한 원칙들에는 눈을 감으면서 사소한 규칙은 엄격히 지키는 것을 말한다.[6]

3) 강박 장애 기준

- 다음의 강박 장애 기준은 DSM-IV-TR에서 가져온 것이다.[7]

  - 기준 A와 B: 심각하게 많은 시간(하루에 한 시간 이상)을 소비하거나 현저한 괴로움과 손상을 유발하는 반복적 강박 관념과 강박 행동
  - 기준 B: 장애 과정의 어떤 시점에서, 그 사람은 강박 관념이나 강박 행동이 과도하거나 비이성적이라는 것을 깨닫는다.
  - 기준 D: 만일 또 다른 축 I 장애(주요 정신 장애, 발달 장애, 학습 장애)가 존재한다면, 강박 관념이나 강박 행동은 그것에 국한되지 않는다.

---

5 About.com, "Obsessive-Compulsive Disorder," www.ocd.about.com/od/causes/a/OC-DTAF.htm.
6 International OCD Foundation, www.ocfoundation.org/uploadedFiles/MainContent/Find_Help/IOCDF_Scrupulosity_fact_sheet.pdf.
7 American Psychiatric Association, *Diagnostic and Statistical Manual of Mental Disorders*.

- 기준 E: 이 장애는 물질의 직접적인 생리학적 영향(예. 약물 남용, 약물 치료)이나 일반적인 의학적 상태에 기인하지 않는다.

4) 강박 장애의 원인

강박 장애는 화학적 불균형의 문제라는 주장이 제기되었다. 그러나 강박 장애의 기원을 더 심도 있게 연구하는 프로젝트가 계속 진행 중이다. 사람들은 어떤 기이한 일이나 사건을 경험했을 수 있다. 특히, 그것이 어떤 유형의 정신적 외상을 수반한다면, 강박 관념이나 충동적 행위를 유발할 수 있다. 출산과 관련된 일반적 호르몬 변동이 생길 때 일부 여성은 화학 작용에 기반한 변화를 경험할 수 있으며, 이것은 아이를 해치는 것에 대한 강박 장애와 공상으로 이어질 수도 있다.

그러나 많은 경우, 강박 관념적이거나 충동적 행위를 활성화하는 특정한 사건은 없다. 같은 맥락에서, 강박 장애 발생에 대한 신경생물학적인 근거도 없다.

평균적으로 강박 장애는 남성의 경우 10대 후반, 여성의 경우 20대 초반에 나타난다. 강박 장애는, 드문 경우이기는 하지만, 빠르면 6개월에, 늦으면 60대 후반에 나타날 수도 있다. 만일 강박 장애가 아주 이른 나이에 발견된다면, 그 아이에게는 강박 장애를 앓고 있는 가까운 친척이 있을 가능성이 크다.

강박적 성향은 스트레스를 받거나 삶에 변화가 일어나는 시기에 증가한다. 산모에게 강박 장애는 산후 우울증만큼 흔한 것일 수 있다고 말하는 일부 학자들이 있다.

3 진단 인터뷰

질문을 통해 파악하고자 하는 핵심 요소는 불안의 원인이 되는 반복적 생각과 그 불안을 중화시키는 역할을 하는 (정신적 또는 신체적) 행동이다.

1) 선행 질문

1. 유형 1에 속하는 다른 장애를 앓고 있습니까? (강박 관념이나 강박 행동의 내용은 그것으로 제한되지 않는다.)
2. 복용하고 있는 약이 있습니까?
   또는 약물을 사용하거나 남용하고 있지는 않습니까?
3. 이런 강박적 생각들이 다른 의학적 질환으로 인한 결과일 수 있습니까?
4. 불안 장애나 강박 장애로 고통받고 있는 친척이 있습니까? (아동기 강박 장애와 강박 장애를 앓는 가까운 친척 사이에서 흥미로운 상관관계가 발견되었다.)
5. 당신이 아동이나 청소년이었을 때 강박 행동을 했던 기억이 있습니까? (강박 장애를 앓고 있는 성인 중 대다수는 아동기에 있었던 강박적 성향을 기억한다.)
6. 당신의 강박적 사고가 현실 문제와 관련되어 있습니까?
   예를 들어, 직업 안정, 가족 기능, 학교 성적에 관한 걱정들입니까?
   (일반적으로 강박적 사고는 현실 문제와 무관하다.)

2) 일반적인 질문

1. 당신은 강박 장애 진단을 받을까 염려하고 있습니까?
2. 당신을 불안하게 만드는 원치 않는 생각들이 있습니까?
3. 이런 생각들이 사라지길 바라지만 머릿속에서 없애지 못할 것 같습니까?
4. 당신이 가진 생각들은 당신을 방해합니까?
5. 당신이 가진 생각들이 당신이 진정으로 소중하게 여기고, 믿고, 사랑하는 것에 반합니까? (대개 강박 관념은 개인의 가치에 반한다. 그래서 강박 관념적 생각들은 그 개인에게 혼란과 고통을 초래한다.)
6. 이러한 생각들로 인한 스트레스를 상쇄시키기 위한 행동을 합니까?
   (이러한 행동은 강박 행동으로 분류될 것이다.)

7. 당신의 생각(강박 관념)이나 이러한 생각에 대한 반응(강박 행동)이 비이성적이거나 극단적이라고 생각합니까?
8. 당신이 가진 생각들이 하루 중 1시간 이상 계속 떠오르거나, 당신이 날마다 하는 일, 사회적 상호 작용과 관계, 또는 직장이나 학교에서의 일을 방해합니까? (강박적인 생각들은 매일 1시간 이상을 소모해야 하고, 강박 장애로 여겨지기 위해서는 개인의 규칙적 기능을 상당히 변화시켜야 한다.)

4 지혜로운 상담을 위한 조언

상담사로서, 강박 장애를 지닌 내담자에게 소망을 심어 주라. 강박 장애로 고통받는 사람들의 내면에서 생기는 강한 불안에도 불구하고, 강박 장애는 매우 치료 가능한 장애이다. 그러나 이 사람들은 머리에서 떠오르는 두려운 메시지에 기꺼이 맞서야 하고, 위기가 실제로 닥칠지도 모른다는 불확실성을 대담하게 감수해야 한다.

침투적 사고가 본질적으로 죄가 되는 것은 아니라는 사실을 깨닫도록 도우라. 그러나 강박 관념이 소중한 가치를 훼손하는 경우, 내담자에게 죄는 사람이 "선을 행할 줄 알고도 행하지 아니하는" 것(약 4:17)이라는 사실을 상기시키라. 이런 경우는 일반적으로 (앞에서 논의된) 사고-행동 융합의 결과이다. 사람들이 강박적 사고와 자신들의 생각을 구분하도록 돕는 것은 중요하다.

내담자를 불안하게 하는 이런 생각이 본인이 진정 하고 싶은 행동인지 질문해 보라. (예를 들어, "당신의 자녀를 해치기를 원하십니까?"라고 질문하라.) 이것은 내담자가 강박적 생각, 그리고 자유의지를 갖고 선택하는 행동 사이의 차이를 볼 수 있도록 도울 것이다.

즉, 그들이 사랑하는 누군가에게 해를 끼치는 것에 관한 침투적 사고를 갖는 것이 그들을 진짜 학대자로 만드는 것은 아니다. 또 다른 예로, 간통을 저지르는 침투적이고 어지럽히는 이미지를 경험한다고 해서, 실제로 간통을 범하고자 하는 마음이 없는 그 사람을 간통을 범한 자로 만들지는 않는다는 것이다.

매우 어려울 수 있지만, 침투적 사고를 묵상하지 않도록 사람들을 격려하라. 그런 생각을 묵상하면 묵상할수록, 강박 관념은 더욱 강력해질 것이다. 또한, 사람들이 강박적으로 행동하려는 욕구를 따르지 않도록 격려하라. 강박에 따라 행동하는 것은 강박 관념을 강화한다. 강박 행동이 강박 관념으로부터 오는 불안감을 완화해 준다는 '탈출' 메커니즘을 제공함으로써 강박 행동을 허용하기 때문이다.

강박 장애를 앓고 있는 사람들의 몸부림을 단순히 기이하고 이상하다고 생각할 수도 있을 것이다. 많은 사람이 그들의 불안이 비이성적으로 과장되어 있다는 사실을 알고 있다. 그리고 그들은 그런 자신을 스스로 비난할지도 모른다. 어떤 경우, 그런 몸부림을 솔직하게 인정하는 것은 고통받는 사람들이 그들의 문제를 좀 더 적절하게 다루는 데 도움을 줄 수 있다.

하지만 많은 사람이 자신의 강박 관념과 강박 행동이 비이성적이라는 사실을 이미 알고 있기 때문에, 문제를 솔직히 인정하는 데에는 많은 용기가 필요하다. 그들이 고백할 때, 격려만으로는 그들이 문제를 극복하지 못할 수도 있다는 것을 기억하라. 그들이 자신의 마음과 싸울 때, 그들에게는 공동체와 지원이 필요하다. 무엇보다 의료 상담과 전문적인 상담이 필요하다.

내담자를 위한 행동 단계　5

1) 생각을 재구성하라

- 당신이 가지고 있는 강박 관념에 너무 많은 무게나 의미를 부여하지 않도록 하라. 사람들에게 강박 관념이 나타날 때, 침투적 사고를 재구성하고, 그것을 언제 어디서든지 적절한 진리, 특히 성경적 진리로 대체하는 것이 도움이 된다. 건강한 자기-대화는 전반적 불안을 줄이는 데 도움을 줄 수 있다.

강박 장애와 함께, 강박 관념으로 인한 불안을 완화하려는 강박 행동은 부정적 감정으로부터의 일시적 후퇴라는 사실을 이해해야 한다(비록 부정적인 감정이 비이성적으로 보일 수도 있지만).
- 강박적인 사고나 행동의 영향 아래 있지 않을 때 당신이 두려움에 관해 믿는 바를 정의하라. 그 내용을 적고, 그 노트를 당신이 힘들 때 볼 수 있는 곳에 두어라. 충동에 따라 행동하지 말고, 강박 관념으로 인한 불안과 고통을 참으면서 다른 것에 집중하도록 하라(주의를 돌릴 수 있는 것, 예를 들어, 커다란 빨간 정지 신호를 그려 보라).

강박 관념에 따라 행동하지 않았어도 여전히 모든 것이 괜찮다는 것을 깨달을 때, 당신은 앞으로 강박으로 인한 방해를 덜 받게 될 것이다. 이것은 기복이 있는 장기간의 과정이 될 것을 예상하라. 이 과정은 당신의 결단과 집중을 요구할 것이다.

2) 하나님의 은혜로 나아가라

- 목회자들은 사람이 하나님의 은혜를 더 많이 알게 될수록 강박 장애의 증상이 줄어드는 것을 목격해 왔다. 이것은 특히 과잉 성찰의 경우에 그렇다. 이를 염두에 두고, 하나님께 겸손한 마음과 빈손으로 나아가 그분의 은혜의 깊이를 경험하라.
- 하나님의 말씀을 읽고, 하나님의 은혜를 이야기하는 구절들을 묵상하면서 시간을 보내라. 당신의 전문 상담사가 당신이 읽고 묵상할 구절들을 안내해 줄 것이다.

3) 강박 관념과 강박 행동을 현실과 구분하라

- 무엇이 당신이고 무엇이 당신의 강박 장애인지를 구분할 수 있는 것은 중요하다. 당신의 상담사는 강박적 사고를 파악하고 표면화할 수 있는 실제적이고 구체적인 방법을 찾도록 도와줄 것이다.
- 강박적 생각을 크게 말함으로써 강박적 사고를 파악하는 데 도움을 얻을 수 있다. 당신은 '강박적 생각'이나 '불안', '의심' 같은 관련된 용어를 사용하면서 강박 관념적 사고를 표면화하는 방법을 배울 수 있다(강박 장애는 원래 "의심하는 질병"으로 불렸다).

예를 들어, 당신이 강박 관념적 생각을 가질 때, 자신에게 다음과 같이 말해 보라.
"나는 불안해하고 있지만, 모든 것은 정말로 괜찮아. 내가 그것에 대해 행동할 필요는 없어."

- 이 단계는 특히 아이들에게 유익하다. 아이들은 아직 내면적으로 일어나고 있는 일을 분별하는 데 필요한 발달 도구들을 모두 갖추고 있지 않다. 예를 들어, 강박 장애를 앓고 있는 한 아이는 강박적 생각을 "걱정 벌레"라고 불렀다. 그리고 그러한 생각들이 떠오를 때 그 아이는 그러한 생각들을 밟아 버렸다. 다른 이름에는 "걱정 씨", "나의 걱정스러운 생각" 등이 있다.

4) 식습관과 영양분에 관심을 가지라

- 일부 심리학자들은 강박 장애가 엄격한 식습관을 요구한다는 사실을 관찰해 왔다. 화학 물질이 강박 장애 환자에 영향을 끼치기 때문에, 음식을 통해 당신의 몸에 들어가는 화학 물질을 알고 감시하는 것이 반드시 필요하다. 음식은 불안 수준에 직접적 영향을 미친다. 따라서 당신은 카페인 섭취를 줄이고, 불안 수준을 낮춰 주는 철분, 비타민 B, 칼슘, 인, 포타슘과 같은 비타민과 미네랄 섭취를 늘려야 한다.
- 또 다른 실용적 조언은 탄수화물 섭취를 조절하는 것이다. 탄수화물 섭취는 세로토닌 수치를 치솟게 한 다음 급격히 감소시켜 스트레스와 감정 조절에 어려움을 초래한다.
- 공인된 영양사나 영양학 전문가와 상담을 예약하라.

5) 의사와 상담하라

- 강박 장애 치료용으로 식품 의약청으로부터 승인을 받은 다양한 약물이 있다. 주로 항우울제이며, 세로토닌 수치를 높여 긍정적 결과를 가져온다.
- 당신의 증상을 효과적으로 완화할 수 있는 올바른 약물을 선정하고

적절한 복용량을 결정할 수 있는 의사와 상담하라.
- 효과적이라고 판명된 항우울제에는 클로미프라민(Anafranil, 아나프란일), 플루복사민(Luvox, 리복스), 플루옥세틴(Prozac, 프로작), 파록세틴(Paxil, 팍실), 설트랄린(Zoloft, 졸로프트)가 있다.

6) 전문 상담사를 만나라

- 강박 장애를 앓고 있는 사람들은 인지행동치료 전문가를 만남으로써 유익을 얻을 수 있다. 강박 관념과 강박 행동에 통제되지 않도록 당신의 생각을 재구성하기 위해 준비하라. 시작 단계에서는 작은 발걸음이 중요하다.
- 인지행동치료의 목표는 사람들이 자신의 두려움과 강박 관념을 점진적으로 드러내어, 강박 행동이나 완화를 위한 의례적 행동에 더 이상 의지하지 않고 평화적으로 대응할 수 있도록 하는 것이다. 예를 들어, 완벽주의를 다루는 사람에게 좋은 훈련은 의도적으로 불완전한 그림을 그리도록 하는 것이다.
- 그리고 동시에, 실수가 담긴 예술이 더욱 풍부한 성장과 창의성의 기회를 제공할 수도 있다는 새로운 사고로 생각을 재구성하도록 돕는다. 사람을 쳤다고 생각해서 차로 과속방지턱을 넘을 때마다 공황에 빠지는 사람에게, 2주간 의도적으로 비포장도로를 매일 몇 분씩 운전하도록 하는 과제는 생각을 재구성하는 데 도움을 줄 수 있다.

6 성경적 통찰

여호와여 그러하여도 나는 주께 의지하고 말하기를 주는 내 하나님이시라 하였나이다 나의 앞날이 주의 손에 있사오니 내 원수들과 나를 핍박하는 자들의 손에서 나를 건져 주소서 (시 31:14-15).

유대인 신학자이자 『신앙의 두 가지 유형』(*Two Types of Faith*)의 저자인 마틴 부버(Martin Buber)는 믿음에 있어서 다음의 두 가지, 즉 사람을 믿는 것과 단순히 무언가를 진실이라고 믿는 것을 분명히 구분한다. 강박 장애 환자들은 실제 사실을 확인하고, 그들의 강박 관념과는 반대되는 진실을 받아들이기 위해 노력한다. 그들의 믿음은 그들이 상황에 대해 어떻게 느끼는지에 근거를 둔다.

시편 31편에서 다윗은 자신을 죽이려는 아들로부터 도망치는 가운데, 그가 주 여호와를 신뢰하고 있다는 것과 모든 결과는 하나님께 달려 있음을 선포한다. 강박 장애에서 해방되기를 원하는 사람은 자신을 진정시키기 위해 사실이나 강박 행동에 의지해서는 안 된다. 대신 그들은 하나님을 신뢰하고, 자신들의 걱정에 대한 책임을 하나님께 모두 맡겨야 한다.

예를 들어, 문을 잠갔는지 걱정하는 사람은 하나님께서 집의 안전을 책임져 주시도록 맡겨야 한다. 오염을 매우 두려워하는 사람은, 하나님께서 건강을 책임져 주시도록 맡겨야 한다.

> 수고하고 무거운 짐 진 자들아 다 내게로 오라 내가 너희를 쉬게 하리라 나는 마음이 온유하고 겸손하니 나의 멍에를 메고 내게 배우라 그리하면 너희 마음이 쉼을 얻으리니 이는 내 멍에는 쉽고 내 짐은 가벼움이라 하시니라(마 11:28-30).

우리는 강박 장애와 관련된 불안과 두려움으로부터 우리를 자유롭게 하시는 하나님을 섬긴다. 그분은 당신의 자녀들이 풍성한 삶을 누리기를 원하신다. 강박 장애는 가치에 관한 문제가 아니다. 어떤 사람이 강박 장애를 앓고 있다고 해서 그 사람이 하나님의 마음에 덜 소중한 존재가 되는 것이 아니다. 하나님께서는 우리와 동행하시며 우리를 짓누르는 그 어떤 짐도 대신 짊어지겠다고 약속하신다. 우리가 보여야 할 반응은 그 짐을 내려 그분께 맡기는 것이다.

> 아무 것도 염려하지 말고 다만 모든 일에 기도와 간구로, 너희 구할 것을 감사함으로 하나님께 아뢰라 그리하면 모든 지각에 뛰어난 하나님의 평강이 그리스도 예수 안에서 너희 마음과 생각을 지키시리라(빌 4:6-7).

하나님께서는 우리에게 모든 환경과 상황에서 그분을 신뢰하라고 권고하신다. 우리가 직면하고 있는 어떤 문제도 우리의 하나님보다 크지 않다. 당연한 불안을 느낄 때나, 강박적으로 생각할 때나, 하나님은 우리의 요구를 감사하는 태도로 당신께 가져오라고 말씀하신다. 그에 대한 응답으로 하나님은 우리의 생각과 마음을 지킬 초자연적인 평안을 허락하실 것이다. 주께서는 우리가 불안감을 느끼는 순간에 우리에게 오셔서 우리를 도우신다.

너희 염려를 다 주께 맡기라 이는 그가 너희를 돌보심이라(벧전 5:7).

우리의 마음을 불안하게 만드는 모든 생각이나 상황을 하나님께 맡겨야 한다. 우리는 이러한 것들을 던지거나 버려야 한다. 하나님은 우리를 사랑하시고 돌보시기 때문에, 우리에게는 그렇게 할 자유가 있다. 그분은 우리가 걱정에서 벗어나길 원하신다. 우리가 그분의 은혜를 더욱 신뢰하면 할수록, 우리는 삶에서 더 큰 평안을 누릴 것이다.

주께서 심지가 견고한 자를 평강하고 평강하도록 지키시리니 이는 그가 주를 신뢰함이니이다 너희는 여호와를 영원히 신뢰하라 주 여호와는 영원한 반석이심이로다(사 26:3-4).

하나님과 그분의 말씀을 묵상하는 것은 우리가 생각을 집중하고, 평안을 누리고, 불안을 줄이는 데 도움이 된다. 침투적 사고와 강박 행동이 우리의 마음을 불안하게 할 때 우리는 주님께 도움을 청할 수 있으며, 우리가 회복을 향한 길을 가는 동안 우리와 함께하실 것을 신뢰할 수 있다. 만일 우리가 그렇게 한다면, 우리는 그분의 평안을 경험할 것이다.

7 기도 첫걸음

오, 주님!
주님께서는 우리에게 아무것도 염려하지 말고 모든 것을 주님께 기도로 아뢰라고 말씀하십니다. 지금 주님께 간구하오니, _____님의 마음에서 모든 염려와 두려움, 불안을 제거하여 주시옵소서. _____님이 원치 않는 생각과 강박적인 행동으로부터 자유롭게 되기를 기도합니다. 우리는 그리스도께서 자유롭게 하신 사람은 자유롭게 되었다는 사실을 알고 있습니다! _____님이 이런 문제들에 대해 주님을 온전히 신뢰할 수 있도록 도와주시옵소서. 완전한 평안, 세상이 결코 줄 수 없는 평안, 주님의 성령으로부터만 오는 평안으로 _____님의 마음을 지켜 주시옵소서. 주님의 약속으로 인해 감사드립니다.

8 추천 자료

추천 도서

Baer, Lee. *Getting Control: Overcoming Your Obsessions and Compulsions*. Plume, 2012.
Ciarrocchi, Joseph W. *The Doubting Disease: Help for Scrupulosity and Religious Compulsions*. Paulist Press, 1995.
Hyman, Bruce, and Cherry Pedrick. *The OCD Workbook: Your Guide to Breaking Free from Obsessive-Compulsive Disorder*. New Harbinger, 1999.
Osborn, Ian. *Can Christianity Cure Obsessive-Compulsive Disorder? A Psychiatrist Explores the Role of Faith in Treatment*. Brazos, 2008.
Penzel, Fred, *Obsessive-Compulsive Disorders: A Complete Guide to Getting Well and Staying Well*. Oxford University Press, 2000.

추천 웹사이트

Beyond OCD: www.beyondocd.org/ocd-facts/
Help Guide: www.helpguide.org/mental/obsessive_compulsive_disorder_ocd.htm
International OCD Foundation: www.ocfoundation.org/whatisocd.aspx
National Institute of Mental Health: www.nimh.nih.gov/health/topics/obsessivecompulsive-disorder-ocd/index.shtml
OCD and Christianity: www.ocdandchristianity.com
OCD Center: www.ocdcenter.org/about-ocd/ocd-statistics.php

39 종교 중독과 해로운 믿음

1 상황 묘사

- 메리앤은 어린 시절 성적으로 학대를 당했던 좋지 않은 기억이 다시 떠올랐다. 그래서 그녀가 다니는 교회의 새로운 멘토인 셔먼 부인으로부터 위로를 받기 위해 바로 전화했다. 그녀는 자신의 고통에 대해 자세히 설명했고 셔먼 부인의 응답을 기다렸다.
"자매님. 그냥 주님께 맡기면 됩니다. 자매님이 그 고통을 다룰 필요는 없습니다. 그것은 주님의 몫입니다. 아마도 그분은 당신의 삶에서 죄의 영역을 보여 주려고 그러시는 것 같습니다. 그냥 계속 기도하시고 그분을 믿으세요. 그러면 그러한 나쁜 기억을 다 없애 주실 것입니다. 곧 자유를 경험하게 될 것입니다. 의심하고 두려워하는 것은 옳지 않습니다."

- 일요일 아침이었다. 셰리는 교회에 가는 것이 즐거웠다. 그녀의 남편인 댄은 가족을 부양하기 위해 늦게까지 일했고, 그녀는 일주일 동안 아이들을 혼자 돌보느라 지쳤다. 그녀는 초자연적 존재와 연결되는 기쁨을 통해 원기가 회복되기를 간절히 원했다. 교회에서 예배하는 시간은 그녀가 현실에서 벗어나 천국의 영역으로 들어가는 기회를 얻는 유일한 "셰리"만의 시간이었다.
그녀는 모든 예배, 부흥회, 성경공부반, 기도 모임에 열심히 참석했다. 셰리는 이런 식으로 하나님께 시간을 드리기 위해 노력을 하지 않으면 신앙인이 아닌 것 같다고 생각했다.

- "형제님. 영적 권위에 복종하십시오!"라는 말이 케니의 귓가에 쟁쟁했다. 주위를 살피기도 전에, 담임목사인 제이슨은 화를 내며 그에게

소리쳤고 순종에 관한 성경 구절을 쏟아내기 시작했다.
"이제 성경을 읽고 그만 불평하세요. 특히 리더십에 머무르고 싶다면 말입니다. 교회의 리더십에 머무르고 싶다면 불평을 멈추세요. 하나님께서 우리를 권위 아래 두신다는 것을 알고 있지 않습니까. 우리가 당신에게 준 조언에 이의를 제기하지 마십시오. 우리는 당신의 영적 안녕과 보호를 위해 여기 있는 것입니다."

정의와 주요 개념 2

- 종교 중독자들이나 영적 학대 피해자들은 종종 자신들만이 상처 입은 사람들이며, 의심하고, 영성으로 고심하고 있다고 생각한다(실제로, 우리 모두는 혼란과 고통의 시간을 직면한다). 이것은 "치유"를 받으라고 초청할 때(예를 들어, 평화를 요구하고 답을 갖고 있다고 주장하는 종교 지도자들이 초청할 때), 왜 그들이 아무런 의심 없이 받아들이는지를 설명한다.
- 해로운 믿음을 가진 사람은 참된 하나님과 관계를 맺는 대신에 규칙과 종교적 행위와의 관계를 발전시킨다. 해로운 믿음은 여러 종교(기독교, 유대교, 이슬람, 불교 등)에서뿐 아니라 종교가 없는 곳(무신론)에서도 볼 수 있다.

"해로운 믿음을 가진 사람들"은 참된 그리스도를 예배하는 대신에, 때때로 그들만의 하나님의 이미지를 만든다. 즉, 그들을 현실에서 벗어나게 해 주고, 그들이 자신과 다른 사람들을 학대하도록 허용하며, 건강한 관계에서 고립되거나 문제를 무시하는 것을 묵인하는 하나님의 이미지를 만든다. 이런 행동은 더 나아가 사람들과 하나님의 인격적 관계가 끊어지도록 만든다.

- 엄격한 규칙을 가진 가정에서 성장했거나, 정신적 외상을 초래할 정도의 낙심이나 학대를 경험했거나, 낮은 자존감을 가진 사람들은 특히 해로운 믿음을 갖게 될 가능성이 크다. 종교적 행위와 규칙이 고통을 치료하는 '신'과의 관계를 보장하듯이, 이러한 지향성은 일반적으로 행위와 성과 기반의 생활을 요구한다.

해로운 믿음은 종교 중독으로 악화할 수도 있다. 그래서 사람들은 그들의 종교에서 위안을 찾기 위해서 그 종교의 관행이 해로울지라도 계속해서 되돌아간다.

- 종교 중독과 영적 학대의 증상은 다음을 포함한다.[1]

  - 종교적 신념을 흑백 논리로 진술한다.
  - 같은 신앙을 공유하지 않는 사람들과는 함께하지 않는다.
  - 세상과 육신은 본질상 악하다고 여겨지기 때문에 은혜나 자비는 부재한다.
  - 기도하고, 교회에 가고, 성경을 읽고, 집회에 참석하고, 기독교 방송을 시청하고, 선교 헌금을 내는 일에 집착한다.
  - 지나칠 정도로 금식한다.
  - 하나님으로부터 메시지를 듣고 그 메시지로 통제하고 학대하는 행위를 정당화한다.
  - 다른 사람들을 판단한다. 종종 '비종교인들'(비신자들)을 향해 화를 내거나 폭력을 행사한다.
  - 세뇌한다; 가족과 가까운 친구들에게 그들의 사고방식을 설득시키려고 계속해서 시도한다.
  - 하나님과 종교에 대해 강박적으로 이야기하거나 성경을 인용한다.
  - 병원과 학교와 이념을 놓고 갈등한다.
  - 스스로 생각하거나, 의심하거나, 질문하는 것을 꺼린다.
  - 성생활이 더럽거나 나쁘다고 생각한다.
  - 비판을 받아들이지 못한다.
  - 긴장과 스트레스로 고통받고, 종종 섭식 장애, 우울증, 불안과 같은 신체 질병으로 발전된다.
  - 종종 무언가를 응시하고, 무아지경에 빠진다.
  - 성격이 이상하게 변한다.

---

[1] Leo Booth, *When God Becomes a Drug: Breaking the Chains of Religious Addiction and Abuse* (SCP Limited, 1998), 17.

- **해로운 믿음을 자극하는 스물한 가지 잘못된 신앙들[2]**

    - 하나님은 나의 행동에 따라 나를 보호하시고 중요하게 여기신다.
    - 비극이 닥칠 때도 진정한 신앙인들은 진정한 평안을 누려야 한다.
    - 만일 당신이 진짜 믿음을 소유했다면, 하나님께서는 당신이나 당신이 기도하는 대상을 치유해 주실 것이다.
    - 모든 사역자는 하나님의 사람들이며 신뢰할 수 있다.
    - 물질적 복은 영적 능력을 드러낸다.
    - 헌금을 많이 하면 할수록, 하나님께서는 나에게 더 많은 돈을 주실 것이다.
    - 나는 노력해서 천국에 갈 수 있다.
    - 삶의 문제들은 어떤 특정한 죄 때문이다.
    - 다른 사람의 필요를 항상 충족시켜야 한다.
    - 권위에 항상 순종해야 한다.
    - 하나님은 영적 거장들만 사용하신다.
    - 참된 믿음을 소유한다는 것은 하나님이 나를 도와주실 때까지 아무것도 하지 않는 것을 의미한다.
    - 만일 성경 안에 없다면, 그것은 적절하지 않다(모든 진리는 성경 안에 있다).
    - 하나님께서는 나에게 완벽한 배우자를 찾아 주실 것이다.
    - 나에게 일어나는 모든 일은 선하다.
    - 강한 믿음은 문제와 고통으로부터 나를 보호할 것이다.
    - 하나님은 죄인을 싫어하시고, 나에게 화가 나셨으며, 나를 벌주기 원하신다.
    - 그리스도는 위대한 선생에 불과했다.
    - 하나님이 나를 돌보시기에는 너무 위대한 분이시다.
    - 무엇보다도 하나님은 내가 (고통에서 자유롭고) 행복하기를 원하신다.

---

2   Stephen Arterburn and Jack Felton, *Toxic Faith: Understanding and Overcoming Religious Addiction* (Colorado Springs: WaterBrook, 2001), 33.

- 당신은 하나님이 될 수 있다.

• 종교 중독에서 흔히 나타나는 비이성적 사고방식은 다음과 같다.[3]

- 극단적인 생각: 중독자가 자신과 다른 사람들을 매우 심하게 대하도록 만드는 양자택일 또는 흑백 사고방식이다.
- 현실에 기초하지 않은 근거 없는 결론 도출: 삶에 대한 전반적인 이해에 있어 '결코', '항상' 같은 단어를 사용한다.
- 긍정적 부분을 선별하고 현실을 왜곡하기: 부정적인 것만을 선별적으로 듣기 때문에 모든 것에 부정적이 된다. 특히 그들 자신에 대해 부정적으로 된다; 예를 들어, 긍정적인 말에 대해서 "맞아요, 하지만…"이라고 반응한다.
- 부정적 부분을 선별하고 현실 왜곡하기: 그들의 낮은 자존감을 보호하기 위해 긍정적인 것만 선별적으로 듣는다. 다른 사람들을 비난했던 행동을 스스로 함으로써 많은 관계를 망가뜨린다. 관계 회복의 어려움을 깨닫고 참담함을 느낀다.
- 마음으로 생각하기: 사람의 느낌은 "틀림없고 정확하다"는 믿음 때문에 감정은 현실의 기초가 된다.
- '반드시/꼭 해야 한다'는 생각: 일정 수준에 미치지 못 한다고 끊임없이 자책한다.
- 공동의존: 자신의 희생을 감수하면서 다른 이들의 필요를 항상 인식하면서, 모든 것을 책임지고, 통제해야 한다고 자기중심적으로 생각한다.

• 해로운 믿음 체계와 영적 학대의 특징은 다음과 같다.[4]

---

3 Philosophy and Religion, www.philosophy-religion.org/criticism/toxicfaith.htm.
4 Arterburn and Felton, *Toxic Faith*, 134.

- 하나님으로부터 직접 받은 계시, 분명한 운명, 사역 적용 등에 관한 '특별한' 주장
- 성격은 주도적이지만 책임감은 거의 없는, 강하고 카리스마가 넘치는 리더에게서 주로 발견되는 권위주의
- 외부 실체들과 대립하고 있다는 느낌을 자아내는 '우리 vs 그들' 사고방식, 신앙 단체와 그 리더들에 대한 모든 비판은 적의 공격으로 여겨진다.
- 본질상 처벌적이다. 리더들은 추종자들을 훈련하고 처벌할 권위를 갖지만, 이것은 왜곡된 형식의 사랑과 돌봄에서 나오는 불균형한 방식으로 진행된다.
- 서비스-지향적 사람들은 쉽게 이용당한다. 그 체계는 매우 순종적이고, 성실하게 일하며, 공격적이지 않은 강박적인 성격의 사람들을 매료하여, 그러한 사람들이 혹사와 학대에 취약해지도록 만든다.
- 모든 정보는 상명하달식으로 유지되며 집단 내에 특권의식이 존재하지만, 대부분 사람에게는 정보가 공유되지 않는 폐쇄적 의사소통이 주를 이룬다.
- 극단적인 율법주의는 성과가 매우 중요하고 무조건적인 순종은 보상을 받는다.
- '진실을 말하는 사람들'이 허용되거나 용인되지 않기 때문에 객관적인 상호 책임이 없으며, 리더는 자신이 오직 하나님과만 상호 책임을 진다는 사실을 분명히 한다.

• 해로운 믿음은 몇 가지 형태를 취할 수 있다.

- 강박적 종교 활동은 성과와 행위 기반의 구원에 뿌리를 둔다. 미래는 근본적으로 신을 기쁘게 할 만큼 열심히 일하는 신자들의 능력에 달려 있다. 스스로를 채찍질하면서 하루에도 몇 번씩 기도하는 이미지가 마음에 떠오를 수 있다.
  하나님의 은총을 얻기 위한 행위 기반 노력이 서구화되고 사회적으로 더 받아들여질 수 있는 형태로 나타나는 것에는, 강박적으로 교회에

출석하기, 교회 위원회 활동에 시간 쏟기, 가족과 함께하는 시간을 종교 활동으로 대체하기 등이 있다.

- "복을 받기 위해서는 이들 다섯 단계를 정확하게 따라야 한다"와 같은 믿음을 통해 **감정적 고통을 감춘다**. 자신들의 행동(또는 그들에게 해를 끼친 다른 사람들의 행동)이 가져온 현실에서 벗어나기 위해, 그들은 암기를 통해서, 또는 '올바른' 공식을 찾으면서 숨거나 자신들의 고통을 완화하고자 노력한다.

자신들의 어려움을 직면하고 주님과 신뢰할 수 있는 사람들과 함께 자신들의 상처를 다루는 대신에, 그들은 즉각적인 결과를 가져다주는 일종의 마법 같은 해결책이 있다고 확신한다.

- **건강하지 않은 재정 관리**는 교회나 종교 집단에 헌금하는 것이 엄청난 부를 가져다준다는 불균형적 가르침에서 비롯된다. 많은 사람은 더 큰 번영으로 보상받기를 기대하면서 자신들의 부와 재산을 바친다. 하나님께 드릴 때 그분은 우리에게 분명 복을 주신다. 그러나 그 복이 항상 물질적인 것은 아니고, 세상의 보물을 통해 더 큰 위안을 가져오기 위한 것도 결코 아니다.

그분은 우리가 그분께 헌신할 때 진정한 보물이 발견될 것이라는 사실을 아신다. 복을 받기 위해서 우리의 신앙이나 우리의 십일조로 하나님을 매수할 수 없다. 그러나 여전히 많은 사람이 더 많이 바치면, 하늘로부터 유형의 복을 더 많이 받게 될 것이라고 믿는다.

- **자기-집착**(self-obsession)은 주님의 영광을 도둑질한다. 자신들의 필요를 채우고 짐을 없애 달라는 종교 중독자들의 하나님에 대한 요구 때문이다. 그들은 하나님과 다른 사람들로부터 대접받을 자격이 있다고 느낄지도 모른다.

그들의 자기-도취는 하나님이 은혜(받을 자격이 없는 자에게 주어지는 호의)로 베푸시는 행위와 주위에 있는 상처받은 사람들의 필요를 보지 못하게 만든다. 이런 사람들은 그리스도가 없으면 아무것도 할 수 없다는 사실을 인정하지 않으면서, 자신들만이 기적, 섬김, 복을 항상 받을 자격이 있다고 생각한다.

- 극단적 편협성은 종교를 편향적이고 흑백논리로 본다. 신약성경에 나오는 바리새인들처럼, 이런 사람들은 자신들의 종교 관습만이 옳다고 믿고, 거의 달성할 수 없는 기준을 세운다. 다른 사람의 예배 방식은 절대 적절하지 않고, 허락되지 않으며, 충분하지도 않다. 그리고 그들의 예배는 개선할 필요가 있는 의례-지향적인 결함을 갖고 있다. 이 사람들은 자신들의 인위적인 이상을 지키기 위해서 관계들, 심지어는 그들이 사랑하는 사람들과의 관계들까지도 희생할 것이다.
- 종교적 황홀경은 빠지기 쉬운 함정이다. 이는 영적 산꼭대기가 삶의 가혹한 현실보다 달콤하게 느껴지기 때문이다. 영적 황홀경에 중독된 사람들은 자극, 에너지, 고통 완화를 위해 아드레날린 급증(예를 들어, 종교 활동과 환경으로부터)에 의존한다. 광범위한 기분 변화는 현실에 대한 변경된 관점, 즉 더 쉽고 더 받아들이기 수월한 진실이라는 관점을 제공한다.

하나님께서 이러한 경험의 중심에 계신 것처럼 보이기 때문에, 해로운 믿음을 가진 신앙인들은 자신들이 다른 형태의 중독에서 발견되는 동일한 증상을 보인다는 사실을 깨닫지 못한다.

진단 인터뷰 3

참고: 다음의 질문들은 스티븐 아터번(Stephen Arterburn)과 잭 펠톤(Jack Felton)이 공저한 『해로운 믿음: 종교 중독 이해와 극복』(*Toxic Faith: Understanding and Overcoming Religious Addiction*), 315-316에서 발췌한 것이다.

1. 당신의 가족은 당신이 그들과 시간을 보내기보다는 늘 교회에 간다고 불평한 적이 있습니까?
2. 당신은 주일에 교회에 단 한 번 가지 못한 것에 대해 극도의 죄책감을 느끼십니까?
3. 하나님께서 당신이 무엇을 하는지 항상 보고 계신다고 느끼십니까? 만일 당신이 충분히 행하지 않으면 하나님께서 당신에게 등을 돌려

복을 주지 않으실지도 모른다고 생각합니까?
4. 당신은 자신이 옳다는 것을 알기 때문에 자녀들에게 이유를 설명해 주지 않은 채 무엇을 해야 한다고 말하곤 합니까?
5. 위원회에서 일하고 교회의 여러 모임에 참석하느라 너무 바빠서 즐거움을 누릴 시간을 거의 갖지 못하는 자신을 발견합니까?
6. 당신이 대화 중에 성경을 너무 많이 인용하기 때문에 당신과 소통하는 것이 어렵다는 불평을 들은 적이 있습니까?
7. 당신은 헌금을 하면 하나님께서 당신을 부유하게 만드실 거라고 믿기 때문에 헌금을 하고 있지는 않습니까?
8. 목사와 성적으로 관계를 맺은 적이 있습니까?
9. 아무리 작은 문제라고 할지라도, 목사와 상의하지 않고 결정을 내리는 것이 당신에게는 어려운 일입니까?
10. 당신의 목사가 다른 사람보다 더 강하다고 생각합니까?
11. 당신의 믿음이 가족과 친구들과의 관계를 어렵게 만들면서 당신을 고립된 삶으로 이끌었습니까?
12. 당신은 삶의 문제를 신속하게 해결하기 위해 목사를 찾고 있는 당신을 발견한 적이 있습니까?
13. 당신은 작은 실수나 확인된 부족함에 대해 극도의 죄책감을 느끼십니까?
14. 당신의 강한 믿음 때문에 상대적으로 믿음이 '약한 배우자/연인'과의 소중한 관계가 악화되고 있습니까?
15. 당신과 함께하시기 위해 하나님께서 당신이 자기 자신이나 타인을 파괴하기를 원하신다고 생각한 적이 있습니까?
16. 당신은 하나님이 항상 당신과 실제 음성으로 소통하고 계신다고 믿습니까?
17. 하나님이 당신에게 화가 나 있으시다고 생각하십니까?
18. 어릴 때 당신이 했던 일로 인해 하나님이 지금도 당신에게 벌을 주고 있다고 생각합니까?
19. 만일 당신이 조금 더 열심히 일하면 하나님이 결국 당신을 용서하실 것으로 생각합니까?

20. 목사가 당신의 생각과 감정을 조종하고 있다고 당신에게 말해 줬던 사람이 있습니까?

지혜로운 상담을 위한 조언 | 4

- 종교 중독자들이 최악에 상황에 놓일 때 그들은 엄청난 굴욕감을 느끼게 된다. 그들은 자신이 붙들어 왔던 생각과 드러나는 현실 사이의 갈등에 사로잡혀 있다. 아마도 그들은 산산이 부서진 삶의 현실을 직면하는 시점에서 조력자인 당신에게 올 것이다. 우리 모두는 최악의 죄를 범할 수 있는 잠재력을 가지고 있고, 오직 하나님의 은혜만이 그러한 죄에서 우리를 지킬 수 있다는 사실을 기억하라.
- 중독자들이 뒤엉킨 믿음에서 벗어나기 위해 첫발을 내디딜 때, 그들은 아마도 불안과 의심, 외로움을 경험하게 될 것이다. 그들은 진정 자신이 종교를 떠나야 하는지에 대해 다시 한번 생각해 볼 수도 있다. 이렇게 하는 한 가지 주요한 이유는, 그들이 지금 오래도록 소중히 여겨 왔던 것을 떠나보내려 하고 있기 때문이다.

그들은 지금까지 자신을 "받아 줬고" 무언가를 함께 경험했고, 심지어는 그들을 걱정해 주었던 공동체를 떠나는 중이다. 게다가 그들은 자신이 틀렸었다는 사실을 인정하는 굴욕에 직면하고 있다(그들의 고백은 해로운 종교를 따르기 위해 그들이 버렸던 사람들의 마음을 움직일 수 있다는 것을 기억하라).

내담자를 위한 행동 단계 | 5

중독으로부터의 회복과 관련하여 본서의 제4장에 실린 영적 적용에 대한 부분을 다시 살펴보라. 거기에 실린 내용이 해로운 믿음과 종교 중독에도 적용될 수 있기 때문이다. 중독으로부터의 회복은 용기, 노력, 헌신, 인내를 요구하는 긴 과정이 될 수 있다.

1) 종교 중독자를 위한 12단계를 고려하라

- 영적 적용에 관련하여 제4장에서 제시된 단계들을 살펴보라. 그 원리들과 성경적 교훈을 당신의 매일의 삶에 통합시켜 보라. 지원 그룹과 동반 책임 파트너와 함께 그것들을 실천하라.

2) 질문하라

- 교회에 출석하는 그리스도인으로서 당신이 신뢰하는 사람에게 많은 질문을 하라. 그러면 하나님이 어떤 분이시고 건강하고 균형 잡힌 신앙이 어떤 것인지에 관하여 성경이 가르치는 내용을 폭넓게 배우게 될 것이다.

3) 다음의 과제를 완료하라

- 종이와 펜을 들고 조용한 장소로 가서 그날에 대해 몇 분 동안 생각해 보라. 떠오르는 생각을 5분 정도 적어 본다.
- 다음의 두 단계를 위해서 당신 자신에게 솔직해져야 한다. 하나님에 대해 믿도록 강요받아 왔던 모든 믿음을 버려라. 자신이 **되어야 한다**고 생각하는 자신의 모습에 대해 글을 쓰는 것은 당신을 더 넘어지게 할 것이다. 그 대신, 당신이 실제로 어떻게 반응하는지를 답하고 필요한 만큼 시간을 사용하라.
- 홀로 있거나, 스트레스를 받거나, 불안할 때 당신은 하나님에 대해 어떻게 느끼는가?
  당신의 관점을 설명하는 묘사적인 표현을 적어 보라.
- 하나님에 대해 생각할 때 어떤 두려움을 느끼는가?
  당신의 관점을 설명하는 묘사적인 표현을 적어 보라.
- 하나님이 당신에게 잘못하고 있다고 느끼는가?
  만일 그렇다면, 이러한 어려운 상황에 대해서 당신이 하나님을 어떻게 바라보는지를 설명하는 묘사적 표현을 적어 보라.

- 당신의 마음과 삶의 어떤 영역을 하나님께 바치기 거부하는가? 당신의 모든 것을 하나님께 바치지 않는 이유를 설명하는 묘사적 표현을 적어 보라.
- 성경에서 고린도전서 13:4-7을 보라. 사랑에 관해 묘사한 구절을 적으라(일부 [영어] 번역본은 사랑[love]이라는 말 대신에 자애[charity]라는 단어를 사용한다). 그 구절을 쓰고, 사랑이라는 단어를 하나님으로 바꾸라(요일 4:16을 보라). 이것은 하나님의 속성에 대한 짧은 목록을 만들 것이다.
- 고린도전서 13장에 기록된 첫 번째 목록과 마지막 목록을 비교하라. 첫 번째 두 목록과 세 번째 목록이 더 차이 날수록, 하나님의 성품, 하나님과 구속된 자녀로서의 우리의 관계에 관한 오해는 더 커진다.
- 다음 단계가 가장 어려울지 모르지만, 치유를 위해서 가장 중요한 단계 중 하나이기도 하다. 이 단계는 고백이다. 당신의 깨어짐에 대해 하나님만이 아니라 신뢰할 수 있고 자애로운 한 명 이상의 신앙인 앞에서 솔직해지는 것이다. 이러한 상황에서 당신은 하나님의 사랑과 은혜를 구체적으로 경험할 수 있다.

  당신의 답을 신뢰할 수 있는 (한 명 이상의) 신앙인에게 가져와 하나님에 대한 당신의 의구심에 관해 설명하라. 하나님의 참된 성품을 믿지 않았던 죄를 고백하고, 치유될 수 있도록 당신을 위해 기도해 달라고 다른 신자들에게 부탁하라(약 5:16).
- 고백과 공동체를 당신의 삶의 토대로 삼아라. 신뢰할 수 있고 자애로운 신앙인들 사이에서 행하는 고백이 하나님께서 당신을 위해 마련하신 위대한 계획을 따르는 데 중요하다는 것을 깨달으라. 그것은 마치 예수님께서 이 땅에 오셨을 때 하나님을 따르셨던 것과 같다.

성경적 통찰 6

주께서는 제사를 기뻐하지 아니하시나니 그렇지 아니하면 내가 드렸을 것이라 주는 번제를 기뻐하지 아니하시나이다 하나님께서 구하시는 제사는 상한 심령이라 하나님이여 상하고 통회하는 마음을 주께서 멸시하지 아니하시리이다(시 51:16-17).

이 시편에서 다윗은 주께서 원하시는 것은 제사가 아니라 상한 심령이라고 선포한다. 다시 말해, 하나님께서는 행위 이면의 이유(인간의 죄성과 경건한 거룩)를 겸손히 인정하지 않는 종교적 행위는 원하지 않으신다. 우리가 빈손으로 주께 나아온 뒤에야 그분은 우리의 종교적 행위와 영적 규율(예를 들어, 기도, 성경 일기, 십일조)을 받으신다. 상하고 통회하는 심령과 마음은 자신의 노력과 행위가 아니라 하나님의 은혜에 전적으로 의존한다.

이 구절들은 해로운 종교의 우상을 막 버린 사람들에게 위안을 준다. 그들은 분명히 영적 상함을 경험할 것이다.

이 본문은 하나님께서 깨진 인생을 받아 주신다는 위로와 안도의 말씀이다!

심령이 가난한 자는 복이 있나니 천국이 그들의 것임이요(마 5:3).

"가난한"을 뜻하는 그리스어 단어는 프토코스(ptochos)로, 문자적 의미는 "무엇이 부족한"이다. 이런 맥락에서 여기서는 한 사람의 영적 필요를 의식하고 있다는 것을 의미한다. 이 단어는 자신을 살아가게 할 무언가를 달라고 누군가에 애원하면서 두 손을 쭉 뻗고 있는 거지의 모습을 그린다. 예수님은 자신의 영적 필요를 의식하는 사람들에 대해 복된(행복한) 자들이라고 칭하신다.

이러한 사람들은 말 그대로 "하나님 나라에 들어가기에 적합하다"(『세이어 렉시콘』[Thayer's Lexicon]). 하나님의 풍성하심에 대한 자신들의 영적인 필요를 겸손히 인식하는 자들은 열렬히 환영을 받고, 그분의 풍성한 은혜를 경험함으로써 복을 입게 된다.

백성들아 시시로 그를 의지하고 그의 앞에 마음을 토하라 하나님은 우리의 피난처시로다(시 62:8).

이 구절의 중심 진술은 하나님의 불변성, 그리고 어제와 오늘, 영원히 동일하신 하나님의 실재에 우리의 관심을 향하게 하는 처음과 끝의 두 구절로 지탱된다. 앞쪽 끝에서, 우리는 주를 믿으라는 명령을 받는데, 이것은 우리로 하여금 그분을 신뢰하고, 그분께 소망을 품고, 아무것도 두려워하지 않도록 해 준다. 뒤쪽 끝에서, 우리는 하나님이 삶의 폭풍이나 위험을 피해서 숨을 수 있는 피난처이심을 안다.

바로 이 장소에서 우리는 하나님은 우리가 진실로 신뢰할 만한 분이며, 우리는 단순한 기도의 행위를 통해 그분 앞에 마음을 쏟아낼 수 있다는 사실을 인식하게 된다. 하나님은 우리가 솔직히 기도하기를 원하신다. 우리의 진실된 고백과 솔직한 마음의 상태를 듣기 원하신다. 솔직한 고백은 우리 마음의 깊숙한 곳, 밝혀질 필요가 있는 바로 그곳을 드러낸다. 그리고 이를 통해서 우리는 우리를 향한 하나님의 무한한 사랑을 알게 된다.

기도 첫걸음 7

아버지 하나님!
모든 사람이 회개의 자리로 나아오기를 원하시며, 주님의 인자로 우리를 불러 주시니 감사합니다. _____님이 주님의 사랑과 은혜를 더 명확히 이해하도록 도와주시니 감사합니다. 도움을 구하려는 _____님의 의지조차도 주님이 _____님을 계속 지켜보고 계셨다는 사실을 증거 합니다. 우리가 깨어졌음에도 불구하고, 우리가 담대히 주님 앞으로 나아올 수 있도록 우리를 덮어 주신 예수 그리스도의 피로 인해 감사드립니다. _____님에게는 주님과의 인격적 관계가 필요합니다. 주님에 대해서는 알지만, 주님을 모르는 종교로부터 _____님을 해방시켜 주시옵소서. 주님의 진리의 빛으로 모든 고백과 잘못된 생각을 비춰 주시옵소서.

8 추천 자료

추천 도서

Arterburn, Stephen, and Jack Felton. *Toxic Faith: Understanding and Overcoming Religious Addiction*. WaterBrook, 2001.

Blue, Ken. *Healing Spiritual Abuse: How to Break Free from a Bad Church Experience*. InterVarsity, 1993.

Booth, Lee. *When God Becomes a Drug: Breaking the Chains of Religious Addiction and Abuse*. SCP Limited, 1998.

Bussell, Harold L. *Unholy Devotion: Why Cults Lure Christians*. Zondervan, 1983.

Chrnalogar, Mary Alice. *Twisted Scriptures: Breaking Free from Churches That Abuse*. Zondervan, 2000.

Cloud, Henry, and John Townsend. *12 "Christian" Beliefs That Can Drive You Crazy: Relief from False Assumptions*. Zondervan, 1995.

Johnson, David, and Jeff VanVonderen. *The Subtle Power of Spiritual Abuse: Recognizing and Escaping Spiritual Manipulation and False Spiritual Authority within the Church*. Bethany, 1991.

VanVonderen, Jeff. *Tired of Trying to Measure Up: Getting Free from the Demands, Expectations, and Intimidation of Well-Meaning People*. Bethany, 2008.

VanVonderen, Jeff, Dale Ryan, and Juanita Ryan. *Soul Repair: Rebuilding Your Spiritual Life*. InterVarsity, 2008.

추천 웹사이트

Spiritual Abuse Awareness: www.spiritualabuseawareness.com/
Spiritual Abuse Recovery Resources: www.spiritualabuse.com/?page_id=45
Spiritual Research Network: www.spiritual-research-network.com/home.html

일 중독과 성과 40

상황 묘사 | 1

- 마크에게 매주 90시간 이상 일하는 것은 대단한 일이 아니었다. 그의 재능은 그에게 다양한 직업에 종사할 기회를 줬고, 그는 하나님께서 그에게 주신 모든 것을 즐거이 사용했다. 그의 노력은 직장에서 7년간 계속 승진되면서 결실을 보았다. 상사로부터 인정받는 것은 적잖은 동기 부여가 되었고, 그는 자신이 하나님으로부터 받은 재능과 은사를 사용하고 있다고 느꼈다.
그러나 그는 자신의 결혼 생활과 8살이 된 아들, 세스와의 관계가 조금씩 흔들리고 있다는 것은 보지 못하고 있었다.

- 밀너 가족이 매년 갖는 스키 여행은 휴식을 취하고, 일상의 소음에서 벗어나고, 조부모와 형제자매, 사촌들과 다시 만나는 좋은 시간이었다. 모든 사람은 이 여행을 학수고대했다. 샤론만 제외하고 말이다. 그녀는 일하지 않으면 극심한 스트레스를 받았다. 휴식을 취하는 대신에, 그녀는 휴대전화와 인터넷이 잘 연결되지 않는 곳에 있을 때마다 불안해졌다. 심지어 슬로프에서도 그녀의 마음은 온통 아직 마무리되지 않은 프로젝트와 일시적으로 중단된 임무에 쏠려 있었다.
다른 모든 사람이 잠자리에 든 후에, 그녀는 자신의 컴퓨터로 접속하여 수 백마일 떨어져 있는 곳에서 일어난 그날의 활동을 따라잡기 위해 몇 시간을 보냈다. 샤론이 경험했던 유일하고 진정한 휴식은 자신이 일하고 있을 때 찾아오는 '쉼'뿐이었다.

- "엄마, 아빠, 미안해요. 이 프로젝트가 오늘 막 들어왔는데, 이걸 제대로 끝낼 수 있는 사람은 저밖에 없어요."

토니와 라일라는 식탁 앞에 앉아서 딸인 레이철을 쳐다봤다. 휴대전화가 그녀의 귀에 딱 달라붙어 있는 것 같았고, 그녀는 전화하면서 동시에 그들과 대화하려고 애썼다. 그러나 그녀의 관심은 대부분 그녀 앞에 펼쳐져 있는 서류와 전화 통화에 쏠려 있었다.

미혼인 레이철은 광고 영업 매니저로서 일하는 데 대부분 시간을 보낸다. 그녀는 친구들과 거의 어울리지 못하는데, 회사에서 맡기는 임무를 절대로 거절하는 법이 없어서다. 일은 그녀의 가장 큰 열정이고 자신을 위한 사랑의 원천이다. 그녀는 일을 통해 성취감과 인정을 받고자 했다. 그녀는 회사에 없어서는 안 될 자원으로 남기 위해 쉴새 없이 일했다.

2 정의와 주요 개념

- 기혼 남성들은 다른 인구군보다, 즉 기혼 여성과 미혼 남성과 미혼 여성보다 더 과도하게 일한다. 미혼 여성이 두 번째이다. 미국통계국에 따르면, 오늘날 미국 취업 남성들이 일주일에 48시간 이상 일하는 비율은 25년 전보다 높다.
1979년부터 2006년까지의 인구 조사에 따르면, 이 증가율은 고학력, 고연봉, 고령 남성들 사이에서 제일 컸고, 1980년대에 집중되었고, 시간당 임금을 받지 않고 월급을 받는 직장인들에 주로 국한되었다.[1]
- 경제협력개발기구(Organization for Economic Cooperation and Development)의 새로운 연구는 미국의 평균적인 사람들은 1970년대의 사람들이 일했던 시간보다 20퍼센트 더 많은 시간을 일하고 있다고 재확인했다. 그 연구는 또한 같은 기간에 캐나다를 제외한 다른 모든 선진국에서는 일하는 시간이 감소했다는 것을 보여 주었다.[2]

---

1 Psychology Today, www.psychologytoday.com/blog/wired-success/201203/workaholism-and-the-myth-hard-work.
2 Ibid.

- 2007년 "세이지 소프트웨어 연구 조사"(Sage Software Survey)에 따르면, 미국의 주당 평균 근로시간은 54시간이다. 일반적으로 노동 인구의 14퍼센트만이 40시간 이하로 일한다. 2006년에 2,500명의 미국인을 대상으로 한 연구에 따르면, 3분의 1은 주당 50에서 59시간 일하고, 80퍼센트는 40에서 79시간 사이를 일한다.
'뉴욕 가족 및 근로 연구소'(Families and Work Institute in New York City)의 보고서에 따르면, 전체 미국 근로자의 30퍼센트 이상이 만성적으로 과도하게 일을 하고 있다.[3]
- 증가한 근로시간의 문제는 한 세대 전보다 휴가를 쓰는 근로자들이 적다는 사실에 의해 더욱 심각해진다. 익스페디아닷컴(Expedia.com)의 최근 연구는 미국 직장인의 38퍼센트만이 휴가 일수를 모두 사용하고 있음을 보여 준다. 평균적으로 직장인은 누적된 18일 중 14일만 사용했다.[4]
- 연구에 따르면 네 가지 구별되는 일 중독 형태가 있다.[5]

  - 폭식형 일 중독자(the bulimic workaholic)는 완벽주의와 씨름한다. 완벽하지 않다면 아예 일을 하지 않은 것과 같다고 믿는다. 이런 사람들은 프로젝트를 시작하는 데 어려움을 겪으며 정해진 마감일을 맞추고자 일을 서두른다. 그들은 완전히 지칠 정도로 미친 듯이 일하는데, 대개 원하는 것보다 좋지 않은 결과를 얻는다.
  - 계속형 일 중독자(the relentless workaholic)는 한 사람이 할 수 있는 것보다 더 많은 일을 떠맡는 아드레날린 중독자를 나타낸다. 그들은 한꺼번에 너무나 많은 일을 하고자 하며, 서둘러 일을 하려 하기 때문에, 일이 엉성하고, 철저하지 못하며, 불완전하다.
  - 주의력-결핍형 일 중독자(the attention-deficit workaholic)는 소란스럽게 일을 시작하지만 지루해하거나 흥미를 잃고, 흥미진진하게 보이는 그

---

3   Ibid.
4   Ibid.
5   Psychology Today, www.psychologytoday.com/blog/the-power-slow/201012/are-you-workaholic.

다음 새로운 프로젝트로 관심을 돌리기 때문에 **프로젝트를 마치지 못하는 사람들**이다. 그들은 일과 프로젝트의 브레인스토밍 과정은 좋아하지만, 세부적인 것들로 인해 쉽게 흥미를 잃고 일을 끝까지 마치지 못한다.

- **음미형 일 중독자**(the savoring workaholic)는 느리고, 체계적이고, 지나치게 꼼꼼한 방식으로 일하는 유형의 사람이다. 대개 그들은 프로젝트를 내려놓는 것을 많이 힘들어하며, 다른 사람들과 협력하지 못하거나 효과적으로 위임하지 못한다. 그리고 업무를 완수하는 데 혼자 일하는 것을 선호한다. 이런 사람들은 절대적 **완벽주의자**들이며, 마감일을 종종 지키지 못한다. 맡은 일이 그들에게는 '완벽하게' 보이거나 느껴지지 않기 때문이다.

• 캐리어빌더(CareerBuilder)가 3,100명을 대상으로 2010년에 했던 연구는 직장 중독(workplace addiction)에 대한 **다양한 지표**를 설명하고 직장인들이 일과 개인 시간 사이의 균형을 찾기 위해 무엇을 하는지에 관해 조사했다.[6]

- 절반 이상(52퍼센트)은 주당 40시간 이상 일했고, 14퍼센트는 50시간 이상 일했고, 31퍼센트는 일주일에 적어도 하루는 일을 집으로 가져갔다고 보고했다. 10퍼센트는 적어도 이틀에 한 번 일을 집으로 가져갔다고 답했다.
- 거의 20퍼센트에 달하는 사람들은 **퇴근 후에도 업무와 관련된 압박감**을 떨쳐 버리기 힘들다고 진술했다.
- 4분의 1(24퍼센트)에 해당하는 사람들은 집에 있거나 사람들을 만날 때도 업무에 대해 생각한다고 대답했다. 19퍼센트는 업무에 관한 꿈을 꾼 적이 있다고 응답했다. 그리고 16퍼센트는 어떤 환경에 있든 대부분의 대화 내용이 항상 업무에 집중된다고 인정했다.

6　Taylor and Francis Online, www.tandfonline.com/doi/abs/10.1207/s15327752jpa5801_15.

- 길어진 근무시간과 집에 있을 때도 일에 집중하는 것은 가족 관계에 큰 피해를 주고 있다.[7]

  - 근로자들 중 거의 4분의 1(22퍼센트)은 항상 일하고 있어서 개인적 흥미를 추구할 시간이 없다고 응답했다. 15퍼센트는 집에 있기보다는 일하는 것이 낫다고 답했다. 12퍼센트는 일에 사용하는 시간이 가족과 마찰을 일으키고 있다고 말했다. 9퍼센트는 그들의 가족보다 상관에게 승인을 받는 것을 더 걱정했다.

- 근로자들은 업무 압박과 관련된 스트레스 수치와 건강 합병증의 증가를 보고했다.[8]

  - 근로자들의 절반 이상(51퍼센트)은 지난 6개월 동안 업무량이 늘었다고 응답했다. 27퍼센트는 지난 몇 년간 휴가와 병가를 갖지 않았고, 26퍼센트는 직장 스트레스와 직접 관련된 건강 문제를 경험했다고 답했다.

- 일 중독은 직업-관련 업무에 과도하게 투자하는 것으로, 실제 필요량을 초과하고, 심지어 퇴근 후에도 업무, 프로젝트, 해야 할 일에 대해 생각하도록 만든다.
- 일부 사람은 두 가지 다른 유형의 일 중독을 제안한다.

  - 직업-관련 일 중독자: 이 사람들은 일에 대한 헌신도가 높고, 강박적 행동을 한다. 그들은 그들의 일을 즐기고 업무 외의 활동을 피한다.
  - 강박적 일 중독자: 이 사람들은 강박 행동을 하지 않으면서 일에 대한 높은 헌신도를 유지한다. 좋지 않은 업무 습관과 역기능적 관계를 갖게 될 가능성이 더 크다.

---

7   Ibid.
8   Ibid.

- 스펜스(Spence)와 로빈슨(Robbins)[9]은 "일 중독 삼각형", 즉 일 참여(work involvement), 일 충동(work compulsion), 일 향유(work enjoyment)를 발전시켰다. 일 중독자들은 일에 깊이 참여하고 있고 일을 해야 한다는 강박을 느끼지만, 그들이 완수한 일로부터 항상 만족감을 얻지는 않는다. 연구자들은 (일 참여와 일 향유의 정도는 높지만 일 충동은 그렇지 않은) **일 열광자**(work enthusiast)와 (세 가지 요소의 정도가 모두 높은) **열광적 근로자**(enthusiastic workers)를 식별한다.
- 일에 대한 신념과 태도뿐만 아니라, 일에 관해 생각하는 것과 일에 실제로 참여하는 것을 구분 짓는다. 일 중독의 중심은 인지적이면서 동시에 **행위적이다**. 이 말은 개인의 마음뿐 아니라 시간도 일에 소모된다는 뜻이다.
- 어떤 사람들은 일 중독을 긍정적으로 보고, 일 중독자들이 일터에서 더 만족하고 생산적이라고 본다. 여전히 다른 전문가들은 일 중독자들을 일터에서 강박적이고, 만족하지 못하고, 짜증을 내는 사람들로 본다.

그렇다면 건강한 일 윤리와 일 중독 사이의 경계는 무엇인가?

일 중독자들은 일에 의해 정의된다. 그들은 직업 밖에서 자신들을 볼 수 없다. 그들은 자신들의 정체성을 생각할 때, 그들의 직장에서의 역할, 기능, 성과도 생각한다. 만약 일이 개인의 건강, 관계, 경제적 또는 전반적 안녕을 침해하고 있다면, 일과 관련된 중독이 있을 수 있다.

- 고립은 대부분 중독의 중심에 있다. 일 중독도 다르지 않다. 관계에서 상호 작용을 추구하는 대신에, 일 중독자들은 지나치게 일을 함으로써 욕구를 충족시킨다.
- 다이앤 파셀(Diane Fassel)은 경영 컨설팅을 위해 자신을 찾아오는 사람들을 대상으로 일 중독을 연구해 왔다. 그녀는 일 중독의 세 가지 단

---

[9] J. T. Spence and A. S. Robbins, "Workaholism: Definition, Measurement and Preliminary Results," *Journal of Personality Assessment* 58, no. 1 (1992): 160-78.

계를 발견했다.[10]

- 초기 단계: 근로자는 만성적 바쁨에 빠지는 것을 선택한다. 이 사람은 너무 많은 일을 떠맡고, 휴가를 낼 수 없거나 내지도 않을 것이며, 초과 근무(심지어 무보수로)를 한다.
- 중간 단계: 중독자는 관계에서 멀어지기 시작하고, 채워지지 못한 자신의 욕구를 충족시키려고 일을 한다. 중독자의 생각과 감정은 일과 밀접하게 연결되고, 긴장을 푸는 것은 어려워진다. 피로와 체중 증가 또는 체중 감소가 이 단계에서 나타날 수 있다.
- 마지막 단계: 중독자는 궤양, 고혈압, 만성 두통과 같은 일 중독으로 인한 더 심각한 신체적 증상을 직면한다. 이 단계에서 중독자는 심장마비와 뇌졸중을 포함한 다른 심각한 건강 문제들로 위험에 처할 수 있다.

진단 인터뷰 3

1. 퇴근 후에도 일에 관한 생각이 머리에서 떠나지 않습니까?
2. 당신의 업무가 요구하는 것보다 더 많은 시간을 일합니까?
3. 당신은 요구받는 것보다 더 많은 일을 계속해서 하고 있습니까? (일시적으로 업무량이 증가하여 특정 기간에 더 많은 시간을 일한다면, 그것이 그 사람을 일 중독자로 만들지 않는다.)
4. 업무에 대한 과도한 투자로 인해 고통받고 있는 관계가 있습니까?
5. 당신은 휴가 때도 업무를 가지고 갑니까?
   당신은 주말이나 휴일에도 일하십니까?
6. 당신은 업무를 생각하지 않는 것에 어려움을 느끼십니까?
   밤에 잠을 자는 데 어려움을 겪습니까?

---

[10] Diane Fassel, *Working Ourselves to Death: The High Cost of Workaholism and the Rewards of Recovery* (New York: HarperCollins, 1990).

7. 일을 쉬는 것이 당신에게는 매우 낯설게 느껴집니까?
8. 당신은 일하는 것이 편안하십니까?
9. 당신은 자신이 남들보다 낫다고 생각합니까?
   만일 그렇다면, 일은 당신이 남들보다 낫다는 생각을 뒷받침해 주는 성공을 추구하는 방식입니까?
10. 당신의 자신에 대한 기대는 현실적입니까?
11. 당신은 자신을 완벽주의자라고 생각합니까?
12. 당신은 일을 멈출 수 없다고 스스로 느끼십니까?
13. 당신의 정체성에 관해 생각할 때, 주로 떠오르는 특징이 일과 관련된 것입니까?
14. 당신은 가족이나 다른 것에 관한 것보다 일에 관한 것으로 더 큰 흥미를 느낍니까?
15. 일을 통해 충전할 수 있는 때가 있습니까?
    아무것도 마칠 수 없을 것 같은 때가 있습니까?
16. 일이 당신이 가장 하기 좋아하고 이야기하기 좋아하는 활동입니까?
17. 당신은 일주일에 40시간 이상 일하십니까?
18. 취미를 영리사업으로 바꾸십니까?
19. 당신이 노력한 것의 결과에 완전한 책임을 집니까?
20. 가족이나 친구들은 일 때문에 당신이 행사 시간에 맞춰 오는 것을 더는 기대하지 않고 있습니까?
21. 일을 못 마칠 것 같아서 초과 근무를 하지는 않습니까?
22. 당신은 프로젝트에 필요한 시간을 과소평가하다가 그것을 완성하기 위해 서두르십니까?
23. 당신이 하는 일을 좋아한다면, 장시간 그 일을 하는 것이 괜찮다고 믿습니까?
24. 당신은 일보다 다른 것을 중요시하는 사람들을 참지 못하십니까?
25. 만일 열심히 일하지 않으면 직장을 잃거나 실패할까 두렵습니까?
26. 사람들이 당신에게 일을 멈추고 다른 것에 집중해 달라고 부탁하면 짜증이 납니까?
27. 당신은 식사 중에 일하거나 무언가를 읽습니까?

28. 당신은 더 많은 돈이나 영향력, 더 높은 신분이 삶의 문제를 해결해 줄 것이라고 믿습니까?

지혜로운 상담을 위한 조언 | 4

일 중독의 내면에는 정체성의 부족이 있을 수 있다("나는 누구인가는 나는 무엇을 하는가에 근거한다" 또는 "나의 일차적 가치는 내가 하는 일, 나의 일에서 온다"라는 믿음). 내담자가 일이 아니라 그리스도와의 관계에 기초한 정체성을 함양하도록 도우라. 다른 중독처럼 일 중독은 다른 사람으로부터 거리를 두는 것에 뿌리를 두고 있다. 두려움 때문에, 일 중독자는 깊거나 투명한 관계를 피하려고 사람들을 멀리한다.

그들은 다른 이들과의 친밀한 관계를 통해 채워져야 하는 공간을 메우기 위해 일한다. 일 중독에서 회복하기 위한 목표에는 이 영역에서의 약점을 인정하고 다른 사람들과 연결될 필요성을 받아들이는 것이 포함된다.

일 중독자가 자신의 중독에서 회복되고 있음을 보여 주는 두 가지 중요한 징후는 업무 스트레스에 대한 개인적 신념에 관한 감정을 표현하는 능력과 다른 사람들도 솔직하게 이런 감정을 표현할 수 있도록 허용하는 자유이다. 이런 지표들은 부정이 줄어들고 있음을 보여 준다. 회복 중인 일 중독자들은 또한 적절한 경계를 설정하고 "아니오", "고맙지만 전 할 수 없습니다", "내 건강과 가족을 희생할 만큼의 가치가 없습니다"라고 말할 수 있다.

중독은 현실에 집중하지 않도록 하는 것이며 일 중독은 도피의 한 형태로 사용되는 역학이다. 해결되지 않은 문제는 아동기(무시, 학대, 능력을 어떤 식으로든 증명하려는 시도, 거부)나 현재 상황이나 관계(집에서 받는 스트레스, 일터 밖에서는 지원이나 인정을 받지 못하는 것, 비현실적인 기대)에서 비롯될 수 있다. 일 중독자가 일을 통해서만 긍정되고자 할 때 경험할 수 있는 부정적 영향을 솔직하게 평가할 수 있도록 도우라.

일 중독자는 종종 자기-기만과 잘못된 생각과 씨름한다. 일 중독자가 불균형을 발견하고, 잘못된 믿음을 진리로 대체할 수 있게 도우라. 예를 들어, 일 중독자가 믿을 수도 있는 한 가지 거짓말은 한 사람의 가치와 중요성은 성과로만 판가름 난다는 것이다. 이러한 사고방식은 목회자에게서 자주 발견된다. 그러한 사고방식이 종교 언어로 표현되고 불합리한 요구와 병행되기 때문이다. 성경에 따르면, 인간의 두려움은 올가미와 같다. 그러나 사람은 자신이 수행하거나 성취할 수 있는 것과는 별개로 소중하다는 것이 진실이다. 사람의 가치는 하나님의 창조물로서 내재되어 있다.

5. 내담자를 위한 행동 단계

1) 매일 일어나는 일을 분류하라

- 당신의 작업 환경에서 어떤 일이 일어나고 있는지를 평가하는 법을 배우고, 좀 더 균형 잡힌 방식으로 우선순위를 매기라. 하나님과 함께하는 시간, 가족 시간, 수면 시간, 사회 및 여가활동 등 가장 중요한 활동을 결정하고 계획을 세우라.
- 관계를 최우선 사항에 포함하라. 많은 사람은 중요한 관계를 유지하기 위해서는 의도적이고 집중된 시간이 필요하다고 믿는다. 당신의 친밀한 관계를 더욱 깊게 하도록 하나님과 함께하는 영적 수련회, 배우자와 함께하는 낭만적 주말, 자녀와 하는 '저녁 데이트', 친구들과 함께하는 활동을 생각해 보라.
- 시간과 에너지가 똑같이 소모되는 활동을 제거하지 않은 채 당신의 일정에 무언가를 추가하지 말라.
- 업무를 마치는 데 꼭 필요한 시간만 사용함으로써 '숨 쉴 수 있는 공간'을 만들라. 스트레칭을 하거나, 산책하거나, 동료와 대화하거나, 눈을 감고 있을 수 있도록, 주기적 휴식을 취할 수 있는 '15분 휴가'의 기술을 배우라.

2) 완전히 지치기 전에 쉬라

- 작가이자 사업가인 스티븐 코비(Stephen Covey)는 개인적 회복을 위한 네 가지 영역을 제안했다.

    - 신체적 영역: 적절한 운동과 휴식, 영향 섭취
    - 사회적 및 감정적 영역: 다른 사람들과 깊고 친밀한 관계 맺기
    - 정신적 영역: 읽기와 쓰기, 학습을 통해 뇌 운동
    - 영적 영역: 기도와 묵상, 다른 이 섬기기, 자연 경험

- 하나님께서 쉼, 안식일을 창조하셨음을 기억하라. 안식일을 만드신 이유는 단순히 우리가 약하고 깨지기 쉽기 때문만이 아니다. 우리가 통제하는 위치에 있지 않다는 사실을 상기시키기 위함이다. 하나님 나라의 일을 수행하는 이는 하나님이시다. 우리는 청지기이다. 우리는 멈출 수 있고, 세상은 무너지지 않을 것이다.
묘지에는 "없어서는 안 될 사람들"로 가득하다는 (우스개) 말이 있다. 진실은 우리가 없어서는 안 될 존재는 아니라는 것이다. 하나님은 리더를 세우시는 일을 즐거워하신다. 만일 우리가 내일 죽는다고 해도, 그리스도의 일은 계속될 것이고, 이와 같은 사실은 우리를 겸손하게 만든다. 우리는 하나님의 영광을 위해 일하고 있다고 우리 자신을 이해시킬 수 있다.
그러나 어떤 시점에서 그 일이 중독으로 변하는가?

3) 당신 자신의 부고 기사를 쓰라

- 당신의 임종 자리에 있다고 상상하고, 당신의 마음을 통해 어떤 일이 일어날지에 대해 생각해 보라.

당신이 과도하게 일했던 것에 만족할 것 같은가?
아니면 가족, 친구들과 시간을 많이 보내지 못해서 슬퍼할 것 같은가?

당신이 배우자, 자녀들, 중요한 다른 사람들과 가졌던 관계에 만족할 것 같은가?

인생에서, 또는 하나님 나라에서 당신이 성취한 것으로 인해 행복할 것 같은가?

- 사실, 인생은 관계로 귀결된다. 관계는 영원토록 영향을 끼치기 때문이다. 일은 끝날 것이다. 경력도 예기치 않게 끝날 수 있다. 다음 세대 또는 다다음 세대의 대부분 사람은 당신의 이름이나 공헌을 기억하지 못할 것이다. 그러나 가족과 다른 사람들에 대한 당신의 사랑은 그들의 삶과 그들이 접촉하는 사람들의 삶을 바꿀 수 있다.

앤디 스탠리(Andy Stanley) 목사는 그의 저서 『다니엘의 편법』(Choosing to Cheat)에서 일과 가정의 균형 속에서 당신은 항상 어딘가에서 속이고 있을 것이라 지적한다. 당신이 가족보다 일을 선택할 때, 당신은 가족을 속이고 있다. 당신이 일이 아니라 가족을 선택할 때, 당신은 일터에서 속이고 있다. 당신은 불가피하게 누군가를 어딘가에서 "속일" 것이기 때문에, 어디에서 그것이 더 가치가 있는지를 반드시 결정해야 한다.

6 성경적 통찰

돈을 사랑하지 말고 있는 바를 족한 줄로 알라 그가 친히 말씀하시기를 내가 결코 너희를 버리지 아니하고 너희를 떠나지 아니하리라 하셨느니라(히 13:5).

일 중독의 이면에 있는 주요 동력이 때로는 돈과 소유물에 대한 사랑일 수 있고, 때로는 양식의 부족에 대한 두려움과 불안일 수 있다. 우리는 하나님께서 우리의 상황 속에 나타나실지를 궁금해한다. 그분은 절대로 우리를 버리지 않겠다고 약속하신다. 우리는 그분이 우리의 모든 필요를 알고 계신다는 사실을 알기 때문에 그분의 약속 안에서 평안을 누릴 수 있다. 그렇지 않으면, '물질'에 대한 추구가 우리를 영적 속박에 빠뜨릴 수 있다.

내가 또 본즉 사람이 모든 수고와 모든 재주로 말미암아 이웃에게 시기를 받으니 이것도 헛되어 바람을 잡는 것이로다 우매자는 팔짱을 끼고 있으면서 자기의 몸만 축내는도다 두 손에 가득하고 수고하며 바람을 잡는 것보다 한 손에만 가득하고 평온함이 더 나으니라(전 4:6-8).

여기서 솔로몬은 결국 아무것도 남기지 못할 것을 추구하는 데 시간과 노력을 헛되이 사용하는 것보다는 진정한 쉼의 삶을 사는 것이 낫다고 말한다. 이것은 자신을 위한 부를 쌓는 일에는 끝이 없다는 것을 알면서도 부를 위한 수고가 헛되다는 진리는 모르는 사람을 묘사하고 있다. 일 중독자에게 이 구절은 쉼 없는 일은 공허한 것이고, 모든 것에 만족하지 않는 부는 무의미하다는 것을 일깨워 준다.

너희가 일찍이 일어나고 늦게 누우며 수고의 떡을 먹음이 헛되도다 그러므로 여호와께서 그의 사랑하시는 자에게는 잠을 주시는도다(시 127:2).

이 시편에서 솔로몬은 쉬지 않고 열심히 일하는 것이 헛되다는 것을 다시 말한다. 사람이 늦게까지 깨어 있든지 일찍 일어나든지 상관없다. 각 사람은 자신의 매일의 양식을 위해 하나님을 의존한다. 만일 당신이 이 진리를 받아들이면, 당신은 혼란과 끝없는 분투 대신에 쉼을 얻게 될 것이다.

무슨 일을 하든지 마음을 다하여 주께 하듯 하고 사람에게 하듯 하지 말라(골 3:23).

건강한 기독교에는 강박적 복종이 없고, 아버지로부터 그리고 아버지를 위한 사랑에 기인한 순종만이 있다. 이 구절은 우리의 마음이 어디에 집중되어 있고 우리의 신뢰를 어디에 또는 누구에게 두고 있는지를 말해 준다. 주께서 당신의 발걸음을 정하시고 일과 삶의 길을 인도하시도록 하라. 그래야만 우리는 기쁨으로 그분을 완전히 자유롭게 따르고 섬기는 것이 어떤 의미인지를 경험할 수 있다.

7 기도 첫걸음

오, 주님!
_____님을 주님께 올려드립니다. _____님에게 일과 우선순위에 대한 명확한 초점과 건강한 관점을 주시길 간구합니다. 모든 불안한 생각 위에 평안을 허락해 주시옵소서. 우리는 주님이 우리의 공급자이시고 주님이 절대로 우리를 내버려 두거나 버리지 않으실 것을 인정합니다. _____님이 주님께 가까이 다가가 자신의 정체성과 가치를 깨닫게 도와주시고, 일 중독 때문에 상처받은 모든 관계에 치유와 회복을 허락해 주시옵소서. 삶의 모든 결과를 통제하려는 시도를 멈출 수 있게 하시고, 삶의 모든 부분에서 주님을 신뢰할 수 있도록 해 주심을 인해 감사드립니다.

8 추천 자료

추천 도서

Cloud, Henry, and John Townsend. *Boundaries: When to Say Yes, When to Say No, to Take Control of Your Life*. Zondervan, 1992.

Crabb, Larry. *The Pressure's Off: Breaking Free from Rules and Performance*. WaterBrook, 2010.

Harling, Becky. *Freedom from Performing: Grace in an Applause-Driven World*. NavPress, 2011.

McGee, Robert. *The Search for Significance*. Thomas Nelson, 2003.

Robinson, Bryan E. *A Guidebook for Workaholics, Their Partners and Children, and the Clinicians Who Treat Them*. 2nd ed. New York University Press, 2007.

Stanley, Andy. *Choosing to Cheat: Who Wins When Family and Work Collide?* Multnomah, 2003.

Winter, Richard. *Perfecting Ourselves to Death: The Pursuit of Excellence and the Perils of Perfectionism*. InterVarsity, 2005.

추천 웹사이트

Psychology Today: www.psychologytoday.com/blog/wiredsuccess/201203/workaholism-and-the-myth-hard-work

Workaholics Anonymous: www.workaholics-anonymous.org/page.php?page=home

부록
화학 물질 의존 진단 평가

_____ (기관명)
_____

(기관 주소 및 전화번호)
내담자명: _____

◆ 가족/중요 지인(들)

귀하의 가족과 중요 지인(들)은 귀하의 약물과 알코올 사용에 대해 어떻게 생각합니까?
_____
_____
_____

귀하의 가족과 중요 지인(들)은 언제 귀하의 약물과 알코올 사용에 대해 알게 되었습니까?
_____
_____
_____

귀하의 가족과 중요 지인(들)은 귀하의 약물과 알코올 사용 문제를 해결하기 위해 어떤 노력을 해 왔습니까?
_____
_____
_____
_____

귀하의 가족 중 약물이나 알코올 남용의 가족력이 있다면 아래에 표기해 주십시오.

가족 구성원	약물 남용: 1) 종류 2) 기간 3) 방법	알코올 남용: 1) 종류 2) 기간 3) 방법
부		
모		
조부		
조모		
계부		
계모		
형제		
자매		
의붓 형제		
의붓 자매		
고모/이모		
삼촌		
기타		
기타		

◆ 내담자 증상 및 행동

1. 규칙, 규정, 부모, 형제자매, 자녀 등에 대한 나의 태도에 상당한 변화가 있었다. Y____ N____
2. 약물과 알코올을 사용하기 시작한 이후로 가족 활동 참여가 현저하게 줄었다. Y____ N____
3. 나는 점점 고립되어 간다. Y____ N____
4. 나는 점점 더 거짓말을 많이 하고, 내 문제에 대해 다른 사람들을 더 자주 비난하기 시작했다. Y____ N____
5. 나는 약물 남용 때문에 돈, 귀중품, 처방전, 의약품을 훔쳤다. Y____ N____
6. 가족들과의 의사소통이 줄어 들었으며, 점점 더 비밀이 늘고 편집증적 증상을 보이기 시작했다. Y____ N____
7. 약물 중독이 시작되면서 나의 수면 습관에 상당한 변화가 생겼다(지나치게 많이 자거나 지나치게 적게 자는 등). Y____ N____
8. 약물 중독이 시작되면서 나의 식습관에 상당한 변화가 생겼다(식욕이 지나치게 증가하거나 식욕이 없어지는 등) Y____ N____
9. 약물 중독이 시작되면서 나는 완전히 새로운 그룹의 사람들과 어울리기 시작했다. Y____ N____
10. 이 새로운 그룹의 사람들은 나의 가족과 접촉하는 것을 피하는 경향이 있다(집에 방문하거나 전화 통화할 때). Y____ N____
11. 직장과 학업에 관한 나의 태도가 상당히 달라졌다. Y____ N____
12. 직장에서의 업무 능력이나 학교 성적이 현저하게 저하되었다. Y____ N____
13. 직장이나 학교 출석에 상당한 변화가 있었다. Y____ N____
14. 약물의 영향 아래 있거나 약물에 취해 있을 때 이틀 이상 폭식을 한 적이 있다. Y____ N____
15. 술을 마시거나 약물을 사용하는 기간 중에 필름이 끊기거나 기억이 나지 않는 순간을 경험했다. Y____ N____
16. 나는 술병, 약물, 약물 관련 도구 등을 숨김으로서 술을 마시거나 약물을 사용하고 있다는 사실을 숨기려고 한 적이 있다. Y____ N____

17. 나는 분노, 죄책감, 수치감, 불안, 스트레스 등의 부정적 감정을 회피하기 위해 술을 마시거나 약물을 사용한다. Y____ N____
18. 나는 끊임없이 술을 마시거나 약물을 남용하거나, 이런 행동에 대해 이야기하고 있는 자신을 발견한다. Y____ N____
19. 나는 숙취감이나 술/약물 남용 후의 불쾌한 기분을 느낀 적이 있다. Y____ N____
20. 나는 술을 마시거나 약물 남용을 지속하기 위해 중요한 사교 활동이나 여가 활동을 포기하게 되었다. Y____ N____
21. 나는 술을 마시거나 약물을 사용할 때 알러지 반응을 보이거나 초과용량을 복용한 적이 있다. Y____ N____
22. 나는 누군가에게 술이나 약물을 끊겠다고 약속한 적이 있다. Y____ N____
23. 나는 음주와 약물 남용의 문제 때문에 가족이나 친구들과 잦은 언쟁이나 불화를 겪고 있다. Y____ N____
24. 나는 때로 술과 약물을 내가 의도한 것보다 과도하게 사용한다. Y____ N____
25. 나는 음주와 약물 사용을 시작하면 중단할 수가 없다. Y____ N____
26. 나는 약물의 영향 아래에서, 또는 지속적인 물질 남용의 결과로, 자살을 생각한 적이 있다. Y____ N____
27. 나는 지속적인 약물 남용의 결과로 인해 실수로 또는 고의로 화재를 일으킨 적이 있다. Y____ N____
28. 나는 약물의 영향 아래에서 운전을 하거나 교통 위반 스티커를 받거나 음주 운전으로 체포된 적이 있다. Y____ N____
29. 나는 지속적인 약물 남용의 결과로 통제력을 잃고 화를 내거나 언어폭력을 행사하게 되었다. Y____ N____
30. 나는 지속적 약물 남용의 결과로 다른 사람을 육체적, 성적으로 학대하게 되었다. Y____ N____

◆ 알코올과 약물 사용 기록

해당되는 박스에 표시하고 사용량을 표기해 주십시오.

[지난 90일 간 약물 및 알코올 사용]

	미사용	1주 1회 미만	1주 1회	1주 2-3회	1일 1회	1일 1회 이상	사용량
알코올							
암페타민							
코카인/ 크랙 코카인							
흡입제							
환각제							
헤로인							
대마초(마리화나)							
아편제							
PCP							
억제제							
진정제							
기타:							
기타:							

귀하가 사용하는 약물(들)은 무엇입니까?
_____
_____
_____

귀하가 사용하는 약물 중 가장 큰 문제를 일으키는 약물은 무엇입니까?
_____
_____

귀하가 금주와 단약을 지속했던 최장 기간은 얼마입니까?
_____

귀하는 약물을 투약하기 위해 어떤 방법을 사용하십니까?
_____
_____

귀하가 최초로 약물을 사용하거나 남용하기 시작한 연령은 몇 세 입니까?
약물 종류   최초 사용 연령

1. _____

2. _____

3. _____

4. _____

5. _____

지난 6-12개월 안에 재발한 적이 있다면, 그 계기가 무엇인지 기술해 주십시오.
_____
_____

◆ 지원 시스템

귀하의 가족과 중요 지인(들) 중에 약물이나 알코올을 사용하는 사람이 있습니까? Y____ N____

귀하를 도덕적으로 후원하고 귀하의 증상에 대해 함께 책임지고자 하는 가까운 친구가 있습니까? Y____ N____

귀하의 가까운 친구들 중 술을 마시거나 약물을 사용하는 친구는 몇 퍼센트 정도 됩니까? _____%

귀하가 알고 지내는 사람들 중 술을 마시거나 약물을 사용하는 친구는 몇 퍼센트 정도 됩니까? _____%

당신의 여가 활동에는 음주와 약물 사용이 포함됩니까? Y____ N____

자세히 설명해 주십시오:
_____
_____
_____

귀하는 금주/단약을 하기 위해 어떤 시도를 했습니까?
얼마나 성공적이었습니까?
_____
_____
_____
_____

신앙, 영성, "우리보다 위대하신 힘"과 같은 개념이 귀하의 회복 과정에 어떤 역할을 할 것이라고 예상합니까?
_____
_____
_____

[자기 도움/지원 그룹 참여]

그룹명	모임 장소	최초 참여일	참여 빈도수	마지막 참여일
익명의 알코올 중독자들 (Alcoholics Anonymous)				
익명의 약물 중독자들 (Narcotics Anonymous)				
익명의 코카인 중독자들 (Cocaine Anonymous)				
회복축제 (Celebrate Recovery)				
기타 자기 도움 및 지원 그룹				
기타				

_____   _____

내담자 서명   날짜

_____   _____

부모/보호자 서명   날짜